Theodor Poretschkin

Laslo Mago
Sebastian Rosenboom

Theodor Poretschkin

Die Lebenserinnerungen eines Nachrichtenoffiziers in Abwehr und Reichssicherheitshauptamt

Mit einem Vorwort von Sönke Neitzel

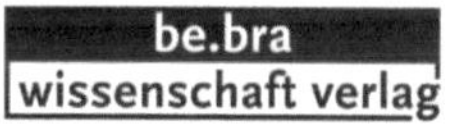

Bibliografische Informationen der Deutschen Nationalbibliothek
Die Deutsche Nationalbibliothek verzeichnet diese Publikation in der Deutschen Nationalbibliografie; detaillierte bibliografische Daten sind im Internet über http://dnb.d-nb.de abrufbar.

KulturBrauerei Haus 2
Schönhauser Allee 37, 10435 Berlin
post@bebraverlag.de
Umschlag: typegerecht, Berlin (Foto: Bundesarchiv, Bild 201-14-09-48-171)
Satz: ZeroSoft
Schrift: Adobe Garamond Pro 10.5/12 pt
Gedruckt in Deutschland
ISBN 978-3-95410-258-7

www.bebra-wissenschaft.de

Inhalt

Vorwort

Theodor Poretschkin hatte ein außergewöhnlich facettenreiches Leben. 1913 in St. Peterburg geboren, kam er neun Jahre später nach Deutschland und erlebte die Jahre der Weimarer Republik in Berlin. Er wurde Offizier der Nachrichtentruppe, wechselte 1943 zum deutschen Auslandsgeheimdienst und war dort für den Agentenfunk verantwortlich. Diese Zeit an zentraler Stelle des Amtes Ausland/Abwehr macht die Erinnerungen Poretschkins besonders wertvoll. Dessen Chef Admiral Wilhelm Canaris formte aus seiner Dienststelle eine wichtige Zelle des Widerstandes gegen den Nationalsozialismus und dominierte damit auch den Blick der historischen Forschung auf diese Institution.

Über die eigentliche Tätigkeit des Nachrichtendienstes ist immer noch erstaunlich wenig bekannt. Poretschkin liefert unbekannte Innenansichten über die Organisation, das Personal aber auch die Kultur des Amtes Ausland/Abwehr. Man muss seine Zeilen vor dem Hintergrund des Scheiterns der deutschen Human Intelligence in der zweiten Kriegshälfte lesen, der es nicht gelang, von ihren Agenten wesentliche Informationen über die Gegnerstaaten zu erhalten. Man wird diese Misserfolge nicht nur auf die Folgen der Spannungen des NS-kritischen Führungspersonals mit dem NS-Regime und den daraus folgenden organisatorischen Problemen zurückführen können. Poretschkins Ausführungen lassen zuweilen auch Zweifel an der Professionalität und am kulturellen Verständnis der Nachrichtendienstarbeit der Wehrmacht aufkommen. Mit seinen Erinnerungen an den 20. Juli 1944, an dem Vorgesetzte und Freunde direkt beteiligt waren, und die Übernahme des Amts Ausland/Abwehr ins Reichssicherheitshauptamt der SS folgen die besonders aufregenden Teile seiner Biografie.

Demgegenüber erscheint seine militärische Laufbahn, die er ab 1936 als Offizier in der Nachrichtentruppe von Panzerverbänden durchlief, auf den ersten Blick weniger spektakulär. Freilich war er an allen wichtigen Operationen der Wehrmacht beteiligt und erlebte den Krieg aus einer wenig beleuchteten Perspektive. Er war direkt den Divisions- und Armeestäben zugeteilt und arbeitete mit etlichen prominenten Generälen täglich zusammen. Die differenzierten Beobachtungen über den Panzergeneral Hermann Balck und General Dietrich von Choltitz aus den Jahren 1942/43 sind dabei für die militärhistorische Forschung besonders wertvoll.

Poretschkin war dafür verantwortlich, dass im schnellen Bewegungskrieg die Kommandeure ihre Truppen führen konnten. So dürfte er trotz seines vergleichsweise niedrigen Dienstgrades viel von der größeren militärischen Lage mitbekommen haben. Seine Erinnerungen kreisen allerdings stets um das Hier und Jetzt. Es ist das Bild einer von ihrem politischen Kontext und allen problematischen Aspekten weitgehend bereinigten Tätigkeit als Soldat. Man erfährt nichts über das Unternehmen Barbarossa als Vernichtungskrieg gegen die Sowjetunion, an dem auch Poretschkins Panzergruppe 4 nicht zuletzt durch die Befehle ihres Kommandeurs Erich Hoepner beteiligt war. Gerichtsbarkeitserlass, Kommissarbefehl, der Massentod von Kriegsgefangenen, die Tätigkeit der Einsatzgruppen der SS im unmittelbaren Frontgebiet – darüber schweigt sich Poretschkin aus. Stattdessen spricht er über einen Krieg mit Anstand und Achtung vor dem Gegner, von Menschlichkeit gegenüber den Gefangenen, von einer reichlich unprofessionellen Waffen-SS, von der Ermordung polnischer Gefangener durch die Sowjets in Katyn. Nur für einen einzigen kurzen Moment lässt er erkennen, dass der Konflikt mit der Sowjetunion für ihn, den in St. Petersburg geborenen deutschen Emigranten, kein normaler Krieg war: Es war ein Kampf, der gegen den von ihm verhassten Bolschewismus geführt werden musste.

Man mag heute über so viel selektive Wahrnehmung die Nase rümpfen. Doch dies würde den Wert der Memoiren als Quelle für die Erinnerungskultur missachten. Soldaten nahmen den Zweiten Weltkrieg anders wahr als wir das heute tun. Für uns sind die Verbrechen zurecht die Signatur dieses Konfliktes. In der Lebenswelt der Soldaten spielten diese schrecklichen Ereignisse aber meist keine große Rolle. Für sie ging es um das militärische Handwerk, den Alltag, die Erfüllung der zugewiesenen Aufgaben, die eigenen Opfer und Strapazen. Und wenn sie von Gräueltaten erfuhren, Erschießungen gar mit ansahen, ließ sich das im Zuge der Auflösung einer kognitiven Dissonanz schnell umdeuten: So ist es eben, höhere Befehle, die Grausamkeit des Krieges ...

Hinzu kommt, dass vieles, was uns heute als abscheuliche Gräueltat erscheint, damals gar nicht als Verbrechen wahrgenommen wurde. Die Deutung des Krieges war also schon zeitgenössisch höchst selektiv. In der Nachkriegszeit bildeten sich dann bald Erinnerungstopoi heraus, die das Erlebte in eine allgemein vermittelbare Form gossen. Gute Soldaten gewesen zu sein, mit dem NS-System nichts zu tun gehabt und von den Verbrechen nichts gewusst zu haben, war für die Generation Poretschkins ein Narrativ, auf das sich alle verständigen konnten. Allerdings war dies nicht nur eine nachträgliche Konstruktion. Gerade die Fokussierung auf das militärische Handwerk entsprach sehr wahrscheinlich seiner zeitgenössischen Sicht. Aus heutiger Perspektive mag einem das unglaubwürdig vorkommen. Es scheint bei den Wehrmachtsoldaten aber eher die Regel, denn die Ausnahme gewesen zu sein. In den meisten Tagebüchern und Briefen kommen die größeren Fragen der Politik und des Krieges nicht vor. Und dies scheint im Übrigen auch bei heutigen Soldaten in ihren weltweiten Einsätzen prinzipiell nicht anders zu sein.

Insofern liefern uns die von Laslo Mago und Sebastian Rosenboom sorgfältig kommentierten Memoiren Theodor Poretschkins nicht nur interessante Einblicke in die Tätigkeit von Nachrichtentruppe und Geheimdienst der Wehrmacht. Sie sind ein beredtes Beispiel dafür, wie der Zweite Weltkrieg im Privaten erinnert und erzählt werden konnte.

Sönke Neitzel

Vorbemerkung

Als ich Theodor Poretschkin zwei Jahre vor seinem Tode zum ersten Mal begegnete, war mir noch nicht klar, was für einen interessanten Zeitzeugen ich kennen lernen durfte. Meine Schwiegermutter hatte mir nur gesagt, er sei ihr Cousin und ein ehemaliger General der Bundeswehr. Erst nach dieser ersten flüchtigen Begegnung erfuhr ich, dass Theodor Poretschkin aktiver Kriegsteilnehmer im Zweiten Weltkrieg gewesen war. Jahre später gelangte seine Autobiografie, die er in den in den 1990er-Jahren verfasst hatte, dank der Familie in meine Hände. Sehr schnell faszinierte mich sein Leben, insbesondere sein militärischer Werdegang im sogenannten Dritten Reich, der ihn am Ende zur Abwehr und zum Reichssicherheitshauptamt führte, wo Oberst Hansen sein unmittelbarer Vorgesetzter war. Somit gehört er zu den Zeitzeugen, die diesem frühen Mitkämpfer von Claus Schenk Graf Stauffenberg, als letzte lebend begegneten. Seiner Verwendung bei verschiedenen Fernmeldeverbänden verdankte er sowohl seine Fronterfahrung als auch seine spätere militärnachrichtendienstliche Abkommandierung. Theodor Poretschkin steht für eine Generation von Offizieren, deren Leben geprägt war von ihrer Zeit wie auch von der geografischen Lage ihres Wohnortes.

Theodor Poretschkin wurde am 22. November 1913 in Sankt Petersburg geboren. Als Sohn eines russischen Bankkaufmanns und einer deutschen Mutter erlebte er 1917 den Zusammenbruch des zaristischen Russlands, was am Ende auch zur Trennung der Familie Poretschkin führte. Die Ehe scheiterte und wurde geschieden, die Mutter reiste mit ihren Kindern im Juni 1922 ins Deutsche Reich aus. Wie seine Schwester Irene musste Theodor erst einmal Deutsch lernen, eine Fremdsprache für beide Kinder. Diese Erinnerung an den Zusammenbruch des russischen Staates und den darauf folgenden Kommunismus mit seinen Entbehrungen wird ihn ein Leben lang prägen. Geformt durch seinen Onkel Adolf Paschke bewarb sich Poretschkin nach dem Abitur 1933 bei der Nachrichtentruppe, in der dieser im Ersten Weltkrieg gedient hatte. Deren Prestige war im Vergleich zur Kavallerie oder Infanterie damals allerdings nicht allzu groß.

Der 1. April 1933 wurde zum Beginn der militärischen Laufbahn Poretschkins in der 3. Nachrichtenabteilung in Potsdam/Nedlitz. Sein Lebensweg brachte ihm frühzeitige Kontakte zu späteren Widerstandskämpfern wie Joachim Meichßner, dessen Trauzeuge er war. Seine berufliche Karriere in verschiedenen Nachrichtenabteilungen und Funktionen ließ ihn teilnehmen an den militärischen Unternehmungen der Wehrmacht. So lässt uns Poretschkin, stets unter Berücksichtigung des Betrachters der späten Nachkriegszeit, teilhaben an seiner Wahrnehmung von Ereignissen wie der Besetzung des Sudetenlandes, die er so wie viele seiner Kameraden als eine gerechte Korrektur des ungerechten Versailler Vertrages ansah. Aufschlussreich ist auch, wie er seine Erlebnisse vor und während der Reichsprogromnacht des 9. und 10. November 1938 beschreibt. Zum Beispiel den eingehenden Funkspruch des Standortkommandos Berlin, dass die Wehrmacht an den beabsichtigten spontanen Kundgebungen nicht teilnehme. Er schildert zudem, wie bei der Ausfahrt nach Berlin an den Kudamm, seine Kameraden von den Folgen der Ausschreitungen angewidert waren.

Poretschkin ist an der Vorbereitung für den Polenfeldzug beteiligt. Als Mitglied der 10. Panzerdivision nimmt er auch an einer Standgerichtssitzung gegen einen Freischärler teil. Später erfolgte der Frankreichfeldzug mit ebendieser Division, bei der er schon auf den Inspekteur der Nachrichtentruppe General Fellgiebel traf, einen Mann des späteren Widerstands gegen das Naziregime. Poretschkin erlebte den Angriff auf die Sowjetunion in der 4. Panzerarmee und hatte Kontakt zu General Oberst Hoepner, der wegen Verstoßes gegen einen Führerbefehl am 8. Januar 1942 aus der Armee ausgestoßen und nach dem missglückten Attentat Graf von Stauffenbergs auf Hitler am 20. Juli 1944, wegen Teilnahme am Widerstand hingerichtet wurde. Danach diente Poretschkin als Nachrichtenoffizier in der sogenannten Geisterdivision, der 10. Panzerdivision unter General Balck, an verschiedenen Stellen der Ostfront. Hiernach wurde er Leiter des Funkdienstes beim Amt Ausland/Abwehr, mit dem Ziel das Nachrichtenregiment 506 aufzubauen. Hier war er direkt Oberst Georg Hansen, dem Stellvertreter von Admiral Canaris, unterstellt. Seine Einarbeitung erfolgte in der UKW-Außenstelle, so der Tarnname für die Abteilung des Amtes Ausland/Abwehr 1 mit der Großfunkstelle. Sie regelte verantwortlich den UKW-Verkehr mit Agenten in Übersee, außerdem wickelte man über sie den Dienstverkehr mit den Abwehrstellen im In- und Ausland ab. Für Poretschkin beinhaltete das Reisen nach Spanien, Frankreich und Portugal, wo er sich mit der Funkausbildung der deutschen Agenten vertraut machte. Seine zweite Informationsreise führte ihn auf den Balkan. Hiernach trat er endgültig seinen neuen Posten als Abteilungschef Amt/Ausland. Abw.li. an.

Anfang Januar 1944 gab es den Führerbefehl, einen einheitlichen deutschen geheimen Meldedienst zu schaffen. Die geplante Umorganisation zu einem Geheimnachrichtenregiment musste in allergrößter Eile erfolgen, damit man sich dem Zugriff der SS entzog. Allerdings half alles Tempo nicht, bald schon wurde das neu gegründete Nachrichtenregiment 506 wie die gesamte Abwehr dem Reichssicherheitshauptamt (RSHA) eingegliedert. Das neu geschaffene Amt wurde Reinhard Heydrich unterstellt als Amt Mil. Praktisch war es dem Amt VI unter der Leitung von SS-Brigadeführer Schellenberg, dem Chef des Auslandsgeheimdienstes der SS, untergeordnet. Damit konnte das Nachrichtenregiment 506 kaum noch Wirkung im Sinne der Abwehr bzw. der Wehrmacht entfalten. Auch wegen der im Osten und Westen näher rückenden Fronten waren die Arbeitsmöglichkeiten eingeschränkt. Die Ereignisse um den 20. Juli herum bekam Poretschkin rudimentär mit, im Rahmen eines Botendienstes lernte er Graf Stauffenberg persönlich kennen und war Zeuge, wie Jochen Meichßner, der sich ihm vor seiner Verhaftung als Widerstandskämpfer offenbart hatte, und Oberst Hansen verhaftet wurden. Das Kriegsende erlebte Poretschkin im süddeutschen Raum in den Alpen, wo er in amerikanische Gefangenschaft gelangte.

Poretschkin gewährt in seinen Lebenserinnerungen Einblick in den Aufbau des Nachrichtenwesens, wie er ihn persönlich erlebte. Seine Erfahrung entspricht dem Referenzrahmen eines Offiziers der späten Weimarer Republik, der auf einen ritterlichen Aspekt der Kriegsführung großen Wert legte und in seiner Retrospektive viele kritische Ansatzpunkte zum NS-Regime aufzeigt. Beachtenswert ist die große Nähe des Umfelds der Nachrichtensoldaten der Abwehr zum Kreis der Widerstandskämpfer des 20. Juli 1944. Dagegen widmete Poretschkin seiner Begegnung mit General Gehlen, dem Leiter Fremde Heere Ost, in den letzten Kriegstagen nur eine kurze Erwähnung.

Theodor Poretschkin starb am 1. April 2006 in Bonn. Das Original seiner auf der Schreibmaschine verfassten Autobiografie (»Aus meinem Leben – Geschichte und Geschichten«), die mit zahlreichen Fotografien und Dokumenten versehen war, ist nicht erhalten. Sie wird in diesem Buch zum ersten Mal der Öffentlichkeit zugänglich gemacht, wobei die ursprüngliche Unterteilung in »Band 1« und »Band 2« zugunsten einer thematischen Gliederung aufgebrochen wurde. Jedem Kapitel steht hier eine kurze Bemerkung der Herausgeber voran, in der der historische Kontext erläutert wird. Der Originaltext wurde behutsam der neuen Rechtschreibung angepasst, offensichtliche Tippfehler stillschweigend korrigiert; orthographische und stilistische Eigenheiten Poretschkins wurden jedoch beibehalten.

Laslo Mago

Einleitung

Der Herrgott hat mir ein interessantes Leben geschenkt. Meine Frau, einige Verwandte und Freunde, vor allem unser Freund John Rhinelander, haben mich oft bedrängt, aus meinem Leben etwas aufzuschreiben. Ich habe dies bisher nicht getan, weil ich der Meinung bin, dass ich nichts so Bedeutendes geleistet habe, das wert wäre, festgehalten zu werden.

In letzter Zeit habe ich aber öfter festgestellt, dass sich die Welt im Laufe meines Lebens so grundlegend verändert hat, dass die heutige Generation vieles gar nicht nachvollziehen kann, was früher geschehen ist. Ich bin oft erschrocken, was meine Enkelgeneration über Geschehenes, das ich selbst erlebt habe, besonders durch die Medien beigebracht bekommt. Schuld daran ist zum Teil meine eigene Generation. Wir haben zu wenig mit unseren Kindern über die Vergangenheit gesprochen. Der Grund dafür war sicher, dass wir Scheu hatten, über die schrecklichen Dinge zu sprechen, die in den dreißiger und vierziger Jahren geschehen waren, auch wenn wir selbst nicht daran beteiligt waren und sogar davon damals nichts erfahren haben.

Dies bestärkt mich nun in der Ansicht, dass es auch bei gutem Willen für die jetzige Generation unmöglich ist, aus heutiger Sicht vieles zu verstehen. Daher bin ich zu der Einsicht gekommen, dass ich doch aufzeichnen sollte, wie ich selbst und meine Generation diese Zeit erlebt und damals gehandelt haben, zumal die Zeugen jener Zeit immer weniger werden.

Leider verfüge ich über keine Tagebuchaufzeichnungen, Briefe oder andere Unterlagen. Diese sind alle nach dem Kriege verloren gegangen. Erst aus späterer Zeit sind Belege vorhanden. Aus der Zeit 1917 bis 1922 werden die Erinnerungen meiner Mutter, die sie kurz danach aufgeschrieben hat, ein ganz wichtiges Orientierungsmittel für mich sein. Ich will mich bemühen, durch später gewonnene Einsichten nichts zu verfälschen und hoffe sehr, dass mir dies gelingen wird. Die Einordnungen von einzelnen nicht zusammenhängenden Erinnerungen in der zeitlich richtigen Folge wird sicherlich einige Schwierigkeiten bereiten. Mein Bemühen wird aber immer sein, bei den Tatsachen zu bleiben.

Da ich ein Mensch bin, der gern erzählt, bin ich gewiss, dass ich manches aufzeichnen werde, das keine große Bedeutung für das Zeitgeschehen hat und nur ein kleines Anekdötchen ist. Der Leser wird aber doch vielleicht ein wenig Spaß daran haben, wie ich es beim Erzählen hatte. Wenn dies nicht der Fall ist, bitte ich schon jetzt um Nachsicht.

Kapitel 1: Kindheit und Jugend

***

Als Theodor Poretschkin 1913 als Sohn eines russischen Bankkaufmannes und einer deutschen Mutter in St. Petersburg geboren wurde, standen überwiegend noch Kaiser und Könige an der Spitze der europäischen Staaten und bestimmten maßgeblich deren Geschicke. So war es auch in Russland, wo Zar Nikolaus II. (1869–1918) seit 1894 von St. Petersburg aus regierte. Sein riesiges Herrschaftsgebiet führte er wie seine Vorgänger nahezu autokratisch. Die nach den Unruhen des Jahres 1905 eingerichtete Duma als gewähltes Parlament hatte kein wirkliches Mitspracherecht in der Politik.[1] Abseits schmaler bürgerlichen und adeliger Schichten führte die Masse der Bewohner des Zarenreiches ein ärmliches Dasein als Bauer oder Handwerker auf dem Land.

Als im Sommer 1914 der Erste Weltkrieg begann, erlebte auch das Zarenreich eine Welle nationaler Euphorie und Einheit.[2] Während die ersten militärischen Operationen gegen Österreich-Ungarn in Galizien große territoriale Erfolge brachten, erlitten die Armeen des Zaren trotz erster Fortschritte in Ostpreußen bald eine lange Reihe militärischer Niederlagen. Gleichzeitig zeigte sich immer mehr, dass die Wirtschaft des Landes bei weitem nicht den militärischen Bedarf decken konnte.[3] Schlecht geführt und ausgerüstet, wurden die Truppen immer weiter nach Osten zurückgedrängt und viele russische Soldaten gerieten in die Kriegsgefangenschaft der Mittelmächte. Diese katastrophale militärische Lage veranlasste Nikolaus II., 1915 selbst den Oberbefehl über die Armee zu übernehmen. Bis dahin hatte das Zarenreich rund 1,8 Millionen Soldaten an Toten, Verwundeten und Gefangenen verloren.[4]

Die neue Position des Zaren brachte keine Besserung, sondern führte dazu, dass die militärischen Niederlagen nun auch auf ihn persönlich zurückfielen. Angesichts der sich weiter verschlechternden Versorgungssituation der Bevölkerung, flächendeckender Streiks und erster meuternder Truppenteile sah er sich am 15. März 1917 schließlich gezwungen, abzudanken und für eine Provisorische Regierung und Wahlen Platz zu machen. Auch die nun folgenden Regierungen führten zunächst erfolglos den Krieg fort. Mit Unterstützung der deutschen Regierung gelang es den Bolschewiki unter Lenin, im Oktober 1917 die Macht in St. Petersburg an sich zu reißen. Die Folge waren das Zerbrechen des Zarenreiches als Vielvölkerstaat, ein Waffenstillstand, Friedensverhandlungen mit den

1 Figes, Hundert Jahre, S. 44 ff.

2 Altrichter, Rußland, S. 101; Figes, Hundert Jahre, S. 70.

3 Ebd., S. 103, 107.

4 Ebd., S. 102; Figes, Hundert Jahre, S. 75.

Kriegsgegnern und ein jahrelanger grausamer Bürgerkrieg gegen echte und vermeintliche politische Gegner sowie chaotische Zustände im Inneren. Der Ausgang dieses Konflikts war keinesfalls von Beginn an klar.[5] *Unter diesen Entwicklungen sollte auch die junge Familie Poretschkin leiden und zerbrechen, wie Theodor es Jahrzehnte später schildert.*

***

Kindheit in St. Petersburg 1913–1917

Geboren wurde ich am 22. November 1913 in St. Petersburg. Mein Vater Theodor Poretschkin war Russe mit einer schottischen Mutter, meine Mutter Elisabeth, geb. Paschke, war Reichsdeutsche, aber in St. Petersburg geboren und aufgewachsen. Großvater Generalleutnant a. D. Fjodor Jakowlewitsch Poretschkin war Chefingenieur der Kaiserlich Russischen Marine gewesen. Er hatte auch die Ausbildung zum Offizier in Greenwich an der Royal Navy Academy genossen und war später in seiner Laufbahn oft und lange in England und Schottland eingesetzt. Dort hatte er 1884 die junge Witwe Margarethe Caird, geb. Pringle-Neilson in Glasgow geheiratet. Die Tatsache, dass Großvater Poretschkin einen hohen Rang und eine bedeutende Stellung hatte und dazu vom Zaren Nikolaus II. auch den erblichen Adel verliehen bekommen hatte, sollte nach der russischen Revolution 1917 für die ganze Familie verhängnisvolle Folgen haben.

An die ersten Jahre meines Lebens in St. Petersburg habe ich so gut wie gar keine Erinnerungen, weder an Personen noch an Ereignisse. Die ersten Erinnerungen beginnen erst mit der Revolution. Aus den Erzählungen meiner Mutter weiß ich, dass wir eine Stadtwohnung hatten und den Sommer, etwa von Ende Mai/Anfang Juni bis Ende September, in Lachta auf einer Datscha verbrachten. Lachta ist ein Vorort nördlich von St. Petersburg und liegt direkt am Finnischen Meerbusen. Die Familien zogen also im Sommer ganz aufs Land und die berufstätigen Männer fuhren morgens mit der Vorortbahn an ihren Arbeitsplatz in die Stadt und kamen nachmittags wieder zurück. Mein Vater war zuerst bei Kodak und dann bei einer englischen Bank beschäftigt. Meine Großeltern Paschke und mein Großvater Poretschkin, der bei meiner Geburt schon lange verwitwet war, hatten ihre Datscha auch in Lachta. Betreut wurde ich beim Spielen und auch beim Baden von meinem Kindermädchen Njuscha. Nach den Erzählungen meiner Mutter war ich nie ernsthaft krank und hatte eine unbeschwerte und fröhliche Kindheit.

Mein Patenonkel Alexander Poretschkin, jüngerer Bruder meines Vaters und Sandy genannt, war Offizier im Pawlowskij Garderegiment und in St. Petersburg in Garnison. Er war oft in Lachta und wurde von seinem Burschen Tarim, einem Finnen, be-

[5] Altrichter, Rußland, S. 390; Figes, Hundert Jahre, S. 133 ff.

gleitet. Zu beiden hatte ich eine besondere Zuneigung. Sie behandelten mich stets sehr liebevoll und hatten immer Zeit für mich. Eine ganze Reihe von Fotos sind Zeugnisse davon. Obwohl ich mit meinem Patenonkel Sandy nur in den ersten Kinderjahren zusammen war und ihn später nur wenige Tage in Berlin wiedergesehen habe, hat er in meinem Leben eine große Rolle gespielt. Auch meine spätere Berufswahl hat dies entscheidend beeinflusst. Diese unbeschwerte Kindheit hatte 1917 beim Ausbruch der sogenannten Oktoberrevolution ein jähes Ende. Diese Revolution heißt so, obwohl sie nach unserer Zeitrechnung erst im November stattfand. Der alte russische Julianische Kalender zählte dreizehn Tage hinter unserem Gregorianischen.

Kindheit im Kaukasus 1917–1921

Im April 1916 war meine Schwester Irene geboren worden. Den Sommer 1917 hatten wir wieder wie üblich alle zusammen in Lachta verbracht und waren im Herbst nach St. Petersburg zurückgekehrt.

Mit Ausbruch der Revolution hatten sich die Verhältnisse völlig verändert. Ich merkte davon nicht viel. Erinnere mich aber zum ersten Mal, dass Unruhe herrschte. Da die Fenster vor dem Winter in Petersburg stets abgedichtet wurden, hörte man Geräusche von außen ganz wenig. Ich sah aber auf der Straße oft Lastkraftwagen überfüllt mit Soldaten und Matrosen rote Fahnen schwenkend und mit Gewehren in die Luft schießend. Auch erinnere ich mich, dass wir plötzlich aus unserer Wohnung, die in einer oberen Etage lag, ins Erdgeschoss zum Dwornik (Hausmeister/Pförtner) in dessen kleine Wohnung für einige Stunden gingen. Dies gefiel mir gar nicht, da ich dort nicht spielen konnte. Meine Mutter erzählte mir später, dass der Grund dafür war, dass eine verirrte Gewehrkugel bei uns das Fenster getroffen hatte und meine Eltern Angst hatten, dass wir Kinder Schaden erleiden könnten und es im Erdgeschoss beim Pförtner sicherer war.

Als meine Eltern zum Schluss kamen, dass wir wegen der abzusehenden Gefährdung durch die Bolschewisten für einige Zeit Petersburg verlassen müssten, entschlossen sie sich, die Einladung der Familie Kogan anzunehmen und in den Kaukasus zu fahren.[6] Frau Praskowja Nikolajewna Kogan war Gouvernante meiner Mutter gewesen und hatte, als meine Mutter eine solche nicht mehr benötigte, einen Landwirt und Weingutsbesitzer im Kaukasus geheiratet. Meine Mutter und Praskowja Nikolajewna hatten sich sehr gut verstanden und es war eine freundschaftliche Be-

---

6 Diese Überlegungen beschrieb Elisabeth Paschke in ihren Memoiren später wie folgt: »An unserer Küchentür fanden wir eines Morgens ein Zeichen mit Kreide angemalt, was, nach den Listen zu urteilen, bedeutete, dass wir in erster Linie drankämen. (...) Es wird wohl ein jeder verstehen, dass besonders Menschen, die Kinder hatten, nach einer Möglichkeit suchten, die Kinder vor all den Schrecknissen zu retten. Auch mein Mann und ich haben oft bis in die Nacht hinein beraten, was wir unternehmen sollten. Mein Mann wollte immer der Kinder wegen, dass ich mich entschließen sollte, mit den Kindern aus St. Petersburg wegzufahren.« Siehe Paschke, Meine Erinnerungen, S. 2.

ziehung entstanden, die auch nach beider Heirat fortbestand. Als an unserer Hintertür (wir hatten außer dem Aufgang mit Fahrstuhl noch eine schmale Treppe zur Küche, »Aufgang für Lieferanten und Dienstboten«) ein Zeichen mit Kreide entdeckt wurde, das bedeutete: »hier wohnt ein Konterrevolutionär, der liquidiert werden muss«, entschlossen sich meine Eltern abzureisen.

Am 19. November versuchte mein Vater für uns alle Fahrkarten nach dem Kaukasus zu bekommen. Er kam bald zurück und war sehr aufgeregt. Ihm war gesagt worden, dass heute der letzte Zug nach dem Süden abfährt und nicht abzusehen ist, ob danach überhaupt noch Züge dorthin fahren würden. Daraufhin hatte er Fahrkarten für denselben Abend ergattern können. Nun ging alles in größter Hetze vor sich, da in wenigen Stunden schon der Zug abfuhr. Unser Kindermädchen Njuscha war bereit mitzufahren, eine große Hilfe für meine Mutter, da Irenchen ja erst eineinhalb Jahre alt war. Mein Vater wollte uns bis zu Kogans bringen und dann wieder nach St. Petersburg zurückkehren, wo er inzwischen bei einer englischen Bank arbeitete. Spätestens in einigen Monaten wollte er uns zurückholen.

Als das Gepäck in Eile fertig gepackt war, fuhr Papa voraus um den großen Reisekorb und Koffer aufzugeben und Onkel Sandy kam mit seinem Burschen Tarim, um meiner Mutter zu helfen und sie und uns Kinder zum Bahnhof zu bringen. An diesen Tag habe ich ganz klare Erinnerungen. Es war lausig kalt, der Bahnhof nur sehr spärlich erleuchtet und unbeschreiblich überfüllt mit aufgeregten, schreienden Menschen. Als unser Zug eingefahren war, kämpfte sich Tarim mit mir an der Hand in ein Abteil und verteidigte Plätze für uns alle. Irenchen wurde durch das Fenster gereicht und Sandy half meinen Eltern. Ohne Sandy und Tarim wären wir nie in den Zug hereingekommen. Dann fuhren wir los Richtung Noworossijsk am Schwarzen Meer. An die Fahrt kann ich mich gut erinnern, es war recht langweilig. Am 22. November hatte ich Geburtstag.

Ich weiß ganz genau, dass ich von meinen Eltern ein Schächtelchen mit Zinnsoldaten und eine Tüte Fruchtbonbons bekam, die innen mit einer weichen Fruchtmasse gefüllt waren und einzeln in ein Papier, auf dem die jeweilige Frucht abgebildet war, gewickelt waren. Sie schmeckten herrlich und ich sehe sie noch heute vor mir.

Wir kamen wohlbehalten in Noworossijsk an. Mein Vater mietete ein Fuhrwerk und wir fuhren weiter über Gelendshik nach Archipo-Ossipowka zu Kogans. Die Fahrt dauerte zwei Tage. Bei Kogans wurden wir sehr herzlich aufgenommen. Nach wenigen Tagen musste mein Vater nach St. Petersburg zurückfahren, zum Glück fuhren noch Züge von Noworossijsk nach Norden. Es war ein trauriger Abschied, denn es war die erste Trennung von ihm. Aber wir alle waren zuversichtlich, dass es nicht zu lange dauern wird, bis er uns wieder nachhause holen kommt. Dies erwies sich aber als eine ganz falsche Beurteilung der Lage. Er konnte überhaupt nicht kommen und wir blieben vier Jahre im Kaukasus.

An diese vier Jahre habe ich nur sehr sporadische Erinnerungen, so wie man nach vielen Jahren aus einem Film sich an einzelne Szenen gut erinnert, aber die ganze

Handlung und die Zusammenhänge völlig vergisst. So geht es mir jedenfalls. Kogans waren eine große Familie. Nikolai Ossipowitsch Kogan (wir Kinder nannten ihn Onkel Kolja) war Witwer mit fünf Töchtern, als er Praskowja Nikolajewna (für mich Tante Panja) heiratete. Sie bekamen noch einen Sohn, der genauso alt war wie meine Schwester. Natalia (genannt Talja) war die älteste Tochter und zehn Jahre älter als ich und Ariadne (genannt Assja) war die Jüngste und genauso alt wie ich. Wir verstanden uns gut, aber ich kann mich nicht erinnern, dass wir miteinander gespielt haben. Aus Furcht vor Verfolgung lebten wir bei Kogans als deren Verwandte und durften unsere Namen nicht nennen. Meine Mutter hat mir das immer wieder erklärt und mich ermahnt, nie etwas über die Familie und besonders über Großvater Poretschkin und Onkel Sandy zu erzählen. Ich war zu Anfang wohl noch zu klein, um den Ernst der Lage zu verstehen, so passierten Pannen, die hätten gefährlich werden können.

Ab und zu waren Soldaten im Dorf und wir Kinder liefen zu ihnen, besonders wenn sie Pferde dabei hatten. Zu uns Kindern waren alle Soldaten eigentlich immer sehr nett und ich fing an, damit zu protzen, dass mein Großvater General und mein Onkel Sandy bei der Garde diente. Meine Mutter hörte dies und holte mich sofort ins Haus und in den Keller. Sie war so entsetzt und befürchtete ein Unheil, dass sie die Nerven verlor und mich fürchterlich verdrosch und in den dunklen Keller sperrte. Zum Glück haben die Soldaten auf mein Geschwätz gar nicht reagiert. Das war das einzige Mal, dass ich von meiner Mutter geschlagen wurde. Noch lange habe ich ihren Trauring auf meiner Backe gespürt. Meine gute Mutter hat dies Verhalten so stark getroffen und beschäftigt, dass sie mich noch kurz vor ihrem Tode darauf ansprach und fragte: »Theochen, hast Du mir das wirklich verziehen?«

In der Gegend um Archipo-Ossipowka fanden Kämpfe zwischen den Weißen (Zaristischen Truppen) und Roten (Bolschewiken) statt. Wenn Gefahr bestand, dass die Roten den Ort besetzen würden, mussten wir fliehen und uns im Wald verstecken. Das war jedes Mal sehr aufregend. Mit der Zeit gewöhnten wir uns aber daran und es wurde alles für solche Fälle geplant und vorbereitet. Jeder, auch wir Kinder, hatte bestimmte Aufgaben zu erfüllen. Einige Sachen hatten auch Dauerverstecke und brauchten nicht jedes Mal geschleppt zu werden. Aber die ganze Familie Kogan und wir lebten in einer dauernden Anspannung, besonders wir Kinder hatten Angst. Ich kann mich erinnern, dass ich besonders im Dunkeln und auch im Keller mich ängstigte. Dieser Zustand hat bei mir noch lange bestanden. Auch Jahre danach in Deutschland hatte ich damit Probleme und habe im Keller mich gefürchtet und laut vor mich hin gesprochen, das hat mich sehr beschämt. Erst als ich in Berlin Pfadfinder geworden war, habe ich dies überwunden.

Meine Mutter hatte für den Brillantschmuck, den sie als Reserve für Notfälle mitgenommen hatte, in einem Obstbaum vor ihrem Zimmerfenster ein Versteck ausgesucht. Sie zog mit einem langen Haken einen dicht belaubten Zweig herunter und befestigte einen kleinen Beutel mit dem Schmuck daran, dann ließ sie den Ast zurückschnellen. Man konnte so den Beutel gar nicht sehen und es hat auch wirklich funktioniert und erwies sich als ganz sicheres Versteck. Ich war ganz besonders stolz darauf, dass meine Mutter mich eingeweiht hat und ich ihr beim Verstecken sogar helfen durfte. Ich habe es nie jemand verraten.

Besonders schlimm drangsalierten die gesamte Bevölkerung die sogenannten »Grünen«. Dies waren Deserteure sowohl von den Weißen als auch den Roten. Sie hießen so, weil sie in den Bergen im Wald lebten. Sie überfielen ganz unerwartet einzelne Familien und man konnte nicht vor ihnen fliehen. Uns Kinder taten sie nichts, aber alle hatten große Angst vor ihnen, da sie Geld oder Naturalien verlangten und wenn die Forderungen nicht erfüllt wurden, die Männer erschossen. Dies geschah auch dem Bruder von Onkel Kolja, der ermordet wurde, als er die Wünsche nicht befriedigen konnte.

Im Sommer 1918 wurde die Lage so schlimm, dass wir eines Tages aus Archipo-Ossipowka fliehen mussten. Onkel Kolja erfuhr, dass bei den Roten, die den Ort in Kürze einnehmen würden, wir als erste auf der Liste der zu Liquidierenden stünden. Es wurde beschlossen, unser Zuhause sofort zu verlassen. Zum Glück war gerade der Türke Jakub bei uns. Das war der Kapitän eines Segelbootes, der entlang der Küste Handel trieb. Wenn Jakub in unserem Ort war, wohnte er immer in einem Gartenhäuschen von Kogans. Dafür war er sehr dankbar und sofort bereit, mit seinem kleinen Boot bei der Flucht zu helfen. Was nun folgte, habe ich heute noch genau in Erinnerung. In aller Eile wurden ein paar Kleidungsstücke zusammengerafft und jeder von uns bekam ein Bündel und rannte zum Boot, das ganz in der Nähe im Flüsschen lag. Das Segel wurde nicht gesetzt, aber zwei junge Männer und Jakub ruderten mit aller Kraft und das Boot setzte sich in Fahrt Richtung auf das Meer. Plötzlich tauchten am Ufer Soldaten von den Roten auf und fingen an, uns zu beschießen. Wir Kinder mussten uns auf den Boden kauern, aber ich konnte sehen, dass auf dem anderen Ufer Pferde galoppierten, gesattelt, aber ohne Reiter. Die Steigbügel schlugen den Pferden in die Flanken und sie wurden immer wilder. Das regte mich viel mehr auf als das Schießen, da von uns niemand getroffen wurde. Später hörte ich von den Erwachsenen, dass die Pferde den Weißen gehörten, die geflohen waren. Als wir das Meer erreichten, hörte das Schießen auf, wir bogen um einen Felsvorsprung und setzten Segel. Am Abend kamen wir zu einer Stelle, wo wir an Land gehen konnten, mussten aber durch das seichte Wasser waten und bekamen alle nasse Füße. Wir Kinder hatten bei der Flucht ausnahmsweise Schuhe an, sonst liefen wir im Sommer stets barfuß. Jetzt ging es ziemlich steil den bewaldeten Berg hinaus. Meine Mutter trug außer etwas Gepäck auch Irenchen und verletzte sich auf dem sehr unwegsamen Aufstieg einen Fuß. Sie weinte und ich versuchte vergeblich zu trösten. Plötzlich hörte ich sie immerzu murmeln: »Ich sehe immer Schienen mit Rädern«. Niemand konnte sich erklären, was das bedeuten sollte, aber meine Mutter behauptete immer, dass sie wirklich beim Aufstieg rollende Räder gesehen hätte. Jahre später erfuhren wir etwas, das vielleicht eine Erklärung dafür sein könnte. Wir kamen zu einer Hütte im Wald, die einem Förster gehörte und wurden freundlich aufgenommen, da die Leute Onkel Kolja kannten. Wir durften auf einer Strohschütte schlafen, konnten aber nicht einschlafen, weil wir von Wespen oder wilden Bienen dauernd gestochen wurden. Die Erwachsenen untersuchten bei Kerzenschein das Stroh und stellten fest, dass darunter etwas Fleisch vom erlegten Wild lag. Als dieses weggeräumt war, konnten wir endlich erschöpft einschlafen. Wie lange wir bei diesem Förster blieben, weiß ich nicht, aber wir gingen von dort aus weiter nach dem Dorf Krinitza, auch direkt am Schwarzen Meer gelegen. Hier blieben wir, bis wir nach Petrograd zurück durften.

Obwohl ich in Krinitza älter wurde, habe ich keinerlei Erinnerung daran, wie wir dort gewohnt haben, obwohl ich aus den Aufzeichnungen meiner Mutter weiß, dass wir mit Kogans mehrfach umgezogen sind. Auch erinnere ich nicht, ob und wie wir gespielt oder im Meer gebadet haben. So etwas wie Kindergarten gab es dort nicht, das war gar nicht nötig, da ja in den Dörfern nur Großfamilien lebten und die Kinder von Angehörigen betreut wurden. Eine Schule gab es in der ganzen Gegend zu dieser Zeit nicht. Nach der Revolution waren überhaupt die gesamte Verwaltung und alle öffentlichen und, wenn solche vorher überhaupt vorhanden waren, sozialen Einrichtungen zusammengebrochen bzw. nicht mehr in Betrieb, Ich kam bald ins Schulalter, jedoch weder meine Mutter noch sonst jemand aus der Familie hatte Zeit, mich zu unterrichten. Meine Mutter half im Haushalt oder arbeitete im Weinberg mit. Um auch mit Geld oder Naturalien zum Leben beizutragen, nähte sie für Dorfbewohner und lernte bei einem Schuster sogar, aus ungegerbtem Leder Schuhe zu machen; bis zum Herbst 1921 war dies eine Zahl von über einhundertfünfzig Paaren. In eine Schule kam ich dann zum ersten Mal erst 1923.

Aber ich war nun doch in einem Alter, wo ich mit verschiedenen Aufgaben betraut werden konnte. So musste ich eine Kuh hüten, die sich ein Bein gebrochen hatte und etwas lahmte. Am Abend, wenn ich die Kuh wieder in den Stall brachte, musste ich bei einer der älteren Töchter immer einen großen Sack voll mit der Hand gepflückter Brennnesseln abliefern, die als Futter für das für die Familie zum Schlachten bestimmte Schwein gebraucht wurden. Angeblich waren die Därme des Tieres dann besonders fest und gut als Wurstpelle geeignet. Das Pflücken war sehr lästig, da es an den Händen sehr brannte. Handschuhe hatte ich nicht. Ich versuchte deshalb immer wieder, die Säcke möglichst locker zu füllen und die Hände zu schonen. Dies hatte aber meist eine ganz saftige Backpfeife zur Folge. Der Sack wurde geleert und ich musste dann nochmals raus und noch einen Sack voll mit Brennnesseln holen. Geschadet hat dies mir aber nicht. Ich musste auch sonst im Stall und auch im Weinberg helfen, auch bei der herbstlichen Weinlese, was wegen der süßen Trauben sehr beliebt war.

Jedes Jahr kamen zu einer bestimmten Zeit, wann, weiß ich nicht mehr, riesige Schildkröten in großer Zahl an den Strand, wohl um Eier zu legen. Von ihnen wurde eine Menge geschlachtet. Das Fleisch schmeckte sehr gut und es wurde ein großer Vorrat angelegt. Dazu mussten aber die Schildkröten erst gefangen werden. Hierfür wurde jedes Mal am Strand im Sand ein viereckiges niedriges Mäuerchen provisorisch aus aufeinander geschichteten Ziegelsteinen errichtet, um die Tiere darin für einige Zeit einzusperren. Damit die Schildkröten nicht wegliefen, mussten wir Kinder sie auf den Rücken umdrehen. Sie blieben so hilflos liegen. Das war eine sehr beliebte Aufgabe und machte einen Heidenspaß.

Im Sommer des letzten Jahres bei Kogans erkrankte meine Mutter sehr schwer und war wochenlang krank. Es war wohl Lungen- und Rippenfellentzündung. Nachdem keine der wenigen verfügbaren Arzneien und auch andere Behandlungen etwas genutzt hatten, empfahl der am Ort wohnende Feldscher (das ist die Bezeichnung für einen Sanitätsfeldwebel) eine Rosskur. Meine Mutter sollte in eine Packung von Brennnesseln gelegt und warm zugedeckt werden. Das war nun wieder eine Aufgabe für mich. In aller Eile sammelte ich mehrere Säcke voll davon und machte es mit großer Freude, ohne das Brennen an den Händen zu spüren. Die Packungen mussten mehrfach wiederholt werden und halfen dann tatsächlich. Das Fieber sank und meine Mutter fühlte sich besser. Nach einiger Zeit wurde sie gesund. Ich war furchtbar stolz.

Im Herbst kam eine Bestimmung heraus, die unter bestimmten Voraussetzungen das Reisen erlaubte. Onkel Kolja half, diese Erlaubnis zu bekommen. Wir hatten Glück, nach einigen Wochen war das nötige Visum da und die Vorbereitungen für die Rückreise nach Hause begannen.

Vor allem musste für die voraussichtlich lange dauernde Heimfahrt die Verpflegung für uns drei Personen sichergestellt werden. Dazu hatten wir schon lange vorher in Scheiben geschnittenes Brot in der Sonne getrocknet und eine Art Zwieback gemacht, einen großen Sack voll. Speck, Trockenobst und anderes wurde und von Kogans und anderen Dorfbewohnern geschenkt. Als alles fertig war, wurde tränenreich Abschied genommen. Bei aller Vorfreude auf die Heimkehr und das Wiedersehen mit unserem Vater fiel der Abschied allen sehr schwer. Schließlich fuhren wir mit einem Pferdewagen von Freunden los. Tante Panja fuhr bis Gelendshik mit.

Die Jahre am Schwarzen Meer bei Kogans werden wir nie im Leben vergessen. Meine Mutter hatte mit ihnen noch lange bis in die zwanziger Jahre brieflich Verbindung. Dann erfuhr sie, dass die Familie Kogan nach Sibirien als »Intelligenzler« und Conterrevolutionäre verbannt worden waren, jedes Mitglied der Familie, insgesamt acht Personen, in einem anderen Ort. Sie mussten die lange Strecke zu Fuß gehen. Später erfuhren wir, dass es allen dann doch noch gelungen war, an einen Ort zusammenzuziehen. Dann riss die Verbindung endgültig ab.

Über die Zeit im Kaukasus hat meine Mutter kurz danach, Anfang der zwanziger Jahre, Erinnerungen aufgezeichnet. Diese berichten über alles Geschehene viel ausführlicher als ich es erinnere.

Rückkehr nach Petrograd, 1921–1922

In Gelendshik wurden wir von Freunden von Kogans, die uns aber gar nicht kannten, freundlich aufgenommen und rührend versorgt. Es dauerte einige Tage bis meine Mutter den Schmuck verkauft hatte, damit sie die Fahrkarten bezahlen konnte. Dann fuhren wir weiter nach Novorossijsk. Von hier bis Petrograd war die Fahrt mit der Eisenbahn das Schlimmste, was ich bis zum Krieg erlebt habe. Auf dem schmutzigen und überfüllten Bahnsteig mussten wir ewig warten. Ich glaube, es waren mindestens zwei Tage und die Nacht dazwischen. Wir saßen und schliefen auf dem Gepäck oder auch auf der Erde. Es dauerte so lange, weil irgendwelche Erlaubnis eingeholt und die Fahrkarten gestempelt werden mussten. Mutti hatte hierfür einen völlig fremden Mann engagiert, musste aber ab und zu sich selbst darum kümmern und ließ uns allein. Ich musste auf Irenchen und auch auf das Gepäck aufpassen. Uns wurde immer wieder eingeprägt, dass wir ja nicht mit irgendwelchen Fremden mitgehen dürften und unbedingt zusammen bleiben sollten. Auf dem Bahnsteig wimmelte es von herrenlosen Hunden und Katzen, die nach Futter suchten, aber auch mindestens von ebenso vielen elternlosen Kindern. Diese armen Jungen und Mädchen hausten anscheinend irgendwo auf dem Bahnhofsgelände, waren unbeschreiblich dreckig und verwahrlost. Sie bettelten um Essbares und wenn sie nichts bekamen, versuchten sie zu stehlen. Ihr Aussehen und Gehabe war so furchterregend, dass ich dauernd Angst hatte, besonders um das mir anvertraute Irenchen. Auch meine Mutter war überzeugt davon, dass diese herrenlosen Kinder und Jugendlichen zu allem fähig waren und war furchtbar aufgeregt, wenn sie uns auch nur einen Augenblick allein lassen musste. Die Aufregung übertrug sich dann immer auf mich und ich fing zu heulen an, was nun wieder meine Mutter zur Verzweiflung brachte. Zwischendurch hatten wir Hunger und Durst. Zum Glück gab es aber trotz des Durcheinanders wie in geordneten Zeiten auf dem Bahnsteig hier und auch später umsonst »Kipitok«, d.h. kochend heißes Wasser. Ich holte dann immer einen Wasserkessel voll aus dem Kran[7] und wir brühten Tee, den wir mitgebracht hatten. Aus dem Sack mit getrocknetem Brot wurde in einer Blechschüssel ein paar Handvoll überbrüht. Dieser Brei war mit etwas Salz und manchmal auch etwas Zucker für vierzehn Tage unsere Hauptnahrung. Der mitgebrachte Speck musste geschont werden. Er wurde zur Bezahlung von Hilfe im Notfall benötigt. Wir bekamen aber doch auch ein wenig davon, wenn der Hunger zu groß wurde.

Nach langem Warten waren die Formalitäten endlich erbracht und wir konnten weiterfahren. Vorher mussten aber nach dem Einfahren des Zuges Richtung Moskau erst mal für uns drei und das Gepäck Plätze erobert werden, was ein richtiger Kampf war. Unsere Mutter leistete dabei Unmenschliches, wofür ich sie sehr bewunderte. Dann ging es aber wirklich los. Der Zug blieb oft auf Bahnhöfen oder auch mal auf

---

7 russ. Wasserhahn.

freier Strecke stehen. Auf den Bahnhöfen herrschte der gleiche Zustand wie in Noworossijsk, auch was Hunde, Katzen und Kinder betraf. Schließlich kamen wir aber doch in Moskau an, wo wir aber auf die Weiterfahrt sehr lange warten mussten.

Auf der Fahrt von St. Petersburg bis Gelendshik hatten wir im November 1917 zwei Tage und eine Nacht gebraucht, obwohl auch damals schon großer Wirrwarr herrschte. Jetzt dauerte die Reise von Noworossijsk bis Petrograd ganze vierzehn Tage und Nächte. Zwischen Moskau und Petrograd hielt der Zug auf freier Strecke ewig und es wurde gesagt, dass wir aussteigen und zu Fuß weitergehen sollten. Darauf große Aufregung, bis dann doch weitergefahren wurde.

Endlich waren wir am Ziel angelangt. Es war aber spät am Abend und keiner durfte den Bahnhof bis zum nächsten Morgen verlassen. Wir mussten also auf dem Fußboden schlafen.

An diese Rückfahrt konnte ich immer nur mit einem Gefühl der Beklemmung zurückdenken. Die Erinnerung an die Reise ist untrennbar verbunden mit dem Gedanken an ständige Angst, unbeschreiblichen Dreck und die vielen elternlosen Kinder.

Am nächsten Morgen gelang es meiner Mutter, einen Mann mit einem Karren zu finden, der für ein Stück Speck bereit war, unser Gepäck zu transportieren. Vor der Reise war es gelungen, mit der Schwester meiner Großmutter, Tante Emma Schwichtenberg, Kontakt zu bekommen. Diese hatte vorgeschlagen, bei Ankunft zunächst zu ihr zu kommen. Unsere Wohnung war versiegelt. So gingen wir zu ihr, die am anderen Ende von Petrograd auf Wassilij Ostrow wohnte. Es dauerte lange. Das Pflaster war streckenweise kaputt und wir mussten oft durch Schlamm und Schneematsch waten. Zum Glück konnte Irenchen auf dem Gepäck sitzen. Wir kamen schließlich an. Tante Emma und ihre Tochter Elva waren ganz überrascht. Sie hatten nicht erfahren, dass wir schon abgereist waren. Der Empfang war sehr herzlich. Da wir unbeschreiblich schmutzig und völlig verlaust waren, wurde zu allererst ein Bad bereitet. Seit Jahren waren alle Wasser- und Abfallrohre kaputtgefroren. Es musste erst Wasser vom Hof geholt und auf dem Herd heiß gemacht werden. Dann ging es reihum in die Badewanne, natürlich alle drei ins selbe Wasser. Mit groben Bürsten wurde geschrubbt, da Wasser und Kernseife allein nichts nutzten. Nach diesem Bad seit über drei Wochen fühlten wir uns wie neugeboren. Der Mann von Tante Emma war Sänger und Schauspieler an der Oper gewesen, hatte so unter den Zuständen nach der Revolution und den Verfolgungen der Familie gelitten, dass er Selbstmord begangen hatte. Tante Emma und Elva forderten uns auf, bei ihnen zu bleiben, bis unsere Wohnung freigegeben wurde. Dies dauerte aber lange und meine Mutter musste von einer Behörde zur anderen laufen bis endlich das Siegel entfernt war und wir in die Wohnung durften. Mein Vater war immer noch als schwerkranker Mann mit amputiertem Bein im Gefängnis. Wir durften ihn zunächst nicht besuchen.

Jetzt erst erfuhren wir, von General Spiegel und seiner Tochter, die unter uns wohnten, was inzwischen alles passiert war. Mein Vater war vom Trittbrett einer überfüllten Straßenbahn während der Fahrt herunter geschubst worden und vom Anhänger waren ihm die Zehen zerquetscht und später wegoperiert worden. Als die Wunden noch nicht abgeheilt waren, wurde er verhaftet und kam ins Gefängnis. Bei den dort herrschenden unhygienischen Zuständen bekam mein Vater Wundbrand und musste wieder operiert werden. Dies wiederholte sich mehrmals, bis am Ende das Bein bis zum Hüftgelenk abgenommen war. Es stellte sich jetzt heraus, dass der Unfall mit der Straßenbahn zur selben Zeit passiert war, als wir mit dem Türken Jakub aus Archipo-Ossipowka geflohen waren und abends bergauf zur Hütte des Försters gingen. Meine Mutter hatte damals behauptet, immer rollende Räder zu sehen. Die Frage, ob diese beiden Ereignisse zusammenhingen, hat uns alle sehr lange beschäftigt. Mama hat, meine ich, dies geglaubt. Zu uns in die Wohnung zog auch eine Kusine meines Vaters, Tante Manja Kotschueff, ein. Sie hatte schon früher darin gewohnt und musste ausziehen, als die Wohnung bei der Verhaftung meines Vaters geplündert und versiegelt wurde.

Die Wohnung war nach der Freigabe zunächst gar nicht bewohnbar. Alle Schubladen waren herausgerissen und der Inhalt ausgeschüttet, die Bücher alle aus den Regalen auf dem Fußboden geworfen worden. Es war unbeschreiblich schmutzig, das Bad voller Unrat und die Badewanne voller vertrockneter Exkremente. Seltsamerweise waren auf allen Bildern und Fotos an der Wand die Augen ausgestochen worden. Tante Manja meinte, dass dies deswegen gemacht worden war, damit niemand sehen konnte, dass etwas Unrechtes getan wurde. Ich kann mich an dies alles sehr gut erinnern. Natürlich war auch in unserem Hause alles eingefroren und auch die Zentralheizung funktionierte nicht, Es wurde ein sehr kalter Winter. Die Zimmer waren eiskalt und alles Wasser musste vom Brunnen auf dem Hof herauf und das Abwasser herunter getragen werden. Dabei habe ich geholfen. Ich wurde ja schon acht Jahre. Gegen die Kälte nähte meine Mutter für uns Kinder, nachdem die Wohnung einigermaßen aufgeräumt war, aus schweren Winter-Fensterportieren (Vorhängen) Mäntel, für Irene einen roten und für mich einen blauen. Sie waren herrlich warm. Trotzdem froren wir immer noch, denn es wurde ein besonders strenger Winter mit viel Schnee. Brennmaterial für den im einzigen bewohnbaren Zimmer aufgestellten Bullerofen war kaum zu beschaffen und dazu hatten wir sehr wenig zu essen.

Die Haupterinnerung an diesen Winter 1921/22, die ich bis heute habe, ist, dass Irenchen und ich im Wintermantel mit Pelzmütze und Pelzhandschuhen die meiste Zeit des Tages auf dem Bett saßen und vor Hunger weinten. Als ich einmal Mutti half, von ihr ergatterte Lebensmittel herauszutragen, rutschte ich auf der von übergeschwapptem Wasser völlig vereisten Treppe aus, flog hin und das Kostbarste, eine Flasche mit Sonnenblumenöl, zerbrach. Nicht nur das Öl war weg, auch mein schöner neuer Mantel war verdorben. Getragen habe ich ihn aber doch noch. Eines Tages passierte etwas ganz Eigenartiges. Goga, der Sohn von Tante Manja, wohnte auch in Petrograd. Er hatte im Krieg den Führerschein für Lkw gemacht und nutzte dies aus, um in den Wirren nach der Revolution, sich seinen Lebensunterhalt als Kraftfahrer zu verdienen. Eines Tages fuhr er mit der Straßenbahn und musste stehen. Ein Mann neben ihm las Zeitung und Goga las über die Schulter mit. Plötzlich sah er eine Anzeige des Britischen Generalkonsuls »Frau Kotschueff möchte sich bitte sofort melden. Hier ist ein Paket für sie da.« Er bat den Herren um das Stück aus der Zeitung und kam sofort zu uns. Dann fuhr er mit Tante Manja sofort zum Generalkonsulat. Es stellte sich heraus, dass Großvater Poretschkin aus London tatsächlich ein Paket für uns an sie geschickt hatte, aber ihre alte Adresse angegeben hatte. Nun wurde die Sendung ausgehändigt. Zuhause angekommen, wurde sofort alles ausgepackt und es begann eine richtige Fresserei, zu der auch Spiegels natürlich sofort eingeladen wurden. Wir konnten alle nicht aufhören und verdarben uns furchtbar den Magen.

Zunächst besuchte meinen Vater die Mutter allein, sie kam immer ganz verstört zurück und ich konnte das nicht verstehen. Dann gingen wir eines Tages zusammen zum Gefängnis. Wir bekamen aber keine Erlaubnis und gingen alle weinend weg. Auf der Straße zeigte uns die Mutter ein Fenster ganz oben. Man konnte hinter dem vergitterten Glas undeutlich den Oberkörper eines Menschen ahnen. Meine Mutter sagte: »Das ist Papa«. Das war das langersehnte Wiedersehen mit meinem geliebten, aber kaum gekannten Vater. Papa hat dann vor unserem Weggang aus Russland uns noch zwei- oder dreimal kurz in unserer kalten Wohnung besucht. Erinnern daran kann ich mich aber kaum noch, weiß es eigentlich nur von Erzählungen meiner Mutter. Ich erinnere nur, dass ein oder zwei Tage vor unserer Abreise Papa sich kurz von uns verabschieden kam, was dabei gesagt wurde, weiß ich nicht, nur dass wir alle wieder herzerweichend geweint haben, sehe ich deutlich vor mir. Meine Eltern hatten die Scheidung eingereicht, was damals nach der Revolution sehr einfach vor sich ging. Ich erfuhr davon nichts. Erst als alles erledigt war und meine Eltern schon geschieden waren, erzählte meine Mutter mir das, ohne auf die Gründe einzugehen.[8] Erst sehr viel später erfuhr ich, dass mein Vater in der langen Zeit des Alleinseins im Gefängnis sich in den Gedanken verbohrt hatte, dass die Deutschen an allem Unglück in Russland Schuld waren, auch an seinem persönlichen Schicksal. Vor allem nachdem er erfahren hatte, dass die deutsche Regierung geholfen hatte, Lenin und seine Genossen aus der Schweiz nach Russland zu bringen und damit die Auslösung der Revolution unterstützt hatte. Dies war so weit gegangen, dass er in einen Deutschenhass ausgeartet war. Dies hatte bei ihm auch zu einer Entfremdung mit seiner deutschen Frau geführt. Ich habe dieses in meiner Kindheit und Jugend nie verstehen können. Erst als ich nach dem Krieg im Winter 1945/46 in Einzelhaft im Gefängnis in Höchst einsaß, also in einer ähnlichen Situation war, habe ich meinen Vater verstehen gelernt.

---

[8] Elisabeth Paschke hatte bereits vor dem ersten direkten Wiedersehen nach vier Jahren der Trennung in einem Brief erfahren, dass ihr Mann inzwischen eine andere kennengelernt hatte und diese heiraten wollte. Dies hatte in ihr die letzten Hoffnungen auf eine erneute Zusammenführung als Familie zerstört. Dennoch besuchte sie ihren Mann weiterhin im Gefängnis, siehe Paschke, Meine Erinnerungen, S. 84 ff.

Meine Mutter hatte die Einreisegenehmigung nach Deutschland beantragt. Ihr Bruder Adolf half ihr dabei. Er war ja Deutscher und es war ihm gelungen, nach Ausbruch des Krieges 1914 aus der Internierung in Wologda auszubrechen und nach Deutschland zu gelangen und auf deutscher Seite als Soldat zu dienen. Onkel Adolf Paschke war 1922 in Berlin beim Auswärtigen Amt tätig. Nun versuchte meine Mutter, für die Reise nach Deutschland das Geld zu beschaffen. Alle Bankkonten waren zunächst beschlagnahmt und dann vom Staat eingezogen worden. Mutter versuchte, möglichst viel von den übriggebliebenen Möbeln und Wertgegenständen zu verkaufen, was ihr mit Hilfe von Verwandten und Freunden auch ganz gut gelang. Es reichte für die Schiffskarten und Bestechungsgelder für die Beschaffung der Ausreisepapiere. Etwas blieb sogar übrig und sie kaufte dafür auf dem Schwarzmarkt einige Goldmünzen zum Mitnehmen. Papiergeld war damals wertlos. Verstecke dafür mussten sorgfältig überlegt werden. So nähte meine Mutter in Mantelsäume einige Münzen ein. Als besonderes Versteck dachte sie sich aus, Goldstücke in Seife einzudrücken und so zu verschmieren, dass nichts zu sehen oder fühlen war. Diese Stücke sollten dann ins Waschzeug gelegt werden. Ich half ihr dabei und wurde ausdrücklich belehrt, dass niemand das Versteck erfahren durfte. Das sollte später zu einer Panne führen.

Es kam der Tag, an dem die Ausreisegenehmigung vorlag und alle Vorbereitungen erledigt waren. Auch die Schiffskarten für die Fahrt nach Deutschland waren besorgt. Der Abfahrtstermin kam heran. Von allen Verwandten und vielen Freunden wurden wir und unser Gepäck zum Hafen gebracht und wir mussten von lieben Menschen und auch unserer Heimatstadt Abschied nehmen. Als als letztes ein Zöllner unser Gepäck kontrollierte, flüsterte ich ihm zu: »Wir haben ganz bestimmt keine Goldstücke in der Seife versteckt«. Meine Mutter erstarrte sichtlich, aber der Zöllner hatte offenbar nichts gehört oder vielleicht wollte der gute Mensch nichts hören. So kamen wir ungeschoren an Bord und wurden im Zwischendeck untergebracht. Die Reise begann. Wir Kinder fielen sofort in Schlaf. Meine Mutter stand wohl noch solange an Bord, bis wir Kronstadt passiert hatten und von der Stadt, in der sie geboren, aufgewachsen und viel glückliche Zeiten, aber auch sehr viel Leid erlebt hatte, nichts mehr zu sehen war.

Die Zeit von 1917 bis 1922, in der ich einiges sehr bewusst und vieles unbewusst erlebt habe, hat mich für mein ganzes Leben stark geprägt. Gegen Kommunismus und Bolschewismus habe ich bis heute eine ganz starke Abneigung. Jeglichen Fanatismus lehne ich ab. Ich glaube, dass dies auch meine Einstellung zum Nationalsozialismus und Hitler stark beeinflusst hat. Meine Mutter und wir Kinder haben in diesen Jahren Hunger und auch Einschränkungen aller Art kennengelernt und erfahren, dass man damit auch leben kann. Dies hat mir später, besonders im Krieg und in der Zeit danach, oft sehr geholfen und vieles erleichtert.

Ausreise nach Deutschland, 1922

***

Angesichts der erschütternden Erlebnisse und Entwicklungen seit 1917 verließ Elisabeth Poretschkin im Juni 1922 mit ihren beiden Kindern Petrograd und reiste ins Deutsche Reich aus. Bereits im Sommer 1921 hatte sie einen Brief ihres Bruders Adolf aus Berlin erhalten, in dem dieser schrieb, dass er inzwischen verheiratet sei und auch die gemeinsame Mutter mittlerweile in Deutschland lebe.[9] Die Rückkehr in ihre Heimat Petrograd war zu ernüchternd gewesen und eine Heimkehr in das »alte« Familienleben aus der Zeit vor der Revolution angesichts der zerbrochenen Ehe mit ihrem Mann nicht möglich. Die Scheidung erfolgte daher am 12. Dezember 1921.[10] Doch auch das Deutsche Reich hatte sich in dieser Zeit stark verändert. Aus dem Kaiserreich von 1871 war 1918 eine Republik geworden, die in den frühen 1920er-Jahren begann, sich langsam zu etablieren, der aber auch einige Krisen noch bevorstehen sollten.

Bei ihrem Vorhaben wurde sie von ihrem Bruder unterstützt, den sie seit 1915 nicht mehr gesehen hatte. Die Einbürgerung war für sie und ihre Kinder aufgrund ihrer deutschen Abstammung problemlos möglich und erfolgte am 27. Oktober 1922.[11] Allerdings erhielt die Familie als Emigranten keinerlei staatliche Unterstützung und war auf die Hilfe von Verwandten angewiesen. Dennoch lebten sie und ihre Kinder sich schnell in Berlin ein. Eine riesige Umstellung bedeutete diese Entscheidung selbstverständlich für Theodor und seine Schwester Irene, die nun in einem ihnen vollkommen fremden Land lebten und eine für sie neue Sprache erlernen mussten.

***

Am nächsten Morgen war schönes Sonnenwetter bei ruhiger See. Erst gab es aber Frühstück, und was für eins! Wir waren wirklich überwältigt über die Reichhaltigkeit. Wir schafften es nicht, alles zu essen und Mutti begann, die restliche Butter aufzuheben als Geschenk für Paschkes. Dann gingen wir Kinder auf Entdeckungsreise an Deck. Es gab dort Deckstühle, sowas kannten wir gar nicht. Alles war so sauber, dass ich es sogar noch genau erinnere. Es war ein deutsches Schiff und die meisten Mitreisenden Deutsche, alle waren besonders nett zu uns. Ich wurde aber gehänselt, weil ich gar nicht deutsch sprechen konnte und fing an, einige Worte Deutsch zu lernen. Alles Neue und Unbekannte an Bord war doch viel interessanter und es wurde nichts daraus. Unterwegs waren wir auch mal in einem Hafen, ich weiß

9 Paschke, Meine Erinnerungen, S. 59.

10 BArch R3001/187246, Schreiben Elisabeth Poretschkin vom 03. Mai 1942, Betr.: Rechtsgültigkeit meiner durch ein russisches Volksgericht ausgesprochenen Scheidung.

11 Ebd.

aber nicht wo. Wir durften nicht an Land. Kurz vor Ende der Fahrt wurde es etwas stürmisch, ich erinnere, dass viele seekrank wurden. Ich blieb davon verschont.

An Einzelheiten dieser Seereise habe ich kaum Erinnerungen. Am besten ist bei mir haften geblieben, dass wir keinen Hunger hatten und das Essen gut war. Am 19. Juni 1922 kamen wir in Stettin an und ich betrat zum ersten Mal deutschen Boden. Einen großen Eindruck hat mir hinterlassen, dass ein Mitreisender aus einem Automaten ein kleines Täfelchen Schokolade zog und es mir schenkte, das hatte ich noch nie erlebt. Unser Gepäck mussten wir nicht selbst schleppen, es gab überall Gepäckträger. Auf einen Zug nach Berlin mussten wir auch nicht lange warten und bekamen ohne Schwierigkeiten sofort Sitzplätze. Deutschland gefiel mir auf Anhieb! Die Fahrt war schnell geschafft. In Berlin erwartete uns Onkel Adolf, da meine Mutter ein Telegramm geschickt hatte. Auf dem Stettiner Bahnhof hatte ich ein unvergessliches Erlebnis. Onkel Adolf ging mit mir »für Herren«, dieser hellerleuchtete, weiß gekachelte saubere große Raum mit blitzenden Rohren und Wasserhähnen hat mich so beeindruckt, dass ich mein Entzücken darüber nie vergessen habe. Zur Wohnung von Onkel Adolf fuhren wir mit einer Autodroschke, das war wieder ein richtiges Erlebnis für mich. Andere Erinnerungen an diesen für mein ganzes Leben so besonders bedeutsamen Tag habe ich nicht. Obwohl Tante Adchen einige Tage nach unserer Ankunft ihr erstes Kind bekam, nahmen Paschkes uns sehr freundlich bei sich auf und wir blieben bei ihnen in Wilmersdorf für Jahre und wurden in die Familie aufgenommen. Als erstes beantrage Mutti unserer Einbürgerung.

Nach heutigen Begriffen waren wir bei der Ankunft in Stettin als Auslandsdeutsche Heimkehrer, Asylanten, politisch verfolgte Flüchtlinge und sicherlich auch noch etwas anderes in einer Person. Damals gab es das alles noch nicht. Wir waren Emigranten, die ins Deutsche Reich einreisen wollten, für die es keinerlei finanzielle Hilfen vom Staat gab. Meine Mutter stand bei der Ankunft mit zwei Kindern und Gepäck da, hatte keinerlei finanzielle Grundlage und auch keine Berufsausbildung. Geholfen haben uns nur Verwandte und dies in großartiger Weise. An erster Stelle Onkel Adolf und Tante Adchen, wie schon angedeutet, dann Tante Anna Paschke, die Witwe von Gotthelf Paschke, dem Bruder von Großvater, und ganz besonders die Familien der Söhne von Großvaters Schwester Helene (Tante Lenchen) Kurt und Alfred Hanfland in Sonnewalde/Niederlausitz.

Tante Anna und ihre beiden Töchter lernten wir bald kennen. Der früh verstorbene Onkel Gotthelf war Innungsmeister der Fleischerinnung von Charlottenburg gewesen und hatte ein sehr schönes Geschäft in der Grolmanstraße, einer Nebenstraße vom Kurfürstendamm gehabt. Das hatte sein Sohn Karl weitergeführt. Er war Leutnant der Reserve im Gardeschützen-Regiment und 1918 kurz vor Kriegsende an den Folgen einer Verwundung gestorben. Tante Anna führte mit ihren Töchtern seitdem das Geschäft. Jede Woche wurden wir bei ihr zum Mittagessen eingeladen. Irene und ich waren überwältigt von den Fleischportionen und ich noch mehr von den Mengen verschiedener Wurstsorten, von denen wir Kinder essen durften, soviel wir wollten. Ein ganz besonderes Erlebnis war, als wir an einem Sonntag zu einer Kremserfahrt in den Grunewald eingeladen wurden. In »Onkel Toms Hütte«, einem Gartenlokal, durfte man Picknicken (ich glaube diesen Begriff gab es damals schon). Eine große Aufschrift besagte: »Hier können Familien Kaffee kochen«. Das taten auch die meisten. Sie verzehrten den mitgebrachten Proviant und brühten sich den mitgebrachten Kaffee selbst. Wir Kinder bekamen stattdessen aber Selters, damals ein Synonym für Mineralwasser, was wir bis dahin auch nicht kannten. Daneben war ein Spielplatz. Am späten Nachmittag ging es nachhause, wieder im Kremser. Ich habe diesen Tag nicht vergessen.

Sehr schwer fiel es mir, dass ich kein Wort Russisch sprechen durfte. Ich musste ja so schnell als möglich die deutsche Sprache lernen, ohne deren Kenntnis ich ja in keine Schule aufgenommen wurde. Jeden Tag lernten ich und auch Irenchen neue Worte und es wurde immer leichter mit der Verständigung. Die Kinder spielten damals immer auf der Straße, denn Autos gab es damals nur ganz wenige und mit den Pferdefahrzeugen kamen beide Seiten zurecht. Ich traute mich aber zunächst nicht mitzuspielen. Viele Kinder riefen, wenn ich erschien, »Russki popolski« und zeigten mit dem Finger auf mich. Wenn die Haushilfe von Tante Adchen, Frau Mill, gerade Fenster putzte und dies hörte, rannte sie die Treppe runter und rief mit dem Putzlappen drohend »Lasst ja meinen Theodor in Ruhe«, das wirkte immer.

Gespielt wurde damals nach Jahreszeiten streng geordnet, mit einem Reifen, der mit einem Stock oder einem Kreisel, der mit einer Peitsche angetrieben wurde. Murmelspiel war auch sehr beliebt. Es gab Murmeln aus Ton und Glas in verschiedensten Ausführungen, die je nach Schönheit ihren Wert hatten. Hopsen nach einem auf das Pflaster mit Kreide gezeichneten Muster war meist den Mädchen vorbehalten und bei den Jungen verpönt. Das galt auch für das Ballspeilen. Da bei diesen Spielen nur einfache und billige Hilfsmittel gebraucht wurden, konnte ich gut mitspielen. Roller, die es mit kleinen und größeren Rädern gab, waren für mich zu teuer, aber ab und zu ließen mich Spielkameraden auf ihren Rollern fahren. Ich lernte dies schnell und es machte mir großen Spaß und ich freute mich darüber, weil es ein Zeichen dafür war, dass die Ablehnung schwand und ich in den Kreis der Spielkameraden aufgenommen wurde. Dabei spielte sicher eine große Rolle, dass ich immer mehr deutsche Worte lernte.

Nach einiger Eingewöhnungszeit in Berlin fuhren wir mit dem Personenzug 4. Klasse nach Brenitz, der Bahnstation von Sonnewalde, zu den Verwandten Hanfland. Dort blieben wir ein paar Wochen und Sonnewalde wurde für uns eine zweite Heimat. Wir waren bis zum Ende der Schulzeit jedes Jahr mehrfach dort in den Ferien.

Sonnewalde

Der Personenzug hielt auf jeder kleinen Station und es dauerte bis Brenitz über zwei Stunden. Am Bahnhof holte uns Onkel Alfred mit dem Lehrling und einem Handwagen für unser Gepäck ab. Nach Sonnewalde gingen wir die etwa vier Kilometer zu Fuß, zuerst durch den Wald und dann entlang einer großen, schönen Wiese, die Hainwiese heißt. Unterwegs wurde im Forsthaus Station gemacht. Die nette Förstersfrau hatte schon gehört, dass wir aus Russland geflohen waren und war rührend besorgt. Sie bot uns Milch und Kuchen an. Als wir ankamen, wurden wir von der ganzen Familie Hanfland empfangen und mit vielen Umarmungen und Küssen herzlich begrüßt. Hanflands bewohnten zwei nebeneinander gebaute Häuser, Markt 15/16. Der Vater Hermann Hanfland hatte in diesem Städtchen von ca. eintausend Einwohnern, das sehr stolz darauf war, seit Jahrhunderten Stadtrechte zu besitzen, einen Kolonialwarenladen gegründet. Er starb früh und seine beiden Söhne hatten den Laden zu einem kleinen Kaufhaus mit einer Filiale einer Genossenschaftsbank erweitert. Onkel Kurt war für die Bank zuständig, Onkel Alfred für das Geschäft. Beide hatten mit anderen Kaufleuten zusammen die EDEKA (Einkaufsgenossenschaft deutscher Einzelhandels Kaufleute)[12] gegründet. Geschäft und Bank florierten sehr gut und die Brüder Hanfland genossen großes Ansehen. Als ich etwas älter war, beauftragte Onkel Kurt mich, ein Firmenzeichen für die Firma Hermann Hanfland zu entwerfen. Ich nahm die beiden Anfangsbuchstaben HH und machte daraus ein Gebilde, das einem Adler ähnlich sah. Das gefiel Onkel Kurt und Alfred sehr gut. Ich bekam dafür als Belohnung 50 Pfenning und war sehr stolz über dieses erste selbstverdiente Geld. Der »HH-Adler« wurde später als Firmenzeichen unter dem Giebel des Hauses Markt 15 angebracht. Als Rabattmarken eingeführt wurden, bekamen Onkel Alfreds Marken auch dieses Zeichen anstelle des Firmennamens aufgedruckt. Mein Vetter Günter Hanfland hat einige Bogen von diesen gummierten Rabattmarken und benutzt sie heute noch als Briefaufkleber, was mich jedesmal freut, wenn ich einen Brief von ihm bekomme.

Die Erinnerungen an Sonnewalde zählen zu den schönsten und glücklichsten aus meiner Kindheit und Jugend. Als wir im Sommer 1922 zum ersten Mal zu Hanflands kamen, bekam ich zum ersten Mal in meinem Leben ein eigenes Zimmer. Es lag im obersten Stock, in dem Tante Lenchen ihr Altenteil hatte. Ursprünglich war das kleine Zimmer für einen zweiten Lehrling gedacht, aber im Geschäft waren zu der Zeit nur der »junge Mann«, d.h. der Kaufmannsgehilfe und ein Lehrling. Der Gehilfe hatte das Zimmer neben mir. Mein Zimmer war für heutige Verhältnisse sehr spartanisch eingerichtet. Neben dem Bett waren ein kleines Tischchen mit einem Stuhl und ein kleiner Spind die einzigen Möbel. Außerdem stand in der Ecke

12 Hier irrt sich Poretschkin. Ursprünglich nannte sich die Genossenschaft »Einkaufsgenossenschaft der Kolonialwarenhändler«. Aus E.d.K. wurde 1911 der Name EDEKA.

noch eine Waschschüssel auf einem Eisengestell mit Wasserkanne und Eimer. Wasser musste zuerst vom Hof aus einer Pumpe geholt werden. Dann installierte Onkel Kurt unter dem Dach einen großen Wasserbehälter für das ganze Haus mit Wasseranschlüssen in jeder Etage und auch in der Küche. Das Wasser musste mit der Hand herauf gepumpt werden. Das war ein recht langwieriges Unternehmen, an dem ich mich auch beteiligte zusammen mit dem Lehrling und Gehilfen sowie dem alten Karl Große, der ständig bei Hanflands half. Onkel Kurt war aber technisch sehr versiert und ließ später eine elektrische Pumpe installieren. Ich benutzte mein Zimmer zunächst nur zum Schlafen, am Tag spielten wir stets draußen oder waren im Garten. Dieser lag etwas außerhalb hinter dem alten Stadtwall. Er war riesig mit einer uralten Fachwerkscheune, vielen Obstbäumen, Gemüse-und Blumenbeeten und einer Wiese zum Bleichen der Wäsche. Außerdem gab es ein hübsches Gartenhäuschen, wo an Geburts- und Feiertagen Familie und Gäste Kaffee tranken mit sehr viel selbstgebackenem Kuchen. Daneben war ein Gedenkstein für den Bruder Paul. Dieser hatte das Einjährige (Mittlere Reife), war von Beruf Lehrer und Reserveoffizier gewesen. Er war im Weltkrieg gefallen.

Die Söhne von Onkel Kurt und Tante Else hießen Peter (geboren 1917) und Günter (geboren 1920). Die Tochter Marianne von Onkel Alfred und Tante Siddi wurde erst November 1922 geboren. Mit Peter konnte ich schon spielen. Wir spielten Trapper und Indianer. Onkel Alfred gab uns Deckel aus Sperrholz von runden Margarinekistchen. Sie eigneten sich hervorragend zu Schildern. Wir brachten auf der Rückseite ein Stück von einem alten Lederriemen zum Festhalten an und bemalten die Vorderseiten mit abschreckenden Fratzen. Die Schilder waren ein guter Schutz gegen die Pfeile aus Holunderholz, die die Indianer verschossen. Bei den ersten Zusammentreffen mit den Nachbarsjungs fing es genauso an wie in Wilmersdorf. Die Jungs jagten mich und riefen »Russki popolski«. Als Onkel Alfred dies sah oder hörte, schnappte er sich den ersten besten und verdrosch ihn. Dies wirkte prompt und wir spielten von da an herrlich miteinander noch Jahre lang, wenn ich in den Ferien in Sonnewalde war.

Ich durfte, wenn nicht zu viel Betrieb war, im Laden zugucken. Es faszinierte mich immer, mit welcher Geschicklichkeit Onkel Alfred Zucker, Mehl oder Salz abwog und in Papiertüten füllte und diese durch Falten verschloss. In meiner Jugend gab es ja noch nicht alles fertig abgewogen und maschinell verpackt. Die handverpackten losen Tüten von Onkel Alfred sahen aber ebenso korrekt und sauber aus. Im Geschäft gab es auch alles nötige Zubehör für Pferde und Wagen. Der Kauf von Peitschen spielte sich nach einem ganz bestimmten Ritual ab. Wenn die Peitschen ausgewählt waren, mussten sie ausprobiert werden. Onkel Alfred ging dann an die zum Markt offene Ladentür und führte die Peitsche vor. Das machte er so meisterhaft, dass man den lauten Peitschenknall auf dem ganzen großen Marktplatz hören konnte.

Onkel Alfred hatte immer einen Schäferhund. Das war stets ein besonders ausgesuchter Rassehund, den Onkel Alfred selbst aufzog und dressierte. Auf dem Hof war dazu eine hohe Holzwand freistehend aufgebaut, über die der Hund auf Kommando klettern lernte. Bei den Dressurübungen durfte ich dabei sein und der Hund lernte mich kennen und ich verlor die anfängliche Scheu vor dem großen Tier. Damals wurde auch an Samstagen wie an allen anderen Werktagen gearbeitet und auch das Geschäft war bis abends geöffnet, sodass Onkel Alfred für den Hund nur abends und vor allem an Sonntagen Zeit hatte. Nachdem der Schäferhund mich kennengelernt hatte, wurde er sehr zutraulich. Onkel Alfred erlaubte jedoch nie, dass ich den Hund allein führte, da er sehr scharf war.

Onkel Alfred war im Weltkrieg 1914/18 Feldwebel und Offiziersstellvertreter, besaß das Eiserne Kreuz I. Klasse und hatte zuletzt sogar eine Kompanie geführt, was sehr selten vorkam, wenn man keine höhere Schulbildung hatte. Onkel Alfred war sehr stolz darauf und mit Passion Soldat gewesen. Nach dem Krieg gehörte er der Freiwilligen Feuerwehr an und wurde »Feuerwehrhauptmann« und genoss auch in dieser Eigenschaft hohes Ansehen. Damals trug auch die Freiwillige Feuerwehr eine Uniform und es wurden regelmäßig Übungen abgehalten. Ich war immer besonders stolz, dass mein Onkel die Feuerwehr alarmieren und die Übungen leiten durfte. Onkel Kurt war im Krieg auch Soldat gewesen, aber aus gesundheitlichen Gründen nicht frontverwendungsfähig und fast den ganzen Krieg über in einer Schreibstube auf dem Militärflugplatz Adlershof eingesetzt. Er hat sich dort sehr wohl gefühlt, besonders weil er sich für die Flugtechnik interessierte. Wenn er dieses erwähnte, hörte sein Bruder Alfred dies nicht besonders gern, er war zu sehr Frontsoldat gewesen.

In Sonnewalde gab es zwei Schützengilden, die Grauen und die Grünen Schützen. Onkel Kurt war Mitglied der Grauen, deren Hauptmann sein Schwiegervater, der »Großvater Bahr« war. Zu Pfingsten war immer Schützenfest, ein ganz besonderes Ereignis und die gesamte Bevölkerung aus Sonnewalde und den umliegenden Dörfern nahm daran teil. Wenn der Schützenkönig ausgeschossen war, fand abends ein Fackelzug statt. Der neue König mit seiner Frau wurden feierlich in ihrem Haus abgeholt und der Zug ging durch die Stadt zum Schloss, wo der Graf und die Gräfin Solms-Sonnewalde den Vorbeimarsch abnahmen. Dies war für mich die einzige Gelegenheit durch das Unterschloss in das Innere des Schlossgrundstückes zu kommen, sonst war der Zutritt für »Unbefugte« nicht gestattet. Von den Kindern in der Stadt durften nur die im Nachbarhaus von Handlands wohnende Christel, Tochter des Pfarrers von Sonnewalde, zum Spielen mit den Kindern von »Grafens« ins Schloss kommen. Sie war etwa in meinem Alter, aber ich mochte sie nicht besonders und wir haben nie zusammen gespielt.

An den Sonntagen war der gemeinsame Spaziergang obligatorisch. Ich ging lieber mit Onkel Alfred und Tante Siddi. Das war immer sehr interessant, weil der Hund dabei war. Onkel Kurt und Tante Else nahmen den Weg stets rund um die große Hainweise. Das war ein sehr schöner Spaziergang, aber ich ging nicht so gern mit. Onkel Kurt meinte, ich müsste mich gerader halten und hatte eine ganz bestimmte Methode, mir eine bessere Haltung beizubringen. Ich musste immer vor ihm gehen und seinen Spazierstock hinter dem Rücken zwischen meinen angewinkelten Ellenbogen halten. Das gefiel mir gar nicht. Onkel Kurt versuchte auch mir zu helfen, da ich damals ziemlich stark schielte. Er brachte mir bestimmte Sehübungen bei, die ich täglich machen musste. Zuerst unter seiner Anleitung und dann allein. Ob dies genutzt hat, kann ich nicht beurteilten, da später in Berlin das Auge operiert wurde, wobei das Schielen etwas gebessert werden konnte, aber vermindert weiter besteht.

In Sonnewalde besteht seit langer Zeit auf dem Friedhof ein Erbbegräbnisplatz der Familien Paschke/Hanfland. Als Kinder gehörte es zu unseren Aufgaben, das Unkraut zwischen den Gräbern und davor zu jäten, was wir alle besonders ungern taten. Onkel Kurt hatte eines Tages eine ganz großartige Idee: Er beschaffte eine entsprechende Menge Dachpappe, ließ von dem alten Karl Große die Erde vor und zwischen den Gräbern etwas abtragen und die zurechtgeschnittene Dachpappe drauflegen und mit Kies bedecken. Wir Kinder halfen dabei begeistert mit. Der Erfolg war großartig, wir brauchten nicht mehr Unkraut jäten, es wuchs nichts. Als Ulla und ich vor einigen Jahren mit meiner Kusine Gisela Paschke Sonnewalde von Berlin aus besuchten, war der gleiche Erfolg immer noch zu sehen! Onkel Kurt ließ später in dem großen Garten, der etwas abseits außerhalb des alten Stadtwalls liegt, ein Schwimmbad bauen, das vor allem wir Kinder mit Begeisterung benutzten und die mit der Pflege der Anlage verbundene Arbeit sogar gern in Kauf nahmen.

Ein besonderes Ereignis war für mich bei einem späteren Aufenthalt in Sonnewalde der Besuch von Tante Siddis älterem Bruder Walter Rothe. Dieser war im Krieg Offizier und zum Flugzeugführer ausgebildet worden. Nach dem Krieg musste er ausscheiden, da im Versailler Vertrag die verbleibende deutsche Armee keine Flugzeuge haben durfte. Er ging als Pilot zu den Junkers Flugzeugwerken und war dann in der Türkei, Afghanistan, Australien und Griechenland tätig beim Aufbau von den ersten Anfängen von zivilen Fluglinien mit Junkers Flugzeugen. In Afghanistan war er gleichzeitig auch Pilot vom König Aman Ullah. In der damaligen Zeit war das ein gewaltiges Abenteuer und ich war fasziniert, einen solchen weitgereisten Abenteurer in der Familie zu haben. Onkel Rothe hat Anfang der Dreißiger Jahre ein Buch über diese interessante Zeit geschrieben.[13] Meine Kusine Marianne Hanfland fragte mich bei einem Telefonat Ende 2001, ob ich das Buch kennen würde und als ich verneinte, schickte sie es mir zum Lesen. Es war gerade zur Zeit des Anti-Terrorkrieges in Afghanistan. Ich las das Buch mit Interesse und musste feststellen, dass Walter Rothe damals in den zwanziger Jahren von genau den gleichen Problemen in diesem Land berichtet. Der damals herrschende König hatte mit der großen Zahl der Stammesfürsten dieselben Schwierigkeiten, wie sie gerade in diesen Tagen bestehen. Damals musste König Aman Ullah abdanken und das Land verlassen.

Ich habe nun nicht nur von unserem ersten Besuch in Sonnewalde 1922 berichtet, sondern über die ganze Zeit dort bis zum Ende meiner folgenden Schulzeit erzählt,

[13] Rothe, Walter: Flieger in drei Erdteilen. Erlebnisse und Abenteuer, Minden o. J.

eine Zeit, die ich nie vergessen habe. Die beiden Brüder Kurt und Alfred Hanfland waren mir ein bleibendes Vorbild. Die große Hilfe, die sie meiner Mutter und uns Kindern beim Einleben nach der Flucht vor dem Bolschewismus und noch viele Jahre danach immer wieder schenkten, kann sicherlich nur jemand ermessen, der ein ähnliches Schicksal erlebte. Flüchtlinge und Asylanten erhalten heute vom Staat so viel Unterstützung, dass sie nicht auf die Hilfe von Verwandten angewiesen sind. Nach den schönen Wochen in Sonnewalde fuhren wir nach Breslau, wo unsere Mutter für einige Zeit unsere Großmutter vertreten sollte.

Jugend in Berlin-Wilmersdorf 1922–1926

In Berlin wurden wir von Tante Adchen und Onkel Adolf wieder herzlich aufgenommen. Nach einigen Tagen fuhren wir nach Breslau und blieben dort zwei Monate. Mutti vertrat ihre Mutter, die in der Privatklinik Prof. Küttner als Hausdame tätig war. Darüber war sie sehr glücklich. Die Klinik gehörte einer älteren Dame, Fräulein Mirus, die von Muttis Schicksal gehört hatte und ihr helfen wollte. Wir bekamen alle drei in der Klinik Unterkunft und Verpflegung und fielen in dieser Zeit niemandem zur Last. Die Klinik lag am Hobrechtufer sehr hübsch an der Oder, aber da wir Kinder ja nur ganz wenig Deutsch sprachen, kamen wir kaum aus dem Haus. Ich habe auch nur ganz wenige Erinnerungen. Zufälligerweise war eine Schulfreundin von Mutti, Erika Russwurm, aus Russland nach Breslau geflohen und wir trafen sie dort. Bei »Tante Erika« bekam ich Unterricht in Deutsch und lernte in zwei Monaten verhältnismäßig viel und bekam auch etwas Unterricht im Rechnen. So verging die Zeit für mich sehr schnell. Im Oktober kehrten wir nach Berlin zurück.

In Wilmersdorf gab es in der Nachodstraße eine kleine russische Privatschule, speziell für Emigrantenkinder, die wie ich keine Schule besucht hatten. Ich erhielt ein Stipendium und wurde im November eingeschult. Es gab sogar eine große Tüte mit Süßigkeiten und ich war sehr stolz, obwohl ich ja schon neun Jahre alt war. Die Lehrer waren alle Russlanddeutsche und auf die besonderen Umstände der Schüler eingestellt. In meiner Klasse waren auch noch zwei Jahre ältere Mitschüler. Durch den sehr intensiven Unterricht und den auf unsere Verhältnisse abgestimmten Lehrstoff lernten wir sehr schnell und nach knapp zweieinhalb Jahren im April 1925 hatte ich so das Fehlende aufgeholt, dass ich die Aufnahmeprüfung für ein deutsches Gymnasium oder eine Oberrealschule ohne Schwierigkeit bestand. Damals war es noch nicht Pflicht, eine Volksschule (Grundschule) zu besuchen, so wurde ich in die Quinta der Oberrealschule am Hindenburgpark in Wilmersdorf eingeschult. Ich erhielt ein Stipendium, das die Kosten für das übliche Schulgeld abdeckte, mir aus der Schulbücherei alle notwendigen Bücher (gebraucht) lieferte und zwanzig Reichsmark bar an meine Mutter monatlich auszahlte. Allerdings war es an die Bedingung gebunden, dass jährlich überprüft werden musste, ob die vom Schüler erbrachten Leistungen das

Stipendium weiterhin rechtfertigten. Wenn diese merklich nachließen, wurde das Stipendium zurückgezogen. Ich hatte zum Glück keine Schwierigkeiten. Ich war nicht Streber, dazu fehlt mir der nötige Ehrgeiz. Ich hatte aber mir vorgenommen, beim Unterricht aufzupassen, um in der Freizeit nicht das Versäumte nacharbeiten zu müssen und dadurch Zeit zum Spielen oder Lesen zu verlieren. Dann merkte ich, dass mich der Unterrichtsstoff eigentlich in allen Fächern sehr interessierte. Von da ab habe ich bis zum Abitur mit Leichtigkeit das Pensum geschafft und recht gute Noten erhalten. Geholfen hat mir sehr, dass ich ein gutes Gedächtnis hatte und schnell etwas auswendig lernte. In meiner Schulzeit wurden Gedichte noch auswendig gelernt und im Unterricht abgefragt. Als ich später Fahrschüler war, habe ich bei der Anfahrt im Zug mehrfach (meist im Stehen, da der Zug immer sehr voll war) die aufgegebenen Strophen gelesen und gelernt und wenn ich drankam, alles stets auswendig aufsagen können. Meine Mitschüler haben mich oft darum beneidet. Später habe ich aber mit Bedauern festgestellt, dass ich das meiste so Gelernte wieder ebenso schnell verlernt habe. Wenn ich heute Schillers »Glocke« lese, so habe ich das Gefühl, dies Gedicht noch nie vorher gehört zu haben. Besonders zu empfehlen ist diese Methode also nicht.

Unser Klassenlehrer war Studienrat Dr. Garbe. Er war im Weltkrieg Seekadett gewesen, war als Fähnrich verwundet worden und hatte ausscheiden müssen. Durch den Dienst in der Kriegsmarine war er sehr geprägt worden. Nach dem Studium war er passionierter Lehrer geworden, den Fähnrich z. S. hat er aber nie verbergen können. Dr. Garbe blieb unser Klassenlehrer bis zum Abitur, wir haben ihn sehr gemocht. Seine Frau war sehr an der Rassenlehre interessiert, was wir bei einem Aufenthalt Ende der Zwanziger Jahre im Schullandheim im Riesengebirge merkten. Frau Garbe begleitete ihren Mann und machte mit uns ihre entsprechenden Studien, indem sie bei vielen von uns den Kopf gemessen hat, um festzustellen, welche Rassenmerkmale wir aufwiesen. Als 1933 die Nationalsozialisten an die Macht kamen, muss sie wohl aus Überzeugung der Partei beigetreten sein. Berliner Klassenkameraden erzählten, dass das Ehepaar Garbe 1945 Selbstmord begangen hat, nachdem das ganze Ausmaß der begangenen Gräueltaten bekannt wurde. Dies hat uns Schüler von Dr. Garbe sehr betrübt, da er zu unserer Schulzeit alles andere als ein Nazi war und uns allen Vorbild war in seiner stets fürsorglichen, väterlichen Art. Auch viele unserer anderen Lehrer unterrichteten uns bis zum Schulabschluss. Damals unterrichteten sie uns nicht nur, sondern haben uns, vor allem durch ihr Vorbild, erzogen und nachhaltig geprägt. Als ich 50 Jahre nach dem Abitur ein paar Klassenkameraden wiedertraf, stellten wir dies alle fest. Wir haben, trotz ganz anderer persönlicher und beruflicher Entwicklung, unserer Einstellung zu grundsätzlichen Lebensfragen, die uns von unseren Lehrern vorgelebt wurden, erhalten. Wir hatten uns äußerlich alle so verändert, dass wir uns kaum erkannten, aber trotzdem kam es uns vor, als ob wir uns erst vor kurzer Zeit getrennt hatten.

In meiner Klasse Quinta A waren wir fünfundzwanzig Schüler, etwa ebenso viele waren in der Parallelklasse Quinta B. Etwa die Hälfte meiner Mitschüler hatte keinen Vater, da die Väter im Krieg gefallen waren. Die meisten von ihnen zu Anfang des Krieges, sodass die Söhne die Väter gar nicht kannten. Außer mir hatten noch drei Mitschüler ein Stipendium. Der Primus in meiner Klasse war von der Sexta bis zum Abitur Alfred Kurzawa, dessen Vater Schneidergeselle war und sehr wenig verdiente. Alfred hatte auch ein Stipendium. Einige Zeit war ich sogar sein Rivale als Primus, wir haben uns aber trotzdem immer gut verstanden. Alfred war beliebt, da er gerne geholfen hat und sogar abschreiben ließ. Ich wurde aber bald durch Volkmar Kellermann abgelöst. Dessen Eltern beide Studienrat und Dr. phil. waren. Vom armen Volkmar wurde zuhause erwartet, dass er der Primus wurde und ich gönnte es ihm. Ich hatte nie damit gerechnet und bei mir zuhause erwartete es niemand und ich glaube, ich habe es nie erzählt. Die meisten in der Klasse waren Protestanten, zwei waren katholisch und fünf Juden. Ich war orthodox getauft, nahm aber bei den Evangelischen am Religionsunterricht und später auch am Konfirmationsunterricht teil. Wir beneideten die katholischen und noch mehr die jüdischen Mitschüler, da diese neben den in Berlin offiziellen evangelischen Feiertagen auch an ihren religiösen Feiertagen schulfrei hatten.

Von unserer Wohnung in der Prinzregentenstraße bis zur Schule waren es nur ca. zehn Minuten Fußweg. Fast alle in meiner Klasse wohnten auch in der Nähe der Schule. Ich hatte aber zunächst mit keinem außerhalb der Schule Kontakt, da wir ja bei Paschkes lebten und wir Kinder uns keinen Besuch einladen konnten. In unserem Hause wohnte eine Familie Hoyer, die Sohn und Tochter hatten. Beide Kinder waren im gleichen Alter wie meine Schwester Irene und ich. Wir freundeten uns an und verbrachten viel Zeit miteinander.

Mit Hanns Hoyer entstand eine echte Freundschaft, die bis zu seinem Tod gedauert hat. Der Vater von Hanns, Prof. Hanns Thadäus Hoyer, war ein sehr begabter Graphiker und lehrte auch an der Staatlichen Kunstakademie Berlin Gebrauchsgraphik. Er war später nicht überzeugter Nationalsozialist, bekam aber von der NSDAP kurz vor dem Ende des Krieges den Auftrag, Karten für einen riesigen Prachtatlas des Großdeutschen Reiches als Geburtstagsgeschenk zum sechzigsten Geburtstag von Hitler graphisch künstlerisch zu gestalten. Anfang 1945 traf ich Herrn Hoyer in Berlin. Er erzählte mir, dass er sogar von der Parteileitung den Befehl erhalten hätte, um diesen Auftrag nicht zu gefährden, von Berlin nach Schlesien aufs Land zu ziehen, um dort ungefährdet von Luftangriffen arbeiten zu können. Dazu kam es aber nicht, weil er zum Volkssturm eingezogen wurde und bei der »Verteidigung« von Berlin verwundet wurde und starb. Frau Hoyer war eine sehr liebe, mütterliche Frau, die Irenchen und mich sehr gern hatte und uns immer zu ihnen einlud. Bei Hoyers gab es nachmittags immer Kaffee und Kuchen, für uns Kakao oder sogar Schokolade, was bei uns zuhause nicht üblich war. Hoyers wohnten im ersten Hinterhaus, das vom Vorderhaus durch einen sehr hübschen Hof mit zwei riesigen hochgewachsenen Bäumen, die bis zum vierten Stock reichten, zu erreichen war. Aus Hoyers Wohnung im obersten Stockwerk sah man im Sommer immer ins Grüne. Hanns hatte die Begabung seines Vaters geerbt und zeichnete besonders gut, Leider ging er nicht in meine Schule sondern in das humanistische Treitschke-Gymnasium. Nach der Schule wurde er wie der Vater Gebrauchsgraphiker und arbeitete u. a. für die großen deutschen Autohersteller Mercedes, BMW, Horch und Audi. Er entwarf auch künstlerisch Karosserien. Als 1935 die Wehrpflicht eingeführt wurde, meldete er sich freiwillig zur Kavallerie und diente in der Schwadron von Rittmeister Baader, einem sehr eigenwilligen und liberalen Offizier, der im Krieg hoch dekorierter, erfolgreicher General und Divisionskommandeur wurde. Hanns schwärmte immer von seinem verehrten Chef. Im Krieg wurde Hanns in sein Regiment eingezogen, erkrankte aber sehr schwer an Diabetes und wurde entlassen. Er arbeitete im Mosseverlag und ich traf ihn mehrfach im Winter 1944/45 in Berlin. Nach dem Krieg riss die Verbindung ab. Von Frau Hoyer hörte ich dann, dass Hanns beim Versuch, aus der sowjetisch besetzten Zone illegal über die grüne Grenze nach Hamburg zu gelangen, verwundet wurde und kurz danach gestorben ist. Damit wurde meine einzige Freundschaft aus der Kinderzeit beendet.

Meine Mutter hatte versucht, zum Lebensunterhalt etwas durch Nähen von Kinderkleidern beizutragen. Bei uns in der Prinzregentenstraße wohnten mehrere jüdische Familien, die auch in der Inflationszeit finanziell recht gut gestellt waren. Als bekannt wurde, dass wir aus Russland hatten fliehen müssen, halfen diese Familien Mutti durch Aufträge. Ganz besonders hilfreich war eine Frau Goldschmidt, die bei uns im Haus wohnte. Sie bestellte immer gesmokte Kinderkleidchen für ihre ganze Verwandtschaft und bezahlte sehr großzügig. Diese Tätigkeit war sehr anstrengend, da Mutti im Haushalt half und abends bis in die Nacht nähen musste. Der Schwager von Tante Adchen, Dr. jur. Ernst Decke-Cornill hatte mit seinem Sozius Geheimrat Corvegh eine Rechtsanwalts- und Notarpraxis in Berlin. Onkel Ernst bot meiner Mutter eine Arbeit in seiner Praxis an, Mutti lernte im Schnellverfahren Stenografie und Schreibmaschineschreiben und arbeitete von 1925 an dort als Bürovorsteherin.

Nach einer Einarbeitungszeit hat sich Mutti als ganz Unerfahrene recht schnell zurechtgefunden und die Anforderungen rasch gemeistert. Allerdings waren fast täglich Überstunden unerlässlich und Mutti kam meist erst sehr spät nachhause. Als ihr beim Norddeutschen Cementverband (NCV) eine Stellung angeboten wurde, schied sie zum Bedauern der beiden Rechtsanwälte Ende September wieder aus und nahm beim NCV die Stelle an, bei der sie eine geregelte Arbeitszeit bekam und nicht so spät nachhause kam. Diese Anstellung behielt sie, bis sie im Krieg als Dolmetscherin für Russisch bei der Briefprüfstelle in Berlin kriegsdienstverpflichtet wurde. Ende 1925 ergab sich die Möglichkeit, in Berlin-Spandau eine kleine Zweieinhalbzimmerwohnung in einer Neubausiedlung zum April nächsten Jahres zu mieten. Da die Miete angemessen war, schloss Mutti den Mietvertrag ab. Zunächst blieben wir aber bei Paschkes wohnen.

Den letzten Winter in Wilmersdorf genoss ich besonders mit Schlittschuhlaufen auf einem nahegelegenen Tennisplatz, der in der Frostperiode durch Besprengen mit

Wasser zu einer schönen großen Eisbahn umgestaltet wurde. Ich hatte ein Paar Schlittschuhe geerbt, die an meinen Winterstiefeln befestigt werden konnten. Mit Hanns lief ich fast jeden Tag und auch abends bei Beleuchtung. Dann spielte eine kleine Kapelle von alten Männern, der Kälte wegen ganz vermummt, zum Musiklaufen auf. Das war ein ganz besonderer Spaß, den alle besonders genossen. Ich habe den Schlittschuhwalzer noch in den Ohren.

In Berlin wohnten in den zwanziger Jahren Freunde meiner Eltern, Arnold und Manja Godfrey. Er war Brite, sie gebürtige Deutsche aus Leipzig. Sie hatten vor dem Krieg in St. Petersburg gelebt und ihre Datscha auch in Lachta gehabt. Wir Kinder liebten sie innig und nannten sie Onkel Arnold und Tante Manja. Die Zuneigung war gegenseitig, besonders da sie kinderlos waren. Onkel Arnold war Vermögensverwalter eines Jugoslawen, der mehrfacher Millionär war und in Berlin sehr großen Immobilienbesitz hatte, z. B. am Pariser Platz neben dem Brandenburger Tor ein Palais, das Onkel Arnold als Residenz des Botschafters einer Großmacht gegen Dollardevisen mitten in der Inflation verkaufen konnte.

Onkel Arnold »vererbte« mir während meiner ganzen Schulzeit Anzüge, die eine Dame aus St. Petersburg, die nähen konnte, für mich umarbeitete. Wir Kinder wurden auch sonst sehr verwöhnt. Einmal gaben Godfreys für uns ein Kinderfest mit einem Zauberer aus dem Wintergarten. Von dessen Zauberkünsten war ich so begeistert, dass ich am nächsten Tag vor Irenchen und anderen Kindern mit Kunststücken protzen wollte und eine Bohne verschwinden lassen wollte, um sie dann wieder erscheinen zu lassen. Das gelang zuerst ganz gut, ich steckte die Bohne recht geschickt in meine Nase. Als ich sie aber wieder hervorzaubern wollte, kriegte sich sie nicht wieder raus. Alle Versuche waren vergeblich. Ich lief in die Küche, wo Mutti gerade Wäsche wusch, und sagte: »Ich glaube, ich habe eine Bohne in der Nase«. Mutti war sehr beschäftigt und fragte erstaunt, wohl etwas schroff: »Was hast Du?«, worauf ich antwortete: »Ich glaube, es ist schon gut« und verschwand. Am späten Nachmittag war die Nase so geschwollen und fing an weh zu tun, dass ich mich doch bei Mutti meldete. Es muss doch ein schockierender Anblick gewesen sein. Mutti war besorgt und versuchte mit verschiedensten Hilfsmitteln, die gequollene Bohne rauszukriegen. Alles ohne Erfolg. Irenchen brachte einen Schuhköpfer, der auch nichts nutzte. Abends kam Onkel Adolf aus dem Amt. Ich bekam eine Tracht Prügel, das half ebenfalls nicht. Es blieb keine andere Lösung, als einen Arzt zu finden. Wir marschierten also die ganze Grunewaldstraße entlang, alle Arztpraxen waren geschlossen. Vor dem Bayrischen Platz war die Praxis eines Gynäkologen noch offen. Ich wurde auf einen komischen großen Stuhl gesetzt und im Nu hatte der Doktor die Bohne mit einer Zange entfernt und bemerkte: »Sowas habe ich auch noch nie erlebt!« Mutti bezahlte gleich und wir gingen nachhause. In der Familie werde ich noch heute damit aufgezogen. Godfreys zogen dann nach England, aber die Verbindung blieb bestehen. Nach dem Tod von Onkel Arnold lebte Tante Manja in London. Ich besuchte sie 1952 und sie erzählte mir die näheren Umstände vom Tod meines Vaters.

Ende 1923 war Papa in Petrograd begnadigt und als Schwerkranker aus dem Gefängnis entlassen worden. Er kam dann nach Berlin und wohnte einige Tage auch bei uns. Mutti und wir Kinder hofften, dass er mit uns in Berlin bleiben würde. Zu unserer großen Enttäuschung entschloss er sich doch anders und fuhr nach Erledigung der Einreiseformalitäten nach London zu Großvater Poretschkin. Papa war durch seine Mutter auch Brite. Da er in Russland schon bei einer englischen Bank gearbeitet hatte, bestanden berufliche Beziehungen, aber er brauchte sehr lange, bis seine Gesundheit soweit hergestellt war, dass er wieder arbeitsfähig war und sein bis zur Hüfte amputiertes Beim mit Prothese benutzen konnte. Er wurde bei der British Overseas Bank wieder angestellt und nach Riga als Leiter der Filiale entsandt. Wir sahen uns einige Male, wenn er auf der Durchreise nach oder von London mit dem Zug durch Berlin fuhr. Im Krieg lebte er wieder in London. Tante Manja erzählte, dass Papa bei einem Luftangriff auf London gestorben ist und von ihm kein Grab vorhanden ist.

Das Jahr 1926 war gekommen und die Vorbereitungen für den Umzug in die zum 1. April gemietete Wohnung begannen. Wir besaßen ja so gut wie gar keine eigenen Möbel und Einrichtungsgegenstände. Auch hier bewies sich wieder die Hilfsbereitschaft unserer Verwandten. Aus Sonnewalde, von Onkel Adolf und Tante Adchen, von Tante Anna in der Grolmannstraße und den beiden Schwestern von Tante Adchen, Tante Tilda Decke-Cornill und Tante Erna Lange sowie Großmutter Cornill bekamen wir so viele Möbel, Küchenzubehör und Geschirr, dass fast alles Notwendige zusammen kam und nur wenig gekauft werden musste.

Der 1. April war da und es hieß Abschied nehmen vom lieb gewordenen Wilmersdorf und vor allem von Tante Adchen, Onkel Adolf und dem kleinen Karl-Otto, der schon vier Jahre wurde. Wir freuten uns aber auch sehr auf das eigene Heim und waren riesig gespannt. Wir zogen nach Spandau in die Zeppelinstraße 44.

Jugend in Berlin-Spandau 1926–1933

Der Umzug verlief ohne Schwierigkeiten. Die Zeppelinstraße lag damals am Westrand von Spandau. Sie verlief von Süd nach Nord und westlich von ihr war eine Laubenkolonie und dahinter freies Feld. Im Hintergrund sah man eine Eisenbahnlinie nach Falkensee, auf der mehrfach am Tage eine Kleinbahn mit nur zwei oder drei kleinen Waggons fuhr und eine große schwarze Rauchfahne ausstieß.

Die Zeppelinstraße war sehr lang und wurde noch weiter bebaut, aber die Straße und der Bürgersteig waren fertig gepflastert. Die Häuser hatten alle Parterre und zwei Stockwerke und dahinter gehörte zu jeder Wohnung ein kleines Gärtchen, d.h. zunächst nur das Grundstückchen dafür. Dazwischen war ein Platz mit einem Gestänge zum Teppichklopfen und Leinen zum Trocknen der Wäsche. Das Haus Nr. 44 lag ziemlich am Anfang der Zeppelinstraße. Zum Bahnhof Spandau-West waren es über die Seegefelder Straße gut zehn Minuten zu Fuß. Mit der Stadtbahn war man in ca. dreißig Minuten in der Innenstadt von Berlin. Bis zur Spandauer Innenstadt waren es etwa zwanzig Minuten Fußweg. Unsere Wohnung hatte zweieinhalb Zimmer und lag Parterre. Zur Straßenseite war das Wohnzimmer und dahinter ein Schlafzimmer, davor ein kleines Vorzimmer und zur Feldseite das winzige »halbe« Zimmer und ein kleiner Waschraum (Badewanne oder Dusche gab es nicht) mit Toilette (Wasserspülung!), dahinter die Küche mit Wasserhahn und Gasanschluss. Im Kellergeschoss waren die Wohnung des Hausmeisters, die Waschküche und Kellerräume für Kohlen- und Holzvorrat. Im Dachgeschoss ein Trockenraum und für jede Wohnung ein eigener Verschlag. Uns gegenüber wohnte eine Familie Schulze mit einem Sohn im Alter von Irene. Sie freundeten sich an. Die Freundschaft hat bis heute gehalten.

Herr Schulze war Kassierer bei einem großen Bekleidungshaus in Berlin. Er hat manchmal unserer Mutter Tipps gegeben, wenn dort geeignete Kleidung für uns Kinder oder sie selbst günstig angeboten wurde. Über uns wohnte Familie Hofmann. Er war Buchbinder und sehr hilfsbereit. 1928 hat er sehr schön die ersten Exemplare der Erinnerungen meiner Mutter gebunden. Darüber wohnte ein kinderloses Ehepaar Lackmann. Herr Lackmann war Amtmann beim Finanzamt in Friedenau und fuhr immer mit dem gleichen Zug wie Mutti und ich morgens zum Dienst. Vor allem Herr Lackmann hat Irenchen und mich mit Süßigkeiten oft verwöhnt. Über Schulzes wohnte eine Familie, an die ich mich nicht erinnere. Darüber Familie Halmbacher, die Bayern waren und nach München zogen. Ihre Nachfolger waren das kinderlose Ehepaar Kliche. Er war Studienrat und seine Frau nicht berufstätig, sie litt aber sehr an Migräne und war oft krank. Mit allen Mitbewohnern haben wir uns sehr gut verstanden und es herrschte eine besonders nette Hausgemeinschaft.

Die Mieten waren auch für damalige Verhältnisse nicht sehr hoch. Für unsere Wohnung zahlten wir die ganzen Jahre nur zwischen vierzig und fünfzig Reichsmark. Damals gab es noch nicht den Begriff »Sozialwohnungen«, aber die Wohnungsbaugesellschaft hatte einen staatlichen Zuschuss bekommen mit der Auflage, Geringverdienern auf Antrag eine verbilligte Miete zu gewähren. Da Muttis Gehalt beim NCV, solange ich es verfolgen konnte, monatlich nie mehr als 180 bis 190 Reichsmark betrug, erhielt sie auf Antrag diese Vergünstigung. Ein paar Schritte von unserer Wohnung war ein Geschäft, das einem Ehepaar Stentzel gehörte und in dem es alles zum Leben Notwendige zu kaufen gab, einschließlich Brot, Milch und Fleisch. Ich kann mich nicht erinnern, dass wir woanders eingekauft haben.

Die Wohnung lag also sehr günstig, zumal freies Feld und Wald zum Spielen ganz nahe war und wir uns austoben konnten. In der ersten Zeit waren besonders auch die unfertigen Neubauten als Spielplatz sehr beliebt, obwohl das Spielen streng verboten war. Wir alle fühlten uns bald zuhause und genossen es sehr. Irene konnte in Spandau in eine Schule gehen. Bei mir war eine Umschulung nicht möglich, da wir in der Oberrealschule in Wilmersdorf als erste Fremdsprache Englisch hatten und in Spandau die infrage kommende Schule mit Französisch begann. Ich musste also in der alten Schule bleiben und wurde Fahrschüler, als Stipendiat bekam ich sogar auch Schülermonatskarte und S-Bahn bezahlt.

Gespielt haben wir beide mit den Kindern von Nachbarn. In meinem Alter waren in unserem Haus keine Jungens. Aber einige Häuser entfernt wohnte ein gleichaltriger Rudi Bautz. Sein Vater war gefallen und seine Mutter lebte als Witwe, wie man es damals nannte, in einer »Onkelehe« mit einem älteren Beamten, der den ganzen Tag nicht zuhause war und meist recht spät aus dem Dienst kam. Solange der »Stiefvater« weg war, konnte Rudi alles machen, was er wollte, da seine Mutter oft Freundinnen in der Stadt besuchte und ihm nichts verbot. Zuerst nahm mich Rudi immer zu allerlei Unternehmungen in den Neubauten mit, meist ziemliche Dummheiten wie Rumklettern um die Wette auf den Baugerüsten aber auch zu recht bösartigen »Spielen«. So fingen wir einige Male herrenlose Katzen, banden eine leere Dose mit einer Schnur an den Schwanz und ließen sie dann los. Die Dose schepperte sehr laut und die Katze raste wie gehetzt durch die Gegend. Dabei schrie sie vor Angst. Ich mochte das gar nicht, mir tat das arme Tier leid. Rudi lachte mich dann aus. Ich schämte mich, weil ich zu schlapp war und mich gegen Rudi nicht durchsetzen konnte. Einmal fing Rudi die Katze wieder ein, nahm sie mit bis zu einer Eckkneipe, setzte sie vor der offenen Tür ab und scheuchte sie in das Lokal. Dort tranken die Bauarbeiter ihr Feierabendbierchen. Der Polier erwischte uns, verdrosch uns ordentlich und hielt uns eine gewaltige Standpauke. Es tat ganz schön weh. Ich war trotzdem ganz froh, da Rudi endlich die Lust an diesem Spiel verlor. Wir überlegten, was wir nun machen sollten und ich schlug vor, Trapper und Indianer auf dem brachliegenden Feld zu spielen. Rudi ging darauf ein. Von Herrn Lackner bekam ich einen alten, speckigen Jagdhut geschenkt und Rudi organisierte bei seiner Mutter eine alte Wäscheleine als Lasso. Das langte für den Anfang. Es kamen noch ein paar andere Jungs dazu und wir bauten aus Abfällen vom Neubau Indianerzelte und fingen uns gegenseitig mit dem Lasso ein. Wenn ich so gefangen wurde, fesselten mich die anderen und banden mich an den Marterpfahl. Das war nicht so schön.

Zwei Häuser entfernt von uns wohnte eine Familie Blume, die auch aus Russland stammte. Herr Blume war Bankbeamter und hatte bei einer Berliner Bank eine Anstellung gefunden. Blumes hatten eine Tochter Norchen, die genauso alt war wie ich. Ich schwärmte für sie und wir spielten oft zusammen, hauptsächlich »Mensch ärgere Dich nicht«, Mühle, Quartett und Ähnliches. Norchen trug eine Zeit lang einen Pony, der ziemlich bis in die Stirn reichte. Das war damals ganz schick. Als Tante Lenchen aus Sonnewalde uns besuchte und Norchen kam, stellte ich sie stolz der alten Dame vor. Tante Lenchen setzte die Brille auf, besah sich die Frisur und fragte: »Fräulein, lernen Sie schielen?« Leider war Norchens Vater alkoholkrank und Quartalsäufer. Wenn die Zeit rankam, blieb er oft nach dem Dienst in der Bank verschwunden, weil er sinnlos betrunken war und nicht nachhause fand. Wenn er sich ausgeschlafen hatte, kam er verwahrlost nachhause und schämte sich furchtbar. Ich habe dies einmal miterlebt und habe es nie vergessen, wie schrecklich das für die ganze Familie, aber auch für Außenstehende war. Was aus Norchen und der Familie Blume später geworden ist, weiß ich nicht. Mit dem Älterwerden ließ das gegenseitige Interesse nach.

Auch die Abhängigkeit von Rudi dauerte nicht lange. Ich trat in den Spandauer Schwimmclub 1904 ein und machte bald die Freischwimmerprüfung, die Verbindung zu Rudi schlief langsam ein. Er verließ auch die Schule mit der Mittleren Reife und unsere Wege trennten sich. Er wurde wohl Verwaltungsbeamter und ist dann im Krieg gefallen. Zum Glück hat Mutti von der unerfreulichen Zeit mit Rudi gar nichts mitbekommen, da sie ja den ganzen Tag nicht zuhause war. Sie hat nur die Indianerspiele mitbekommen, das andere hätte sie furchtbar aufgeregt. Auch die Schule nahm mich immer mehr in Anspruch.

Fahrschüler in Spandau bis 1933

Das Dasein als Fahrschüler brachte eine ganz erhebliche Umstellung mit sich. Der Weg zur Schule morgens dauerte jetzt eine Stunde statt bisher fünfzehn Minuten. Mutti musste auch um 8 Uhr im Büro sein und wir fuhren daher mit demselben S-Bahnzug um 7 Uhr 10 vom Bahnhof Spandau-West. Allerdings verließ Mutti kurz vor sieben das Haus und ich lief im Schweinsgalopp hinterher und erwischte den Zug immer gerade noch. Zuerst gab es deswegen Ärger, aber mit der Zeit gewöhnten wir uns beide daran. Wenn ich den Zug nicht erreichte, so musste ich vom Bahnhof Schmargendorf bis zur Schule ganz schnell rennen, um gerade noch vor dem Lehrer in die Klasse zu schlüpfen. Das kam leider öfter vor. Mittags nach Schulschluss beeilte ich mich, damit ich nicht zu spät zuhause war. Irenchen ging ja dort zur Schule und hatte nur fünfzehn Minuten Fußweg. Das Mittagessen kochte Mutti immer am Abend vorher und es musste nur aufgewärmt werden oder stand in einer Kochkiste. Oft wurde das Mittagessen als Suppe gleich für zwei bis drei Tage zubereitet. Als wir beide älter waren, haben wir dann selbst das Essen gekocht.

Einen Vorteil hatte für mich der lange Schulweg. In der Bahn habe ich einen großen Teil der Schulaufgaben schon auf der Nachhausefahrt erledigt, nicht nur das schon erwähnte Auswendiglernen. Schwierigkeiten machte es, dass wir immer öfter auch am Nachmittag Unterricht oder Sport hatten. Dann konnte ich in der Zwischenzeit nicht nach Spandau und zurück fahren. An solchen Tagen ging ich meist zu Tante Adchen zum Mittagessen, manchmal auch zu Tante Tilda oder zu Tante Anna Paschke. Später lud mich auch die Mutter meines Schulfreundes Benno Gmeiner ein. Bennos Vater war Österreicher und als Rittmeister gefallen. Seine Witwe bekam nur eine sehr kleine Witwenpension und hatte in Berlin am Viktoria Luise Platz eine Pension für Schülerinnen der Lette-Heilgymnastikschule.

Schwieriger wurde dies, als wir in der Oberstufe mehrere Arbeitsgemeinschaften hatten. Zu meinem großen Kummer konnte ich an den meisten gar nicht teilnehmen, so z. B. an der für Philosophie bei Dr. Volk, unserem Geschichtslehrer. Meine Mitschüler Günter Brandt und Hans Reif schwärmten noch sechzig Jahre später davon. Nur am Spanischunterricht, der Arbeitsgemeinschaft genannt wurde und freiwillig war, nahm ich zunächst teil. Der Spanischlehrer, der gar kein Lehrer war, sondern einige Jahre nach dem Krieg in Südamerika Kaufmann war und dort Spanisch erlernt hatte, sagte uns gleich in der ersten Stunde: »Meine Herren, wir sind alle Caballeros, wer freiwillig am Unterricht teilnimmt, bekommt bei mir immer eine gute Note«. Erfolg war, dass wir alle überhaupt keine Schulaufgaben machten und nichts lernten. So schied einer nach dem anderen aus und schließlich entfiel der Unterricht.

In unserer Schule gab es einen Ruderclub mit Bootshaus an der Havel in Pichelsdorf, nahe Südrand von Spandau. Ich wurde Mitglied und konnte bequem nachmittags mit der Straßenbahn oder später, als ich Onkel Adolfs Fahrrad aus der Zeit vor dem Weltkrieg geschenkt bekam, damit zu den Übungsstunden fahren. Im Winter war das allerdings schwierig, da das »Trockenrudern« dann in einem Keller in Steglitz stattfand. Zum Glück wohnte mein Freund Bernhard Blümel mit seiner Mutter nahe und ich konnte nach der Schule zu ihnen gehen und nach dem Übungsrudern mit der S-Bahn nachhause fahren. Irenchen war da schon so »erwachsen«, dass sie allein zurecht kam. Das Rudern hat mir viel Freude gemacht. Wir ruderten immer im Vierer mit Steuermann. Besonders schöne Erinnerungen habe ich an Wochenendfahrten und einmal eine mehrtägige Ruderfahrt auf der Havel mit Übernachten im Zelt auf einer Wiese am Wasser, Abkochen [sic!] und Umgebung erkunden.

Außer Rudern und Schwimmen liefen wir im Winter begeistert Schlittschuh auf der Havel in Spandau nahe der Zitadelle. Manchmal konnte man auch noch weiter auf der Havel mit Schlittschuhen richtig wandern. Dies ging aber nur, wenn das gefrorene Wasser nicht zu holprig war und dies war recht selten der Fall. Zum Schlittschuhlaufen gingen wir immer zu mehreren, zuerst mit Uli und Erika Hacker, später mit meinen Pfadfinderkameraden. Es wurde Wettlaufen veranstaltet oder wir versuchten, einander mit Kunstlaufen zu übertreffen. Das war doch sehr schwierig, da die meisten nur solche Schlittschuhe wie ich hatten, mit denen nicht viel Staat zu machen war. Ganz wenige von uns hatten Schlittschuhe fest an passende Stiefel montiert, wie es heute üblich ist.

In der Schule wurde im Sportunterricht nur Handball und Schlagball gespielt. Zwischen den höheren Schulen wurden jährlich Turniere veranstaltet. Einmal durfte ich sogar in unserer Schulmannschaft gegen das Treitschkegymnasium spielen. Dabei kriegte ich einen Ball so in die Nierengegend, dass ich besinnungslos umfiel und vom Spielfeld getragen wurde. Das passierte öfter, denn der kleine Ball war aus Leder und fest wie Stein. Ich erholte mich aber wieder, und dass wir verloren, war nicht meine Schuld. In Leichtathletik war ich ganz gut, aber mein Geräteturnen war eine Katastrophe, besonders am Reck. Die Noten wurden aber damals nach dem Durchschnitt der Leistungen erteilt und so waren sie gar nicht so schlecht. Am schlechtesten waren meine Noten von Anfang bis Ende der Schulzeit in Musik. Mir ist es bis heute unverständlich, dass ein Mensch nach Noten singen kann. Leider beurteilte unser Musiklehrer, Herr Lubtschek, der uns von der Sexta bis zum Abitur unterrichtete, ausschließlich danach, ob man singen konnte. Da ich dies nicht konnte, hatte ich stets die schlechteste Note. Kurz vor der mündlichen Prüfung zum Abitur wurde ins Klassenbuch eingetragen: »Poretschkin und Donning wurden mit einer Stunde Nachsitzen bestraft wegen Unreifen Betragens. Poretschkin musste aus dem Unterrichtszimmer verwiesen werden, weil er nicht aufhörte zu grinsen. Auch wurde der Unterricht durch Summen gestört. Lu«. Herr Lubtschek war bei allen recht unbeliebt, da er die Angewohnheit hatte, mit einem Taktstöckchen den Takt denjenigen auf die Finger zu klopfen, die nicht richtig sangen.

Die meisten Lehrer habe ich aber in sehr positiver Erinnerung behalten. Dr. Volk unterrichtete uns in der Oberstufe in Geschichte. Er legte weniger Wert darauf, dass man genaue Daten aufzählen konnte, wenn man das Ereignis in den Zusammenhang mit dem Geschehen auf anderen Gebieten einzuordnen verstand. Das machte seinen Unterricht so interessant. Unser Deutschlehrer Dr. Otto hatte eine ganz besondere Spezialität: Abstammung der Wörter, was seinen Unterricht anregend machte. Wir kauften uns »Woher?« von Wasserzieher.[14]

Mathematik lehrte uns Dr. Tetzlaff. Er war Witwer und immer ein wenig unordentlich angezogen, daran merkte man, dass zuhause bei ihm niemand darauf achtete. Er hatte als Reserveoffizier im Krieg ein Bein verloren. Die Holzprothese behinderte ihn offensichtlich und er hinkte etwas. Seinen harten Schritt hörte man schon von weitem. Er war ein besonders passionierter Mathematiker und verstand, auch bei uns für diese Wissenschaft Interesse zu wecken. Den trockenen Stoff lockerte er mit Histörchen auf. Auch an ihn denke ich gerne zurück. Während der Prüfungen zum Abitur begegnete ich ihm auf dem Gang in der Schule und er fragte mich: »Poretschkin, was wollen Sie eigentlich werden?« Als ich antwortete »Offizier bei der Reichswehr«, blieb er stehen und sagte: »Menschenskind, Sie sind doch gar nicht so dumm, sie könnten doch studieren«. Ich lachte und sagte ihm, das könnte ich ja auch noch tun, wenn ich mal Generalstabsoffizier werden wollte.

Besondere Freude bereitete uns allen der Zeichenunterricht bei Herrn Nissle. Er war ein richtiger Künstler, der nicht nur hervorragend Zeichnen und Malen konnte, sondern uns auch immer mit neuen Ideen überraschte. So brachte er mehrere völlig abgetragene und zerrissene Schuhe und Stiefel mit Löchern in den Sohlen mit, die offenbar aus dem Müll stammten. Er verteilte sie unter uns und wir mussten sie ganz genau zeichnen. Als Begründung sagte er, dass Dürer auf diese Weise genaues Zeichnen sich beigebracht hätte. Oder wir gingen raus auf die Straße und mussten Details von den Häusern zeichnen, die Motive suchte er immer besonders originell aus. Ich erinnere mich gern an einen Tag, an dem uns Herr Nissle zum Zeichnen in den Zoo führte, wo wir uns selbst aussuchen durften, was wir zeichnen wollten. Das muss im

14 Ernst Wasserzieher, Woher? – Ableitendes Wörterbuch der deutschen Sprache, Berlin 1918.

Jahr 1931 oder 1932 gewesen sein. Auf der Motivsuche sah ich plötzlich mitten zwischen den wilden Tieren ein indisches Dorf im Original mit Hütten, Menschen, Haustieren und allerlei Gerät. So etwas wurde damals im Zoo zur Schau gestellt, heute würde man dies als menschenverachtend anprangern.

Herrn Nissle habe ich besonders verehrt und auch nach dem Abitur zunächst noch Verbindung gehabt. Beim Abschied hatte er mir »viel Soldatenglück« gewünscht. Als ich zum Leutnant befördert wurde, habe ich ihm dies »gemeldet«, da er Offizier der alten Preußischen Armee gewesen war. Er freute sich und gratulierte mir. Bei Ausbruch des Krieges 1939 meldete er sich freiwillig und ich hörte, dass er bald gefallen ist. Von unserem Klassenlehrer Dr. Garbe und seinem traurigen Ende habe ich schon vorher erzählt. Leider riss die Verbindung zu Lehrern und Mitschülern ab. Nach 1945 sah ich nur drei Klassenkameraden wieder.

Pfadfinder, Bewerbung bei Reichswehr, Abiturient 1933

***

Während seiner Schulzeit trat Theodor Poretschkin dem Deutschen Pfadfinderbund bei. Bünde wie dieser waren in den 1920er-Jahren bei den Jugendlichen sehr beliebt. Neben dem Anschluss an Gleichaltrige und dem Erlernen neuer Fähigkeiten boten sie die Möglichkeit, in den Ferien und an Wochenenden Ausflüge und Fahrten zu unternehmen, die den Kindern ansonsten wahrscheinlich verwehrt geblieben wären. Der Deutsche Pfadfinderbund war 1911 gegründet worden und wurde nach dem Ersten Weltkrieg ein Bestandteil der Bündischen Jugend. Diese bot den Jugendlichen Freizeitmöglichkeiten, geriet aber auch durch vermeintliche paramilitärische Ausbildungen mitunter in die Kritik. Für Theodor Poretschkin scheint dies kein Problem gewesen zu sein. Bedingt durch seinen Onkel Sandy, der als Offizier in einem russischen Garderegiment gedient hatte, und Adolf Paschke, der im Ersten Weltkrieg in der Funkaufklärung tätig gewesen war, entstand bei ihm eine Vorliebe für den Offiziersberuf, sodass er den Eintritt bei den Pfadfindern auch als mögliche Vorbereitung hierfür gesehen haben könnte. Weitere Gründe für seine Berufswahl waren das damalige Ansehen der Reichswehroffiziere und die finanzielle Unabhängigkeit.

Die Bewerbung bei der Reichswehr erfolgte bereits 1932. Die Bewerberzahlen waren seit dem Ende der 1920er-Jahre wieder stark angestiegen. So standen beispielsweise im Jahr 1929 189 Dienstposten rund 1.600 Bewerber gegenüber.[15] *Die Entscheidung über die Annahme lag damals beim jeweiligen Kommandeur vor Ort und nicht bei einer zentralen personalbearbeitenden Stelle. Durch dieses Privileg wurde aus Sicht der Reichswehrführung eine geeignete Personalauswahl sichergestellt. Bemerkenswert muss dabei*

[15] Richardt, Auswahl und Ausbildung, S. 22.

erscheinen, dass der Anteil an adligen Offizieren im Offizierkorps der Weimarer Republik bis 1932 kontinuierlich gestiegen war.[16] *Die Erfolgsaussichten Poretschkins bei seiner Bewerbung schienen angesichts seiner Herkunft nicht übermäßig groß zu sein. Er sollte jedoch den Vorteil haben, dass er sich bei der Abteilung bewarb, die die Tradition des Telegraphen-Bataillons Nr. 1 übernommen hatte, in dem Poretschkins Onkel Adolf im Ersten Weltkrieg gedient hatte, der nun im Chiffrierdienst des Auswärtigen Amtes arbeitete. Außerdem stand die Nachrichtentruppe im Gegensatz zu den Kampftruppen wie Infanterie oder Kavallerie aufgrund des geringeren Prestiges bei adligen Bewerbern nicht allzu hoch im Kurs.*

Vor dem Dienstantritt hatte Poretschkin noch die Abiturprüfungen zu bestehen, deren schriftliche Teile am 30. Januar 1933 begannen. Der Prüfungsstress und die noch nicht ad hoc verfügbaren Medien führten dazu, dass er von der Machtübernahme Hitlers erst am nächsten Tag erfuhr. Besondere Bedeutung scheint der junge Berliner Abiturient diesem Ereignis damals nicht beigemessen zu haben, schließlich waren Regierungswechsel in der Spätphase der Weimarer Republik keine Seltenheit. Des Weiteren hatten die chaotischen innenpolitischen Zustände in der Wahrnehmung Poretschkins für ein sinkendes Interesse der Bevölkerung an den demokratischen Prozessen gesorgt.

***

Anfang 1928 trat ich in den Deutschen Pfadfinder Bund (DPB) ein. Die Spandauer Gruppe hieß 12. Abteilung und gehörte zum Gau Grunewald, Landesmark Berlin. Die Kameraden wohnten in Spandau und Charlottenburg. Die wöchentlichen Heimabende fanden entweder bei einem Kameraden in Spandau oder manchmal auch in der Wohnung der Eltern unseres Abteilungsführers Hans Bauerhorst (genannt Matz) statt. Der Vater von Matz war Präsident der Oberpostdirektion Berlin und hatte eine große Dienstwohnung in Charlottenburg, die auch bequem mit der S-Bahn zu erreichen war. Die Kameraden waren alle zwischen zwölf und zwanzig Jahre alt. Matz war Student.

Der DPB war national aber nicht nationalistisch eingestellt, das entsprach auch ganz der politischen Einstellung unserer ganzen Familie. Wir wurden bei den Pfadfindern zur Selbstdisziplin, Kameradschaft und Verantwortungsfreude erzogen, was mir später bei den Soldaten sehr geholfen hat, mich einzuleben. In meiner Klasse waren außer mir noch zwei Pfadfinder. Otto Raber war im Jüdischen Pfadfinderbund, der stark zionistisch ausgerichtet war, Raber wanderte aber nach dem Abitur sehr bald nach Israel aus. Ein anderer Mitschüler war in einem sehr konfessionell gebundenen Christlichen Pfadfinderbund. Wir alle drei kamen oft in unserer Tracht (wir nannten sie Uniform) in die Schule. Diese bestand beim DPB aus dem grünen Hemd mit Brusttaschen und Schulterklappen, einem Halstuch und kurzen Hosen aus

16 Feldmeyer/Meyer, Kielmannsegg, S. 4; Richardt, Auswahl und Ausbildung, S. 23.

Manchesterstoff (Kord) oder auch Wildleder und Kniestrümpfen. Wir trugen sie auch bei Frost im Winter, was meine Mutter immer wieder aufregte, da sie Erkältungen befürchtete, ganz besonders wenn ich mir morgens auch noch die Haare ganz nass machte und ohne Kopfbedeckung zum Bahnhof rannte und die Haare gefroren. Erst in den beiden Jahren vor dem Abitur gaben wir diese Gewohnheit auf und trugen normale, unserem Alter entsprechende Kleidung.

Außer den Heimabenden machten wir öfter an Wochenenden Wanderungen in der Umgebung von Berlin, als Tagestour oder am Samstag oder Sonntag mit Übernachtung in einer Jugendherberge. In den Pfingstferien fanden meistens etwa eine Woche dauernde Lager statt, so nahm ich 1928 an einem Lager unseres Gaues in Brieselang und Pfingsten 1929 an einem großen Bundeslager an einem See bei Kähnsdorf in der Mark Brandenburg teil. In den Sommer- und Herbstferien machten wir große Fahrten. So im Sommer 1929 eine lange Ostpreußenfahrt. Erst mit der Bahn durch den polnischen Korridor über Danzig nach Königsberg. Dann wanderten wir durch ganz Ostpreußen bis Marienburg und blieben noch eine Woche an der Ostsee in der Nähe des Dorfes Schnakenburg bei Danzig in einem Zeltlager. Von da konnten wir auch diese schöne Stadt eingehend besichtigen. Wir übernachteten unterwegs in Jugendherbergen. Damals kostete es pro Kopf und Nacht fünfundzwanzig Pfennig, als der Preis auf dreißig Pfennig erhöht wurde, gab es beinahe einen Aufstand! Um unser Budget zu schonen, übernachteten wir manchmal auch bei Bauern im Stroh, wofür wir allerdings einen Tag auf dem Feld arbeiten oder bei der Ernte helfen mussten. In einem Wäldchen neben unserem Lager gab es eine Menge Pilze. Wir ernteten davon reichlich und bereiteten ein Festmahl. Es schmeckte vorzüglich, hatte aber einen nicht erwarteten Erfolg. Wir alle erkrankten an einem so heftigen Durchfall, dass ein Arzt geholt werden musste, der uns aber nicht nur umsonst behandelte, sondern auch half und wir nach ein paar Tagen, wie vorgesehen, die Heimreise wieder mit der Bahn antreten konnten. Von den Pilzen und deren Folgen erzählten wir zunächst zuhause nichts.

Im Herbst 1930 machten wir eine Radfahrt nach Dresden, wo die Eltern unseres Kameraden Achim von Römer eine große Villa besaßen und wir alle untergebracht und von der Mutter hervorragend betreut und verwöhnt wurden. Auf der Heimfahrt kamen wir durch Sonnewalde, wo wir eine Nacht blieben und besonders von Onkel Alfred sehr freundlich behandelt und mit Lebensmitteln für die folgenden Tage versorgt wurden. Natürlich beköstigte uns Tante Siddi vorzüglich und es gab auch reichlich hausgemachten Kuchen mit Kakao.

In den Weihnachtsferien 1930 hatten wir ein Winterlager im Riesengebirge in einem kleinen Dörfchen Aupa vor der Grenze zur Tschechoslowakei. Wir wohnten bei einer armen Bauernfamilie und schliefen im Stall auf Stroh. Schon die Vorbereitungen waren sehr aufregend. Ich war noch nie Ski gelaufen. In Berlin ging das ja nicht und ins Gebirge zu fahren, war aus finanziellen Gründen gar nicht zu denken gewesen. Ich bekam ein Paar Skier geliehen. Aus einem geerbten blauen Gabardinmantel ließ mir Mutti von unserer russischen Hausschneiderin einen Skianzug nähen. Damit war meine Ausstattung komplett, denn ein Paar derbe Stiefel hatte ich und früher waren die Bindungen so einfach, dass man keine Extrastiefel brauchte. Wir fuhren am Ersten Weihnachtstag abends mit dem Bummelzug die Nacht durch, schliefen im Sitzen oder die Kleinen im Gepäcknetz und kamen am nächsten Tag nach Umsteigen recht müde aber unternehmensfreudig und gespannt auf das große Abenteuer im Riesengebirge an. Den letzten Teil mussten wir zu Fuß aufsteigen bzw. die Ski benutzen. Kurz vor Dunkelwerden waren wir am Ziel bei unserem Bauern, völlig erschöpft aber glücklich.

Einige von uns waren schon im Gebirge gewesen und waren Skiläufer. Von diesen bekamen die Anfänger das Notwendigste beigebracht und nach zwei Tagen ging das Skilaufen los. Mit dem heutigen Skisport kann man es nicht vergleichen. Skilifte und Pisten kannte man noch nicht. Wir machten Langlauf meist durch tief verschneites, völlig unberührtes Gelände auf sehr gewundenen Waldwegen oder über ganz unterschiedlich geneigte, mit einzelnen Bäumen bestandene Hänge. Ich kam ganz gut zurecht. Natürlich kamen öfter Stürze vor, aber es lief immer glimpflich ab, obwohl auf den Hängen aus dem tiefen Schnee auch Telefon- oder Elektromaste ragten und die Leitungen dazwischen oft sehr schlecht zu erkennen waren. Es kam aber zum Glück nicht zu ernsthaften Unfällen. Wir machten auch einige lange Wanderungen, so auch bis zur Schneekoppe. Die Zeit verging sehr schnell. Zufrieden kamen wir alle gesund zuhause an. Als die Schule wieder anfing, fehlte der älteste Klassenkamerad Schreiber. Er war auch zum Skilaufen im Riesengebirge, ganz in der Nähe von uns, gewesen und schwer verunglückt. Er war ein sehr geübter Wintersportler und war in der Silvesternacht mit einigen Freunden mit Fackeln einen Steilhang abgefahren. Dabei hatte er in der Dunkelheit eine etwa einen Meter über der hohen Schneedecke führende vereiste Telefonleitung übersehen. Mit voller Wucht war er mit den Oberschenkeln auf diese geprallt und hatte sich beide Beine gebrochen. Er war mit dem Schlitten in ein kleines Krankenhaus in einem Dorf auf der tschechischen Seite gebracht worden, wo er notdürftig versorgt wurde. Es dauerte sehr lange, bis er wieder gesund war, aber leider behielt er dann doch einen Schaden und hinkte etwas.

Ostern 1931 machte ich mit Matz und Horst Bindemann eine Radfahrt in die Gegend von Magdeburg, um dort bei Pfarrämtern und auf Friedhöfen nach Vorfahren von Matz zu forschen. Das machte Spaß, besonders weil wir auch Erfolg hatten.

Im Sommer fand sogar eine Tanzstunde der Pfadfindergruppe statt. Etwas Ungewöhnliches, es kam aber zustande, weil die Mutter eines Kameraden in ihrer Wohnung Tanzstunden gab. Es war sehr lustig und wir lernten sogar Walzer tanzen. Meine Tanzstundendame war die Tochter einer Schulfreundin von Mutti aus St. Petersburg, für die ich schwärmte. Von einem Klassenkameraden, dessen Vater Mitbesitzer eines Operettenhauses in Berlin war, bekam ich Freikarten für eine Operette von Lehár, bei der Richard Tauber und Gitta Alpar, damals weltbekannte Stars, die Hauptrollen sangen. Sowas ging ganz einfach. Beim Frühstück vor der Schule sagte der Schulfreund zu seiner Mutter: »Ich brauche zwei Freikarten für einen Freund«. Die Mutter schrieb auf den Rand des Berliner Lokalanzeigers: »Bitte zwei schöne Freikarten für den Freund meines Sohnes« und machte ihr Namenszeichen. An der Abendkasse gab man den Zettel ab und bekam Sitzplätze in der ersten Reihe. Wenn Tauber dann sang »Dein ist mein ganzes Herz!« drückten wir uns verliebt die Hand. Damals blieb aber sowas stets ganz platonisch. Man brachte die Dame nachhause und fuhr mit der S-Bahn heim.

In den Herbstferien machte der ganze Gau Grunewald ein Lager an der Grenze zu Polen im Kreis Flotow zur Erntehilfe. Das war eine sehr arme Gegend und die Bauern waren für diese Hilfe sehr dankbar. Wir waren zu zwei oder drei Mann auf die Höfe aufgeteilt, wohnten auch bei den Bauern und wurden mit verpflegt. Der Einsatz war recht anstrengend. Maschinen gab es dort nicht, Rüben und Kartoffeln wurden von Hand geerntet und aufgeladen. Das Einfahren mit Pferdewagen machte aber großen Spaß. Unser Bauer ließ uns sogar die Pferde führen oder auch aufsitzen. In dieser Gegend waren die Deutschen alle Protestanten, die Polen alle Katholiken. Mein Freund Bernhard Blümel war katholisch. Die Bauern konnten das gar nicht verstehen und sagten: »Wir dachten, Ihr seid alle Deutsche, aber der Bernhard ist ja Pole.« Es war schwer, verständlich zu machen, dass es auch Deutsche gab, die Katholiken waren. Dieser Ernteeinsatz war ein ganz großer Erfolg. Wir kamen mit Muskelkater und Blasen an den Händen aber sehr zufrieden nachhause. Damit endete meine aktive Pfadfinderzeit. Ich nahm nur noch an den Heimabenden teil, aber nicht mehr an den Fahrten und Lagern. Die Schule nahm mich jetzt mehr in Anspruch und ich war ja schon Achtzehn geworden. Es traten andere Interessen in den Vordergrund.

Ich muss jetzt aber noch etwas nachholen: die Freundschaft mit Karlheinz und Hildchen Lange, den Kindern von Tante Adchens Schwester Erna Lange. Auch von Uli und Erika Hacker und der Freundschaft mit Sprückhoffs muss berichtet werden. Tante Erna Lange wohnte mit ihrer Mutter, Großmutter Cornill, in Halle und später in Berlin. Irenchen und ich verbrachten viele Ferien, meist Ostern oder Herbst, bei ihnen und das Verhältnis zwischen uns Kindern war wie unter Geschwistern. Tante Erna war eine begnadete Sängerin mit einer sehr guten Ausbildung der Stimme. Sie hatte sogar ein Angebot an die Met in New York bekommen. Wegen Erkrankung an Epilepsie konnte sie den Beruf als Sängerin nicht ausüben. Ihr Mann war im Krieg gefallen, sie hatte eine verhältnismäßig kleine Pension und lebte daher mit ihrer Mutter zusammen, die eine gute Pension hatte. Ihr Mann war Universitätsprofessor gewesen, zuletzt in Halle. Ich habe es einige Male erlebt, wie schrecklich es war, wenn Tante Erna Epilepsieanfälle erlitt, vor allem wenn dies in der Stadt passierte. Danach war sie ganz verstört. Mit Karlheinz und Hildchen haben wir herrliche Kinder- und Jugendzeiten verlebt und viel Streiche zusammen gemacht. Zuerst wohnten Langes in einer recht belebten Straße. Karlheinz und ich befestigten ein schön blitzendes 10-Pfennig-Geldstück an einem langen Faden und warfen es aus dem zur ebenen Erde liegenden Kellerfenster auf den Bürgersteig, wenn wir eine Fußgängerin oder einen alten Mann kommen sahen oder hörten. Wenn diese es aufheben wollten und sich bückten, zogen wir es aber weg und amüsierten uns, wenn die Gefoppten schimpften und noch mehr, wenn sie manchmal auch ganz verdutzt waren und das Geldstück verzweifelt suchten. Karlheinz hatte einen Freund, Heinz Haffke. Die beiden banden mich ab und zu, wenn wir uns gezankt hatten, im früheren Arbeitszimmer von Großvater Cornill an einen riesigen Bücherschrank mit gedrehten Holzsäulen an den Seiten. Dort ließen sie mich zappeln, bis mich Hildchen dann losband. Als Großmutter Cornill später in eine sehr hübsche Wohnung in einer ganz ruhigen Villenstraße umzog, wurde auf der Straße Tennis gespielt, indem einfach eine Wäscheleine über die Fahrbahn gespannt wurde. Autos gab es damals kaum, wenn aber eins kam, wurde die Leine an eine Seite gezogen. Da ich wegen meines Schielens nicht plastisch sah, konnte ich Tennis nie spielen und betätigte mich als Schiedsrichter oder als Radioreporter, wenn Karlheinz und Haffke spielten. Es war eine sehr fröhliche und unbeschwerte Zeit.

Als Karlheinz in die Flegeljahre kam, meldete ihn seine Mutter im Internat der Frankeschen Stiftung[17] an. Beim Abendessen erzählte Tante Erna lachend, dass der Direktor sehr sächsisch sprach und ihr gesagt hatte: »Bei uns machen die Gleenen um achte und die Großen um eine ins Bett«, das wurde in der ganzen Familie zu einem geflügelten Wort.

Anfang der Dreißiger Jahre zogen Großmutter Cornill und Langes nach Berlin ans Südwestkorso. Karlheinz war etwas älter als ich und fing mit dem Medizinstudium an, als ich noch zur Schule ging. Die Wohnung war nahe meiner Schule. Wir sahen uns oft und ich übernachtete manchmal bei Langes. Karlheinz beendete 1939 nach dem Doktorexamen das Studium. Im Krieg war er Truppenarzt an der Front und holte sich in Russland Fleckfieber. Er starb nach dem Krieg in der sowjetisch besetzten Zone an Tuberkulose. Mit Hildchen ist Irene sehr befreundet. Ich verehre Hildchen sehr.

Uli Hacker lernte ich bei den Pfadfindern und im Schwimmclub kennen. Es entstand eine echte Freundschaft, die bis zu seinem Tod hielt. Ulis Vater war gefallen und seine Mutter hatte nach dem Krieg einen Regimentskameraden von ihm, Strackerjan, geheiratet. Herr Strackerjan war nach dem Krieg Versicherungsvertreter bei der Allianz in Berlin geworden. Sie wohnten in Spandau. Uli war etwas älter als ich. Seine Schwester Erika war etwa im Alter von Irene, sie wurden auch Freundinnen und blieben es bis zum Tod von Erika vor einigen Jahren. Wir waren sehr viel zusammen und ich nannte Ulis Mutter Tante Käthe. Uli machte zwei Jahre vor mir das Abitur. Er studierte zunächst Theologie, wechselte aber dann zur Juristerei. Er war in einer schlagenden Burschenschaft in Rostock. Sein Wunschberuf war aber die Fliegerei und er gab das Studium auf, als 1933 sich die Möglichkeit ergab, das Fliegen zu einem erschwinglichen Preis zu erlernen. Er wollte Verkehrspilot werden. 1935 war er

[17] Gemeint sind die Franckeschen Stiftungen zu Halle.

Pilot bei einer halbstaatlichen Gesellschaft in der Nähe von Berlin. Ich war auch schon Leutnant und wir verbrachten manch schöne Stunde in froher Runde in einem kleinen russischen Restaurant in der Nähe vom Wittenbergplatz, wo einer der Ober sich als Regimentskamerad meines Onkels Sandy herausstellte. 1936 war ein sehr kalter Dezember und die Nordseeinseln waren durch Eis vom Festland abgeschnitten. Uli war dort im Einsatz, um die Versorgung und Personenbeförderung sicherzustellen. Am Tag vor Heiligabend stürzte seine Maschine beim Start auf Norderney infolge Vereisung ab und Uli überlebte nicht. Ich war zufällig von Potsdam in Berlin und besuchte Strackerjans, als ein Herr von der Flugfirma die völlig unerwartete traurige Nachricht seiner Mutter überbrachte. Ich habe diesen Tag noch heute genau in Erinnerung. Mit Uli Hacker verlor ich einen Freund, den ich später in meinem Leben sehr oft vermisst habe.

Mit Familie Sprockhoff bestand eine sehr herzliche Freundschaft. Meine Mutter war als junges Mädchen mehrfach im Sommer mit den Eltern in einem Seebad bei Stettin, ich glaube es war Sellin. Dort verbrachte auch die Familie Jentsch aus Posen den Urlaub und Mutti hatte sich besonders mit zwei etwa gleichaltrigen Töchtern der Familie angefreundet. Eine von ihnen hatte später einen Dr. Max Sprockhoff geheiratet. Sie erkrankte an Tuberkulose und starb Anfang der Zwanziger Jahre. Dr. Sprockhoff heiratete nach einigen Jahren seine Schwägerin Lotte Stiller, deren Mann gefallen war. Onkel Sprockhoff war Chemiker und Direktor einer großen Stärkefabrik in Kyritz in der Prignitz. Er hatte aus seiner ersten Ehe zwei Töchter Lieselotte (Lilo) und Ursel sowie einen Sohn Rudolf (Rudi) und Tante Lotte ebenfalls einen Sohn Helmut und eine Tochter Heidi. Wir verbrachten viele besonders schöne Ferientage und Wochenenden in Kyritz und genossen die Gastfreundschaft und besonders den Komfort im Haushalt einer wohlhabenden Familie, den wir uns zuhause nicht leisten konnten. Neben einer Dienstvilla mit großem Garten hatten Sprockhoffs am See ein Bootshaus mit Ruder- und Segelboot und später auch noch ein Sommerhaus. Irene und ich waren mit den Sprockhoff-Kindern von Anfang an befreundet. Wir verbrachten die Ferien mit Schwimmen, Segeln und gemeinsamen Unternehmungen sehr harmonisch. Im letzten Schuljahr verliebte ich mich zum ersten Mal ernsthaft in Lilo, die eineinhalb Jahre älter war und schon angefangen hatte, in Jena zu studieren. Lilo erwiderte diese Zuneigung und als die Familien dies bemerkten, hatten wir beide den Eindruck, dass dies mit Sympathie und Hoffnung auf eine ernste Beziehung schmunzelnd beobachtet wurde. Wir waren beide schon erwachsen, damaligen Vorstellungen und unserer Erziehung entsprechend war unser Verhältnis absolut platonisch.

Anfang 1932, also ein Jahr vor dem Abitur, mussten wegen der Termine für Bewerbungen die Entscheidungen über Berufswahl, Studium und Ausbildung oder Lehre endgültig getroffen werden. Ich hatte durchaus Aussicht auf ein Stipendium für ein Studium. Ich hatte mir aber fest vorgenommen, nach Schulabschluss möglichst bald meine Mutter zu entlasten und einen Beruf zu ergreifen, der dies ermöglichte. Also wurde ein Studium gar nicht in Erwägung gezogen. Ich besprach dies auch mit Onkel Adolf. Er hatte noch Verbindung mit einem Kriegskameraden, der Reichswehroffizier war, und bat diesem um Rat. Dieser schlug vor, dass ich ihn mal in seiner Wohnung in der Nachodstraße besuche. Dies tat ich und nach einem längeren Gespräch schlug mir dieser Major Schrader vor, mich als Offizieranwärter bei der 3. (Preußischen) Nachrichtenabteilung[18] in Potsdam zu bewerben. Er wies mich gleich darauf hin, dass die Zahl der jährlichen Bewerbungen sehr hoch sei und nach den Bestimmungen des Versailler Vertrages nur höchstens zwei bis drei Bewerber je Bataillon oder Abteilung eingestellt werden könnten. Ich sollte mich aber trotzdem gleich bewerben und dabei erwähnen, dass mein Onkel im Krieg als Reserveoffizier im Telegraphen Bataillon Nr. 1, dessen Tradition die Nachrichtenabteilung 3 wahrte, gedient hatte.

Ich hatte schon immer mit dem Gedanken geliebäugelt, Berufsoffizier zu werden, da mein Großvater und auch Patenonkel Alexander es waren und der Beruf des Reichswehroffiziers ganz besonders angesehen war. Wir Jungs hatten auch alle die Vorstellung, dass der Soldat im Kriege derjenige war, der Frauen und Kinder vor den Gefahren eines solchen schrecklichen Geschehens bewahrte. Meine Generation hatte ja mit Begeisterung Jünger, Dwinger und andere Schriftsteller gelesen, die über den Weltkrieg berichtet und den Frontsoldaten als Helden verherrlicht hatten. Der vierjährige verlustreiche Weltkrieg lag gerade etwas über zehn Jahre zurück und wir waren in dieser Zeit ganz unter dem Eindruck des Versailler Vertrages und den vielfachen, im täglichen Leben spürbaren Folgen aus ihm, aufgewachsen. Krieg war zu jeder Zeit auch noch ein gebräuchliches Mittel der Politik und keinesfalls geächtet wie heute. In meinem Lebenskreis habe ich niemand getroffen, der kriegslüstern war. Gerechnet mit ihm und vor ihm gefürchtet haben sich aber die meisten Menschen. Nicht nur in Deutschland.

Nach eingehenden Beratungen in der Familie, mit meinen Freunden und Pfadfinderkameraden bewarb ich mich als Offizieranwärter bei der 3. (Preuß.) Nachrichtenabteilung in Potsdam-Nedlitz. Ich wurde zuerst zu einer persönlichen Vorstellung, Gesundheitsuntersuchung und Sportprüfung für zwei Tage nach Potsdam gebeten. Zum ersten Mal in meinem Leben war ich in einer Kaserne und übernachtete in einer Mannschaftsstube mit langjährig gedienten Soldaten in einem zufällig freien oberen Bett. Die Kameraden behandelten mich freundlich aber auch etwas herablassend als »jungen Marschierer«. Ich schlief in Erwartung der für mich sehr entscheidenden Prüfung recht unruhig. Plötzlich schrie jemand »Aufstehen«, ich kletterte so schnell ich konnte aus dem Bett und wollte in den Waschraum laufen, als ich merkte, dass ein vom Nachturlaub zurückkommender Stubengenosse sich mit mir einen Scherz erlaubt hatte, denn ich wurde unsanft aufgefordert, das Licht auszumachen und Ruhe zu geben, es sei erst kurz nach Mitternacht. Ich verdammter »Russe« (so

[18] Eine Abteilung entsprach in der damaligen Nachrichtentruppe einem Bataillon.

wurden junge Rekruten genannt) müsste als angehender Abiturient doch wissen, dass man müde alte Männer nachts in Ruhe schlafen lässt. Das war meine erste Erfahrung mit dem »Kommiss«.

Wir Bewerber wurden in zwei Gruppen eingeteilt, meine Gruppe begann mit der Sportprüfung, die glimpflicher verlief als ich gedacht hatte. Bei der anschließenden ärztlichen Untersuchung lief zunächst alles gut. Als die Augenuntersuchung begann, vor der ich wegen der Augenfehler Bammel hatte, wurde mir erklärt, die Urinprobe hätte ergeben, ich sei nierenkrank und damit untauglich. Der die Prüfung leitende Leutnant verabschiedete mich mit Bedauern und riet, meinen Hausarzt aufzusuchen. Ich fuhr enttäuscht nachhause. Unser Hausarzt war empört, denn er hatte vor der Vorstellung in Potsdam mich genau untersucht und wusste, dass die Nieren absolut in Ordnung waren. Er telefonierte mit dem Militärarzt und verlangte einen sofortige Überprüfung; er wüsste ganz genau, dass ich absolut gesund sei. Das hatte Erfolg, ich wurde erneut nach Potsdam bestellt, zur Untersuchung im Lazarett. Hier entschuldigte man sich, es hätte sich herausgestellt, dass Urinproben tatsächlich verwechselt wurden. Dann wurde ich gefragt, wo die Untersuchung in der Kaserne abgebrochen wurde. Ich sagte: Augenuntersuchung, was so verstanden wurde, dass die Augen bereits untersucht seien. Dadurch wurde übersehen, dass ich stabsichtig war und nicht plastisch sehen konnte. Ich wurde als tauglich eingestuft und nach einem persönlichen Gespräch mit dem Kommandeur entlassen. Es wurde angekündigt, dass ich bald zu einer Psychotechnischen Prüfungsstelle in Berlin eingeladen würde. Diese Prüfung fand dann in Berlin-Moabit in der Kaserne des Wachbataillons statt. Mir wurde abschließend erklärt, die Entscheidung trifft das Heerespersonalamt. Es folgte eine lange Wartezeit in Ungewissheit. Onkel Max Sprockhoff hatte durch Zufall bei einem Bekannten den Oberstleutnant Russwurm kennengelernt, der Kommandeur der Abteilung war, bei der ich mich beworben hatte. Im Gespräch hatte dieser erzählt, dass sich über sechshundert Abiturienten beworben hatten und voraussichtlich nur drei Offizieranwärter im nächsten April eingestellt werden würden. Die Hoffnungen auf einen Erfolg schmolzen beträchtlich.

Darauf schenkte mir Onkel Max einen Segelflug-Lehrgang an der Segelfliegerschule von Wolf Hirth in Grunau im Riesengebirge in den Sommerferien. Etwas, was ich mir finanziell nie hätte leisten können. Er tat es in der Annahme, dass der Segelfliegerschein bei der Entscheidung über die Einstellung von Vorteil sein würde. So fuhr ich für etwa sechs Wochen im Sommer 1932 zu diesem hochinteressanten Lehrgang. Alle anderen Teilnehmer waren berufstätig, die meisten junge Lehrer an Berufsschulen. Ich war der Jüngste und einzige Schüler. Es wurde eine ganz prächtige kameradschaftliche Gemeinschaft.

Zunächst lernten wir das Gleitfliegen auf dem Sportflugplatz Hartau bei Hirschberg. Wir wohnten in einem Gasthof am Flugplatz, Ein ganz primitiver Gleiter wurde von einem uralten Lkw. mit einem Seil angeschleppt und wenn er eine gewisse Höhe erreicht hatte, klinkte das Seil von alleine aus und man glitt herunter. Nach etwa drei Wochen wurde die A- und B-Prüfung für Gleitflug abgelegt. Einige Teilnehmer schieden aus und wir zogen um in das Segelfluglager Grunau in eine Baracke neben dem Hang. Es kamen einige Neue hinzu. Dabei war ein Artillerieoffizier und ein Feuerwerker Fred Hartmann der Reichswehr. Nun begann das richtige Segelfliegen. Zunächst wieder mit einem verbesserten Gleiter, der mit Gummiseilen am Hang gestartet wurde. Zwei bis fünf Männer auf jeder Seite zogen auf Kommando »Ausziehen! Laufen!« die Seile straff und auf das Kommando »Los« ließ ein am Schwanzende des Gleiters festhaltender Mann los und der Gleiter flog den Hang herunter, so weit wie möglich. Natürlich passierte es auch, dass der Pilot am Steuer versagte und eine Bruchlandung im Korn die Folge war. Auf alle Fälle musste der Gleiter von denselben Männern wieder den Hang heraufgeschleppt werden, was recht mühsam war. Nachdem dies richtig beherrscht wurde, begann das eigentliche Segelfliegen am Hang, nun in einem richtigen Flugzeug. Das war aber nicht zu vergleichen mit den heutigen Flugzeugen. Man saß ohne Helm und Fallschirm, meist in Badehose oder kurzen Hosen im offenen Führersitz ohne Instrumente und hatte einen Knüppel, mit dem man das Höhen- und das Seitenruder bediente. Als wir alle diese Handhabung gelernt hatten, begann das Segeln am Hang und als wir das beherrschten, kam endlich der Moment, da die Prüfungen für den Segelfliegerschein C begannen. Das waren spannende Tage, denn nun musste der Wind ausreichen, um fünfzehn Minuten am Hang zu segeln und dann auf das Zeichen des Fluglehrers eine Ziellandung an der Startstelle zu vollbringen. Wer das schaffte, hatte die C-Prüfung bestanden und bekam den begehrten Segelflieger C-Schein. Tagelang warteten wir sehnsüchtig auf den richtigen Wind. Nicht jeder Versuch hatte mangels ausreichenden Aufwindes Erfolg. Nach genau fünfzehn Minuten musste unbedingt sofort gelandet werden, um den anderen Kameraden die gleiche Chance zu geben. Endlich kam ich an die Reihe. Als ich gut gestartet war und den Aufwind plötzlich spürte, erfasste mich ein richtiger Rausch. Dieses herrliche Gefühl der Freiheit allein zu fliegen, werde ich nie vergessen. Es war prächtiges Sommerwetter. Man hörte nichts als das leise Summen in den Spanndrähten und plötzlich flog von hinten ein großer Raubvogel neben mir und überholte mich langsam. Ich erinnere ganz genau, dass ich plötzlich anfing, das Deutschlandlied laut zu singen, obwohl ich doch überhaupt nicht singen kann. Ich erhielt den C-Schein mit der Nummer etwas über sechshundert. Stolz kehre ich nach Berlin zurück und fuhr sofort nach Kyritz, um das Abzeichen mit den drei Schwingen auf blauem Grund vorzuführen. Ende 1932 bekam ich die gute Nachricht, dass ich als Offizieranwärter angenommen war und mich am 1. April 1933 in Potsdam zum Dienst melden sollte.

Am 30. Januar 1933 begannen die schriftlichen Prüfungen. Von der am selben Abend stattgefundenen Machtübernahme der Nationalsozialisten durch die Ernennung Hitlers zum Reichskanzler nach der unerwartet gewonnenen Wahl habe ich nichts mitbekommen und hörte es erst am nächsten Tag. Wir hatten dann noch bis Ende Februar normalen Unterricht, dann begannen die mündlichen Prüfungen. Ich hatte als Wahlfach Englisch und musste einen Titel aus der englischen Literatur angeben. Ich hatte die Forsyte Saga von Galsworthy ausgesucht, nicht ahnend, was das für ein gewaltiger Schinken war. Aus der Stadtbücherei Spandau hatte ich mir dann ein Exemplar in deutscher Übersetzung ausgeliehen, da ich mit dem Lesen des englischen Originals nicht rechtzeitig fertig wurde und hatte es á travers durchgelesen. Ich sah der Prüfung mit recht gemischten Gefühlen entgegen. Dann hatte ich unglaubliches Glück. Wegen der gut ausgefallenen schriftlichen Arbeit verzichtete die Prüfungskommission nach einigen simplen Fragen auf weitere Prüfung und entließ mich. Mir fiel ein Stein vom Herzen. Das Abiturzeugnis mit der Note »gut« erhielt ich am 3. März 1933 und am 1. April meldete ich mich zum Dienst in Potsdam. Die unbeschwerte und auch glückliche Jugendzeit war zu Ende.

Was ist das Resumée dieser Kindheit und Jugend? Ich habe viel Ungewöhnliches und auch, vor allem für die damalige Zeit, Schreckliches in Russland erlebt, aber auch viel Gutes und Schönes erfahren dürfen. Ich wurde kaum mit Worten erzogen oder angeleitet, weder zuhause noch in der Schule. Das Wesentliche wurde mir nicht gesagt sondern vorgelebt, von der Familie und meinen Lehrern, denen ich heute noch herzlich dankbar bin. Gemeinschaftsgeist und Verantwortungsfreude wurden mir in der Klassengemeinschaft und in der Pfadfindergruppe beigebracht, das hat mir später das Zurechtfinden und Einleben bei den Soldaten sehr erleichtert. Vieles, was wir in der Schule gelernt haben, ist in Vergessenheit geraten. Ich könnte meinen Enkeln heute kaum bei Schularbeiten ernsthaft helfen. Ich kann nicht mehr Wurzel ziehen oder ähnliche mathematische Aufgaben lösen und habe viele mühsam gelernte Formeln und Gedichte vergessen.

So ist der in den neun Schuljahren vermittelte, inzwischen fast völlig verdunstete Lehrstoff zu einer Art konzentriertem Bodensatz umgewandelt worden. Dieser hat mich oft im privaten und auch beruflichen Umfeld befähigt, Wichtiges und Unwichtiges auseinanderzuhalten und mich bei allen Entscheidungen auf das Wesentliche zu konzentrieren. Es hat mir auch geholfen, Aufgaben an Mitarbeiter und Untergebene zu delegieren und damit mich zu entlasten und ihnen Freude an selbstständiger Arbeit zu vermitteln. Ich habe oft den Eindruck, dass heute in der Schule zu viel Einzelwissen vermittelt wird, ohne den oben erwähnten Zweck zu erreichen.

Auch hat die ganze gesellschaftliche Entwicklung der letzten Jahrzehnte dazu geführt, dass die Eltern sich zu wenig um ihre Kinder kümmern, ja überhaupt nicht kümmern können und dieses nur von der Schule fordern und damit sie überfordern. Das persönliche Vorbild von Eltern und Familie aber auch der Lehrer fehlt und wird sogar gar nicht mehr gewünscht und gefordert.

In der Zeit meiner Jugend wurde man erst mit einundzwanzig Jahren volljährig und war vorher tatsächlich unmündig im wahrsten Sinne des Wortes. Politisch hatte man überhaupt nicht mitzureden, man musste dazu erst Lebenserfahrung sammeln. Deshalb waren wir als Schüler an der Politik auch weniger interessiert als heute die Gleichaltrigen es sind. Die Umgebung, deren Einfluss ich unterlag, war konservativ, national (aber nicht nationalistisch) und stark von den Folgen des verlorenen Krieges beeinflusst. Der Übergang von der Monarchie zur Demokratie war hauptsächlich die Folge des verlorenen Krieges und der Abdankung des Kaisers und nicht in erster Linie Ausdruck des politischen Willen der Majorität des gesamten Volkes. Das hatte negative Auswirkungen auf die Verwirklichung der Demokratie in der jungen Republik und die Praxis derer Organe. Die große Zahl der entstehenden Parteien und Parteichen, die wegen ihrer Kleinheit sich politisch gar nicht auswirken konnten, führte zu einer unübersehbaren politischen Landschaft und zu sinnlosen Redeschlachten in den Parlamenten des Reiches und der Länder. Ich kann mich nur erinnern, dass diese demokratischen Einrichtungen von den meisten Menschen der verschiedensten politischen Richtungen als »Quasselbuden« verächtlich bezeichnet wurden. Dabei gab es damals ja kein Fernsehen und nur Radio mit Kopfhörer. Radioapparate wie heute üblich mit Lautsprechern kamen erst nach Mitte der Dreißiger Jahre in Form der Volksempfänger in größerer Zahl zum Normalverbraucher.

Abstoßend auf die Masse der Bevölkerung wirkten auch die immer häufiger werdenden Straßenschlachten der verschiedenen Parteiorganisationen. Sie beschränkten sich durchaus nicht auf die organisierten Anhänger der NSDAP (Nazis) und KPD (Kommunisten), die jedoch bei den Auseinandersetzungen untereinander und mit der Polizei immer mehr dominierten und zum Schluss dieses Feld allein beherrschten. Auf uns junge Menschen hatte dies zunehmend eine negative Wirkung auf das Interesse zur Innenpolitik. Die Regierung verlor immer mehr an Ansehen. Der Wunsch nach einer starken Persönlichkeit in der Politik wurde immer stärker. Man hörte öfter Aussprüche wie »In der Politik bestimmten Persönlichkeiten und nicht Quasselbrüder«.

Kapitel 2: Dienst in Reichswehr und Wehrmacht bis 1939

***

Mit dem 1. April 1933 begann die militärische Laufbahn Theodor Poretschkins, die ihn vom Funker und Offizieranwärter in der Reichswehr bis zum Brigadegeneral der Bundeswehr führen sollte. Seinen Dienst trat er bei der 3. (Preuß.) Nachrichtenabteilung in Potsdam an. Diese Abteilung hatte als Teil der Nachrichtentruppe der Reichswehr den Auftrag, einen sicheren und zuverlässigen Fernmeldeverkehr für die 3. Division mit Sitz in Berlin zum Zwecke der Führung der der Division unterstellten Verbände im Felde zu gewährleisten. Hierzu gehörten die Fernsprechverbindungen, die mithilfe von Kabeln hergestellt wurden, wie auch der Funkverkehr. Aus heutiger Sicht kurios, gehörte auch die Übermittlung von Informationen per Brieftaube zunächst noch zu diesen Methoden.[1] *Die Nachrichtentruppe der Reichswehr und ab dem 16. März 1935 der Wehrmacht war eine reine Fernmeldetruppe und hatte keine Berührungspunkte mit dem Auftrag des heutigen Militärischen Nachrichtenwesens der Bundeswehr, das Informationen über die Lage gewinnt, analysiert und Produkte für die Beurteilung der Lage bereitstellt.*

Die Nachrichtentruppe ging aus den Telegraphentruppen der Kontingentheere des Kaiserreiches hervor, die erstmals 1899 eigenständige Einheiten für die Übermittlung von Informationen bildeten.[2] *Diese Truppengattung wuchs angesichts des rasanten technischen Fortschrittes schnell und zählte 1918 rund 190.000 Soldaten. Angesichts der Reduzierung der gesamten Streitkräfte auf die 100.000 Mann des Heeres der Reichswehr blieben hiervon nur sieben Abteilungen übrig, die den Infanterie- und Kavalleriedivisionen zugeordnet waren.*[3] *Diese Abteilungen zu je rund 300 Soldaten gliederten sich neben dem Kommandeur und seinem Stab in zwei Kompanien zu je drei Zügen auf, die auf jeweils eine Einsatzform spezialisiert waren. Die Nachrichtentruppe wuchs nach der Machtübernahme durch die Nationalsozialisten in den 1930er-Jahren wie die meisten anderen Truppengattungen explosionsartig. 1939 umfasste sie 68 Abteilungen sowie einige zusätzliche Lehrverbände und administrative Einheiten.*[4]

Poretschkin sollte nun als einer von anfangs vier und später acht Offizieranwärtern der Abteilung das Fernmeldehandwerk erlernen und Führungsaufgaben übernehmen. Dazu durchlief er die 1933 aufgrund des durch die Vergrößerung der Streitkräfte gewachsenen Bedarfs an Offizieren bereits von vier auf zwei Jahre verkürzte Offizierausbildung. Ne-

1 Kampe, Heeres-Nachrichtentruppe, S. 8 f.

2 Ebd., S. 5.

3 Ebd., S. 8.

4 Ebd., S. 28.

ben den typischen Höhen und Tiefen einer militärischen Ausbildung lernte er in dieser Zeit einige Personen kennen, denen er später in Freundschaft tief verbunden war und die ihm immer wieder begegnen sollten. Besonders hebt Poretschkin dabei das Verhältnis zum damaligen Oberleutnant und späteren Widerstandskämpfer Joachim »Jochen« Meichßner (1906–1944) hervor, der den jungen Offizieranwärter mit folgendem Satz prägte: »Vergessen Sie niemals, vornehmste Aufgabe des Offiziers ist die Sorge für die anvertrauten jungen Menschen.«

Die politischen Entwicklungen nach der Ernennung Adolf Hitlers zum Reichskanzler scheinen ihn angesichts durchgängig großer dienstlicher Belastungen im Zuge der Aufstellung der Wehrmacht weniger interessiert zu haben.

***

Offiziersausbildung in der Reichswehr 1933–1935

Am 1. April 1933 fuhr ich morgens mit der S-Bahn nach Potsdam und dort vom Bahnhof mit dem Omnibus nach Nedlitz in die Kaserne, die nun meine Heimat werden sollte. Es war ein Komplex mit roten Backsteingebäuden aus dem vorigen Jahrhundert. Untergebracht waren darin die 3. (Preuß.) Nachrichtenabteilung und die IV. (reitende) Abteilung des 3. (Preuß.) Artillerieregiments.

Ich wurde zur Schreibstube der 1. Kompanie geschickt und nach Aufnahme der Personalien auf meine Stube gebracht, wo ich die anderen Offizieranwärter antraf. Es waren dies Jochen Völkel aus Breslau, Arndt Wilhelm Osterroth aus Potsdam und Kurt Kronsbein aus Warmbrunn im Riesengebirge bei Hirschberg, der vierte war ich. Unser Stubenältester war der Gefreite Lorenz, ein Nachzügler des vorjährigen Offizieranwärterjahrgangs, der im Herbst 1932 eingestellt worden war. Er war sehr nett und wies uns in alles für uns völlig Neue ein und beantwortete geduldig und freundlich unsere vielen Fragen. Von ihm erfuhren wir, dass unser Kompaniechef der Hauptmann Fritz Boetzel war, der »Spieß« Hauptwachtmeister Schmidt hieß und »Bumke« genannt wurde. Bumke würde aber bald zur Heeresfachschule gehen und unser neuer Spieß würde der Oberwachtmeister Melcher werden. Oberleutnant Schott sei der Zugführer des Rekrutenzuges und damit unser Vorgesetzter, sein Wachtmeister der Unterwachtmeister Heintke (genannt Ast Heintke). Unser Korporalschaftsführer wird der Unteroffizier Selig (genannt Uhu) und seine beiden Hilfsausbilder werden Oberfunker Garz (genannt Bommel) und Oberfunker Ziegenhagen (der keinen Spitznamen hatte, weil er dafür zu farblos war). Unser »Fähnrichsvater« wird der Oberleutnant Meichßner, der uns betreuen und jede Woche ca. zwei Stunden Unterricht extra geben wird.

Dann wurden wir eingekleidet und mussten unsere Spinde nach einem ganz genau festgelegten Plan einräumen. Jeder hatte einen großen alten Schrank mit zwei

Türen. Das nahm viel Zeit in Anspruch, da uns vom Gefreiten Lorenz genau gezeigt wurde, wohin die einzelnen Wäschestücke gehörten und wir erst üben mussten, wie jedes Stück gefaltet werden muss, bevor es gestapelt wird. Jeder Spind musste genau wie vorgeschrieben eingerichtet sein, damit man im Alarmfall auch im Dunkeln alles sofort findet. Zum Schluss mussten wir die Reitstiefel auch genau nach Vorschrift putzen. All dies nahm den ganzen Tag in Anspruch. Erschöpft schliefen wir ein.

Jetzt muss ich erst erzählen, wie die Ausbildung zum Offizier in der Reichswehr verlief, bevor ich von dem weiteren Geschehen in der Kaserne berichte. Bis zum Jahr 1932 dauerte die Ausbildung vier Jahre. Zuerst eine infanteristische Grundausbildung für alle Waffengattungen in einer Ausbildungskompanie bei einem Infanterieregiment. Danach folgte beim Stammtruppenteil die Spezialausbildung der eigenen Waffengattung und anschließend Ausbildung und Einsatz als Führer einer Gruppe mit entsprechender Praxis. Danach folgte die Teilnahme an einem Lehrgang für alle Waffengattungen gemeinsam an der Infanterieschule in Dresden. Nach einer Praxis bei der Truppe folgte zum Schluss ein Lehrgang an der jeweiligen Waffenschule (z. B. Artillerieschule, Pionierschule usw.). Für die Nachrichtentruppe gab es keine eigene Waffenschule, da dies nach dem Versailler Vertrag verboten war. Das war eigentlich ein Witz! Diese Regelung beruhte auf einem sprachlichen Missverständnis. Die Bezeichnung »Nachrichtentruppe« wurde übersetzt mit »Spionagedienst« und nicht, wie man heute viel klarer sagt, als Fernmeldedienst. Deshalb durfte die Reichswehr keine Nachrichtenschule haben.[5] Dieses Verbot wurde umgangen. Die Artillerieschule wurde um die »Abteilung D« erweitert, die als Schule für die Nachrichtentruppe genutzt wurde. Anfang 1933, also nach der Ernennung Hitlers zum Reichskanzler und der Machtergreifung durch die NSDAP, wurde offenbar schon geplant, die Reichswehr zu vergrößern und auch die Wehrpflicht einzuführen, die damals in allen europäischen Staaten, außer Großbritannien bestand. Deshalb wurde ab 1933 die Zahl der einzustellenden Offizieranwärter wesentlich erhöht und die Ausbildung zum Offizier auf zwei Jahre verkürzt. Jetzt wurde die allgemeine infanteristische Ausbildung beim Stammtruppenteil selbst durchgeführt und zusammengefasst mit der fachlichen Ausbildung der Waffengattung. Daran schloss sich ein besonderer Offizieranwärterlehrgang mit anschließendem Einsatz als Korporalschaftsführer in einer Kompanie. Dann folgte die Ausbildung zum Offizier an der Infanterieschule Dresden für alle Waffengattungen gemeinsam, die mit der Offiziersprüfung endete. Zum Schluss kam noch der Besuch der Waffenschule, der auf ein Vierteljahr verkürzt war und für die Nachrichtentruppe an der Artillerieschule Abteilung D stattfand. Zum Schluss nach zwei Jahren wurde man zum Leutnant beför-

[5] Hier irrt sich Poretschkin, denn der Art. 176 des Versailler Vertrages erlaubte explizit die Einrichtung von Schulen für alle Waffengattungen. Die englische Übersetzung des Begriffs Nachrichtenabteilung als »signal detachement« in Art. 180, Übersicht 1 ist ebenfalls terminologisch korrekt. Was stattdessen der Grund für das Fehlen einer Nachrichtenschule war, ist nicht bekannt.

dert und zum Dienst als Zugführer zur Truppe versetzt. Wir vier Offizieranwärter wurden so in Potsdam, Dresden und zuletzt in Jüterbog ausgebildet.

Am ersten Tag hatte ich schon die übrigen drei Offizieranwärter etwas kennengelernt. Der Vater von Jochen war gefallen. Seine Mutter hatte den Familienbetrieb, eine Leinenweberei am Riesengebirge und ein Leinengeschäft in Breslau, allein weitergeführt. Jochen hatte noch einen älteren Bruder, der begeisterter Reiter war und als Jockey Rennen ritt. Arndt Wilhelm (Arwi) war Vollweise, sein Vater war aktiver Offizier gewesen und früh verstorben genauso wie seine Mutter. Arwis wesentlich ältere Schwester hatte zuerst bei ihm die Mutter vertreten, dann war er aber bis zum Abitur ins Militärwaisenhaus in Potsdam gekommen. Nach dem Abitur hatte er zwei Semester Elektroingenieur an der Universität Berlin studiert, da er nach dem Abitur bei der Reichswehr wegen Mangel an Bedarf nicht eingestellt werden konnte. Er war Geburtsjahrgang 1911 und der Älteste von uns. Kurt (Kurtchen) war der kleinste unter uns, sehr sportlich und unheimlich ehrgeizig, was wir gleich am ersten Tag merkten, als seine Stiefel unbedingt am besten glänzen mussten.

Der nächste Morgen begann mit Stalldienst und Reiten. Ich musste mich aber vorher im Krankenrevier melden, den Grund habe ich vergessen, es war irgendetwas zu klären. Das dauerte länger als erwartet. Ich kam in den Stall, als der Stalldienst schon zu Ende war und das Reiten begonnen hatte. Deshalb sollte ich erst den Stalldienst machen. Den anderen war alles ganz gründlich erklärt worden, mir als Nachzügler wurde aber vom diensthabenden Stalldienst nur zugerufen: »Nimm den braunen Zampel da hinten und fang an mit dem Ausmisten!«, dabei wurde mir Mistforke, Schaufel und Blecheimer zugeschoben. Als ich mit der Mistforke mich von hinten dem Braunen näherte, schlug er unerwartet aus und ich flog auf der Stallgasse der Länge nach hin. Das sah der Stalldienst, ein alter Obergefreiter, und brüllte: »Wer hat hier Hinlegen befohlen? Du bist Abiturient und willst Offizier werden. Wenn Du meinst, Du könntest machen, was Dir beliebt, machen wir gleich einen Gang! Hinlegen! Auf, Marsch-Marsch!« und ich wurde, ehe ich mich versah, erst mal ordentlich gescheucht. Zum Reiten kam ich dann nicht mehr. Das war mein erster Eindruck vom Reiten und vom Kommiss. Dann war Frühstückspause und anschließend Formaldienst, bei dem uns als erstes das vorschriftsmäßige Grüßen beigebracht wurde. Zuerst durch Vorbeigehen in gerader Haltung ohne und dann mit Kopfbedeckung. Kurtchen war zweifellos der Zackigste von uns und auch der Eifrigste. Wir mussten alle hintereinander mit einigen Schritten Abstand an dem Ausbilder vorbeigehen und den Gruß erweisen. Als Kurtchen an der Reihe war, schrie ihm »Uhu« zu: »Wie oft muss ich das sagen, der Gruß beginnt drei Schritt vor und endet zwei Schritt nach dem Vorgesetzten! Als Abiturient müssen Sie soweit Zählen gelernt haben!« Kurtchen blieb stehen und schrie ebenso laut zurück: »Herr Unteroffizier, ich habe gezählt, es waren genau drei Schritt vor und zwei Schritt nach.« Da wurde er von einem solchen Donnerwetter unterbrochen, dass wir alle erschraken. Der Uhu brüllte nun: »Von Ihnen lasse ich mich nicht verscheißern! Die Herren Fahnenjunker melden sich heute Abend zum Gießen beim Unteroffizier Völlinger!« Die Hilfsausbilder und übrigen Rekruten grinsten. Kurtchen ließ sich durch so etwas aber von seinem Ehrgeiz und der Rechthaberei überhaupt nicht beeindrucken. Wir mussten noch oft darunter leiden und das abendliche Gießen wurde für uns ein ganz normaler Bestandteil des Dienstes. Unteroffizier Völlinger (ausgesprochen wie im Französischen »Föllandsché«) war Verpflegungsunteroffizier der Kompanie und auch für die Pflege der Rasenanlagen um den Kompanieblock verantwortlich. Zum Gießen des Rasens erhielt jeder von uns eine Blechgießkanne, die an der Wasserpumpe auf dem Hof gefüllt werden musste und auf dem Rasen entleert wurde, etwa eine halbe Stunde. Es kam dabei überhaupt nicht darauf an, wie das Wetter war. Auch bei strömendem Regen wurde gegossen, wobei man immer vom beaufsichtigenden »Föllansché« ermahnt wurde: »Wenn der Rasen nun faul wird, gibt es einen Gang, meine Herren! Ich lasse mir von Ihnen meinen Rasen nicht versauen!« Das Gießen wurde für uns vier bald zu einer Dauergewohnheit nach Dienstschluss, denn einer von uns fiel immer auf, wenn Kurtchen es nicht tat.

Nach dem Formaldienst, auch Exerzieren genannt, hatten wir Unterricht durch Unteroffiziere und über wichtigere Themen durch den Zugführer Oberleutnant Schott oder seinen Stellvertreter Unterwachtmeister Heintke. Wenn Pferdestehtag war morgens einen Waldlauf rund um die Kaserne. Auf dem gegenüber der Kaserne gelegenen Bornstedter Feld wurde im Gefechtsdienst ausgebildet und uns die Grundlagen des Baus von Feldkabelleitungen beigebracht. Ergänzend dazu hatten wir im Lehrsaal Unterricht über Gerätekunde, d. h. wir lernten den Feldfernsprecher und den Klappenschrank für die Vermittlung von Ferngesprächen kennen und bedienen. Morsen und die Bedienung von Funkgeräten lernten wir noch nicht, da die 1. Kompanie eine Fernsprechkompanie war und wir mit den Rekruten gemeinsam ausgebildet wurden. Die Funkerei lernten wir Offizieranwärter erst später beim anschließenden Offizieranwärterlehrgang kennen. Der Unterricht durch Oberleutnant Schott für den ganzen Zug beschränkte sich zunächst auf die Vorbereitung der Vereidigung, die etwa vierzehn Tage nach Antritt des Dienstes stattfinden sollte. Der Unterricht durch den Fähnrichsvater begann erst später.

Das Reiten bereitete mir Schwierigkeiten, ich war noch nie geritten, während die drei anderen Kameraden alle schon etwas Übung hatten. Dazu kam, dass leider bei den berittenen Truppen außerhalb der Kavallerie der Reitunterricht leicht zum Schikanieren benutzt wurde. Bei der Kavallerie spielte das Pferd eine viel größere Rolle und vom einfachen Reiter bis zum General hing im Einsatz das Schicksal enorm vom Pferd ab. Da war die Reitausbildung zu wichtig, um zur Schikane degradiert zu werden. Gleich zu Beginn war unserem Hilfsreitlehrer, Stabsgefreiter Rittgerott aufgefallen, dass ich immer mit dem Oberkörper etwas nach vorne fiel. Da seine mündlichen Korrekturen keinen Erfolg hatten, befahl er mir, von der Stube meinen Tornister zu holen. Er legte zwei Ziegelsteine hinein und befahl mir, mit dem Tornister auf dem Rücken aufzusitzen und auf dem ungesattelten Pferd mit Händen in Seithaltung anzureiten. Mit der langen Bahnpeitsche kitzelte er das Pferd am Buch und das Pferd schlug natürlich nach hinten aus. Dadurch rutschte der schwere Tornister mir über den Kopf und hing vor der Nase. Jetzt befahl er »Galopp Marsch« und knallte mit der Peitsche. Im gestreckten Galopp ging es um die Reitbahn und wir gerieten alle etwas durcheinander. Beim erneuten »Kitzeln« mit der langen Peitsche keilte mein Pferd wieder aus und ich flog im hohen Bogen herunter. Er schrie nun: »Wer hat Absitzen befohlen? Wollen Sie mich verscheißern? Aufsitzen!« Mit solchen Späßen wurde mir das Reiten richtig verleidet. Natürlich geschah so etwas nur, wenn kein Offizier in der Nähe war. Als Bommel Garz das beobachtet hatte, nahm er mich anschließend beiseite und sagte: »Machen Sie sich nichts draus. Sagen Sie sich: mir macht's nichts aus und ihm macht's Freude. Ich mache das immer so und es hilft.« Ich habe diesen Rat befolgt und es hat mir wirklich geholfen. Außerdem habe ich mir immer gesagt, mit solchen Erfahrungen kann man später als Offizier leichter verhindern, dass so etwas gemacht wird. Mit der Zeit ging es mit dem Reiten besser, so richtig Freude am Reiten bekam ich aber erst, als ich Offizier war und wir allein ausreiten konnten.

Als wir durch den Unterricht von Oberleutnant Schott ausreichend auf die Vereidigung vorbereitet waren, wurde diese Zeremonie gründlich vorgeübt. Dann man der bedeutsame Tag, der Eid auf die Weimarer Republik. Nach einem Feldgottesdienst auf dem Kasernenhof umrahmt feierlich von Musik des Trompeterkorps wurde uns Rekruten der Eid abschnittsweise vom Adjutanten vorgesagt und von uns nachgesprochen. Dem Deutschlandlied folgte der Vorbeimarsch am Abteilungskommandeur. Daran schloss sich ein gemeinsames Mittagessen mit allen Ausbildern im Speisesaal an. Es gab ein verbessertes Sonntagsessen und dazu pro Mann eine Flasche Bier und drei Zigaretten Marke Juno, die es so abgepackt gab. Ich hatte noch nie Bier aus der Flasche getrunken und war auch Nichtraucher. Als die Ausbilder sahen, wie dumm ich mich anstellte und mich mit Bier bekleckerte, gab es ein lautes Hallo und jemand sagte: »Der will Offizier werden und kann nicht mal saufen. Das muss geübt werden!« Sofort hatte ich noch zusätzlich drei Flaschen neben meinem Teller und nun wurde mir von allen Seiten zugeprostet. Natürlich hieß das auch »Ex«-Trinken. Als noch bekannt wurde, dass ich Nichtraucher war, musste ich dies nun auch lernen und bekam noch Zigaretten zusätzlich. Unter Gelächter musste ich üben. Der so feierlich begonnene Tag endete für mich recht kläglich. Rauchen hatte ich jedoch gelernt. Ich wurde sogar Kettenraucher. Leider!

Nach der Vereidigung ging die Ausbildung weiter wie begonnen. Reiten, Exerzieren, Geländedienst, Bau- und Vermittlungsdienst mit steigenden Anforderungen sowie der Unterricht wurden intensiv fortgesetzt. Dazu kamen Geländemärsche ohne und dann mit Gepäck und Bau von Fernsprechleitungen im Gelände an Straßen und Wegen. Als wir so weit waren, dass wir flotte Gepäckmärsche bis zur Grenze der Leistungsfähigkeit machten, wurden wir am Stadtrand vom Trompeterkorps abgeholt.

Als es nun mit Musik weiter in die Kaserne ging, war alle Erschöpfung plötzlich vergessen. Ein unvergessliches Erlebnis.

Im Offiziersunterricht wurden wir mit der Disziplinarordnung und dem Beschwerderecht und anderen für den Soldaten wichtigen Themen bekannt macht. Einzelheiten kann ich nicht mehr erinnern. Oberleutnant Schott war ein fürsorglicher Vorgesetzter, aber farblos und ohne jede Ausstrahlung. Was er uns gelehrt hat, habe ich behalten, aber kaum noch in Erinnerung, wie er aussah. Bei Oberleutnant Meichßner war das anders. Er hatte Sinn für Humor. Wilhelm Busch konnte er fast ganz auswendig und viele Verse von Ringelnatz und Morgenstern auch.

Bei ihm war der Unterricht daher stets anregend. Er brachte uns die für den Soldaten wichtigen Preußischen Tugenden nicht nur nahe, er paukte uns Begriffe wie Treue, Pflichterfüllung, Verantwortungsfreude und Fürsorge für die Untergebenen sogar regelrecht ein. Er hämmerte uns immer wieder ein: »Vergessen Sie niemals, vornehmste Aufgabe des Offiziers ist die Sorge für die anvertrauten jungen Menschen. Das macht unseren Beruf so schön!« Diese Worte habe ich nie vergessen und mich bemüht danach zu handeln. Der Unterricht bei Meichßner war für uns vier immer eine richtige Freude. Ich war richtig stolz darauf, dass ich später als junger Offizier sein Freund werden durfte.

Ausgang hatten wir die ersten vier Wochen nicht. Erst als wir nach dem Urteil unserer Ausbilder das Grüßen und Benehmen in Uniform so gut gelernt hatten, dass wir nicht mehr Gefahr liefen, das Ansehen der Reichswehr in der Öffentlichkeit zu schädigen, durften wir die Kaserne verlassen. Praktisch kam dies nur am Wochenende in Frage und wir bekamen Urlaub bis zum Zapfenstreich, also bis zehn Uhr abends. Vor Verlassen der Kaserne musste man sich beim Unteroffizier vom Dienst (UvD) melden, der kontrollierte, ob die Fingernägel sauber waren und man ein sauberes Taschentuch einstecken hatte und die Uniform, vor allem die Mütze, richtig saß. Dann erst durfte man die Kaserne verlassen. Wäsche zum Waschen nachhause mitzunehmen, war strikt verboten. Wer dabei erwischt wurde, musste zur Strafe unter Aufsicht nach Dienstschluss das Wäschewaschen lernen. Eine gute Gelegenheit zu schikanieren, daher gefürchtet. Das Verbot war damit begründet, dass der Soldat lernen müsste, seine Wäsche zu waschen und auszubessern, da im Einsatz Mutter nicht da war. Das leuchtete mir ein, war aber unbequem. Wäschewaschen hatte ich zuhause schon gelernt, für mich war es kein Problem.

Am Ende der dreimonatigen Rekrutenausbildung fand die Besichtigung durch den Kompaniechef statt. Danach und eingehender Belehrung über den Gesetzesparagraphen betreffend Notwehr, erhielten wir das Seitengewehr mit der weißen Troddel unserer Kompanie. Eine Waffe durften wir im Frieden nur im Falle der Notwehr benutzen. Damit war die Grundausbildung beendet.

Jetzt begann der Offizieranwärterlehrgang. 1933 wurden dazu alle Offizieranwärter der sieben Nachrichtenabteilungen in Potsdam bei unserer Kompanie zusammengezogen und gemeinsam sechs Monate ausgebildet. Leiter wurde der Leutnant

Gustav-Adolf Kuntzen[6] (genannt Justaff). Er erhielt als Ausbilder besonders ausgesuchte gute Unteroffiziere und Hilfsausbilder.

Am 1. Juli 1933 trafen die mit Spannung erwarteten dreißig Kameraden bei uns ein, es waren dies die Funker:

1. (Preuß.) Nachrichtenabteilung: Brauneck, Klehe, Schädecke, Seeck, Wiehler und Wildhagen,
2. (Preuß.) Nachrichtenabteilung: Collée, Kophamel, Schlichting, Schmidt und Stoephasius,
4. (Sächs.) Nachrichtenabteilung: Hirsche, Koch Willi, Kratz, Richter und Schubert,
5. Nachrichtenabteilung: Knepper, Koch Heinz, Sattig, Thon und Ültzen
6. (Preuß.) Nachrichtenabteilung: Gassmann, Neumann, von Oertzen und Rogge und etwas später Hoffmann,
7. (Bayer.) Nachrichtenabteilung: Hauschild, von Lossow und Rufer.

Nach dem Lehrgang kamen noch einige Soldaten und einige Unteroffiziere dazu, die aus der Truppe namhaft gemacht wurden. Bei unserer Abteilung waren es: Böhm, Köster, Opitz und Pannwitz, die aus der Truppe zum Offizieranwärter ernannt wurden.

Alle Kameraden von der Sächsischen Nachrichtenabteilung waren fast kahlköpfig, da dort allen Rekruten immer die Haare völlig abgeschoren wurden und gerade wieder zu wachsen anfingen. Sie fielen sehr auf.

Offizieranwärterlehrgang für alle Nachrichtenabteilungen in Potsdam

Nun wurden wir im Block der 1. Kompanie auf dem ersten Stock auf Stuben zu fünft oder sechst verteilt. Einer von uns wurde zum Stubenältesten ernannt. Die Zusammensetzung der Stuben war stets gemischt aus allen sieben Abteilungen und wechselte einige Male während des Lehrgangs. Zwei Stuben bildeten eine Gruppe (Korporalschaft). Die Ausbilder waren Unterwachtmeister Rogge (genannt Knochenkarl, weil er hager und dürr war) und Unteroffizier Selig (unser alter Uhu), dazu kamen noch Unteroffizier Göhring und Stabsgefreiter Krumnow als Lehrer für Technik sowie Hilfsausbilder Bommel Garz und Ziegenhagen. Mein Gruppenführer wurde Rogge, ein ruhiger, sachlicher und fürsorglicher Ausbilder, der aber von dem Gedanken besessen war, dass in jedem jungen Menschen der Zivilist erst mal gebrochen werden musste, um aus ihm einen richtigen Soldaten machen zu können. Dies führte manchmal zu merkwürdigen und recht hässlichen, aus unserer Sicht ganz sinnlosen

[6] Gustav-Adolf Kuntzen (1907–1998) war 1929 als Offizieranwärter in die 3. (Preuß.) Nachrichtenabteilung eingetreten. Er überlebte Krieg und Gefangenschaft und diente bis 1967, zuletzt als Generalleutnant in der Bundeswehr.

Vorfällen. Auch der Spind diente solchen Bemühungen. So passierte es mir, dass Knochenkarl abends nach Dienstschluss und Abendessen auf unsere Stube kam, um zu kontrollieren, ob unsere Spinde nach Vorschrift eingeräumt und sauber waren. Wir hatten wieder die alten riesigen doppeltürigen Spinde. Als ich die Spindtüren geöffnet hatte, schmiss Rogge die gesamten Wäschepacken raus mit der Begründung, dass Unterhemden, Unterhosen und Taschentücher nicht nach Vorschrift gefaltet und gestapelt wären. Er befahl mir, alles genau nach Vorschrift einzuräumen und ihm zu melden, wenn der Spind in Ordnung sei. Nach etwa dreißig Minuten ging ich zu seiner Stube im zweiten Stock und meldete ihm dies. Wir gingen zu mir in die Stube, Knochenkarl inspizierte den Spind, öffnete dann das Essfach, fuhr mit der Hand in die hinterste Ecke und holte mit dem Finger einen Brotkrumen raus, hielt mir den Finger vor die Nase und schrie: »Sie verstecken ja fast ein Kommissbrot. Nennen Sie das sauber? Ich lasse mich doch nicht von Ihnen zum Narren halten! Wenn Sie meinen, Sie könnten mich mit sowas ärgern und mir meine Freizeit versauen, dann irren Sie sich. In zwanzig Minuten melden Sie sich vor meiner Stube im Dienstanzug mit sauberen Spind!« Die Stubenkameraden halfen mir einige rausgeworfene Taschentücher zu falten und einzuräumen und ich wischte das Essfach nochmal aus. Dann halfen mir mein Bettnachbar Oertzen und noch ein paar Kameraden, den schweren Schrank die Treppe rauf und den langen Gang bis vor die Stube von Knochenkarl raufzuschleppen. Auf der Treppe stand auf einer Konsole an der Wand eine Gipsbüste von Ernst Moritz Arndt, die wir beim Raufbugsieren herunterwarfen, wo sie zerbrach. Ich musste sie dann bezahlen, wobei die Stubengemeinschaft beschloss, den Betrag aufzuteilen. Ich klopfte an, öffnete die Tür und meldete »Funker Poretschkin mit Spind wie befohlen zur Stelle.« Rogge saß in dem dunklen Zimmer an einem kleinen Tisch mit Leselampe vor dem Fenster. Er stand auf, kam zur Tür, blickte in den fast dunklen, nur mit einer Birne in der Mitte spärlich beleuchteten Gang, wo man schemenhaft den Spind ahnen konnte, und sagte: »Warum nicht gleich so! Wegtreten!« Wir schafften den Spind sogar ohne weiteren Schaden in unsere Stube zurück. Ich dachte an den Ratschlag von Bommel Garz. Knochenkarl war aber ein so anständiger Kerl, dass wir alle ihn doch mochten und ihm sogar solche Dinge nicht ernsthaft nachtrugen.

Der Reitunterricht wurde von uns durch Leutnant Kuntzen selbst erteilt, was für mich ein großer Vorteil war. Der Lehrstoff wurde erweitert, wir wurden auch als Funker ausgebildet. D.h., wir lernten Morsen und hatten Unterricht in Gerätekunde und Bedienung von Sendern und Tornisterempfängern. Später kamen praktische Übungen mit den Funkgeräten hinzu, zuerst innerhalb der Kaserne und dann im Gelände. Beim Fernsprechbau wurde die Ausbildung im Gelände fortgesetzt und jetzt auch der Bau vom Kfz geübt. Mit der Zeit wurden wir auch als Bautruppführer eingesetzt.

Mit unserem neuen Zugführer, zugleich »Fähnrichsvater«, Leutnant Kuntzen hatten wir Glück gehabt. Auch er besaß wie Oberleutnant Meichßner Humor. Viele von uns bekamen von ihm Spitznamen, ich wurde natürlich Potemkin[7] (richtig russisch ausgesprochen »Patjomkin«), aus Hirche wurde »Hasecken« usw. Er benutze gern stereotype Ausdrücke. So redete er uns oft an: »Freunde deutscher Hausmusik«, was wir gerne hörten (und später natürlich nachahmten). Er war zwar nicht gebürtiger Preuße, aber wie so viele ein überzeugter Wahlpreuße und versuchte, die von ihm für richtig gehaltenen Preußischen Tugenden genauso wie Meichßner uns einzuhämmern. Wenn er merkte, dass einzelne von uns über unsere recht einfache Lebensweise in der Kaserne mäkelten, so pflegte er immer wieder zu zitieren: »Meine Herren, denke daran, was Seine Majestät König Wilhelm von Preußen in seiner Kabinettsorder vom (Datum habe ich vergessen) geruht hat zu befehlen: ›Je mehr Luxus und Wohlleben um sich greift, umso mehr muss der preußische Offizier bestrebt sein, sein Leben so einfach wie möglich zu gestalten!‹« Wir haben dies so oft gehört, dass wir es schon gar nicht mehr hören konnten. Ich muss aber gestehen, dass ich noch heute im Alter von beinahe Neunzig daran denke und bemüht bin, danach zu handeln.

Einmal in der Woche mussten wir jetzt mittags im Offizierskasino mit den unverheirateten Offizieren unserer Abteilung und auch von der Artillerie im Kasino gegenüber der Kaserne essen. Das war immer eine fürchterliche Hetze, weil wir uns dazu umziehen mussten. Das Essen unterschied sich wenig vom Essen der Mannschaften, wurde aber in der Küche des Kasinos zubereitet und von Ordonanzen serviert. Wir saßen zwischen den Offizieren und hörten interessiert deren Gesprächen zu. Ich war überrascht, dass im Sommer 1933 immer dasselbe Thema den Gesprächsstoff bildete. Fernsehen gab es damals ja noch nicht. In der Kantine gab es zwar ein Radiogerät mit Lautsprechern, aber wir waren nach Dienstschluss mit Putzen, Flicken und Saubermachen (neben dem fast täglichen Rasengießen als Strafe) so beschäftigt, dass ich zum Radiohören und auch Zeitunglesen eigentlich nie kam. Die Offiziere bezogen sich bei den Gesprächen auf Pressemeldungen über Forderungen polnischer Politiker auf weitere Abtretungen von Gebieten Oberschlesiens, die von der Öffentlichkeit unterstützt wurden. Zu meinem Erstaunen war die Reaktion aller darauf, dass die Polen deshalb einen Krieg anfangen könnten und wir diesem überhaupt nicht gewachsen waren. Ich habe nie gehört, dass jemand einen Krieg befürwortet oder gar gewünscht hätte.

Formal- und Gefechtsdienst diente jetzt auch dazu, uns die Grenze der eigenen Leistungsfähigkeit aufzuzeigen. Dies gab den Unteroffizieren und Hilfsausbildern aber auch die Gelegenheit, uns zu schikanieren. Die Grenzen wurden uns jedenfalls gründlich aufgezeigt. Eines Tages hatten wir Offiziersunterricht im Lehrsaal. Leutnant Kuntzen bemerkte, dass jemand auf der vordersten Bank den Namen »Potemkin« eingeritzt hatte. Daraufhin nahm er mich vor und warf mir barsch vor, ich hätte böswillig ärarisches Eigentum beschädigt. Mein Widerspruch wurde nicht beachtet

7 Fürst Grigori Alexandrowitsch Potemkin (1739–1791) erlangte als Favorit der Zarin Katharina die Große und wegen seiner vermeintlichen »Potemkinschen Dörfer« Berühmtheit.

und anschließend wurden noch zwei Kameraden mit ähnlichen Vorwürfen bedacht. Anschließend war Gefechtsausbildung auf dem Bornstedter Feld. Es hatte vorher lange geregnet und riesige Pfützen bedeckten das Gelände. Wir wurden ordentlich gescheucht, bis wir ganz durchgeweicht waren und dann ging es weiter einzeln und im ganzen Zug mit »Marsch-Marsch! Hinlegen!« und »Auf! Marsch-Marsch!« Dazwischen immer der laute Hinweis »Bedanken Sie sich beim Herrn Potemkin« und auch den anderen, die im Unterricht getadelt worden waren. Nach zwei Stunden waren wir wirklich am Ende unserer Kräfte und hatten dieses Mal tatsächlich die Grenze unserer Leistungsfähigkeit erreicht. Nach dem »Wegtreten« schleppten wir uns buchstäblich mit letzter Kraft die Treppe rauf in unsere Buden. Wir waren wirklich am Ende und hätten am liebsten den Herrn Leutnant umgebracht. Am nächsten Morgen war ein Gepäckmarsch angesetzt. Wir marschierten aus der Kaserne und dann auf der Landstraße Richtung Westen. Nach ca. eineinhalb Kilometern kamen wir durch ein Wäldchen. Wir schwenkten auf den Waldweg ab. An einer kleinen Wiese im Wald hieß es zu unserer Überraschung »Halt«, »Gewehre zusammensetzen« und »Marscherleichterung« und wir durften uns hinlegen. Dann sagte Leutnant Kuntzen: »Freunde deutscher Hausmusik, jetzt hört mal ganz gut zu! Gestern habe ich Euch tatsächlich bis zur Grenze Eurer Leistungsfähigkeit gescheucht. Meine Herren, ich habe das bewusst getan. In anderthalb Jahren stehen Sie als Leutnante wie ich vor der Front und habt die gleiche Machtbefugnis gegenüber Ihnen anvertrauten jungen Menschen. Vergessen Sie nie in Ihrem Leben, wie einem Menschen zu Mute ist, wenn er ungerecht behandelt und schikaniert wird! Das wollte ich Ihnen vor Augen führen und Ihnen als Rat sagen. Und nun ruht Euch alle aus, lange Pause.« Ich glaube, wir haben alle diesen Tag nie vergessen und waren »Justaff« für diese harte Lehre sehr dankbar. Ich habe jedenfalls diese Erfahrung bis heute nicht vergessen und als Fähnrichsvater oft weitergegeben.

Im Spätsommer, als die Ernte eingebracht war, kam die Zeit der Manöver und Geländeübungen. Wir nahmen an der Übung der 1. Kompanie teil und wurden abwechselnd in einem bespannten und motorisierten Fernsprechbautrupp eingesetzt, auch mal als Fahrer. Wir waren vorher beim Reitunterricht auch als Fahrer vom Sattel kurz ausgebildet worden. Die Fahrausbildung vom Bock war leider bei uns entfallen, wohl bereits mit Hinblick auf die vorgesehene Motorisierung. Es war Ende August, als wir zu einer dreiwöchigen Übung in die Mark Brandenburg und nach Vorpommern ausrückten. Das war so etwas wie die Krönung unserer bisherigen, oft sehr harten Ausbildung am Standort. Ein neues Erlebnis war für die meisten von uns auch die Einquartierung bei Familien in Kleinstädten. Überall wurden wir mit Freuden aufgenommen und willkommen geheißen. Die Menschen freuten sich, wieder Soldaten bei sich zu sehen, seit vor dem Kriege war es das erste Mal, dass in dieser Gegend militärische Übungen und Manöver abgehalten wurden. Wir wurden fast alle in den Familien verpflegt und verwöhnt. Oft gab es den »Manöveradler«, so wurde ein Brathuhn im Jargon genannt.

Die Übungen selbst waren recht anstrengend. Wir Offizieranwärter waren in gesonderten Trupps eingesetzt im Gegensatz zu den anderen Soldaten, die mit uns zusammen die Rekrutenausbildung gemacht hatten. Diese wurden in Trupps mit länger Dienenden eingesetzt und hatten es viel leichter als wir, die alle ja Anfänger ohne Erfahrung waren. Dazu kam, dass man von uns künftigen Offizieren besonders gute Leistungen erwartete. Wir bekamen auch meist die schwierigeren Leitungen zugewiesen und standen ständig unter Druck.

Teilweise wurden wir auch als stellvertretende Truppführer eingeteilt und mussten die eigenen Kameraden anfeuern. Mir hat es am meisten Spaß gemacht, wenn ich einem bespannten Trupp zugeteilt wurde. Zwei Tage war ich sogar als Vorderfahrer eingesetzt und hatte großes Glück, einen besonders kameradschaftlichen und guten Stangenfahrer zu haben. Beim Einrücken nach Neubrandenburg begleitete uns das Trompeterkorps in die Stadt. Das war ein unvergessliches Erlebnis.

Beim Schreiben spüre ich noch heute die eigenartige, unbeschreibliche Stimmung. Eine Mischung aus spätsommerlicher Abendsonne und freudiger Feierabenderwartung nach einem harten Arbeitstag, den Staub gemischt mit dem leichten Geruch von Pferde- und Männerschweiß, den Zurufen von Kindern und Frauen am Straßenrand und den nur recht schemenhaft wahrgenommenen Gesichtern von Männern, denen man ansehen konnte, dass sie an die damals gerade mal dreizehn Jahre zurückliegende eigene Soldatenzeit im Krieg dachten. Das Ganze untermalt durch die Klänge des Fehrbelliner Reitermarsches vom Trompeterkorps.

Fernsprechbau hatten wir in der Garnison schulmäßig gelernt, jetzt beim Einsatz im Gelände war das etwas anderes. Man musste einen Auftrag ausführen, um der angenommenen Lage entsprechend die Leistungen rechtzeitig zur Verfügung zu stellen. Immer unter Zeitdruck. Alles ging natürlich im Laufschritt vor sich. Jetzt ganz von alleine, ohne Antrieb durch die Ausbilder. Dass dabei die Grenze der Leistungsfähigkeit erreicht und sogar überschritten wurde, sieht man den Gesichtern von uns an auf den Fotos, die ich damals mit der kleinen Kodak, die mein Vater mir früher geschenkt hatte, als Schnappschüsse aufgenommen hatte.

Abends waren wir entsprechend müde, aber im Quartier wurde man wieder wach. Die Abende wurden nach dem meist recht üppigen Mahl recht lang. Oft traktierte der Quartierwirt einen auch reichlich mit Alkohol. Es fehlte dann nie an der nötigen Bettschwere. Peinlich wurde dies manchmal, wenn man vergessen hatte, sich zu vergewissern, wie man nachts zum W.C. kam, das sehr oft ein Plumpsklo auf dem Hof war und die Haustür nachts abgeschlossen und der Schlüssel abgezogen wurden. Arwi konnte mal nachts nicht den Schlüssel finden und versuchte, sich Erleichterung durchs Fenster zu verschaffen. Die Hausfrau sah ihn durchs Schlafzimmerfenster, da sie durch Schritte auf der Treppe geweckt wurde und sehen wollte, ob jemand auf dem Hof war. Der arme Arwi wurde noch lange damit aufgezogen, als die Sache herauskam.

Während der drei Wochen wurden mehrmals Manöverbälle auf Bitten der Bevölkerung abgehalten. Man hatte sehr lange auf solche Veranstaltungen verzichten müssen. Für mich war dies etwas ganz Neues. Manöverbälle boten meist Gelegenheiten für allerlei Liebesabenteuer. Die alten erfahrenen Kameraden meinten, dass die Mädchen für solche Abenteuer besonders bereit waren, weil die Soldaten ja nicht so bald wieder in den Ort zurückkommen würden. Ich war für so etwas noch zu unerfahren und deshalb zu schüchtern. Erfahrungen damit habe ich erst bei späteren Übungen und Manövern zur Genüge machen können. An einem Wochenende, als wir im Quartier lagen, besuchten meine Mutter und Lilo Sprockhoff mich in ihrem schönen Mercedes Cabriolet von Kyritz aus. Das war eine schöne Abwechslung. Lilo war ja damals meine erste große Liebe.

Die drei Wochen gingen schnell vorbei und wir kehrten zufrieden in die Garnison zurück. Nachdem Fahrzeuge und Gerät wieder ordentlich in Stand gesetzt waren, ging der Ausbildungsdienst in gewohnter Weise weiter. Bald kam der 1. Oktober, der für uns ein ganz besonders bedeutender Tag wurde. Alle Offizieranwärter wurden zum Gefreiten befördert. Das bedeutete für uns, dass wir nach Dienstschluss ohne besondere Genehmigung die Kaserne bis zum Zapfenstreich verlassen durften. Wir konnten davon jedoch nicht sehr oft Gebrauch machen. Zu lange nach dem offiziellen Dienstende waren wir mit Putzen der Stiefel, Säubern der Kleidung und Stubendienst beschäftigt.

Im Oktober 1933 wurde unser Kompaniechef Hauptmann Boetzel versetzt. Neuer Chef der 1. Kompanie wurde Hauptmann Ahrends. Wir bedauerten den Weggang von »Fritze« Boetzel, der neue Chef war ein ganz anderer Typ, viel unpersönlicher. Er war passionierter Bridgespieler und zunächst noch Junggeselle. Mittags aß er immer im Kasino und war öfter auch abends dort, um Karten zu spielen. Er hatte die Unart, wenn Offizieranwärter im Kasino waren, einen zu beordern, sich neben ihn zu setzen und seine Karten zu halten. Das passierte mir gleich zu Anfang. Ich saß den ganzen Abend da und war empört, konnte aber nichts machen, da er meinte, Bridgespielen müsste ein Offizier können und ich würde es so am schnellsten lernen. Das hat mir dieses interessante Spiel so verleidet, dass ich nie Spaß daran bekam. Gefürchtet war er bei uns Offizieranwärtern auch, weil er beim Mittagessen die Gewohnheit hatte, einem von uns zu befehlen, neben ihm zu sitzen. Dann sagte er in einem besonders unangenehmen Ton: »Fahnenjunker, unterhalten Sie mich!« Es war dann gleich, was man sagte, er unterbrach einen beim ersten Satz mit den Worten »Interessiert mich nicht, anderes Thema!« und so ging das mehrere Male hintereinander. Oft wandte er sich dann an seinen Nachbarn auf der anderen Seite und begann mit ihm das Gespräch, indem er laut bemerkte: »Ein schrecklich langweiliger Kerl, sowas will nun Offizier werden.« Ich machte diese Erfahrung auch bald und mochte ihn noch weniger.

Etwas anderes kam noch hinzu. Oberleutnant Meichßner sollte zur Kriegsakademie versetzt und Justaff Kuntzen sein Nachfolger als Adjutant werden. Er wurde jetzt beim Stab eingewiesen, blieb aber unser Fähnrichsvater. Oberleutnant Brinkmann von den Goslarer Jägern war zur Nachrichtentruppe versetzt worden und kam als

Ausbilder hinzu. Mit ihm wurden wir gar nicht warm und waren froh, dass unser »Justaff« weiterhin unser Reitlehrer blieb und auch den Offiziersunterricht gab.

Formal- und Gefechtsausbildung war nun Aufgabe von Oberleutnant Brinkmann. Für ihn waren richtige Soldaten nur Infanteristen und besonders die Jäger. Er fühlte sich durch die Versetzung zur Nachrichtentruppe degradiert und betonte immer wieder, dass er im Grunde Jäger war. Wir waren jetzt schon Gefreite, aber der Dienst unter Brinkmann blieb hart, eher noch härter und grenzte ab und zu ans Schikanöse. In den Pausen kam Brinkmann gern auf den Dienst bei den Jägern zu sprechen. Er zitierte dabei stets den Wahlspruch der Goslarer Jäger: »Schieße im Stehen, trinke im Sitzen und liebe im Liegen!«. Wir ärgerten uns, weil dies so überheblich vorgebracht wurde und verabredeten, dumme Fragen zu stellen. So fragten wir z. B. »Warum trinke im Liegen?« oder »Warum liebe im Sitzen?« usw. Brinkmann merkte lange nicht unsere Absicht und berichtigte immer das Zitat und belehrte uns, dass wir besser aufpassen sollten. Als er schließlich merkte, was los war, reagierte er recht hässlich und völlig humorlos.

Da wir jetzt Gefreite waren, konzentrierte sich die Ausbildung nun mehr auf die Aufgaben eines Korporalschafts- oder Truppführers. Die Hubertusjagden standen im November bevor, der Reitunterricht fand daher mehr im Gelände statt und wir durften auch an der Hubertusjagd teilnehmen.

Mitte Dezember fand eine Reitprüfung statt, die wir alle bestanden. Der Offizieranwärterlehrgang endete vor Weihnachten und alle kehrten zu ihren Stammtruppenteilen zurück. Wir waren zu einer festen Kameradschaft zusammengewachsen, die sich auch später sehr bewährt hat. Bevor wir uns trennten, fand ein Kameradschaftsabend mit allen Ausbildern statt. Dafür wurde eine Bierzeitung erstellt. Dichter waren Heinz Koch, Storch Stoephasius, Arwi Osterroth und Knepper. Zeichner war ich. Schreibmaschine, Papier und Kopiermaterial stellte die Schreibstube zur Verfügung.

Die Redaktion stellte sich so vor:

Auf 45 kann man seh'n,
wie eine Zeitung tut entsteh'n,
Fünf Männer tuen dort sehr wichtig,
Der Fachmann merkt: Hier ist es richtig.
Und in der Tat. Die Redaktion:
Man sah wohl selten bess're schon.

Auf der ersten Seite stand ein Gedicht, das bezeichnend war für die große Beliebtheit unseres Fähnrichsvaters, es endete mit den Worten:

»In unsern Stuben rußt der Ofen,
in unsern Herzen ruhst nur Du«

Der Kameradschaftsabend war ein großer Erfolg und ein noch größeres Besäufnis. Der angetrunkene »Eichstrich« wurde nicht eingehalten. Am nächsten Tag waren wir Potsdamer wieder allein bei der Kompanie. Damit endete einer der bedeutendsten Abschnitte in meiner Ausbildung und Erziehung zum Offizier. Die dort mir beigebrachten Grundsätze des Offizierberufs haben mich für mein ganzes Leben geprägt. Oberleutnant Kuntzen blieb mein Vorbild. Als wir mehrere Jahre nach meiner Beförderung zum Leutnant in Potsdam und Stahnsdorf zusammen dienten, wurden wir Freunde. Diese Freundschaft hat bis zu seinem Tode gehalten und setzt sich noch heute mit seinen beiden Söhnen fort, die mich immer noch als erwachsene Männer »Onkel Theo« nennen.

Von den Ereignissen nach der Machtübernahme durch die NSDAP im ablaufenden Jahr 1933 habe ich nichts mit bekommen. Wir waren durch den harten Dienst vom frühen Morgen bis zum Zapfenstreich so in Anspruch genommen, dass wir von allem Geschehen außerhalb der Kaserne überhaupt nichts mitbekamen und wie in einem Ghetto gelebt haben.

Am 20. Dezember 1933 wurden wir zum Unteroffizier befördert und zum Fahnenjunker ernannt. Mit den neuen Dienstgradabzeichen und statt Seitengewehr dem Säbel (der »Plempe«) an der Seite fuhr ich in einen kurzen Weihnachtsurlaub, zuerst nach Spandau und dann nach Sonnewalde, wo ich mich stolz Onkel Alfred meldete, der aber wohl noch stolzer auf seinen Neffen war.

Nach dem Urlaub wurde ich zur Funkkompanie kommandiert. Mein Zugführer wurde der von der Infanterie zur Nachrichtentruppe versetzte Oberfähnrich von Rieben. Ich bekam eine Korporalschaft von Soldaten, alle fast gleichaltrig mit mir. Ich zog in eine Unteroffiziersstube bei der Funkkompanie. Zu meiner Überraschung gab es überhaupt keine Schwierigkeiten. Wir kannten uns alle nicht, da ich von einer anderen Kompanie kam. Mir half viel, dass wir auf diese Aufgabe als Vorgesetzter einer kleinen Gruppe gut vorbereitet waren. Mit den Unteroffizierskameraden kam ich auch gut zurecht. So machte der Dienst gleich Freude. Von der Funkerei hatte ich auch schon genügend gelernt, ich wurde auch nicht zum Unterricht über Gerätekunde oder Morsen eingesetzt, was mich sicher überfordert hätte. Formal- und Gefechtsdienst war kein Problem, da hatten wir ja genug Erfahrung sammeln können und bei der Gefechtsausbildung half mir sehr, dass ich als Pfadfinder bei den Geländespielen etwas Ähnliches gelernt hatte.

Wir Fahnenjunker wurden auch als UvD in der Kompanie eingesetzt und mussten nun selbst die gleichen Kontrollen beim Ausgang der jungen Soldaten ausführen (saubere Fingernägel u. ä.), was uns sichtlich amüsiert hatte, als wir so behandelt wurden. Das erste Mal als Wachhabender mit allen Pflichten eingesetzt zu werden, war etwas Besonderes. Jedenfalls war ich recht aufgeregt, als ich beim morgendlichen Eintreffen des Kommandeurs zu Pferde, die Wache unter präsentiertem Karabiner melden musste. Aber der Dienst als Vorgesetzter vor der Front machte Freude.

Mit dem Zugführer, Oberfähnrich von Rieben, war gutes Auskommen. Er war ein ruhiger und fürsorglicher Vorgesetzter, der auch berücksichtigte, dass man noch wenig erfahren vor der Front war. Das gab zusätzlich Sicherheit. Wenn es aber darauf ankam, so konnte er recht unangenehm werden. Nach dem Mittagsappell war für den Zug Gefechtsdienst angesetzt. Es regnete etwas. Der Zugwachtmeister hatte für uns Ausbilder den Mantel befohlen, obwohl die Truppe entsprechend der Vorschrift nach dem 1. April keinen Mantel trug. Vico von Rieben kam pünktlich ohne Mantel, sagte nichts und rückte mit uns raus auf das Bornstedter Feld. Er ließ die Ausbilder am rechten Flügel der Kompanie und begann mit Zugexerzieren, was nicht vorgesehen war. Es nieselte weiter. Rieben befahl, als der Zug hielt, »Links um«. Wir standen in Zugfront. Dann hieß es »Links schwenkt, Marsch-Marsch«. Wir Ausbilder am rechten Flügel mussten nun im Laufschritt einen großen Bogen schwenken. Das ging so weiter, die Ausbilder immer im Laufschritt außen im großen Bogen. In kurzer Zeit waren wir Mantelträger klitschnass geschwitzt und ganz schön außer Puste. Dann machten wir ganz normale Gefechtsausbildung. Am Ende nochmal Zugexerzieren wie zu Anfang, wieder mussten wir Ausbilder traben bis wir völlig erschöpft und ganz schön nass waren. Dann ließ Rieben einrücken und wegtreten. Uns Ausbilder hielt er zurück. Als wir mit ihm allein waren, sagte Rieben nur: »Meine Herren, ich möchte Sie nur daran erinnern, dass laut Vorschrift nach dem 1. April kein Mantel getragen wird. Ich bitte dies in Zukunft zu beachten. Ich danke Ihnen.« Ich bin sicher, dass niemand von uns diesen Hinweis auf die Vorschrift vergessen hat.

Abends nach Dienstschluss war ich noch lange beschäftigt. Ich hielt mich zunächst viel auf den Stuben meiner Männer auf, um sie besser kennenzulernen. Es war selbstverständlich, dass der Vorgesetzte nicht nur Namen und Beruf der Soldaten kannte. Man musste auch über die Familie orientiert sein und auch wissen, ob und welche persönlichen Probleme bestehen. Das gehörte zu dem, was man unter Fürsorge für die Untergebenen verstand. Sicherlich ein Relikt aus vergangenen patriarchischen Zeiten. Damals war das nicht nur üblich, es wurde auch von den Untergebenen erwartet, dass der Vorgesetzte Bescheid wusste und auch im privaten Bereich mit Rat und erforderlichenfalls auch Tat zur Seite stand. Heute ist die Situation anders und für Vorgesetzte schwieriger geworden. Fürsorge der Vorgesetzten wird manchmal als Einmischung in die persönliche Sphäre aufgefasst und nicht gewünscht. Ich habe kurz vor meiner Pensionierung Ende der Sechziger Jahre erlebt, dass ein Wehrpflichtiger sich beschwerte, weil sein Zugführer, ein junger Leutnant, ihn gleich nach Dienstschluss gefragt hat, ob er private Sorgen hätte, da ihm aufgefallen war, dass der Soldat, sonst fröhlich und zu Späßen aufgelegt, plötzlich immer so ernst war. Der Leutnant hätte ihn aufgehalten und er hätte seinen Zug verpasst und erst eine halbe Stunde später nachhause fahren können. Ich habe ein langes Gespräch gebraucht, um ihm klar zu machen, dass sein Zugführer es gut gemeint und sich Sorgen gemacht hat.

Offiziersunterricht hatten wir weiter bei Oberleutnant Kuntzen, der uns als Fähnrichsvater weiter betreute. Die Zeit verging sehr schnell. Nach Dienstschluss kam ich auch jetzt kaum raus aus der Kaserne und bekam wenig mit, was draußen geschah. Die Kommandierung zum Lehrgang an der Infanterieschule in Dresden rückte näher. Vorher musste noch der Führerschein Klasse zwei erworben werden. Die Fahrschule fand im April auf einem uralten Magirus Lastwagen, hochbeinig und ohne Anlasser, statt. Fahrlehrer war ein früherer Reit- und Fahrlehrer, der Wachtmeister Maxe Schmoll und seine Methode entsprechend.

Das soll aber nicht heißen, dass sie schlecht war. Ich kannte Maxe Schmoll von der 1. Kompanie, er hatte mir im Stall geholfen, als ein alter richtiger Stallknecht mich unerfahrenen Anfänger ärgern wollte und einen großen Ballen gepressten Heus auf den Kopf fallen ließ, als ich die große Stehleiter, mit schweren Ballen beladen, runterkletterte. Ich flog mitsamt den nun zwei Ballen die lange Leiter runter auf die Stallgasse. Das war typisch Maxe, rau, aber herzlich, ein prima Kamerad. Wenn ein Fahrschüler den Motor abwürgte, musste er sofort absitzen und mit nach vorn ausgestreckten Armen um den Lkw hocken.

Das gab immer ein Gaudi bei den Taxifahrern. Wir vier Fahnenjunker wurden in einer Fahrschule bei der 1. Kompanie zusammengefasst. Zuerst übten wir in der Kaserne, dann auf dem Bornstedter Feld und erst als wir schon die Grundkenntnisse beherrschten, ging es auf die Landstraße. Zuletzt fuhren wir nach Berlin in die Innenstadt. Dort war ja auch kein starker Verkehr, da es ja nur wenige Privat-Pkw gab, hauptsächlich Straßenbahn und zweistöckige Omnibusse beherrschten den Verkehr. Wert wurde auch auf praktische Kenntnis der Technik und Beseitigung von Störungen gelegt und natürlich auf Straßenverkehrsordnung, also Arbeit in der Werkstatt am Fahrzeug, Reifenwechsel und Flicken von Schäden sowie Unterricht im Lesesaal. Alles, was ich von der Kfz-Technik kann, habe ich damals gelernt. Am 25. April 1934 war die Prüfung. Als ich drankam, waren wir in der Nähe vom Potsdamer Platz um die Mittagszeit. Ich fuhr die Leipziger Straße zwischen Straßenbahn und Bus. Kurz vor der Kreuzung mit der Potsdamer Straße befahl der Prüfer neben mir »links in die Potsdamer Straße!« Ich schlug die Lenkung ein, es gab einen ordentlichen Hopser über den Randstein zum Trottoir und ich kriegte den Lkw einige Zentimeter vor der Schaufensterscheibe von Loeser & Wolff zum Stehen. Reaktion des Fahrlehrers war: »Durchgefallen! Aussteigen!« Dann rutschte er selbst auf den Fahrersitz, damals noch rechts, und er bugsierte das Fahrzeug wieder auf die Straße. Dann kam Kurtchen Kronsbein dran. Als alle anderen fertig waren und bestanden hatten, holte mich der Fahrlehrer wieder nach vorne, klopfte mir auf die Schulter und sagte: »Doch bestanden! Sie müssen zwar den Wenderadius kennen, aber es war ein Fehler von mir, so kurz vor der Kreuzung den Befehl zu geben.« Ich durfte sogar auf der Rückfahrt eine längere Strecke fahren. Den Führerschein bekamen wir am 25. April 1934. Nun musste auf dem Kasernenhof vor dem Kompaniechef noch eine praktische »Fahrradprüfung« abgelegt werden, offenbar ein alter Hut aus vergangenen Zeiten. Nun stand der Teilnahme am Offizierslehrgang auf der Infanterieschule in Dresden nichts mehr im Wege.

Offizierausbildung Infanterieschule Dresden 1934

***

Den ersten Teil seiner Offiziersausbildung hatte Theodor Poretschkin hinter sich gebracht. Den nächsten Abschnitt sollte der obligatorische achtmonatige Besuch der Infanterieschule in Dresden bilden. An dieser Einrichtung wurde den Offizieranwärtern aller Truppengattungen neben infanteristischen Ausbildungen vor allem die taktische Führung im Gefecht vermittelt. Dies geschah durch Unterrichte über die verschiedenen Truppengattungen und ihre Einsatzmöglichkeiten, Lage- und Geländebeurteilungen, praktische Übungen und Sportausbildung.[8] *Poretschkin gefielen sowohl der Lehrgang wie auch die Stadt Dresden gut, so dass die Zeit für ihn schnell verging.*

In die Zeit des Lehrgangs fiel auch der sogenannte Röhmputsch am 30. Juni 1934, in dessen Rahmen Hitler seinen langjährigen Weggefährten Ernst Röhm (1887–1934) und große Teile der SA-Führung sowie andere politische Gegner beseitigen ließ. Poretschkin hörte im Vorfeld von einem Gerücht, laut dem die SA einen Putsch planen würde. Mit dieser Lüge hatte das Regime den Schlag gegen die SA propagandistisch vorbereitet und gerechtfertigt.[9] *Auch über die Dresdner Zeit schreibt Poretschkin, dass er wie seine Lehrgangskameraden durch die dienstlichen Belastungen kaum etwas von den Entwicklungen in Deutschland mitbekommen habe. Zwar erfuhr er von diesen Ereignissen und von der Ermordung des früheren Reichswehrgenerals Kurt von Schleicher (1882–1934), er zeigte jedoch wie seine Kameraden kein weiteres Interesse an dieser Entwicklung bzw. wusste sie nicht einzuordnen. Erst später sollte er einen Betroffenen dieser Ereignisse kennenlernen und mehr darüber erfahren. Tatsächlich aber festigte die Beseitigung der SA als potenzielle militärische Konkurrenz der Reichswehr das Vertrauensverhältnis zwischen dem nationalsozialistischen Regime und den Spitzen des Offizierskorps, was sich in der Vereidigung der Soldaten auf die Person Adolf Hitlers wenige Monate später manifestierte.*[10]

Kurz nach diesem Ereignis besuchte Adolf Hitler die Infanterieschule und begegnete dabei flüchtig dem Fahnenjunker Poretschkin. Hitler sicherte den jungen Soldaten in seiner Rede sein Vertrauen zu und hob ihre Bedeutung für die ganze Nation hervor. Einen nachhaltigen Eindruck scheint dieser nicht auf den jungen Soldaten gemacht zu haben. Ob dies tatsächlich aus einer distanzierten Haltung zu den neuen Machthabern oder aus politischem Desinteresse aufgrund umfangreichen dienstlicher Verpflichtungen bzw. einem Selbstverständnis als politisch neutraler Soldat heraus geschah, muss unklar bleiben. Poretschkin selbst beschreibt sich in dieser Zeit als unpolitischen Soldaten, der über keinerlei innere Bindung zu Hitler verfügte. Er wurde auch nie Mitglied der NSDAP.[11]

---

8 Richardt, Auswahl und Ausbildung, S. 82.

9 Hamerow, Die Attentäter, S. 117 ff.; Richardt, Auswahl und Ausbildung, S. 38 ff.

10 Ebd., S. 118.

11 BArch, PERS 1/29739, Personalbogen Theodor Poretschkin vom 4.9.52.

Dass das vermeintliche Selbstverständnis des Offizierskorps als politisch neutraler Diener der Nation über Parteigrenzen hinweg nur eine Illusion war, sollten die Entwicklungen noch zeigen.[12]

Am 2. August 1934 starb Reichspräsident Paul von Hindenburg (1847–1934), was die unmittelbar danach erfolgte Vereidigung der Angehörigen der Reichswehr auf die Person Adolf Hitlers nach sich zog.[13] *Auch dieses Ereignis blieb Poretschkin im Gegensatz zu seinem ersten Diensteid auf die Weimarer Republik nicht nachhaltig in Erinnerung. Seine Kameraden und er scheinen vielmehr von diesem Ereignis überrumpelt worden zu sein. Das wahre Ausmaß dieses neuen Diensteids und seine Folgen schienen aus der Perspektive Poretschkins im Jahre 1934 aber noch nicht sichtbar zu sein.*

***

Zu uns vier Fahnenjunkern stießen jetzt noch vier Neue aus der Truppe. Dies waren Joachim (Jochen) Böhm, Ingo Köster, Karl Heinz Opitz und Günther Pannwitz. Sie waren von den Kompaniechefs dem Kommandeur für die Offizierslaufbahn vorgeschlagen worden, hatten dann die gleiche Psychotechnische Eignungsprüfung wie wir absolviert und wurden als Fahnenjunker übernommen. Wir kannten uns nicht, verstanden uns aber auf Anhieb gut. Wir fuhren gemeinsam nach Dresden. Alle Fahnenjunker der Nachrichtentruppe kamen in den Lehrgang A. Die Pioniere gehörten dem Lehrgang B und die Angehörigen der Kraftfahrtruppe dem Lehrgang C an. Die Kameraden der Kampftruppen (dazu gehören Infanterie, Artillerie und Kavallerie) wurden auf alle Lehrgänge aufgeteilt. Kommandeur der Schule war Oberst Schroth, Lehrgruppenkommandeur Oberstleutnant Wetzel und die 2. Inspektion hatte Hauptmann Rexilius. Unser Aufsichtsoffizier war Oberleutnant Rohde, ein Artillerist.

Zu meiner Überraschung wurde ich zum Aufsichtsältesten ernannt. Zu einer Aufsicht gehörten meist vier bis fünf Stuben mit jeweils vier Mann. Ich kam auf eine Stube mit nur drei Mann Belegung. Nach der bisherigen Unterbringung in der alten Kaserne in Potsdam war die hiesige Unterkunft fürstlich. Wir hatten einen Schlafraum mit vier Betten und vier Waschbecken mit Kalt- und Warmwasser und einen Arbeitsraum mit vier Schreibtischen und vier Spinden. Alles verhältnismäßig neu. Mein Stubenältester wurde Fahnenjunker Werner Johannes vom 7. (Preuß.) Infanterieregiment (Hirschberger Jäger), der dritte Stubengenosse war Fahnenjunker Theo Freiherr von und zu Fraunberg vom 7. (Bayer.) Artillerieregiment in Nürnberg. Wir waren alle recht unterschiedliche Typen, verstanden uns aber auf Anhieb gut. Wir vermerkten als ganz besonderen Vorzug, dass wir einen Zivilangestellten erhielten, der uns zusammen mit noch zwei oder drei Stuben betreute und unsere Sachen und

---

12 Hamerow, Die Attentäter, S. 31, 41, 79.

13 Feldmeyer/Meyer, Kielmannsegg, S. 7.

Zimmer in Ordnung hielt. Wir hatten mit solchem Komfort überhaupt nicht gerechnet. Auch die Mahlzeiten wurden alle jetzt im Speisesaal eingenommen und daneben war ein Aufenthaltsraum für Fahnenjunker mit bequemen Sesseln, so etwas wie ein Kasino für uns. Der Unterricht unterschied sich auch grundsätzlich von dem Dienst in Potsdam. Dort wurden wir oft wie unmündige Klippschüler, jetzt wie erwachsene Studenten behandelt. Es war ein Unterschied wie Tag und Nacht, sehr wohltuend.

Unser Taktiklehrer, Major Kohler war Absolvent des Generalstabslehrgangs auf der Kriegsakademie, wurde jedoch nicht in einer Generalstabsstelle verwendet sondern als Lehrer für Taktik bei der Fahnenjunkerausbildung eingesetzt. Sein Unterricht war lebhaft und für mich sehr interessant. Lehrsaal und Besprechungen im Gelände brachten viel Abwechslung. Es gefiel mir auf der Infanterieschule sehr gut.

Wir hatten automatisch Ausgang nach dem Dienst bis zum Zapfenstreich und konnten an den Wochenenden nachhause fahren. Allerdings machte ich in den ersten zwei Wochen keinen Gebrauch davon. Beim Verlassen der Kaserne durften wir Zivil tragen, allerdings mit der Einschränkung, dass wir nur Kniehosen (Knickerbocker) und nicht lange Hosen anziehen durften. Dadurch sollte wohl verhindert werden, dass Fahnenjunker in Bars gingen, wo Knickerbocker nicht getragen wurde. Eine von uns belächelte und nicht als zeitgemäß angesehene Anordnung.

Nach etwas über vierzehn Tagen fuhr ich zum ersten Mal nach Dienstschluss am Samstag nach Spandau. Natürlich mit Knickerbockern, die ich sogar gerne trug, weil bei den Pfadfindern lange Hosen verpönt waren. Natürlich fuhr ich im Personenzug. Wir waren einige Fahnenjunker im Abteil, der Zug war nicht sehr besetzt, sodass wir das Abteil für uns allein hatten. Es war ein alter Waggon mit Einzelabteilen, die jedoch in Höhe der Gepäckablage nicht unterteilt waren. Wir alle hatten nur ein kleines Wochenendköfferchen. Vom Sehen kannten wir uns schon zum Teil, sodass bald ein reges Gespräch in Gang kam. Bald kamen wir auf das für uns neue Thema der Anzugsordnung mit den Knickerbockern zu sprechen. Wir meinten, die Aufsichtsoffiziere wären doch nicht so alt, sie müssten doch wissen, dass diese Anordnung von uns jederzeit umgangen werden kann. Man könnte doch eine lange Hose anziehen, unten um die Waden wickeln und die Kniestrümpfe drüberziehen. Dann hätte man zwar etwas dicke Waden, aber es sieht aus wie Knickerbocker. Als ich dann etwa bemerkte, dass der Oberleutnant Rohde nicht so dumm aussieht, aber doch zu den Trotteln zu gehören scheint, die auf diesen Gedanken nicht kommen, klopfte jemand im Nebenanteil an die Wand. Wir ließen uns nicht stören und das Gespräch ging noch so weiter. Das Klopfen war noch mehrmals zu hören, dann war es still. Als wir am Anhalter Bahnhof in Berlin ankamen und ich mein Köfferchen aus dem Gepäcknetz nehmen wollte, sah ich mich plötzlich im Nebenabteil mit dem Gesicht des Oberleutnant Rohde konfrontiert, das sich aber sofort abwandte. Das war eine schöne Überraschung.

Durch das Gedränge beim Aussteigen verloren wir uns. Ich machte mir am Wochenende Gedanken, ob ich mich nun bei ihm entschuldigen müsste, da mir klar war, dass er alles mitgehört hatte. Montag beim Morgenappell kam der Aufsichtsoffizier. Nach meiner Meldung ließ Oberleutnant Rohde rühren und sagte: »Fahnenjunker Poretschkin wird als Aufsichtsältester abgelöst, Fahnenjunker Johannes wird Aufsichtsältester, Poretschkin Stubenältester.«

Nach dem Wegtreten rief Oberleutnant Rohde mich zu sich und erklärte: »Sie werden abgelöst, nicht weil Sie mich für einen Trottel halten, sondern weil Sie so dämlich sind, dass Sie nicht bemerkt haben, dass ich gegen die Trennwand geklopft habe, um Sie zum Schweigen zu bringen. Merken Sie sich das.« Das hat mir sehr imponiert.

Neben Taktik hatten wir Unterricht über Artilleriewesen und die Nachrichtensoldaten einen besonderen Unterricht und praktische Übungen in der eigenen Waffengattung. Soldatengesetz, Disziplinarrecht und Beschwerdeordnung wurden gründlich behandelt, aber merkwürdigerweise das Thema Völkerrecht und Haager Abkommen nur kurz gestreift. Der Grund lag wohl darin, dass die Meinung vorherrschte, für einen Offizier war faires Verhalten gegenüber dem Gegner selbstverständlich. Wer diese Einstellung nicht mitbrachte, sollte erst gar nicht Offizier werden. Es wurde stets nur der Begriff »Gegner« benutzt, das Wort »Feind« wurde während meiner ganzen Ausbildung nie gebraucht, außer in dem Begriff »Feindlage«. Der gesamte Unterricht erfolgte unter dem Gesichtspunkt, dass wir bald als Vorgesetzte die Gesetze selbst anwenden müssen. Es wurden deshalb praktische Fälle durchgesprochen oder durchgespielt, was immer besonders interessant war. Taktik wurde im Rahmen des Bataillons betrieben. Nur im Spezialunterricht der eigenen Waffengattung wurde dies für uns Nachrichtenleute auf den Divisionsrahmen ausgedehnt, da wir auch schon als junge Leutnante in diesem Rahmen denken mussten.

Wir bekamen auch Aufgaben, auf die wir uns vorbereiten mussten oder auch schriftliche Ausarbeitungen, wie z. B. Lagebeurteilungen. Dazu wurden im täglichen Dienstplan Arbeitsstunden eingesetzt. Dann konnten wir bequem in unseren Stuben am Schreibtisch ruhig arbeiten. Auf die Sportausbildung wurde großer Wert gelegt. Leichtathletik und Waldlauf wurde bevorzugt, wobei die Ausbildung zum Ausbilder stets im Vordergrund stand. Besonders beliebt waren Geländebesprechungen mit unserem Taktiklehrer. Diese fanden oft in der Gegend um den Ort Ottendorf-Okrilla statt. Dieser Ortsname klang so ungewöhnlich, dass er bei meinem Jahrgang zum Schlachtruf und Erkennungszeichen wurde. Wenn sich zwei junge Herren in Knickerbockern auf der Straße trafen, hörte man oft den einen »Ottendorf« sagen und den anderen mit »Okrilla« antworten. Das waren dann immer Jahrgangskameraden von der Infanterieschule. Auch heute noch, wenn wir uns alle als beinahe Neunzigjährige treffen, ertönt noch oft das alte Erkennungszeichen und unter Lachen werden alte Erinnerungen wach.

Bei diesen Besprechungen im Gelände wurde nicht nur das Gelände unter militärischen Gesichtspunkten beurteilt sondern auf Grund einer gegebenen taktischen Lage auch eine Lagebeurteilung erstellt und ein Entschluss gefasst, der dann in einen

Befehl umgesetzt wurde. Den dabei befolgten Grundsatz: erst das Gelände beurteilen, dann die Lage genau analysieren und erst dann einen Entschluss fassen, habe ich auch im zivilen Bereich stets angewandt und damit immer gute Erfahrungen gemacht.

Neben der infanteristischen Gefechtsausbildung hatten wir Nachrichtenleute auch praktische Übungen auf dem Standortübungsplatz auf den Heller. Dazu wurden Trupps von der Nachrichtenabteilung 4 abgestellt, meist bespannte Trupps mit Fahrer. Wir wurden abwechselnd als Truppführer eingesetzt, aber auch als Baufernsprecher und Funker.

Die Dresdner Fahrer habe ich als besonders rüde Burschen in Erinnerung. Ich war mal als Fahrer eingeteilt und wir blieben nach starkem Regen im Gelände mit dem Fahrzeug im Dreck stecken. Es half alles nichts, wir kriegten die Protze und den Trupp nicht flott. Da riss der alte Stangenfahrer vom Spruchblock ein paar Blatt ab, machte daraus einen Fidibus, hob beim Stangenpferd den Schwanz hoch, steckte ihn fest darunter und brannte ihn an. Das Pferd machte einen Satz, der Wagen war frei und wir konnten die Gäule kaum zum Stehen bringen. Der alte Koppelknecht meinte nur: »So macht man das, hättet Ihr als Abiturienten wissen müssen!« Und das im besten Sächsisch. Zum Glück kamen wir nicht in Versuchung, es nachmachen zu müssen. Sonst unterschieden sich diese Übungen nicht von denen in Potsdam.

Beliebt war auch die Schießausbildung auf dem Standortschießplatz. Es wurde geschossen mit Pistole, Gewehr oder Karabiner und mit dem MG (Maschinengewehr). Auch hierbei wurden wir als Aufsicht eingeteilt. Das alles war recht erholsam und ging ruhig zu, da beim Schießen Ruhe eine Grundvoraussetzung ist. Schulschießen fand auch nie bei Regen statt. So machte es immer Spaß. Ich war auch kein schlechter Schütze, trotzdem ich eine Brille brauchte, die jedoch damals noch nicht störte.

In der Freizeit fuhren wir nicht mehr jedes Wochenende nachhause, sondern machten auch Ausflüge in die reizvolle Umgebung, vor allem in die schöne Sächsische Schweiz. Theater hatten leider Sommerpause und die Museen waren nur bei schlechtem Wetter reizvoll. Bars und ähnliche Lokale waren für mich und auch die mir nahestehenden Kameraden nicht so anziehend. Bei schönem Wetter bot auch der Hang zum Prießnitzgrund hinter unserem Kasernenblock gute Möglichkeit zum Sonnenbad. Das Hallenschwimmbad war auch beliebt und sehr gut.

Hitlerbesuch der Infanterieschule und Lehrgangsende

Durch den abwechslungsreichen Dienstplan verging die Zeit sehr schnell. So verflogen Mai und Juni rasch. Wir waren alle so eingespannt, dass wir an Wochentagen überhaupt nicht und an den Wochenenden wenig rauskamen. Vom Geschehen draußen erfuhren wir daher kaum etwas. Ende Juni 1934 kam das Gerücht auf, die SA wollte sich mehr Macht im Staat anmaßen. Das war aber nicht so neu, in Potsdam sprach man ja schon davon. Dann, ich glaube es war am 1. oder 2. Juli, stand fest, dass Röhm mit hohen SA-Führern einen Putsch geplant hatte und verhaftet sei. Dazu kam die Nachricht, dass der General Schleicher erschossen wurde. Wir nahmen das zur Kenntnis, konnten uns aber kein richtiges Bild machen und unsere Vorgesetzten wohl auch nicht. Plötzlich große Aufregung. Der Führer kommt zu uns. Tatsächlich besuchte Adolf Hitler auf dem Weg von München nach Berlin die Infanterieschule. Er wollte alle Fähnriche der Infanterie und alle Fahnenjunker sehen und zu uns sprechen. Am nächsten Tag kam er wirklich für ein paar Stunden. Für die Fahnenjunker wurde auf dem Gelände der Schule eine »Türke« genannte Geländeübung improvisiert. Ich lag hinter einem großen Busch und sicherte. Als Hitler mit einem großen Pulk Begleiter vorbeikam, blieb er stehen und fragte »Truppenteil?«, ich antwortete »3. Preußische Nachrichtenabteilung Potsdam« und er war schon vorbei. Dann ging es schnell in die große Turnhalle, wo wir alle antraten. Meldung an den Führer. Etwa fünfzehn Minuten Ansprache, ohne Schreien. Wir wurden als Hoffnung der ganzen Nation bezeichnet und uns versichert, dass auch der Führer voll auf uns vertraut. Dann in Hetze auf die Stuben. Umziehen, im Ausgehanzug ins Fahnenjunker-Kasino zum Teetrinken mit Hitler. Wir saßen wie üblich zu sechst an runden Tischen und der Führer setzte sich für ein paar Minuten an verschiedene Tische. Er kam auch an unseren Nebentisch und setzte sich neben Jochen Völkel. Wir machten lange Ohren, um etwas vom Gespräch mitzubekommen. Ich konnte ganz deutlich mithören, wie Jochen sagte: »Mein Führer, für die Ernährung sollen ja Sojabohnen so besonders gut sein«(wir waren ja durch Ahrens auf sowas geschult). Noch bevor er etwas weitersagen konnte, setzte Hitler zu einem mehrere Minuten dauernden Vortrag an. Wir waren bass erstaunt, wie genau er Bescheid wusste, allerdings konnte von uns auch keiner beurteilen, ob das Gesagte wirklich stimmte. Jedenfalls war das später der Gesprächsstoff, wenn die Sprache auf den Führerbesuch kam. Das war meine erste Begegnung mit Hitler, später war ich bei der Fahnenverleihung auf dem Wilhelmplatz als Standartenoffizier dabei.

Am 2. August starb der Reichspräsident von Hindenburg, für uns Fahnenjunker war er vor allem der hochverehrte Generalfeldmarschall. Zu seinem Nachfolger wurde Hitler vom Reichstag als »Führer« zum Oberhaupt des Reiches bestimmt. Schon am gleichen Tage wurden wir plötzlich mit einer ganz neuen Eidesformel auf Adolf Hitler vereidigt. Ich muss gestehen, dass ich mich an diese Vereidigung gar nicht mehr erinnern kann. Wir wurden richtig überrumpelt. Ich habe mich immer auf das Vaterland Deutschland und nicht auf die Person Hitlers vereidigt gefühlt. Das hat mir später nach dem 20. Juli vieles sehr erleichtert und mein Gewissen nie belastet. Ich kann mich auch tatsächlich nicht erinnern, ob ich bei der Vereidigung die Eidesformel laut mitgesprochen habe. Der Eid vom 12. April 1933 auf das »Vaterland« Weimarer Republik ist mir jedoch noch heute ganz gegenwärtig. Das ist mir nicht erklärlich, denn der feierliche Rahmen war der gleiche, allerdings habe ich zur

Person Hitler innerlich nie eine besondere Beziehung gehabt. Ich hatte auch das Glück, dass kraft Gesetz ich als Berufssoldat mich parteipolitisch nicht betätigen durfte und mir auch verboten war, Mitglied einer Partei zu werden.

Im Herbst kam die Zeit für den Aufenthalt auf einem Truppenübungsplatz heran. Wir wurden für einige Wochen nach dem Truppenübungsplatz Grafenwöhr in der Pfalz, nicht weit von Nürnberg, mit der Eisenbahn verlegt. Unterkunft in den üblichen Baracken. Der Dienst bestand im Wesentlichen aus Gefechtsübungen und Schießen, besonders Gefechtsschießen mit MG und Karabiner.

Kurz nach der Ankunft in Grafenwöhr wurden wir alle mit Wirkung vom 1. September zu Fähnrichen befördert. Das hatte aber keinerlei Auswirkung auf die Abwicklung des Dienstes. Die Pfalz ist eine reizvolle Landschaft. An den freien Wochenenden machten wir zu dritt und viert Kameraden Ausflüge in die Umgebung, meist fuhren wir ein Stück mit der Bahn und wanderten dann. Einmal fuhr ich auch mit meinem Stubenkameraden Theo von und zu Fraunberg am Wochenende nach Nürnberg zu seinen Eltern. Mir gefiel diese Stadt besonders gut. In München war gerade das Oktoberfest. Natürlich ein willkommener Anlass, an einem Sonntag dorthin zu fahren. Die Kameraden aus Bayern schwärmten alle von diesem großen Volksfest und wir Norddeutschen kannten solche riesigen Veranstaltungen nicht. Ich war sehr gespannt und dann doch etwas enttäuscht. Dieser Rummel und das Gedränge gefielen mir gar nicht so besonders. Die Maß Bier kostete gegenüber dem Vorjahr fünf oder zehn Pfennig mehr. Das empörte die bayerischen Kameraden so, dass sie ernstlich überlegten, ob man nicht etwas unternehmen müsste und sie rieten zum Sabotieren. Demonstrationen gegen etwas waren damals nicht üblich, das roch zu sehr nach Kommunismus. Wir Norddeutschen konnten dies nicht verstehen. Uns kam der Preis sogar billig vor. Als wir zurückfuhren, war ich etwas enttäuscht. Der Bierpreis bildete weiter Gesprächsstoff bei den Süddeutschen. Bei besonders schönem warmem Herbstwetter ging der Truppenübungsplatzaufenthalt zu Ende.

Mit Bahntransport fuhren wir nach Dresden zurück. Der Dienstbetrieb ging wie gewohnt weiter, aber bald begannen schon die Abschlussprüfungen für den Lehrgang. Sie bestanden aus Hausaufgaben, Klausurarbeiten, Planspielen auf dem Gebiet der Taktik. Klausurarbeiten in den anderen Fächern, wie Artilleriewesen, Formaldienst und Sport. An die gestellten Aufgaben kann ich mich nicht erinnern. Sie bereiteten mir keine nennenswerten Schwierigkeiten. Etwas habe ich aber genau in Erinnerung: die Prüfungsarbeit im Artilleriewesen. Unter anderem mussten in einer bestimmten Lage für die unterstellte Artillerie B-Stellen (Beobachtungsstellen), aufgrund der Geländebeurteilung nach der Karte, festgelegt werden. Als die Arbeiten von unserem Artillerielehrer beurteilt worden waren, erhielt meine Arbeit ein besonderes Lob. Er hatte festgestellt, dass die von mir ausgesuchte B-Stelle als einzige in unserer Aufsicht mit seiner Patentlösung übereinstimmte. Ich war sehr erstaunt und das Erstaunen wuchs, als ich feststellte, dass die Übereinstimmung darin bestand, dass die Höhenangaben der B-Stelle zwar dieselbe war, die von mir angegebenen Koordinaten jedoch eine ganz andere Höhe bezeichneten. Es gab in dem Abschnitt zwei Hügel von gleicher Höhe! Die von mir ausgesuchte B-Stelle lag woanders. Der Lehrer hatte vor Freude, dass wenigstens einer sich für seine Patentlösung entschieden hatte, übersehen, dass die Koordinaten ganz andere waren. Als ich dieses feststellte, waren die Arbeiten schon beurteilt und ich wollte den netten Artilleristen auch nicht in Verlegenheit bringen durch den Hinweis auf seine mangelnde Aufmerksamkeit bei der Auswertung. So behielt ich alles für mich und sprach mit niemand darüber. Er später stellte ich fest, dass die gute Note dieser Arbeit die Rangdienstnummer als Leutnant wesentlich beeinflussen würde. »Fortune muss der Soldat haben«, sagte schon der Alte Fritz.

Am 17. Dezember 1934 wurden wir zum Oberfähnrich befördert mit Wirkung zum 1. Dezember, was ein schönes Weihnachtsgeschenk bedeutet, denn es gab eine Nachzahlung für den Monat Dezember. Mit dem gleichen Datum wurde ich zur »Nachrichtenabteilung A« versetzt, das war die neue Bezeichnung für die 3. (Preußische) Nachrichtenabteilung. Der Neuaufbau der Wehrmacht hatte begonnen und damit auch das langsame Verschwinden des von mir so geliebten und geachteten Preußen.

Am 21. Dezember endete der Lehrgang an der Infanterieschule. Wir Nachrichtenleute wurden an die Artillerieschule in Jüterbog zum Waffenschullehrgang kommandiert. Vorher gab es aber einen Weihnachtsurlaub bis Anfang Januar.

Nach einem zünftigen Abschiedsessen in den Aufsichten hieß es Abschied nehmen von den Kameraden aller Waffengattungen, mit denen auch ganz enge Freundschaften entstanden waren. In vielen Fällen war dies der Abschied für immer, denn sehr viele sind im Kriege gefallen oder haben nach dem 20. Juli ihr Leben lassen müssen. Die Überlebenden haben sich nach dem Krieg wieder zusammengefunden und die gemeinsame Ausbildung in Dresden hatte uns so geprägt, dass der »Jahrgang 33« sich immer wieder getroffen hat und noch immer zusammenhält. Die Zahl wird naturgemäß von Jahr zu Jahr weniger. Beim Treffen im Jahr 2001 waren wir noch zehn Kameraden und einige Damen. Da unser Jahrgang Friedensausbildung und -erfahrung besaß und bei Kriegsbeginn schon Kompaniechef oder Adjutant war, haben doch viele den Krieg überlebt und auch in der Bundeswehr gedient.

Die gemeinsame Erziehung bei der Reichswehr hat uns für das ganze Leben so geprägt, dass die damals entstandene Kameradschaft bis zum Tode anhält.

Artillerieschule Jüterbog / Abteilung D (Nachrichtenschule)

Nach den Weihnachtsferien meldete ich mich in Jüterbog bei der Artillerieschule, Abteilung D zum Dienst.

Kommandeur der Abteilung D (Nachrichtenschule) war Oberst Sachs, unser Inspektionschef Major Becker und Taktiklehrer Hauptmann Sauberzweig. Lehrer für

Technik war Dr. Bauch. Untergebracht wurden wir Oberfähnriche in einer Steinbaracke in Zweitbettstuben, mein Zimmergenosse wurden »Storch« Stoephasius von der Nachrichtenabteilung 2, Pommer aus Stettin. Ein lustiger Kerl, wir verstanden uns gut.

An die Zeit in Jüterbog habe ich wenig Erinnerungen, woran das liegt, kann ich nicht erklären. Beeindruckt hat mich der interessante Taktikunterricht und vor allem die Geländebesprechungen von Hauptmann Sauberzweig. Das war wirklich alles gekonnt. Er schilderte die Lage so lebhaft und spannend, dass man regelrecht alles miterlebte. Wir haben alle viel gelernt und nichts vergessen. Allerdings merkte man, Sauberzweig war unheimlich ehrgeizig.

Technik wurde nur ganz wenig behandelt, vielleicht war die Zeit dafür auch zu kurz. Da die Einführung der Wehrpflicht schon beschlossen war, haben wir wie bei Dr. Bauch uns hauptsächlich mit dem Problem beschäftigt, wie man einem Wehrpflichtigen aus Hinterpommern, der nur eine einklassige Dorfschule besucht hat und mit Technik keine Berührung hatte (Radio und Trecker hab es Anfang der Dreißiger Jahre dort so gut wie nicht) die einfachsten Grundlagen der Funkerei beibringen kann. Mit großer Phantasie haben wir uns ganz primitive Methoden ausgedacht und praktisch geübt. Als ich Jahre später Rekruten aus dieser Gegend als Panzerfunker ausbilden musste, hat mir dies sehr geholfen. Ein Beispiel dieser Praxis: Um einem Laien das Phänomen elektrischer Schwingungen und Wellen zu erklären, ließ man zum Unterricht mitbringen: eine leere Konservendose, Besen und Bindfaden, eine Rolle Klopapier, Nagel, Hammer und Wasser. Die Dose wurde nun mit drei Löchern versehen und mit dem Bindfaden am Kartenständer aufgehängt, die Papierrolle auf den Besenstiel geschoben und darunter gehalten, bei zugehaltenem Loch am Boden der Dose, etwas Wasser eingefüllt und dann der Finger weggenommen. Ein Wasserstrahl lief auf das Klopapier darunter. Wenn die Dose angestoßen wurde, geriet sie in Schwingungen und wenn man das Papier abrollte, zeichnete der dünne Wasserstrahl deutlich eine nasse Welle auf. Damit war der Zusammenhang von Schwingungen und Wellen auch für einen völligen Laien erkennbar. Dies war der als »Technik« bezeichnete Unterricht. An etwas anderes vom Dienstbetrieb erinnere ich mich nicht.

An eine recht komische Begebenheit halbdienstlicher Art denke ich aber doch noch mit Schmunzeln. Am Tag der Verkündung der Wehrpflicht, es war wohl der 16. März 1935, fand in Berlin Unter den Linden die große Parade der neugegründeten deutschen Wehrmacht statt. Die Oberfähnriche der Waffenschulen im Berliner Raum nahmen daran teil. Der Kommandeur der Artillerieschule (Name vergessen) war ein sehr kommissiger General. Er befahl für uns alle einen Anzugappell, den er selbst abnahm. Damals hatte der graue Uniformrock noch einen hochgeschlossenen Kragen, darunter weißes Hemd mit »nach Vorschrift« aufgeknöpftem steifen Stehkragen.

Die Vorschrift wurde jedoch von niemand beachtet. Man trug ein weißes Hemd mit ungesteiftem Klappkragen. Der General beanstandete dies bei etwa neunzig Prozent von uns mit den Worten: »Warum tragen Sie ein Nachthemd?« Wir mussten nochmals mit vorschriftsmäßigem steifen Stehkragen antreten. Das Problem war, in Jüterbog und Umgebung gab es gar nicht so viele Hemden und steife Kragen. Nach Dienstschluss fuhren wir in den nächsten Tagen nach Potsdam oder Berlin und besorgten mühsam die altmodischen Hemden und Kragen. Der Herr General war zufrieden! Am Tag der Parade war zu nachtschlafener Zeit Wecken, im Paradeanzug mit »kleidsamen« braunen Schulterriemen und Säbel sowie Stahlhelm ging es nach Berlin, wo wir dann stundenlang auf der Spreebrücke warteten. Die Parade fand endlich Punkt zwölf Uhr statt. In Zugfront mit gezogenem Säbel marschierten wir an der Tribüne mit Adolf Hitler und Ehrengästen vorbei. Erschöpft und hungrig, aber doch stolz, dass alles gut geklappt hatte, kehrten wir nach Jüterbog zurück. Mein Stubengenosse empfing mich freudestrahlend. Weil er (nach mir) der Schlechteste im Morsen war, durfte er zur Strafe an der Parade nicht teilnehmen. Es war ein Oberfähnrich zu viel für die Formation gewesen. Der schlitzohrige Storch Stoephasius hatte gründlich ausgeschlafen, die Paradeuniform (mit weichem Kragen!) angezogen und war mit der Bahn nach Berlin gefahren. Dort hatte er am Anhalter Bahnhof seine Mütze zur Aufbewahrung gegeben, den Stahlhelm aufgesetzt und war bis zur Absperrung der Tribüne marschiert. Als einer der vielen alten Generale in der Uniform der Kaiserlichen Armee als Ehrengast erschien, hing es sich an und wurde in der Annahme, dass er Begleitoffizier sei, durchgelassen. Die alte Exzellenz vor ihm drehte sich um und sagte »Oberfähnrich gut gemacht. Kommen Sie mit auf die Ehrentribüne«. »Storch« nahm unseren Vorbeimarsch ab und kehrte nach Jüterbog sehr befriedigt noch vor uns zurück. Das erzählte er uns ganz Verdutzten lachend, wurde aber zu einer Runde Bier verdonnert. Das ist meine Erinnerung an die Artillerieschule in Jüterbog. Der Lehrgang ging zu Ende und ich wurde zu der inzwischen aus meiner 3. (Preußischen) Nachrichtenabteilung entstandenen Nachrichtenabteilung A Potsdam versetzt. Damit endete die zweijährige Ausbildung zum Offizier.

Offizier in Nachrichtenabteilung Potsdam A und Nachrichtenabteilung 43, 1935

***

Seine erste Verwendung als Offizier durchlief Poretschkin als Zugführer in der Funkkompanie der Potsdamer Nachrichtenabteilung, die zum 1. Oktober 1934 in Nachrichtenabteilung A umbenannt worden war.[14] *Als solcher war er für die Aus- und Weiterbildung sowie die Führung seiner rund dreißig bis vierzig unterstellten Soldaten zuständig. Zusätzlich übernahm er als »Fähnrichsvater« einen Teil der Ausbildung der neuen Offizier-*

14 Kampe, Heeres-Nachrichtentruppe, S. 22.

anwärter. Diese wurden im Zuge der raschen Vergrößerung der inzwischen in Wehrmacht umbenannten alten Reichswehr in großen Zahlen neu eingestellt. Seine Vorgesetzten erkannten bereits früh Poretschkins Potenzial als Ausbilder ihm anvertrauter Menschen. Diese »besondere Begabung für Erziehung und Menschenführung« zieht sich wie ein roter Faden auch durch spätere Beurteilungen in Wehrmacht und Bundeswehr.[15]

Angesichts dieser dienstlichen Belastungen schildert Poretschkin, dass sein Leben praktisch nur aus dem Dienst bestand und sich um den Mikrokosmos »Militär« drehte. Hinzu kam, dass er in Kasernen oder kasernennahen Wohnungen lebte und sich privat vor allem im Kameradenkreis bewegte. Er gibt daher wiederholt an, von den innenpolitischen Entwicklungen in Deutschland keine Notiz genommen zu haben.

Sein Verhältnis zu den neuen Machthabern erscheint ambivalent. Poretschkin beschreibt die instinktive Abneigung gegen die Nationalsozialisten durch seine Vorgesetzten, seine Kameraden und ihn. Dies sollte ihm durch die Schilderungen eines Soldaten, der während des sogenannten Röhm-Putsches Gefangener der SS war und sich ihm anvertraute, bestätigt werden. Doch selbst wenn er und seine engeren Kameraden die Nationalsozialisten ablehnten, so galt dies keineswegs für das gesamte damalige Offizierskorps. Bedingt durch die Ankündigung Hitlers im Frühjahr 1935, die Armee zunächst auf sechsunddreißig Divisionen zu vergrößern, boten sich den Offizieren und Soldaten plötzlich völlig neue Karrierechancen und ein steigendes soziales Prestige nach langen Jahren der Stagnation. Neben dem allgemeinen wirtschaftlichen Aufschwung und der scheinbaren neuen politischen Stabilität sorgten vermeintliche außenpolitische Erfolge hinsichtlich der Revidierung des Versailler Vertrages ebenfalls für eine wachsende Zustimmung innerhalb des Militärs.[16]

***

Von Jüterbog fuhr ich nach Potsdam, wo ich der Funkkompanie zugeteilt wurde. Kompaniechef war Hauptmann Hoffmann, Zugführer des ersten Zuges war Leutnant Hecker, der gerade zum Leutnant befördert worden war. Ich bekam den zweiten Zug und traf gleich als Funker einen Schulkameraden aus meiner Nebenklasse, der sich freiwillig für ein Jahr verpflichtet hatte. Die Funkkompanie war voll motorisiert worden und hatte alle Pferde schon abgegeben. Es begann der normale Ausbildungsdienst. Ich hatte einen sehr tüchtigen Wachtmeister als stellvertretenden Zugführer, der mich sehr kameradschaftlich unterstützte und den technischen Unterricht übernahm.

---

15 BArch, PERS 1/29739, Beurteilungsnotizen vom 5.3.1943; BArch, PERS 1/29739, Betr.: vorzugswiese Beförderung bei Bewährung vom 30. März 1932.

16 Feldmeyer/Meyer, Kielmannsegg, S. 5 ff.; Hamerow, Die Attentäter, S. 57 f., 112 ff., 188; Neitzel/Welzer, Soldaten, S. 62 f.

Als Oberfähnrich war ich der »älteste« Unteroffizier nach dem Kompaniewachtmeister (Spieß genannt). Morgens beim Antreten der Kompanie musste ich dem Spieß melden. Als ich am 20. April gerade die Kompanie gemeldet hatte, wurde ich zum Stab gerufen. Dort teilte mir der Abteilungskommandeur meine Beförderung zum Leutnant mit. Ich eilte darauf in meine Wohnung im Kompanieblock, zog den bereits mit Leutnantschulterstücken versehenen Rock an und als ich den Block verließ, um mich in vorschriftsmäßiger Uniform beim Kommandeur zu melden, rief ein Soldat dem Spieß zu »Herr Leutnant von rechts!« worauf nunmehr der Spieß mir die Kompanie meldete. So waren die Bräuche. Dienstlich änderte sich für mich nichts, bei der Besoldung leider einiges. Als Leutnant bekam ich zwar ca. zehn Reichsmark mehr Gehalt monatlich, musste aber für meine Wohnung Miete entrichten, die Verpflegung bezahlen und war »Selbsteinkleider« geworden. Das bedeutete ein merklich geringeres Einkommen. Unteroffiziere bekamen Unterkunft, Verpflegung und Bekleidung kostenlos.

Ostern kam und natürlich wurde ich über die Feiertage als Offizier vom Dienst eingeteilt und durfte die Kaserne nicht verlassen. Der Adjutant, Leutnant Siefart, hatte mich angewiesen, wenn für ihn persönlich eine Nachricht käme, bei seiner Mutter anzurufen. Prompt kam ein Telegramm an ihn von Oberleutnant Meichßner, der Sonntag nach Ostern in Hamm heiraten wollte. Der Inhalt lautete »Ahrens abgesagt. Potemkin einladen. Eindruck, dass Lückenbüßer darf nicht entstehen.« Ich grinste, telegrafierte Zusage und unterrichtete Siefart telefonisch. Oberst Russwurm war mit seiner Frau ebenfalls eingeladen und bot mir an, mit ihm im Dienst-Pkw mitzufahren, was ich natürlich dankend annahm. In Hamm waren Zimmer für uns im Hotel reserviert. Ich traf Oberleutnant Kuntzen, Leutnant Siefart und Oberleutnant von Winning an. Plötzlich erschien Meichßner, um nachzusehen, ob alles in Ordnung war. Er lud uns zum Bier ein und sagte »Jungs, fresst, sauft, lasst die Hosen bügeln! Schwiegermutter zahlt alles!« Wir befolgten diesen Rat gründlich. Der Polterabend war lustig und wir rieten den Brautleuten unabhängig voneinander, daran zu denken, dass nach einer alten Regel derjenige in der Ehe die Oberhand behält, der beim Ringwechsel den Fuß oben hat. Beide lachten uns aus, dass wir an solchen Unsinn glaubten. Am nächsten Tag waren Siefart und ich Brautführer und saßen in voller Uniform mit »Affenschaukel« (Fangschnur) in der ersten Reihe. Als der alte Vater Meichßner den Ringwechsel vornahm, sahen wir plötzlich, dass Braut und Bräutigam beide versuchten den Fuß oben zu haben und sich beinahe verhedderten. Wir konnte nur mit großer Mühe uns das Lachen verkneifen. Nach dem vorzüglichen Hochzeitsschmaus kam Meichßner zu mir und sagte: »Meine Frau fragte mich schon mehrfach, warum wir uns nicht duzen. Ich möchte dies nachholen. Ich heiße Jochen.« Wir tranken Bruderschaft, worüber ich sehr stolz war. Die Freundschaft hat bis zu seinem Tode gehalten.

Kurz nach der Hochzeit wurde Jochen an die Kriegsakademie zur Generalstabsausbildung versetzt. Kuntzen hatte als Adjutant nun so viel zu tun, dass er nicht mehr die Aufgaben des Fähnrichsvaters ausüben konnte. Die Abteilung hatte aber am 1. April neben den eigenen auch Offizieranwärter für die Luftwaffe zur Ausbildung zugewiesen bekommen. So wurde ich schon ganz kurze Zeit nach der Beförderung zum Offizier mit dieser Aufgabe betraut. Die eigene Ausbildung durch Kuntzen lag nicht lange zurück, so versuchte ich es ihm nachzumachen. Ich bekam gute Ausbilder zugeteilt, aber der Offiziersunterricht und auch die Reitausbildung oblagen mir allein. Da ich kein guter Reiter war, bat ich den erfahrenen Wachtmeister Jüttner anfangs einige Male um Rat, war aber überrascht, wie gut ich doch zurechtkam. Unter den Offizieranwärtern war auch ein Mann, der einige Semester Jura studiert hatte und während dieser Zeit in Breslau dem Stabe des Gauleiters von Schlesien angehört hatte. Er war in den angeblichen Putschversuch der SA im Juni 1934 verwickelt gewesen und verhaftet worden. Er sprach sonst nie darüber. Eines Tages hat er aber mir gegenüber doch sein Herz ausgeschüttet. Was er mir darüber unter dem Siegel der Verschwiegenheit berichtete, war so schrecklich, dass ich es zunächst nicht glauben wollte. Er bat mich dringend, darüber mit niemand zu sprechen, da er sich verpflichten musste, über die Haft absolutes Stillschweigen zu wahren. Ich musste an die Rede von Hitler in Dresden denken und mein Misstrauen gegen die NSADP wuchs, obwohl 1935 die NS-Regierung auch mich durch ihre Maßnahmen zur Beseitigung der Arbeitslosigkeit zu beeindrucken begann. Das passierte jetzt verschiedentlich, dass ich an der Berechtigung meiner instinktiven Abneigung gegen die NSDAP durch offensichtliche Erfolge der neuen Regierung Zweifel bekam. So ging es auch vielen Menschen aus meinem Bekanntenkreis. Zu den Aufgaben als Fähnrichsvater wurde ich auch mit der Leitung eines Einweisungslehrganges für Herren betraut, die im Weltkrieg gedient hatten und sich um eine Reaktivierung beworben hatten. Alle hätten mein Vater sein können. Ein eigenartiger Zustand. Diese beiden Aufgaben nahmen mich so in Anspruch, dass ich von anderen Aufgaben entbunden wurde. Es machte Spaß, aber ich musste mich doch auf den Dienst vorbereiten und war sehr beschäftigt. Die alten Herren wollten auch abends betreut werden, so kam ich aus der Kaserne kaum heraus, auch an den Sonntagen nicht. Was außerhalb passierte, bekamen wir kaum mit.

Als der Einweisungslehrgang beendet war, bekam ich freiwillig Kurzdienende zur Ausbildung. Im Spätsommer rückte die Abteilung zu einer Übung aus und ich blieb mit diesem Ausbildungszug allein zurück. Es war ungewöhnlich heiß und der Dienst wurde zur Qual. Da beschloss ich, morgens ganz früh bei Hellwerden mit dem Dienst zu beginnen, mittags eine Pause zu machen und am Nachmittag mit dem Zug in das Schwimmbad der Abteilung am Nedlitzer See zu marschieren. Nach einem erfrischenden Bad machte ich Unterricht im Nichtschwimmerbecken. Die benötigte Schiefertafel wurde aus der Kaserne mitgenommen. Diese Zeiteinteilung hat sich bewährt und wurde von den Soldaten sehr begrüßt. Ich habe dies bei extrem heißem Wetter später öfter mit Erfolg wiederholt. So verging die Zeit schnell. Anfang Oktober wurde aus der Nachrichtenabteilung Potsdam A die neue Korpsnachrichtenabteilung 43 aufgestellt. Major Müller wurde Kommandeur. Mein Jahrgangskamerad Jochen Böhm kam aus Liegnitz wieder nach Potsdam zurück und wir beide wurden Zugführer in der 2. Fernsprechkompanie, Kompaniechef wurde der Taktiklehrer aus Jüterbog, Hauptmann Sauberzweig. Jochen und ich bekamen jeder Rekruten zur Ausbildung, ich hatte außerdem noch die Fahnenjunker als Fähnrichsvater zu betreuen. Wieder waren wir so eingespannt, dass wir so gut wie überhaupt nicht aus der Kaserne kamen und wie im Ghetto lebten. Hauptmann Sauberzweig war ein ideenreicher Chef aber auch unangenehm ehrgeizig. Besonders erwies sich das bei der abschließenden Besichtigung. Als die Rekruten zur Gefechtsbesichtigung auf dem Bornstedter Feld angetreten waren, musste ich, der ich am rechten Flügel stand, mit einem großen Besen die Spuren im Sand glattfegen und den Besen dann von meinem Platz in großem Bogen zurückwerfen. Die angetretenen Soldaten standen nun auf einer sauberen glatten Fläche ohne jede erkennbare Spur. Das war für uns etwas Neues und Unerwartetes. Als der Kommandeur der Nachrichtentruppen 3, Oberst Russwurm zur Abnahme der Besichtigung erschien und der Kompaniechef ihm meldete, war er offensichtlich erstaunt und zunächst sprachlos. Dann hörten wir zu unserer Überraschung wie er sagte: »Hauptmann Sauberzweig lassen Sie die Rekruten in die Kaserne abrücken!« Wir marschierten ab und ließen den Chef mit dem Oberst und seinem Adjutanten allein zurück. In der Kaserne warteten wir auf weitere Befehle. Der Chef kam allein, ließ die Soldaten wegtreten und erklärte, dass der Oberst nicht einverstanden war, dass die Spuren entfernt worden waren und die Gefechtsbesichtigung auf einem glatten Feld begann. Die Besichtigung war auf den nächsten Morgen verlegt worden. Vom Adjutanten hörten wir später, dass der Oberst sich solche albernen Kinkerlitzchen verbeten hatte und solch ein Theater für Soldaten unwürdig hielt. Dem konnte man nur zustimmen.

Als Kompaniechef enttäuschte mich Hauptmann Sauberzweig. So gut er als Taktiklehrer war, so kleinkariert war er als Troupier. Obwohl wir ihn auch in Potsdam keineswegs als besonderen Nazi kennenlernten, trieb ihn sein Ehrgeiz im Krieg dazu, sich zur Waffen-SS zu melden, wo er Kommandeur einer Division auf dem Balkan wurde. Ich hörte, dass er nach 1945 den Freitod wählte.[17] Am 16. März 1936 kam Kuntzen zum Mittagessen ins Kasino und sagte: »Theo wird zur 3. Panzerdivision versetzt.« Ich war sehr traurig, dass ich die Abteilung, in der ich so viele gute Kameraden hatte, verlassen musste.

17 Karl-Gustav Sauberzweig schloss sich 1943 der Waffen-SS an und führte u. a. eine Division. 1946 beging er in britischer Kriegsgefangenschaft Selbstmord.

Offizier in Panzernachrichtenabteilung 39, 1936–1939

***

Mit dem Wechsel in eine Panzernachrichtenabteilung zum 1. April 1936 begann ein völlig neues Kapitel in der militärischen Laufbahn Poretschkins. Die Panzernachrichtenabteilung 39 war Bestandteil der am 15. Oktober 1935 neu aufgestellten 3. Panzerdivision.[18]

Die Panzerdivisionen der Wehrmacht gehörten zu den wenigen motorisierten und damit hochmobilen Verbänden des Heeres. Anfangs waren sie, wie im Ersten Weltkrieg, konzeptionell vor allem als Unterstützung für angreifende Infanterieeinheiten gedacht.[19] *Der entscheidende Vorteil der Überraschung und der hohen Geschwindigkeit dieser Kräfte wurde so allerdings vergeudet.*[20] *Die Erfahrungen aus Übungen und Manövern sowie im begrenzten Rahmen aus dem Spanischen Bürgerkrieg (1936–1939) zeigten aber das offensive Potenzial reiner gepanzerter und motorisierter Verbände.*[21] *Die hochmobile Kriegführung der Panzertruppen machte es unverzichtbar, jederzeit über ein funktionierendes Fernmeldenetz, vorrangig per Funk, zu verfügen. Hierfür mussten angesichts des bis dato eher statisch ausgelegten Einsatzes der Nachrichtenabteilungen völlig neue taktische Grundsätze entwickelt werden.*[22] *Auf einen jungen Nachrichtenoffizier wie Poretschkin muss diese Aufgabe in dieser elitären neuen Truppengattung sehr attraktiv gewirkt haben.*

Abseits des Dienstalltags traf Poretschkin während der Olympischen Spiele 1936 in Berlin Manja und Arnold Godfrey wieder, die seit den 1920er-Jahren in Großbritannien lebten. Die dort bereits vorhandene Angst vor einem durch Hitler entfachten neuen Krieg teilte er damals noch nicht. Poretschkin schildert stattdessen sogar die Furcht vor einem durch Polen ausgelösten Konflikt und versicherte Arnold Godfrey, dass seine Kameraden und er einem Krieg und Hitler ablehnend gegenüberstanden. Die Haltung zu beiden Themen darf allerdings nicht verallgemeinert werden, auch wenn sie für Poretschkin zutreffend gewesen sein mag. Teile des Offizierskorps und insbesondere der Wehrmachtsführung begrüßten die militärische Konfrontation mit dem östlichen Nachbarn, befürchteten aber, dass ein Krieg für sie rüstungstechnisch zu früh beginnen könnte.[23]

Auch die Maßnahmen des nationalsozialistischen Regimes gegen die deutschen Juden thematisierte der Besuch aus Großbritannien mit Bedauern. Paradoxerweise machte Arnold Godfrey die Verfolgten aufgrund ihrer wirtschaftlichen Erfolge aber selbst für deren

---

18 Jentz, Panzertruppe, S. 21.

19 Ebd., S. 24 f., 30, 41 f.

20 Ebd., S. 21.

21 N 591/52 Oberst Praun: »Panzernachrichtenabteilungen« (F-Flagge, 1941 Nr. 3); Jentz, Panzertruppe, S. 24, 45 – 47.

22 N 591/52 Oberst Praun: »Panzernachrichtenabteilungen« (F-Flagge, 1941 Nr. 3).

23 Hamerow, Die Attentäter, S. 265.

Bekämpfung verantwortlich. Die Haltung Poretschkins hierzu bleibt unklar. Er gibt lediglich vor, zum damaligen Zeitpunkt habe niemand in seinem Bekanntenkreis an eine systematische Vernichtung dieser Menschen gedacht. Vollständig entgangen waren ihm die zunehmenden Repressalien gegen die Juden nicht, wie einige Textstellen zeigen. Es bleibt jedoch unklar, inwiefern er als Offizier wirklich Einblicke in diese Zwangsmaßnahmen hatte. Im Offizierkorps gab es kaum noch Juden und auch außerhalb der Armee hatte er keine jüdischen Freunde.[24]

Anfang 1938 erlebte Poretschkin die ersten Vorboten des bevorstehenden Krieges. Dem vorangegangen war die sogenannte Blomberg-Fritsch-Krise, die zur Folge hatte, dass Hitler de facto selbst die Führung der Wehrmacht übernahm.[25] *Beim Einmarsch deutscher Truppen in Österreich am 12. März 1938 wurde die 3. Panzerdivision zwar in Alarmbereitschaft versetzt, war aber nicht in das Geschehen verwickelt. Mit der Panzernachrichtenabteilung 39 nahm der junge Oberleutnant am 1. Oktober 1938 am Einmarsch ins Sudetenland teil. Hierbei wurde das überwiegend von Deutschstämmigen bewohnte Grenzgebiet der Tschechoslowakei gemäß dem »Münchner Abkommen« vom 28. September 1938 nach Absprachen mit den Regierungen Italiens, Frankreichs und Großbritanniens durch Truppen der Wehrmacht besetzt.*[26] *Die seit 1935 u. a. mit Frankreich verbündete und demokratisch gewählte tschechoslowakische Regierung blieb bei den Verhandlungen außen vor.*[27]

Aus der Perspektive des jungen Nachrichtenoffiziers handelte es sich bei beiden Aktionen um völkerrechtlich vollkommen legitime Handlungen, mit dem lediglich das gefühlte Unrecht des Versailler Vertrages von 1919 rückgängig gemacht wurde. Die persönlich erlebten begeisterten Empfänge durch die Österreicher kurz nach dem sogenannten Anschluss und vor allem durch die Sudetendeutschen verstärkten dieses Empfinden. Das reibungslose Gelingen beider unblutiger Expansionen ließ nicht nur bei Poretschkin Zweifel an einer ablehnenden Haltung gegenüber Hitler aufkommen.[28]

Die Eingliederung Österreichs in das Deutsche Reich war zudem ein erster internationaler Testfall für die Reaktionen der europäischen Mächte auf deutsche Expansionsvorhaben. Der italienische Duce Benito Mussolini (1883–1945) hatte im Vorfeld seine Akzeptanz hierzu signalisiert. Das Gelingen war ein persönlicher Triumph für Hitler, der gleichzeitig, wie im Herbst 1937 vor den Spitzen der Wehrmacht angekündigt, praktisch im Handstreich die personellen, wirtschaftlichen und militärischen Ressourcen des Deutschen Reiches empfindlich vergrößert hatte.[29] *Gleichzeitig nahm er das Nichteingreifen*

---

24 Ebd., S. 79.

25 Ebd., S. 235.

26 Krämer, Hitlers Kriegskurs, S. 462.

27 Ebd., S. 36, 460 ff.

28 Hamerow, Die Attentäter, S. 254.

29 Fritz, Der deutsche Einmarsch, S. 3; Hamerow, Die Attentäter, S. 186; Krämer, Hitlers Kriegskurs, S. 56 ff. Sein Vorhaben und die sich daraus ergebenden strategischen und wirtschaftlichen Vorteile für das Deutsche Reich hatte Hitler der Wehrmachtsführung bereits am 5. November 1937 mitgeteilt. Für den sinngemäßen

Frankreichs und Großbritanniens als Beleg für deren Schwäche wahr.[30] *Die Besetzung des Sudetenlandes wenige Monate später bedeutete im europäischen Kontext, dass von der Tschechoslowakei nur ein »Rumpfstaat« blieb, der mit der Einkreisung durch Wehrmachtstruppen aus Norden, Süden und Westen nur noch bedingt handlungsfähig war und seinen Bündnispartnern so praktisch entzogen wurde.*[31] *Aus der Perspektive eines »einfachen« Oberleutnants dieser Zeit gesehen, dominierten jedoch die unblutig errungenen »Erfolge« Hitlers die Wahrnehmung.*

***

Zur Panzernachrichtenabteilung 39 wurde ich mit Wirkung vom 1. April 1936 versetzt. Die Abteilung befand sich noch in der Aufstellung und lag auch in der Nedlitzer Kaserne. Als Endstandort war Stahnsdorf/Kreis Teltow vorgesehen. Dort wurde eine neue Kaserne gebaut, die zum Herbst bezugsfertig sein sollte. Da die Aufstellung im Oktober 1935 begonnen hatte, kannte ich die meisten Offiziere schon recht gut, da wir das Kasino gemeinsam benutzten. Kommandeur war Major Kempf, der schwer an Ischias erkrankt war und vom Chef der 2. (Funk)Kompanie, Hauptmann Baron von Behr (Balte, Spitzname: Lieberchen) vertreten wurde. Adjutant war Oberleutnant Eberhard Henrici (von uns Onkelchen genannt, da betont altmodisch). Chef der 1. (Fernsprech)Kompanie war Oberleutnant Heintke, der mir von der Rekrutenausbildung bekannte frühere Unterwachtmeister »Ast Heintke«. Er war zum Offizier befördert und zur Panzernachrichtenabteilung 39 als Kompaniechef versetzt worden. In seiner Kompanie wurde ich als Führer des Nachrichtenzuges der 3. Schützenbrigade eingesetzt. Dieser Zug gehörte im Frieden zur Panzernachrichtenabteilung, wurde aber im Einsatzfall der Brigade unterstellt. Obwohl er zur Fernsprechkompanie gehörte, hatte der Zug auch einige Funktrupps, die mit Panzerspähwagen ausgestattet waren.

Am 1. April meldete ich mich bei der Abteilung. Ich konnte zunächst meine Wohnung behalten, bekam aber kurze Zeit später eine besonders schöne Leutnantsbude in dem ganz neuen Block für die Feste Funkstelle, die leer stand, da die Funkstelle von einem verheirateten alten Wachtmeister geführt wurde. Ich hatte damit großes Glück, es war die einzige Wohnung, die als Neubau ein eigenes Bad mit WC besaß.

Mit meinem Kompaniechef kam ich von Anfang an sehr gut aus und habe von Oberleutnant Heintke ungeheuer viel gelernt. Er war ein tüchtiger, strenger aber sehr fürsorglicher Vorgesetzter. Die Unteroffiziere hatten es nicht leicht bei ihm. Er betonte immer, dass er aus Erfahrung ganz genau wüsste, was man von einem Unterof-

---

Inhalt siehe: https://www.ns-archiv.de/krieg/1937/hossbach/.

30 Krämer, Hitlers Kriegskurs, S. 57.

31 Ebd., S. 463.

fizier verlangen kann. An seine Unteroffiziere legte er diesen Maßstab an und verlangte viel von ihnen.

Unsere Abteilung stammte personell hauptsächlich von der Nachrichtenschwadron des thüringischen Reiterregiments 16 aus Langensalza ab und war durch Personalabgaben aus den bereits seit 1. April bestehenden beiden Panzerdivisionen und anderen Nachrichtenabteilungen aufgefüllt worden. In meinem Zug hatte ich hauptsächlich Thüringer als Unteroffiziere und Längerdienende.

Mein Stellvertreter war Wachtmeister Haub (genannt Doktor), Reiter aus Langensalza. Guter Funker, dadurch hatte ich einen erfahrenen Fachmann als Stütze. Kurz nachdem ich den Zug übernommen hatte, bekamen wir die ganz neuen Vierrad-Panzerspähwagen für die Funktrupps. Die Fahrer dafür waren vorsorglich schon bei der Panzeraufklärungsabteilung, die schon in Stahnsdorf lag, ausgebildet worden, aber noch unerfahren. Wir waren stolz auf diese gepanzerten Funktrupps und wurden von den Panzeraufklärern beneidet, die noch keine Spähtrupps mit diesen gepanzerten Kfz hatten.

Bei der Parade am 20. April (Geburtstag des »Führers«, damals noch eine nicht so geläufige Bezeichnung) in Berlin musste ich als Zugführer die schwarze Panzeruniform mit Barett statt Stahlhelm tragen. Wir hatten Glück, dass bei der Parade alles glatt lief. Die Panzer schleuderten auf Steinpflaster gern beim Bremsen und die Zuschauer waren sehr unvorsichtig und traten oft vom Rinnstein auf die Fahrbahn, um besser sehen zu können. Die noch unerfahrenen Panzerfahrer waren aber so umsichtig, dass nichts passierte. Abends waren wir jedenfalls ohne Pannen wieder in der Potsdamer Kaserne. Ich hatte meine Bewährung als Panzermann bestanden. Die Funkerei in einer Panzerdivision war etwas ganz Neues. Niemand hatte Erfahrung damit. Es gab keinerlei Vorschriften außer technischen Gerätebeschreibungen. Diese waren jedoch ohne jede praktische Erfahrung entstanden und waren daher nur bedingt von Nutzen. Wir mussten alles selbst ausprobieren und vieles auch »erfinden«. Das machte riesigen Spaß und ich war sehr zufrieden mit meiner neuen Aufgabe. Morsen war bei den Panzerverbänden vorwärts der Brigaden eine Ausnahme. Es wurde hauptsächlich Sprechverkehr angewandt. Dafür mussten völlig neue Verfahren ausgetüftelt werden. Schlüsseln (Chiffrieren) beanspruchte viel Zeit und im Panzer war es sehr eng, deshalb musste als Ersatz für Schlüsseln eine ganz einfache Methode zur Tarnung des Gesprochenen festgelegt werden, die beim Abhören durch den Gegner wenigstens für einen tragbaren kurzen Zeitraum einen Schutz gewährleistete. Dazu wurden zum Beispiel für Personen, Truppenteile und bestimmte Begriffe Decknamen befohlen oder der Wortlaut einer bestimmten Meldung (z. B. »Dorf Gollnow erreicht, Ort feindfrei«) durch ein einziges Deckwort ersetzt. Ähnlich wurde auch beim Tastverkehr (Morsen) verfahren, wobei statt Worten Buchstabengruppen verwendet wurden. Es entstand aber die Gefahr, dass benachbarte Verbände dieselben Worte benutzten und Verwechselungen entstanden. Es wurde deshalb eine Vorschrift herausgegeben, die nach Zufallsprinzip eine große Anzahl von Ausdrücken enthielt, die fortlaufend nummeriert waren. Den Verbänden wurde zur Verwendung in ihrem Bereich eine ausreichende Anzahl zugewiesen.

Dieses Beispiel muss genügen, damit ich nicht etwa mit irgendwelchen Geheimhaltungsvorschriften in Konflikt komme. Diese neue Vorschrift war recht hilfreich, brachte mich aber bei der ersten Übung mit der Schützenbrigade in arge Verlegenheit. Ich musste zu Beginn der Übung alle Funkunterlagen unter Zeitdruck erstellen, vervielfältigen und verteilen. Ich beauftragte daher Wachtmeister Haub, die Decknamenliste in der erforderlichen Anzahl aufzustellen und zu vervielfältigen. Der Zufall wollte es nun, dass das Schützenregiment den Decknamen »Uhu« erhielt. Der Regimentskommandeur musste sich am Fernsprecher mit dem Decknamen des Regiments melden. Wir hatten nicht gewusst, dass sein Spitzname ausgerechnet »Uhu« war. Es gab Ärger. Der Oberst war nicht sonderlich beliebt und die Leutnante nahmen an, dass »Uhu« absichtlich als Deckname gewählt wurde. So kam ich bei ihnen gleich bei meinem ersten Auftritt zu unverdientem Ansehen. Als ich den wahren Zusammenhang aufklärte, waren die Kameraden enttäuscht. Der alte Oberst hat es mir aber nicht nachgetragen.

Jetzt muss ich erst noch etwas ganz anderes berichten. Im Sommer 1936 fand in Berlin die Olympiade statt. Ein Ereignis, das dem Regime eine glänzende Gelegenheit bot, sich dem Ausland gegenüber darzustellen. Besonders das Propagandaministerium unter Goebbels bot alles auf, um vor allem die positiven Seiten des neuen Deutschland zu zeigen. Das Nationale Olympische Komitee bekam von der Regierung alle nur irgendwie mögliche Unterstützung. Die Wehrmacht wurde dabei auch eingesetzt. So wurden von der Korpsnachrichtenabteilung 43 innerhalb des Stadions, für Regattastrecken, Military Reiten u. a. Fernsprechleitungen gebaut und betrieben. Die Soldaten taten dies mit Begeisterung, hatten sie dadurch doch die Gelegenheit, alles aus nächster Nähe mitzuerleben. Da tat es mir doch leid, dass ich nicht mehr dabei war. Aber ich bekam dann doch die Gelegenheit, auch während der Spiele vieles zu sehen. Die Kameraden nahmen mich einfach mit und meine Vorgesetzten waren großzügig. Die Kriegsmarine stellte für das Olympiastadion in Berlin ein Kommando unter Führung des Oberleutnant zur See Barten für die Flaggenhissung ab. Wölfchen Barten war ein Schulkamerad von Justaff Kuntzen. Sein Vater war gefallen und er wollte seiner Mutter, die auf eine geringe Pension angewiesen war, nicht zur Last fallen. Er verschwand aus der Obersekunda heimlich und ging als Schiffsjunge zur Handelsmarine, wo er es bis zum Kapitän mit dem Patent für Große Fahrt gebracht hatte. Er wurde in die Kriegsmarine übernommen und zum U-Bootoffizier ausgebildet. Wir jungen Offiziere in Nedlitz freundeten uns mit ihm an. Er wohnte während der Vorbereitungszeit bei Kuntzen. Wir sahen das gleichmäßige Hissen der Fahnen und fragten ihn, wie man das so präzise schaffen könne. Er sagte: »Ganz einfach, ich habe mir Marinesoldaten mit derselben Handschuhgröße ausgesucht.« Der Trick war simpel: an allen Fahnenmasten hatte er eine Markierung angebracht, wo die Faust am Seil angesetzt werden sollte. Darauf kam die andere Faust. Auf Pfiff wurde die untere Faust weggenommen und die obere runter geschoben. Alle Fahnen gingen gleichmäßig hoch. Heute macht so etwas der Computer. Mit Barten tauschte ich vom weißen Sommerrock einen oberen Taschenknopf aus. Er trug nun den silberfarbenen Heeresknopf und ich den goldenen der Marine. Komischerweise nahm lange niemand Anstoß daran. Nach Kriegsausbruch war Barten mit seinem U-Boot das erste Opfer, er wurde schon Anfang September im Kanal vor Dover versenkt.[32]

Von den Olympischen Spielen konnte ich eine Menge sehen, so einige Leichtathletikwettkämpfe, Reiten und die Military Reiten Mannschaft. Für die jungen Leutnants war der Besuch sogar Dienst.

Am 30. Juni 1936 erfolgte der Umzug unserer Abteilung in den Endstandort Stahnsdorf. Ich wurde zum Offizier vom Dienst eingeteilt und musste mit einer verstärkten Wache feierlich in die Kaserne einrücken. Major Kempf war jedoch noch nicht voll dienstfähig und hatte ganz striktes Alkoholverbot. Am Stadtrand von Stahnsdorf war eine Begrüßung durch den Bürgermeister vorgesehen, bei der ein Begrüßungstrunk aus einem großen Pokal dem Kommandeur gereicht wurde. Da auch der ihn begleitende Adjutant wegen einer akuten Magenerkrankung nichts trinken durfte, wurde ich dazu ausersehen mit dem Kommandeur im Pkw mitzufahren und zu helfen, den Pokal zu leeren, wie es Brauch war.

Pünktlich traf unsere Kolonne am Stadtrand ein. Eine riesige Menschenmenge wartete auf uns. Bürgermeister Reinert, ein freundlich aussehender alter Herr umrahmt von BDM-Mädchen in hellen Kleidern mit Körben voller Blumensträuße für »ihre« Soldaten, sowie Ortsgruppenleiter der NSDAP, Kreisleiter und der Standortälteste Major Schroetter, Kommandeur der Panzeraufklärungsabteilung 3, begrüßten und mit herzlichen Worten in zum Glück recht kurzen Ansprachen. Was sie im Einzelnen sagten, habe ich aber nicht mitgekriegt. Ich starrte nur den riesigen Pokal mit bestimmt mehr als einem Liter Wein an und überlegte, wie ich es schaffen sollte, ihn zu leeren. Dann wurde der Pokal Major Kempf überreicht. Er nippte daran und gab ihn weiter an Henrici, der auch nur pro Forma einen Schluck nahm und ihn grinsend mir in die Hand drückte. Ich stand da im riesigen alten Kavallerie-Stahlhelm mit geschwungenem Rand über den Ohren, setzte an und tatsächlich gelang es mir, den Wein runterzukippen. Später wurde gesagt, ich hätte einen ganz erschöpften Eindruck gemacht. Nachdem unser Kommandeur mit seinem Degen das Band durchschnitten hatte, fuhren wir zur Kaserne, wo uns wieder eine Menschenmenge und viele Ehrengäste erwarteten, darunter der Stellvertreter des Divisionskommandeurs, Generalmajor Kühn[33], und der Kommandeur der Nachrichtentruppen, Oberst Löweneck.[34] Während wieder Reden gehalten wurden, stahl ich mich durch eine Tür

---

32 Kapitänleutnant Wolfgang Barten fiel mit dem Großteil der Besatzung der U 40 am 13. Oktober 1939 im Kanal einer Seemine zum Opfer.

33 Friedrich Kühn (1889 – 1944) war zum damaligen Zeitpunkt Oberst und Kommandeur des Panzerregiments 4.

34 Ludwig Löweneck (1888 – 1943) starb am 14. Mai 1943 als Generalmajor bei einem Flugzeugabsturz in Russland.

neben dem Tor, übernahm die Wache und führte sie vor das Kasernentor. Dann meldete ich unter präsentiertem Gewehr die Wache dem General. Jetzt erhielt Major Kempf von der Bauleitung den Schlüssel, öffnete das Tor und ich rückte mit der Wache im Parademarsch in die Kaserne, wo die Fahne gehisst wurde. Nun hatten wir die Kaserne in Besitz genommen. Ich erlebte das Letzte wie in Trance, aber die Erziehung, auch unter Alkohol die Haltung zu bewahren, hatte mir wieder mal geholfen. Nach einem Vorbeimarsch vor dem General und Ehrengästen war der offizielle Teil beendet. Nun gab es Eintopfessen für alle und wir Soldaten konnten uns kaum retten vor den vielen Einladungen zu Bier und Schnaps durch unsere neuen Mitbürger. Wir freuten uns aber über die schöne neue Unterkunft und den netten Empfang in Stahnsdorf.

Unsere Garnison war bis Ende des 19. Jahrhunderts ein Bauerndorf in der Nähe von Berlin, vor und besonders nach dem Esten Weltkrieg war es ein Wohngebiet der Berliner geworden und hatte den bäuerlichen Charakter völlig verloren. Es war mit Klein-Machnow zusammengewachsen und hauptsächlich mit Villen und Zweifamilienhäuschen mit Garten bebaut worden. Als es Garnison wurde, entstanden einige Wohnblocks mit Erdgeschoss und zwei Stockwerken für Offiziers- und Unteroffiziersfamilien. Der alte Dorfkern war praktisch verschwunden. Es gab wohl nur noch zwei bis drei Bauernhöfe. Bekannt war Stahnsdorf allen Berlinern durch einen großen, besonders schönen Waldfriedhof und in den Zwanziger Jahren war dazu noch ein Hundefriedhof gekommen, damals eine Sensation.

Verkehrsmäßig war Stahnsdorf mit der Stadtbahn sehr gut zu erreichen. Wir jungen unverheirateten Offiziere wohnten in der Kaserne oder in einem Junggesellen-Wohnblock ganz nahe am S-Bahnhof in modernen Wohnungen mit eigenem Bad und WC, was zu jener Zeit nicht überall üblich war. Wir waren durch den Heeresaufbau so beschäftigt, dass wir kaum vor Zapfenstreich (22 Uhr) Dienstschluss hatten. Nach Berlin in die Innenstadt kamen wir meist nur einmal im Monat an einem Wochenende. Besuche von Theater, Konzert und Museen wurden eine Seltenheit. Dazu fehlte die Zeit, aber auch das Geld. Nach Abzug von Wohnungsmiete, Truppenverpflegung und den Raten des Kredits (zinslos) für die Anschaffung und Unterhalt der Bekleidung blieb vom Gehalt von ca. 185 Reichsmark nur wenig übrig. Wir knobelten oft darum, wer von uns am Sonntag für alle am Wochenende den Eintopf (meist Linsen- oder Bohnensuppe mit Suppenwürfel anstatt Fleisch) kocht und speisten dann zusammen. Gelitten haben wir darunter aber nicht, wir fanden das ganz normal. Von allen Kameraden aus gemeinsamer Leutnantszeit bekamen nur wenige von Zuhause einen Zuschuss, die anderen wuchsen vaterlos auf, die Väter waren meist gefallen. Abends oder an Wochenenden irgendwohin in Stahnsdorf zu gehen, war auch nicht üblich. Der einzige Gasthof war nicht einladend und die Soldaten wollten dort mit ihren Mädchen auch allein sein und nicht gestört werden.

Der Dienstbetrieb lief gut an. Jetzt waren wir selbst Herr im Hause. Das Feilschen um Lehrsäle u. ä. fiel weg. Platz war genügend vorhanden. Die Lehrsäle alle gut ausgestattet. In einer neugebauten Kaserne war alles einfacher und bequemer geworden.

Ich bekam eine Wohnung am Bahnhof gegenüber der Kaserne der Panzeraufklärungsabteilung 3. Die Mitbewohner waren Leutnant Klamroth und von Witzleben und Oberleutnant von Uslar-Gleichen von der Panzeraufklärungsabteilung 3. Von der Wohnung zur Kaserne war es ein Fußweg von ca. fünfzehn Minuten.

Kurz nach dem Umzug erhielt unsere Abteilung wieder den Auftrag, die Offizieranwärter aller Panzernachrichtenabteilungen geschlossen auszubilden. Ich wurde ihr Fähnrichsvater, behielt aber den Schützenbrigadenachrichtenzug weiter. Da die Offizieranwärter schon die Grundausbildung bei ihren Stammtruppenteilen erhalten hatten, konnte ich die Ausbildung zum Gruppenführer leicht in meinem Zug organisieren. Einer von den Zukommandierten war der Sohn vom Kölner Oberbürgermeister Konrad Adenauer.[35] Er machte mir von Anfang an Kummer. Er war ein überdurchschnittlich begabter, sympathischer junger Mann, aber es fehlten ihm viele Eigenschaften, die von einem künftigen Offizier verlangt werden mussten. Er fiel andauernd auf und hatte große Schwierigkeiten mit seinen Ausbildern. Ich sprach mit ihm ganz offen darüber und riet ihm, einen ihm besser liegenden Beruf zu wählen, hatte aber keinen Erfolg. Als ich es nochmal versuchte und dabei etwa sagte: »Lieber Adenauer, ich war zum Studieren zu dämlich und bin deshalb Offizier geworden. Sie sind der geborene Akademiker, studieren Sie lieber als Offizier zu werden!«, antwortete er mir: »Ich wollte ja immer schon studieren und Theologe werden, mein Vater möchte aber unbedingt, dass ich Offizier werde.« Der Junge tat mir aufrichtig leid. Ich wusste aber, dass der alte Adenauer als überzeugter Katholik, als Anhänger der Zentrum-Partei mit der NSDAP große Schwierigkeiten hatte. Ich sprach deshalb mit dem Kommandeur darüber. Auch Major Kempf meinte, dass dies wohl der Fall wäre und meinte, man sollte nicht daran rühren. Dann passierte es aber, dass ich verhindert war, eine Sportausbildung in der Turnhalle zu leiten und mich ein Wachtmeister vertrat. Ich kam erst kurz vor Ende in die Turnhalle und trug daher nicht Sportzeug sondern war in Uniform. Es wurde Hocke vom Hochreck geübt, was in den Stunden vorher durch entsprechende Übungen vorbereitet worden war. Ich sah, dass gerade ein Unteroffizier dem Adenauer half, auf das Reck zu kommen. Dort blieb er aber, statt mit einer Hocke herunter zu springen. Als ich ihm zurief, dass er endlich runterkommen sollte, antwortete Adenauer »ich habe Angst«, was ein schallendes Gelächter bei dem ganzen Zug auslöste. Nun ließ sich Adenauer herunterfallen, statt eine Hocke zu probieren. Ich war so erzürnt, dass ich die Dummheit beging, zu rufen: »Wollen Sie, dass ich alter Sack es Ihnen vormache?« Nun blieb mir nichts anderes übrig, als aufs Reck zu kommen und eine Hocke vorzumachen. Ich sprang also mit Mütze und Säbel an der Seite ans Reck, die zur Hilfestellung eingeteilten Unteroffiziere halfen nach und ich machte die Hocke, blieb mit dem Säbel hängen und kam kopfüber runter, wo mich die Unteroffiziere zum Glück wieder auffingen. Erneut brüllendes Gelächter.

---

[35] Hierbei handelt es sich vermutlich um einen Irrtum Poretschkins. Keiner der Söhne Konrad Adenauers diente zum fraglichen Zeitpunkt als Offizieranwärter in der Wehrmacht. Möglicherweise handelte es sich bei der hier beschriebenen Person stattdessen um einen Verwandten Adenauers.

Dann bemerkte ich, dass mein Säbel krummgebogen abstand. Worauf ich nur noch rufen konnte: »Wer hat am lautesten gelacht? Herkommen. Bringen Sie den Säbel zum Waffenmeister, er soll ihn richten und dann bringen Sie ihn zurück!« Ich meldete den Vorfall dem Kommandeur und bat ihn zu prüfen, ob Adenauer nun nicht doch als Offizieranwärter wegen Nichteignung abgelöst werden sollte. Nach kurzer Zeit wurde er abgelöst und auf seinen Antrag entlassen. Er studierte Theologie und hat als Priester Karriere gemacht. Ich sah ihn erst dreißig Jahre später wieder, als Monsignore bei den Trauerfeierlichkeiten für seinen Vater im Kölner Dom.

Im Sommer hatten wir die große Freude, Manja und Arnold Godfrey wiederzusehen. Sie wohnten jetzt in Folkstone und waren von England wohl auch wegen der Olympiade nach Berlin gekommen. Ich besuchte sie in einer netten Privatpension nahe vom Fehrbelliner Platz. Die Freude über ein Wiedersehen war auf beiden Seiten groß. Tante Manja war furchtbar stolz, ihren geliebten Fedja in Offiziersuniform zu sehen, sie hatte darauf bestanden, dass ich in Uniform kommen sollte, was ich außerhalb des Dienstes ungern tat. Godfreys waren sehr beeindruckt von den sichtbar besseren wirtschaftlichen Verhältnissen, vor allem über die Verminderung der Arbeitslosen. Onkel Arnold war ein erfolgreicher Geschäftsmann, hatte lange in Deutschland gearbeitet und kannte die wirtschaftliche Situation in Europa und Amerika gut. Er anerkannte voll die Leistung der der deutschen Wirtschaft, was aber ernsthaft besorgt über die politische Entwicklung. Er lehnte nicht nur die Person Hitler strikt ab, sondern war fest überzeugt, dass seine Politik darauf ausgerichtet war, einen Krieg zu provozieren. In diesem Punkt widersprach ich ihm aus voller Überzeugung. Ich versuchte ihn zu überzeugen, dass Hitler zum Ziel hatte, ungerechte Bestimmungen des Versailler Vertrages zu beseitigen, aber niemals einen Krieg absichtlich auslösen wolle. Als Argument führte ich auch an, dass die Alliierten dies doch offenbar auch für gerechtfertigt halten, denn sie haben zugelassen, dass deutsche Truppen in das entmilitarisierte Rheinland einmarschiert sind und dagegen nichts veranlassten und dadurch praktisch zugestimmt haben, dass die Entmilitarisierung des Rheinlandes aufgehoben wurde. Ich sagte auch, dass ich noch nie gehört hätte, dass jemand für einen Krieg wäre, viele auch erfahrene Offiziere fürchteten sogar, dass ein Krieg durch die aggressive Haltung Polens entstehen könnte. Onkel Arnold war erleichtert, festzustellen, dass die meisten seiner Freunde Hitler ablehnten, ließ sich aber nicht von mir überzeugen, was die Politik betraf. Natürlich kam auch die Behandlung der Juden zur Sprache. Onkel Arnold bedauerte die Lage und die beginnende Enteignung und damit Vertreibung der Juden. Er meinte aber, dass die Juden zum Teil selbst daran schuld wären, denn er hätte in den zwanziger Jahren selbst erlebt, wie zahlreiche vor allem aus dem Osten zugezogene Juden ihre überlegene Begabung auf wirtschaftlichem Gebiet rücksichtslos ausgenutzt hätten und dadurch selbst für die zunehmende Ablehnung verantwortlich wären. Er sagte dies, obwohl er zahlreiche jüdische Freunde in Deutschland hatte. Der Gedanke, dass eines Tages es zu einer systematischen Vernichtung der Juden bei uns kommen konnte, kam ihm überhaupt nicht. Ebenso dachten damals die meisten Deutschen, soweit ich es beurteilen kann. Wir diskutierten lange und heftig, aber unsere gegenseitige Freundschaft litt nicht darunter. Leider starb Onkel Arnold, bevor ich 1952 zum ersten Mal nach England kam.

Am 1. Oktober 1936 wurde Oberleutnant Heintke versetzt. Sein Nachfolger wurde der mir bekannte Hauptmann Brinkmann. Nach einem Aufenthalt aller Offiziere der 3. Panzerdivision auf dem Truppenübungsplatz in der Lüneburger Heide ging das Jahr 1936 auch zu Ende.

Das Jahr 1937 brachte Erleichterung für die Truppe. Es erschienen einige bisher fehlende Vorschriften von der Inspektion der Nachrichtentruppe. Dafür kamen aber neue Aufgaben dazu, sodass wir nicht über Mangel an Beschäftigung zu klagen hatten.

Im April wurde ich mit der Leitung eines Lehrgangs für Reserveoffiziere des Weltkrieges betraut. Ältester Teilnehmer war mein Onkel Adolf Paschke, der bei mir den Vater ersetzt hatte. Es war zunächst eine komische Situation, wenn Onkel Adolf mir den angetretenen Lehrgang meldete. Alle Herren hätten altersmäßig mein Vater sein können, waren aber mit großer Passion bei der Sache und es machte uns allen riesigen Spaß. Die Herren bekamen anschließend alle Mob-Verwendungen (d.h. sie wurden im Mobilmachungsfall als Offiziere eingesetzt). Am letzten Tag des Lehrganges luden die Herren alle Leutnante zu einem regelrechten Festmahl in ein ganz vornehmes Lokal in Berlin ein.

Außer diesen Herren übte bei uns Friedrich Freiherr von der Tann, der gerade noch kurz vor Kriegsende 1918 Soldat geworden war und in mehreren Übungen zum Reserveoffizier ausgebildet wurde. Er war 1902 geboren und älter als ich. Ich betreute ihn während der Übungen und wir freundeten uns sehr an. Fritz Tann war Vorstandsmitglied bei Mannesmann und vorher persönlicher Referent vom Reichsbankpräsident Schacht. Fast während jeder Übung wurde plötzlich angerufen und dringend gebeten, Tann zu einer Besprechung beim Finanzminister oder bei der Reichsbank kurz zu beurlauben. Er wurde dann in der Kaserne mit einem Dienstwagen des Herrn Schacht abgeholt. Tann ärgerte sich sehr über dieses Ansinnen und beim ersten Mal fuhr er in Kommissuniform mit »Krätzchen« direkt vom Kasernenhof in die Sitzung. Nach der Rückkehr erzählte er lachend, dass sein Auftritt in diesem Aufzug ein großer Erfolg war. Die Teilnehmer waren so perplex, dass alle seine Vorschläge sofort akzeptiert wurden. Solange er Unteroffizier war, fuhr er stets in diesem Aufzug zu solchen Sitzungen. Er wurde Leutnant d. R. bei unserer Abteilung, aber dann doch wegen der Tätigkeit bei Mannesmann für einen Kriegsfall u.k. (unabkömmlich) gestellt. Ende 1944 oder Anfang 1945 ist er in Düsseldorf bei einem Bombenangriff im Keller seines Hauses getötet worden.

Am 19. April 1937 wurden allen im Berliner Raum stationierten Truppenteilen durch Adolf Hitler die neu gestifteten Fahnen und Standarten verliehen. Ich wurde zu dieser feierlichen Zeremonie als Standartenoffizier eingeteilt. In der Kaserne des Wachbataillons in Moabit fanden zwei Tage nacheinander Vorübungen statt. Kommandeur des Wachbataillons war der Vater eines Jahrgangskameraden von mir. Dieser Posten wurde an Offiziere mit einer besonders durchdringenden Stimme vergeben. Dieses Vorüben war sehr komisch. Der gesamte Ablauf wurde auf dem Kasernenhof vorgespielt. Ein Feldwebel ersetzte dabei den »Führer«. Am 19. April fuhren Major Kempf, als Standartenträger Wachtmeister van Wickern mit eingerollter Standarte und als Standartenoffiziere Leutnant Jarmer und ich zum Wilhelmplatz, wo alle Abordnungen mit dem Wachbataillon und Musik antraten. Als es ganz dunkel war und der Platz von Fackelträgern erleuchtet wurde, erschien Adolf Hitler und verlieh die Fahre oder Standarte. In dem Augenblick, als er dem Kommandeur die Hand reichte, ging die Standarte hoch und die Standartenoffiziere salutierten mit dem Säbel. Die unübersehbare Menschenmenge stand schweigend. Es war ein feierliches und sehr eindrucksvolles Ereignis. Nach der Verleihung marschierten das Wachbataillon und alle Abordnungen mit wehenden Fahnen und Standarten begleitet von Fackelträgern durch die Innenstadt zum Brandenburger Tor. In dem Augenblick, als die Spitze das Tor erreicht hatte, brach die Marschmusik ab und unter den Klängen des Deutschlandliedes marschierten wir durch das Brandenburger Tor. Das war für uns ein so ergreifender Augenblick, dass ich noch heute spüre, wie es mir kalt den Rücken runterlief. Diesen Moment habe ich nie vergessen und werde es sicher nie tun.

Für den Schützenbrigadenachrichtenzug wurden Achtradpanzer für Funktrupps zugewiesen, um die wir wieder beneidet wurden. Die Ausbildung mit diesen Trupps ging flott voran. Jetzt war der Zug ziemlich komplett und auch die Brigade war zufrieden mit den Funkverbindungen. Der Dienst für uns junge Offiziere wurde mit wachsender Erfahrung auch leichter, nahm aber doch den ganzen Tag bis zum späten Abend in Anspruch und wir lebten weiter wie im Ghetto, hörten und sahen fast nichts, was draußen geschah. Stahnsdorf blieb weiter ein ruhiges, beinahe verschlafenes Dorf. In das benachbarte Dorf Gütergötz, das jetzt verdeutscht Güterfelde hieß, zog in ein früheres Herrenhaus die neugegründete SA-Standarte Feldherrnhalle ein, ein Haufen von ziemlichen Rabauken, die militärisch ausgebildet wurden. Die Führer waren Parteileute, meist Unteroffiziere im Weltkrieg, hatten aber keinerlei Friedensausbildung als Soldat. Es entstand von Anfang an ein gespanntes Verhältnis zu uns, auch zwischen den Wehrpflichtigen und den einfachen SA-Männern, die auf die einzige Kneipe angewiesen waren. Meine Soldaten erzählten, dass man uns Offiziere oft als »reaktionäre Schweine« bezeichnete. So existierten wir, nur wenige tausend Meter getrennt, ohne jede Verbindung nebeneinander. Eines Tages erhielt unser Kommandeur eine Einladung zur Sonnenwendfeier. Er bestimmte mich und Leutnant Mangelsdorff als Vertreter des Offizierskorps. Wir gingen also hin. Nach der offiziellen Feier am großen Sonnenwendfeuer begab sich das gesamte Führerkorps mit Gästen in die Mannschaftskantine. Zu unsrem großen Erstaunen hoben die SA-Männer Mangelsdorff und mich auf die Schultern und uns wurde zugeprostet. Nicht nur wir, auch die SA-Führer waren ebenso erstaunt und begaben sich schleunigst mit den Gästen ins Kasino zum Essen. Ich kam gegenüber dem Prinzen August

Wilhelm von Preußen[36] (Sohn des letzten Kaisers, genannt Auwi) zu sitzen. Als dieser mir zuprostete, stand ich auf und sagte »Zum Wohl, Königliche Hoheit«. Darauf rief mir der Gastgeber zu: »Herr Leutnant, bitte lassen Sie diese reaktionären Sitten. Bei uns gibt es keine Königlichen Hoheiten und bleiben Sie sitzen!« Als er nach einer Weile mir zuprostete, stand ich doch auf, worauf »Auwi« laut sagte: »Eins zu Null für Sie, lieber Poretschkin.« Es gab sehr gut zu essen, artete dann aber in eine ziemliche Sauferei aus. Als Mangelsdorff und ich uns verabschiedeten, bot ein SA-Gruppenführer an, uns in seinem großen Mercedes Cabriolet nachhause zu fahren. Das war das erste und blieb das einzige Zusammensein mit unseren SA-Nachbarn.

Im Sommer fand die Eröffnung der Avus-Schnellstraße nach Potsdam mit dem Autorennen (heute Formel 1) statt. Unsere Abteilung erhielt den Auftrag, die benötigten Fernsprechleitungen zu bauen und zu betreiben. Es war Ferienzeit und mein Chef war in Urlaub. Ich vertrat ihn. Wir erhielten Feldfernkabel zugewiesen und verlegten Leitungen entlang des Zauns der Avus. Nachts musste Streife gefahren werden und ich wechselte mich mit dem Wachtmeister bei der Aufsicht ab. Die Avus reizte zum Rennfahren, ich versuchte mit einer BMW nachts eine schnelle Runde auch durch die große Kurve zu drehen, kam aber in der Kurve trotz 120 km/h (mehr schaffte die 400er BMW nicht) so ins Rutschen, dass ich es aufgeben musste. Die Kurve war für höhere Geschwindigkeiten gebaut. Es war aber trotzdem schön. Beim Training nahmen mich Caracciola[37] und Brauchitsch[38] mal mit. Beim Rennen selbst erhielt ich zwei Ehrenkarten und saß dort mit meinem großen Schwarm Ulla Klinder, damals noch Schülerin, während des Rennens. Nach dem Rennen lud ich Ulla zu Mampe[39] ein. Als der Ober fragte, was es für die Frau Gemahlin sein dürfte, errötete sie so, dass ich noch heute daran denke! Vor dem Rennen hatte der Reichssportführer von Tschammer und Osten[40] sich bei mir bedankt und mich gefragt, womit er sich bei der Kompanie revanchieren könnte, ich sollte einen Wunsch äußern. Ich sagte, die Kompanie könnte eine Radioanlage gut gebrauchen. Wir bekamen tatsächlich einen großen Radioapparat und in allen Mannschaftsstuben einen Lautsprecher dazu installiert. Das war sehr großzügig. Dazu schickte mir der Herr Reichssportführer sein Bild mit Widmung in einem schweren Silberrahmen. Als Hauptmann Brinkmann vom Urlaub zurückkam, war er nicht einverstanden, er hätte sich etwas anderes gewünscht und war recht unwirsch. Als er im Geschäftszimmer noch das

---

36 August Wilhelm von Preußen (188 –1949) war Anfang der dreißiger Jahre in die NSDAP und SA eingetreten und stieg hier bis zum SA-Obergruppenführer auf. Politischer Einfluss wurde ihm durch Hitler allerdings verwehrt.

37 Rudolf Caracciola (1901–1959), dt. Rennfahrer.

38 Manfred Georg Rudolf von Brauchitsch (1905–2003), dt. Rennfahrer.

39 Unter dem Namen »Mampes Gute Stube« betrieb der Spirituosenhersteller Mampe mehrere Gaststätten in Berlin, Frankfurt am Main und Leipzig.

40 Hans von Tschammer und Osten (1887–1943) war von 1933 bis 1943 Reichssportführer und in dieser Funktion für die ideologische Prägung des Sports im Deutschen Reich verantwortlich.

Bild an der Wand sah, sagte er, der Kompaniechef bin immer noch ich und nahm das Bild nachhause. Ich sah später bei ihm zuhause den Rahmen mit einem Foto seiner Frau. Das alles trug nicht zur Verbesserung unseres ohnehin schon etwas angeschlagenen Verhältnisses bei. Aber die Kompanie freute sich über das Radio.

Im Sommer geschah noch etwas sehr Hässliches, woran ich auch heute noch nur ungern denke. In unserer 1. Kompanie diente ein Funker Beschnitt (mit Betonung auf Be), ein farbloser junger Mann, der ewig innendienstfähig war. Ein Sonderling, der ungewöhnlich oft ermahnt werden musste und ostentativ auf Ratschläge nicht hörte. Auch bei den Kameraden war er unbeliebt. Als ich eines Mittags auf die Schreibstube kam, sagte mir der Spieß, dass der Chef den Beschnitt mit Strafexerzieren bestraft habe und ich gleich zu ihm kommen sollte. Ich war echt erschrocken, denn ich hielt diese aus früheren Zeiten in die Disziplinarordnung übernommene Strafe für völlig überholt und unmenschlich und ehrverletzend. Ich habe auch später niemals diese Disziplinarstrafe verhängt. Außerdem war es seit Tagen ungewöhnlich heiß. Besorgt ging ich zum Chef. Hauptmann Brinkmann hatte auf mich offenbar gewartet, er orientierte mich über die Strafe und teilte mir mit, dass ich die Aufsicht bei der Vollstreckung der Strafe führen sollte. Ich wies zunächst auf das extrem heiße Wetter hin, worauf der Chef sich solche Belehrungen verbat. Darauf meldete ich ihm, dass ich, ganz abgesehen davon, dass ich eine solche Strafe für eines Soldaten unwürdig halte, im Hinblick auf das heiße Wetter die Verantwortung für eine so große körperliche Belastung nicht übernehmen könne, auch wenn der Arzt den Bestraften für voll dienstfähig erklären würde. Als Hauptmann Brinkmann weiter dabei blieb und mir befahl, die Aufsicht zu übernehmen, meldete ich mich krank. Ich war einige Tage vorher mit Leutnant von Witzleben in der Mittagspause in dessen Pkw (offener kleiner DKW) zur Kleiderkasse gefahren. Unterwegs wurden wir in einen unverschuldeten Unfall verwickelt. Ich stieß dabei mit dem Kopf gegen den Rand der Windschutzscheibe. Es passierte sonst nichts, nur hatte ich auch noch mal nächsten Tag starke Kopfschmerzen und ging morgens ins Krankenrevier. Der Truppenarzt stellte eine leichte Gehirnerschütterung fest.

Der Arzt hatte mir acht bis vierzehn Tage absolute Ruhe verordnet, die ich aber nicht befolgte und Dienst machte, weil keine größere Belastung zu erwarten war. Für die Krankmeldung hatte ich jetzt sogar eine ärztliche Begründung. Ich war fest überzeugt, dass Hauptmann Brinkmann nun den Vollzug der Strafe verschieben würde, bis es nicht mehr so heiß war. Ich hoffte, dass ich ein Unglück verhindert hätte. Leider irrte ich mich und fügte ungewollt einem Kameraden Schaden zu. Brinkmann teilte, statt mich, nun Leutnant Kemper als Aufsicht ein.

»Krankmelden« war eine inoffizielle Möglichkeit, ernste Folgen aus einer Auseinandersetzung zu umgehen, wurde aber sonst nur von älteren Offizieren angewandt. Ich habe spontan zu dieser Möglichkeit gegriffen, ohne zu bedenken, dass ein anderer auch eingeteilt werden könnte. Als ich dann erfuhr, dass mein jüngerer Kamerad als Aufsicht befohlen wurde, war es zu spät, um noch eingreifen zu können. Klaus Kemper war etwas jünger als ich, stammte aus einer Industriellenfamilie und nahm die Dinge wie sie kamen. Die Strafe wurde am Nachmittag vollstreckt. Ein junger Unteroffizier, der als Kraftfahrer und Fahrlehrer eingesetzt war, führte das Strafexerzieren aus, das in der Hauptsache aus »Hinlegen« und »Auf-Marsch-Marsch« bestand, trotz der Hitze aus und Klaus griff nicht ein. Ich bin überzeugt, dass er nicht an böse Folgen dachte. Plötzlich fiel Beschnitt hin und stand nicht auf. Zuerst nahmen Kemper und der Unteroffizier an, dass er sich wie so oft nur anstellte. Als sie merkten, dass es ernst war und den Truppenarzt riefen, war es zu spät. Das Herz hatte versagt. Beschnitt war tot. Kemper wurde sofort vom Dienst suspendiert und Tatbericht beim Militärgericht eingereicht. Das Gericht befand ihn für schuldig und verurteilte ihn unter Berücksichtigung mildernder Umstände zu Festungshaft (ich glaube es waren fünf oder sechs Jahre). Klaus verbüßte sie in der Festung Königsstein in der Sächsischen Schweiz. Das Ganze hat mich sehr bedrückt und ich fühle mich immer noch nicht frei von Schuld, ich hätte es vielleicht doch verhindern können, wenn ich zum Kommandeur gegangen wäre, es ihm gemeldet und um Rat gebeten hätte. Der Unteroffizier wurde auch bestraft, aber ich weiß nicht mehr wie.

Brinkmann wurde versetzt. Er kam wohl auch vor ein Militärgericht, wie er bestraft wurde, kann ich nicht sagen. Ende des Krieges geriet er in russische Gefangenschaft und wurde erst 1955 entlassen. Das war eine weitere späte, aber sehr harte Strafe.

Für den Herbst war ein größeres Manöver geplant. Es wurde dann anlässlich des Besuchs von Mussolini zu einem Wehrmachtsmanöver erweitert und mit riesigem Aufwand vierzehn Tage in Mecklenburg durchgeführt. Es ist in die Geschichte der jungen Wehrmacht als »Mussolini-Manöver« eingegangen. Beteiligt waren Heer und Luftwaffe, ob und wie auch Kriegsmarine eingesetzt wurde, weiß ich nicht mehr.

Die Zeit bis zum Manöver im September war mit der üblichen Ausbildung und dem Offizieranwärterlehrgang ausgefüllt. Inzwischen war als Nachfolger für Brinkmann der Oberleutnant Namslau, ein Schwager meines Freundes Gustav-Adolf Kuntzen und früherer Bürgermeister von Beelitz, eingetroffen. Wir verstanden uns sehr gut, ich kannte ihn schon aus der Potsdamer Zeit.

Die Abteilung nahm im Rahmen der 3. Panzerdivision am Manöver teil und ich wurde mit meinem Zug der Schützen-Brigade unterstellt. Inzwischen war Oberst Stumpff (der Uhu) Brigadekommandeur geworden. Er trug mir die alte Geschichte mit dem Decknamen nicht nach. Er hatte aber einige Gewohnheiten, an die ich mich schwer gewöhnte. Er litt an einer krankhaften Furcht vor Ansteckungen. Als ich ihm z. B. in den Mantel helfen wollte, sagte er: »Lassen Sie das bitte sein. Vielleicht sind Bakterien an den Funkern und ich kriege bestimmt Pickel am Hals!« Er freute sich aber über den Funk-Achtradspähwagen, den ich ihm mitbrachte. Er benutzte ihn gern und hatte stets Verbindung zu unterstellten Verbänden, zur Division und Nachbarn. Bei diesem Manöver wurden beide Seiten (Blau und Rot) mit Volltruppe dargestellt. Zwischen Blauland und Rotland wurde die Landesgrenze durch ganz Mecklenburg errichtet mit Grenzpfählen und Barrieren an Straßen und Feldwegen.

Wir gehörten zur Partei, die von West nach Ost eingesetzt wurde. In die Ausgangslager mussten wir bis zur Grenze von Mecklenburg und Holstein marschieren. Beim Anmarsch machte ich eine Erfahrung, die mir Jahre später im Krieg von Nutzen war. Ich führte die Kolonne an, zu der mein Zug und der größte Teil des Brigadestabes gehörten. Die Vorschrift für Kolonnenfahrten verbot dem Beifahrer und insbesondere dem Führer einer Marschkolonne zu schlafen. Ich war die beiden Tage und Nächte davor kaum zum Schlafen gekommen und todmüde. So schlief ich doch ein. Ich muss eine ziemliche Zeit geschlafen haben. Als ich aufwachte, stand die Kolonne. Ich sah nach. Nur ein Lkw mit Feldküche, davor nichts. Die Kolonne war unterwegs abgerissen, der Fahrer hatte beim Weiterfahren die Orientierung verloren und war in eine Sackgasse geraten. Mein Fahrer hatte angenommen, dass vor uns die Kolonne fährt und war hinterher gekutscht. Jetzt war guter Rat teuer. Wir mussten nun umkehren, auf einer Landstraße mit Bäumen und dazu wurde es auch dunkel, ein zeitraubendes Unterfangen. Mit Verspätung kamen wir zum Gefechtsstand der Brigade. Ich musste noch in der Nacht Funkunterlagen an die Bataillone verteilen und konnte endlich ein paar Stunden schlafen. Am nächsten Morgen begann der »Angriff«. Alles ging normal, geführt wurde mit Funk, der zur Zufriedenheit auch der Führung recht gut klappte. In den zwei Jahren seit Gründung der Panzertruppe war erstaunlich viel geleistet worden. Meine Funker hatten die neuen Verfahren gelernt und auch die Offiziere der Stäbe waren mit der Anwendung der Decknamen und Tarnmöglichkeiten im Funk- und Fernsprechverkehr vertraut geworden, obwohl doch manche Pannen vorkamen. So erzählten mir Funker, sie hätten mitgehört, wie ein alter Oberst zu seinem Gesprächspartner sagte: »Die Drahtamseln (Nachrichtenleute) haben sich was Neues ausgedacht, die X-Zeit. »Passen Sie genau auf, wir greifen um zwei plus drei Uhr an.« Befohlene X-Zeit war zwei Uhr! Ähnliches habe ich auch noch viel später im Krieg erlebt.

Über den Verlauf des Manövers ist nicht viel zu berichten, alles lief normal ab. Es gab allerdings erhebliche Schwierigkeiten mit der Betriebsstoffversorgung. Beim Divisionsstab war dafür beim Quartiermeister der Hauptmann kommandiert zum Generalstab Ziegler verantwortlich. Er war erst vor zwei Monaten aus Spanien zurückgekehrt. Er war also kriegserfahren und verhielt sich nun auch so. Er beschlagnahmte einfach den Sprit bei Tankstellen in den Ortschaften und belieferte die Truppe. Das gab natürlich erheblichen Ärger durch den entstehenden Mangel für den zivilen Bedarf. Ziegler war sehr ehrgeizig und reagierte nicht auf die Proteste. Es musste der Divisionskommandeur eingreifen. Ziegler wurde später Opfer seines Ehrgeizes. In der Waffen-SS gab es bessere Beförderungschancen. So meldete er sich Ende des Krieges freiwillig zu ihr, wurde Kommandeur einer SS-Division und ist kurz vor Kriegsende wohl gefallen.[41]

---

41 Joachim Ziegler wurde 1944 Angehöriger der Waffen-SS und fiel am 2. Mai 1945 in Berlin.

Ich muss aber doch noch etwas sehr Komisches erzählen. Der Brigadestab lag im Quartier auf Schloss Vollrathsruhe, das dem Freiherrn von Maltzahn gehörte, der als Reserveoffizier auf der »Feindseite« übte. Wir wurden vorzüglich aufgenommen und sehr nobel aus dem Weinkeller versorgt. Eines Abends erschien als Gast der alte General der Kavallerie von Pogrell.[42] Nachdem das Dienstliche erledigt war, schloss sich ein lustiger Abend an. General von Pogrell erzählte gern Anekdötchen, unter anderem diese: Eines Tages wollte man ihn bei einer Einladung der Gastgeber einer Dame vorstellen, die ihn aber unterbrach und rief: »Aber ich kenne ihn doch, einen Moment, der Name fällt mir gleich ein«. Herr von Pogrell wollte helfen und sagte: »Gnädige Frau, darf ich etwas behilflich sein. Mein Name fängt so an, wie der Körperteil, auf dem wir zu sitzen pflegen!« Worauf die Dame erleichtert rief: »Natürlich, Herr von Arnim!« Diese Anekdote erzählte ich später im Kasino. Mein Kamerad Mangelsdorff nahm diese Geschichte in sein Repertoire auf und erzählte sie unzählige Male weiter, aber stets so, dass es seinem Freund Theo Poretschkin und nicht dem General von Pogrell passierte. Als ich Anfang der 50er-Jahre in Hamburg war und einer älteren Dame vorgestellt wurde, sagte sie: »Ich freue mich besonders, endlich den berühmten Herrn von Arnim auch persönlich kennenzulernen, Herr Mangelsdorff hat so gern von Ihnen erzählt.«

Das Manöver hatte bewiesen, wie wichtig es war, dass General Guderian[43] darauf gedrängt hat, dass die neuen Pantertruppen so oft wie möglich zusammen üben, die gemachten Erfahrungen austauschen und die Offiziere sich kennenlernen. Das hat nicht nur einen Waffenstolz geschaffen. Es ist ein moderner Geist geboren worden, der bei Wahrung aller Tradition zu etwas geführt hat, was man heute mit Teamgeist bezeichnet. Ich habe dies nach dem Krieg oft feststellen müssen, wie sehr Angehörige aus der Aufstellungszeit gepanzerter Verbände sich von den in konventionellen Auffassungen großgewordenen Offizieren unterscheiden.

Am 1. Oktober wurde ich als Nachfolger von »Onkelchen« Henrici Abteilungs-Adjutant. Im Sommer war ich nach der »Ochsentour«, d. h. nach der Rangdienstnummer bei der Beförderung zum Offizier, Oberleutnant geworden. Ebenfalls am 1. Oktober wurde Generalleutnant Geyr von Schweppenburg[44] Divisionskommandeur. Er war Militärattaché im Vereinigten Königreich mit Sitz in London gewesen und zugleich in Belgien und Holland akkreditiert. Er befürchtete, dass es zu einem Krieg kommen könnte. Die Ausbildung wurde ganz darauf abgestimmt.

[42] Günther von Pogrell (1879–1944) diente zuletzt von 1936 bis 1938 als Inspekteur der Kavallerie in der Wehrmacht.

[43] Heinz Guderian (1888–1954) war einer der prägenden Köpfe der deutschen Panzertruppe der Wehrmacht, verlor jedoch im Laufe des Krieges zusehends an Einfluss.

[44] Leo Geyr von Schweppenburg (1886–1974) führte die 3. Panzerdivision im Polenfeldzug und diente 1944 zuletzt als Befehlshaber der Panzergruppe West, bevor er im Juli 1944 von Hitler in die Führerreserve versetzt wurde.

Die Umstellung auf die neue Tätigkeit war schwieriger als ich erwartet hatte. Die letzten Jahre als Troupier hatte ich ganz wenig mit Schreibarbeit zu tun. Jetzt saß ich nur am Schreibtisch. Dazu kam etwas für mich ganz Neues hinzu. Ich musste nicht nur für unsere Abteilung, sondern auch noch für etwa ein Dutzend erst im Kriegsfall entstehende Truppenteile, Mobilmachungsvorbereitungen erarbeiten. Dazu gab es Richtlinien, die ich aber erst durcharbeiten musste. Als sehr hilfreich erwies sich der nette und erfahrene Rittmeister, kommandiert zum Generalstab von Neckar beim Divisionsstab. Ich konnte ihn um Rat fragen, wenn ich nicht weiterkam. Diese Mobilmachungsarbeiten erforderten viel Phantasie und ich hatte Freude an ihnen. Aber ich war jetzt den ganzen Herbst und Winter von sieben Uhr früh mit einer kurzen Mittagspause fast gegen Abend bis zehn oder elf im Büro (man nannte das »auf dem Laden«). So lebte ich wieder wie im Ghetto und sah und hörte wenig, was außerhalb der Kaserne geschah. Die Panzerdivisionen gehörten zu den Truppen, die in einem Alarmfall innerhalb von wenigen Stunden feldmarschmäßig abmarschbereit sein mussten. Personal und Kfz wurden auf Mobilmachungsstärke aufgefüllt. Heeresübliches Gerät wurde eingelagert, Personal musste mit Reservisten besetzt und Kfz durch zivile Lkw und Pkw ergänzt werden. Dieser personelle und materielle Ersatz musste sofort durch Kradmelder alarmiert und beordert werden. Ich musste alles aufgeschlüsselt nach Verwendungen bei den Wehrersatzämtern anfordern. Von diesen erhielt ich Einberufungsbefehle für jede Person und jedes Kfz (mit Fahrer). Um die Alarmierung in kürzester Zeit zu gewährleisten, ließ ich in einen Stadtplan von Berlin alle Adressen einzeichnen. Dann knobelten wir Routen für die Alarmfahrer so aus, dass ein Kradfahrer möglichst viele alarmieren konnte. Die Routen wurden nach Stoppuhr überprüft und nötigenfalls abgeändert. Zuerst fuhr ich auf einem Krad mit, um selbst die Praxis zu erfahren. Alles machte den Beteiligten riesigen Spaß. Für die eigene Abteilung ging das reibungslos. Für diese waren Wehrersatzbehörden in Berlin zuständig, notfalls konnte man telefonisch Fragen klären und bekam persönlichen Kontakt mit den dortigen Bearbeitern. Für einige Einheiten waren aber Wehrersatzdienststellen von außerhalb zuständig. So war z. B. für die Bäckereikompanie der Division das Amt von Mühlhausen in Thüringen zuständig. Ich forderte dort u. a. den Backmeister (den wichtigsten Fachmann der Einheit) an. Als die Einheit später beim Sudeteneinmarsch in unserer Kaserne mobilgemacht wurde, entstanden große Schwierigkeiten. Wir waren keine Fachleute. Der Kompaniechef, Reserveoffizier aus dem Weltkrieg, auch kein Fachmann. Personal und Kfz trafen ein, nur der Backmeister ließ auf sich warten. Als schließlich mein Spieß meldete, dass der Backmeister endlich da war, rief ich erleichtert: »sofort zu mir!« Ein älterer Herr kam und ich begrüßte ihn mit den Worten: »Gott sei Dank, endlich ist der Fachmann da. Herzlich willkommen, wir verstehen alle nichts vom Backen.« Zu meinem Erstaunen antwortete er im reinsten Thüringisch: »Ich verschdeh doch ooch nischt davon.« Verdutzt bemerkte ich: »Als Backmeister sind Sie doch Fachmann!«, worauf der gute Mann sagte: »Ich bin Backmeester bei eener Schbeditionsfirma!« Mit Mühe konnte ich mir das Lachen verkneifen. Schuld war die Verwechselung des sächsisch/thüringischen weichen und harten »Be«. Durch unbürokratische Hilfe des Berliner Wehrersatz-Amtes bekamen wir am nächsten Tag einen Bäcker aus Berlin als Ersatz und konnten den Spediteur nachhause schicken.

Eines Tages begleitete ich den Kommandeur zu einer Halbtagsübung des Sanitätstrupps im Gelände. Der Sanitätswachtmeister war ein guter Sanitäter aber ein etwas schlampig wirkender Soldat. Plötzlich erschien der Divisionskommandeur. General Geyer war unangemeldet in die Kaserne gefahren, hatte sich einweisen lassen, wo der Kommandeur sich befand und kam so zu uns.

Als ich mich bei ihm meldete, sagte er nur: »Herr Oberleutnant, es gibt eine Vorschrift für Mützensitz!« Dann nahm er Major Kempf beiseite, ich ging, wie es sich für einen »Mappenträger der Nation« gehört, etwas links rückwärts gestaffelt hinter dem Kommandeur und hörte den General sagen: »Kempf, Sie, Ihr Adjutant und der Sanitätswachtmeister tragen die Mütze völlig unvorschriftsmäßig, bitte stellen Sie dies ab.« Ich war innerlich empört, dass der General mich auf dieselbe Stufe mit dem Sani stellte. Später befahl mir Major Kempf lachend, dass ich stets seinen Mützensitz korrigieren sollte, wenn der General in Sicht kommt. Ich bat ihm um dasselbe.

Einige Wochen später fand ein Tanztee des Offizierkorps der Aufklärungsabteilung statt. Ich bekam als Tischdame die recht attraktive Tochter von General Geyr. Blanche war jünger als ich, in einem Klosterinternat in Belgien erzogen worden und galt als eigenwillig mit recht losem Mundwerk. Wir amüsierten uns gut. Blanche fragte mich, ob ihr »Daddy« immer noch so wild auf Mützensitz sei. Früher war er als Kommandeur vom Reiter-Regiment in Ludwigslust deswegen gefürchtet. Ich erzählte ihr, dass ihr Vater mich deswegen gerügt hätte und sagte: »Dabei müssten Sie mal sehen, wie dämlich ich mit gerade sitzender Mütze aussehe.« Ich nahm meine auf dem Tisch liegende Zigarettenschachtel und zeichnete auf der Rückseite die Karikatur eines Kopfes mit gerader Mütze, zeigte sie ihr mit dem Bemerken, so ungefähr sehe ich aus mit korrektem Mützensitz, wie ihn der Herr Papa offenbar gern hat. Blanche sagte lachend, das nehme ich mit für meinen Daddy. In der Annahme, sie macht Spaß, nahm ich die Zeichnung und schrieb eine Widmung drauf: »S. l. Geyr, Poretschkin«. Nachdem die Gäste gegangen waren, wollte ich meine Zigaretten einstecken und konnte die Schachtel nicht mehr finden. Eine Kasinoordonnanz meinte, dass das Fräulein von Geyr sie mitgenommen hätte. Am nächsten Morgen rief mich der Adjutant vom Divisionskommandeur, Major von Wietersheim an und fragte, was ich denn angestellt hätte. Der General hätte ein Stück Zigarettenschachtel in der Hand und zeigte sie jedem, der in sein Zimmer kommt mit der Erklärung, das ist nun der Erfolg seiner Erziehung. Sie sollen sich in den nächsten Tagen beim General melden. Einige Tage später hatte ich eine Besprechung beim Rittmeister von Necker und meldete mich beim General. Er bedankte sich für die Zeichnung und fügte hinzu, dass er nun alle Erziehungsversuche für fruchtlos halte. Deshalb bekäme ich nach dem Obersten Weidling als zweiter in der Division die Genehmigung, meine

Mütze zu tragen, wie ich es wollte. Damit war der Fall erledigt und ich trug die Mütze weiter wie gehabt.

Den Beweis, dass der General mir dies tatsächlich nicht nachtrug, erhielt ich im Laufe des Winters. Er fragte mich telefonisch, ob ich ihm den Gefallen tun könnte, seine Tochter zum Faschingsball im Gardekavallerie Club zu begleiten. Was ich gerne tat. Der Winter verging schnell, da er mit Mob-Arbeit sehr ausgefüllt war. Im März wurde die Division alarmiert. Es folgte der Einmarsch deutscher Truppen nach Österreich, an dem wir allerdings nicht teilnahmen. Unsere Division blieb aber weiterhin in Alarmbereitschaft, wir verfolgten gespannt das Geschehen im Radio und waren doch recht erleichtert, dass es friedlich ablief. Als alles vorbei war, schlug ich dem Kommandeur vor, mit dem Offizierskorps eine »Geländebesprechung« nach dem Bodensee und von dort nach Österreich vor Ostern durchzuführen. Ich war auf eine entsprechende Verfügung gestoßen, die solche Fahrten ermöglichte. Major Kempf stimmte zu und es wurde eine sehr interessante und auch schöne Reise. Wir kehrten beeindruckt von der unerwartet großen Freude der Österreicher über ihr »Heimholen ins Reich« zurück. Ich nahm mir vor, auch in Zukunft von dieser Möglichkeit Gebrauch zu machen.

Ende des Winters war das neue Offizierskasino direkt an der Kaserne fertig geworden und wurde eingeweiht. Von der Standartenübergabe hatte Major Kempf von Prof. Junker in Berlin ein großes Bild malen lassen. Wichard von Arnim war damals Standartenoffizier bei der neben uns stehenden Nachrichtenabteilung 23 gewesen und dann zu uns versetzt worden. Wir beide hatten mit dem Wachtmeister van Wickern im Studio Modell stehen müssen. Das Bild wurde aufgehängt und fand Beifall. Endlich hatten wir ein eigenes Kasino und genossen es sehr.

Ich hatte jetzt auch nicht mehr so viel zu tun, da ich mich gut eingearbeitet hatte. Ich war auch in eine Offizierswohnung im Stabsgebäude umgezogen. Im Juni verließen wir die Kaserne für ca. drei Wochen zu einer Übung in der Lausitz. Zuerst übten die Kompanien für sich und ich fuhr mit dem Kommandeur herum und hatte selbst wenig zu tun. Als Ordonnanzoffizier hatte ich Fritz von der Tann einberufen lassen, damit er die militärische Stabsarbeit kennenlernt. Wir hatten meist sehr gute Quartiere und lernten viele nette Menschen als Gastgeber kennen. Nur die letzten paar Tage hatte ich bei der Leitung der Abteilungsübung mehr um die Ohren, da war Fritz Tann eine große Hilfe.

Etwas sehr Komisches passierte bei der Übung. Mein Freund Gustav Kuntzen war inzwischen zur Kriegsakademie kommandiert, wohnte aber weiter in Stahnsdorf, seine Freu erwartete das erste Kind. Günther Namslau war Kompaniechef der 1. Kompanie bei uns. Er bekam von der gemeinsamen Schwiegermutter Müller-Grote ein Telegramm: »Jung-Kuntzen grüßt aus Salzwedel stop Mutter und Kind gesund stop Kopfrechnen schwach«. Das Kopfrechnen bezog sich darauf, dass Kuntzens mit der Geburt erst später gerechnet hatten. Wir telegrafierten an Gustav: »Herzlichsten Glückwunsch stop Lasst Euch das Schulgeld wiedergeben.« Er kannte das Telegramm von Oma Müller-Grote nicht, rief uns im Gelände an und beschwerte sich über den Tadel mit den Worten: »Es ist aber doch ein Junge, also erste Schießklasse!«

Im August nahm ich Urlaub und fuhr mit meinem Pfadfinderfreund »Piefke« Noth, Leutnant beim Infanterieregiment 67, nach Norderney, wo uns Kuntzens ein billiges Quartier besorgt hatten, dicht neben dem Haus von Müller-Grote. Wir wurden von Gustavs Schwiegereltern sehr oft zum Essen und nachmittags zum Kaffee eingeladen, das entlastete unsere schmale Urlaubskasse. Am Strand waren wir meist mit Kuntzens und Familie zusammen und lernten durch sie viele nette Leute kennen, da sie ja Inselbewohner seit über fünfzig Jahren waren. Unter anderem freundeten wir uns mit dem ältesten Sohn vom Kronprinzen an. Außerdem war der Müller-Grote-Sohn Götz als Fliegerleutnant vom Einsatz in Spanien zurückgekehrt. Wir verbrachten mit ihm eine lustige Zeit, er lud uns oft ein, da er »endlich den vielen Kies unter die Leute bringen musste«. Ich verknallte mich unsterblich (natürlich ganz platonisch) in ein junges Mädchen aus Oldenburg, lud sie einige Male abends ins Kurhaus und zu einer Kutschfahrt über die Insel ein und hatte plötzlich nur noch ein paar Mark übrig. Ich telefonierte mit unserem Zahlmeister Kahle: »Sofort telegrafisch Vorschuss sonst Rückkehr fraglich« und bekam auch am letzten Urlaubstag etwas Geld. Nach schmerzlichem Abschied trafen Piefke und ich im Zug den Prinzen Friedrich.[45] Er kam zu uns in die vierte Klasse und fragte, ob wir drei nicht unser Geld zusammenlegen könnten, um Bier zu kaufen. Bei ihm langte es nicht mehr für eine Flasche. Wir kratzten alles zusammen und bekamen dafür zwei Flaschen, die wir uns teilten. Am Lehrter Bahnhof trennten wir uns. Ich habe Prinz Friedrich nicht mehr wiedergesehen. Er fiel in Frankreich. Sein Tod und die Beerdigung in Potsdam mit Tausenden von Trauergästen erregten bei Hitler solchen Unwillen, dass für alle Prinzen aus ehemals regierenden Häusern eine Frontverwendung verboten wurde und sie nur weiter hinter der Front in Stäben Verwendung fanden.

Am 1. Oktober sollte ich die Funkkompanie übernehmen. Daraus wurde nichts. Ende September wurde die ganze Division alarmiert und auf den Truppenübungsplatz Königsbrück in Sachsen verlegt. Auf dem Marsch dorthin fuhren wir durch Sonnewalde. Der Kommandeur und ich scherten aus der Kolonne aus und blieben eine halbe Stunde bei Onkel Alfred, der sich vor Freude kaum fassen konnte. Wohl gestärkt fuhren wir weiter und holten die Kolonne bald ein. Nach einigen Tagen Ungewissheit, aber voller Gerüchte ging es weiter nach Oberschlesien an die tschechische Grenze. Dann klärte sich die Lage. Wir marschierten in das Sudetenland ein, ohne jeglichen Widerstand. Völlig überrascht waren wir von dem überwältigend herzlichen Empfang durch die sudetendeutsche Bevölkerung, die uns mit Blumen überschüttete. Bei jedem Halt konnten wir uns nicht dagegen wehren, von Frauen und Mädchen abgeknutscht zu werden. Der Einmarsch erfolgte genau nach dem mit

[45] Prinz Wilhelm Friedrich von Preußen (1906–1940) starb nach schwerer Verwundung am 26. Mai 1940 in Nivelles. Die große Anteilnahme an seinem Tod führte zu dem im Text beschriebenen »Prinzenerlass«.

den Großmächten Frankreich, Großbritannien und Italien festgelegten Plan. Alle beteiligten Soldaten waren überzeugt, dass die Besetzung und »Befreiung« des Sudetenlandes ein völkerrechtlich völlig korrekter Vorgang war und lediglich ein im Versailler Vertrag zu Unrecht festgelegter Zustand nun beseitigt worden war. Solche Ereignisse, wie die in Übereinstimmung mit den Gegnern des Weltkrieges friedlich erreichte Lösung dieser mit viel Sprengstoff beladenen heiklen Lage, erzeugten bei Offizieren aller Dienstgrade Zweifel an unserer überwiegend ablehnenden Haltung Hitler gegenüber. Ich erinnere noch deutlich die Diskussionen darüber, meist kamen wir zu dem Schluss, dass es ein Erfolg geschickter, sachlicher Argumente von deutscher Seite war. Wir wurden darin bestärkt durch die durchaus glaubhaften Erzählungen unserer sudetendeutschen Gastgeber über ihre schlechte und oft grausame Behandlung durch die Tschechen. Zu tun hatten wir wenig. Die Funkverbindungen bestanden und wurden kaum benutzt. Das öffentliche Telefon funktionierte und es herrschte ein friedensmäßiger Zustand. Wir waren in Sälen und Schulräumen, Offiziere auch in Privatquartieren untergebracht. Unsere Gastgeber waren überaus freundlich. Wir wurden verwöhnt, uns zu Ehren wurde viel gefeiert. In Troppau lagen auch die zur Division abgestellten Flieger und ich freundete mich mit deren Führer, Leutnant Wülfing an. Er nahm mich zu seinen Flügen oft mit und wir sprachen dabei über die bis dahin ungelösten Funkverbindungen zwischen Flugzeug und Panzer. Ich erzählte, dass ich nach Rückkehr in den Standort die Funkkompanie übernehmen würde. Wir kamen auf den Gedanken, selbst entsprechende Versuche zu unternehmen. Die Flieger waren in Dessau stationiert, mit Flugzeug nahe bei Stahnsdorf. Wir verabredeten entsprechende Übungen auf dem Standortübungsplatz bei Güterfelde sobald als möglich, nachdem ich Chef der Funkkompanie geworden bin. Dieser Gedanke erwies sich dann als ein Glücksfall. Die Versuche verliefen erfolgreich und die Ergebnisse wurden für alle Panzertruppen offiziell übernommen.

Ende Oktober waren wir wieder in Stahnsdorf. Ich übergab die Geschäfte an Wichard von Arnim. Während der Übergabe Anfang November kam abends der Offizier vom Dienst zu mir mit einem Fernspruch vom Standortk[ommando] Berlin, da er nicht wusste, was er unternehmen sollte. Der Fernspruch lautete: »An den beabsichtigten spontanen Kundgebungen nimmt die Wehrmacht nicht teil. Sofort Truppe unterrichten.« Ich rief Major Kempf an, da ich nicht verstand, was mit »beabsichtigten spontanen« gemeint sein könnte. Major Kempf entschied, nichts unternehmen, abwarten. Am nächsten Tag hörten wir von den hässlichen Ausschreitungen in Berlin, die heute als »Kristallnacht«[46] bezeichnet werden. Bei uns in Stahnsdorf war überhaupt nichts geschehen. Am Nachmittag kam mein alter Freund Harro Ueltzen aus Potsdam mit Kameraden in dem Chevrolet, den sein Onkel aus Amerika ihm nach der Olympiade dagelassen hatte vorbei und nahm mich nach Berlin mit. In

46 Die gewaltsamen Ausschreitungen gegen Juden in der in der Nacht vom 9. auf den 10. November 1938 werden heute als Progromnacht oder Novemberprogrom bezeichnet.

Potsdam war auch alles ruhig gewesen und die Kameraden wollten sehen, was eigentlich passiert war, es gingen allerlei Gerüchte über Ausschreitungen gegen jüdische Geschäfte um. Wir fuhren zum Ku-Damm. Dort sahen wir viele zerbrochene Schaufenster und auf dem Bürgersteig aufgestellte Glasvitrinen. Eine solche Vitrine mit einer Neonleuchtschrift »Der neue Stil« fiel mir auf. Sie war zertrümmert und ausgeräumt, aber die Leuchtschrift brannte noch ganz hell. Ich bat Harro zu halten, stieg aus (in Uniform) und wollte dies fotografieren. Ein Berliner Schupo mit Tschako (typischer Polizeihelm) sah mich, kam heran, salutierte und sagte zu mir: »Herr Leutnant, bitte nicht. Ich möchte nicht einem Offizier den Apparat wegnehmen müssen, bitte!« Ich befolgte diese Bitte natürlich und wir fuhren angewidert zurück. Solche hässlichen »Proleten-Allüren« mochten wir nicht, was tatsächlich passiert und damit beabsichtigt war, hatten wir gar nicht mitbekommen.[47]

Zwei Tage danach übernahm ich die Kompanie und war nun ein ganz selbstständiger Disziplinarvorgesetzter und fühlte mich wie ein König, vor allem weil ich wusste, dass Major Kempf einem diese Selbstständigkeit nicht beschneiden würde. Kurz darauf kamen die schon zum 1. Oktober vorgesehenen Rekruten. Ich saß in meinem Chefzimmer direkt neben dem Zimmer vom Hauptwachtmeister Merkel, einem Urbajuwaren. Die Zwischentür stand offen und ich hörte, wie der Spieß einen neuen Rekruten nach dem anderen begrüßte und über seine Person befragte. Plötzlich ein Unmutsausbruch von Merkel, dass ich direkt selbst erschrocken war. Der Spieß hatte den Rekruten nach dem Beruf gefragt und als Antwort bekommen »Zauberer«. Auf die Frage, was er denn zaubern kann, hatte der junge Mann dem Spieß einfach an die Nase gefasst und mit den Worten »Was haben Sie denn da, Herr Hauptwachtmeister?« ein Fünfzig-Pfennigstück vor die Nase gehalten. Ich ging ins Nebenzimmer und erfuhr, dass dieser Herr zu Klampen[48] Zauberer war und in der Berliner Scala auftrat.

Funker zu Klampen hatte große Sorge, dass seine Fingerfertigkeit, die für seinen Beruf die Grundlage bildet, beim »Griffeklopfen« u. ä. Schaden leiden könne. Ich besprach das mit den Ausbildern und wir kamen überein, dass man in diesem Fall Rücksicht nehmen müsste. Ich ordnete an, dass zu Klampen von solchen Übungen weitgehend befreit würde. Überrascht war ich, dass alle Ausbilder damit einverstanden waren und keiner Bedenken hatte. Auch die Rekruten-Kameraden akzeptierten diese Sonderbehandlung. In der Division sprach sich bald herum, dass bei mir ein Zauberer diente. Dies hatte zur Folge, dass zu Klampen oft zu festlichen Veranstaltungen ausgeliehen und in der Division bekannt wurde wie ein bunter Hund.

Um die Ausbildung brauchte ich mich kaum zu kümmern, in Leutnant Mangelsdorff hatte ich einen erfahrenen und besonders passionierten Offizier, der die Ausbil-

---

[47] Im Originalmanuskript ergänzte Poretschkin hier handschriftlich: »bezieht sich auf die Randalierer, nicht auf den Polizisten«.

[48] Gerd zu Klampen (1917- 2000) arbeitete seit 1936 als Magier und trat nach dem Zweiten Weltkrieg u. a. in Argentinien und den USA auf.

dung leitete. Dazu hatte ich noch zwei Offiziere, Leutnant von Borries und den Leutnant Dr. Knobloch (Chemiker), der freiwillig drei Jahre diente und ein sehr seriöser und einsatzfreudiger Reserveoffizier war. Mangelsdorff hatte immer neue Ideen, teilweise recht originelle, um den Dienst effektiv und auch für die Auszubildenden interessant zu machen. Als der an sich gefürchtete und sehr strenge Oberst Löweneck, Kommandeur der Nachrichtentruppen beim Panzerkorps, dem Dienst beiwohnte und von dem Ausbildungserfolg sehr angetan war, fragte er mich, wie wir das machen, dass schon die Rekruten so gut die Funkgeräte bedienen konnten. Ich sagte, da müssen wir den Mangelsdorff fragen. Löweneck fragte ihn, wie er das mache, dass die Männer den Empfänger so exakt abzustimmen gelernt hätten. Der Oberst war bekannt dafür, dass sein Tick die genaue Einstellung der »Schwebungslücke« war. Mangelsdorff erwiderte darauf: »Ganz einfach, ich habe das erklärt und gesagt, dass Sie, Herr Oberst, darauf besonders achten würden. Damit die Leute es nicht vergessen, habe ich öfter plötzlich gerufen »Löweneck« und die Männer mussten antworten »Schwebungslücke« oder ich rief »Schwebungslücke« und die Antwort war »Löweneck«. Das funktioniert gut.« Löweneck lud Mangelsdorff zu einem Schoppen ein.

Mitte oder Ende Januar 1939 wurde ich zum Divisionsstab gerufen. Der Adjutant belehrte mich ganz offiziell, dass ich über die folgende Besprechung zum absoluten Stillschweigen verpflichtet sei, dies muss ich unterschreiben. Dann gingen wir zum Divisionskommandeur. Der General Geyr war ungewöhnlich ernst, als er mich begrüßte. Als wir allein waren, belehrte der General mich wieder, dass ich zu jedermann, auch zu meinem Kommandeur, über das Folgende zu schweigen habe, fügte dann hinzu: »Setzen Sie sich besser erst mal hin.« Dann fuhr er fort: »Lieber Poretschkin, am X-Tag um Y-Uhr stehen wir beide in Prag auf dem Hradschin.« Nun klärte er mich auf, dass es die Absicht des Führers wäre, die alten Reichslande Böhmen und Mähren Großdeutschland einzuverleiben. Der Zeitpunkt läge noch nicht fest, aber die Vorbereitungen für den Einmarsch der Wehrmacht müssten getroffen werden. Er bemerkte noch, dass offenbar Hitler damit rechnete, dass die Alliierten es ebenso wie bei Österreich oder dem Sudetenland zulassen würden, er selbst hätte allerdings Bedenken. Wir müssten also die Vorbereitungen so treffen, dass wir auf alles gefasst seien. Dann wies er mich auf der Karte ein, wo unsere Division voraussichtlich eingesetzt wird und auch welchem Weg wir so rasch wie möglich Prag erreichen müssen. Meine Aufgabe wäre jetzt, alle Funkunterlagen vorzubereiten einschließlich der nötigen Schlüsselmittel und Tarntafeln. Ich müsste alles eigenhändig schreiben und vervielfältigen. Wenn ich Fragen hätte oder einen Rat brauchte, sollte ich mich an den Ia (Major i.G. von dem Borne) oder einen anderen Generalstabsoffizier wenden. Diese seien eingewiesen und zur Geheimhaltung verpflichtet. Dann war ich entlassen.

Auf der Rückfahrt nach Stahnsdorf schwirrte mir der Kopf. Was soll ich Major Kempf sagen, wenn er mich fragt? Ich kam zu dem Schluss, dass es Fragen der Mob-Arbeiten aus der Adjutantenzeit betraf. Wie sollte ich alles alleine schaffen? Da kam mir der Gedanke, dass ich bisher nicht zu Vorschlägen für die im Frühsommer vorgesehene Kompanieübung gekommen war, die wir Kompaniechefs dem Kommandeur zum 1. März vorlegen sollten. Das könnte als Vorwand auch innerhalb der Kompanie dienen. Dann ging alles viel reibungsloser, als ich befürchtet hatte. Kempf fragte gar nicht, er hielt es für Routine. Frequenz- und Rufzeichenverteilung konnte ich nebenbei in meinem Arbeitszimmer aufstellen und auch schreiben und vervielfältigen lassen, da keinerlei Bezug zu Übungen oder Einsatz ersichtlich war. Schwieriger war das Erstellen der Tarntafeln und Decknamenlisten. Das musste ich ganz alleine erledigen. Anhand eingehenden Studiums der Karten, die ich vom Divisionsstab erhalten hatte, machte ich einen Entwurf und besprach diesen mit dem Ia, der mir anbot, die Vervielfältigung durch sein entsprechendes Personal zu übernehmen. Das half schon viel. Den voraussichtlichen Ablauf erläuterten Major von dem Borne und ich mehrfach. So wurden alle Vorbereitungen bis Ende Februar fertig, ohne jedes Aufsehen oder irgendwelchen Verdacht. Die von mir entlang der vorgesehenen Marschroute der Division bis Prag erarbeiteten, voraussichtlich erforderlichen Meldungen und Anordnungen für die Tarntafel wurden vom Ia ohne wesentliche Änderungen gebilligt.

Das freute mich besonders, da auf der Kriegsschule in Dresden beim Taktikunterricht noch keine gepanzerten Verbände berücksichtigt wurden und ich nur auf meine eigenen Erfahrungen aus den Übungen und Planspielen der letzten drei Jahre mein entsprechendes Wissen bezogen habe. Die Arbeit bezüglich der geplanten Kompanieübungen hatte ich noch gar nicht begonnen, als mein Konchef Günther Namslau von der Fernsprechkompanie mir erzählte, dass er den Vorschlag dem Kommandeur vorgelegt habe. Inzwischen war der März gekommen.

An einem Mittag saß Major Kempf mit uns Kompaniechefs und einigen Herren vom Stab und dem Zahlmeister in einer Gaststätte zur Feier des vierzigjährigen Jubiläums des Abteilungsschusters. Plötzlich erschien mitten im Essen ein Kradmelder vom Offizier vom Dienst mit einem soeben eingegangenen Alarmfernspruch. Um kein Aufsehen zu erregen, befahl der Kommandeur mir und dem noch unerfahrenen Adjutanten Wichard von Arnim, in die Kaserne zu fahren und alles Nötige zu veranlassen. In der Kaserne rief ich den Ia der Division an, der mir nur sagte, dass der Alarm sich auf den »Fall Grün« bezieht. (Ich glaube, mich nicht zu irren, dass der Plan für den Einmarsch nach Prag als »Fall Grün« bezeichnet wurde). Ich belehrte meine Unteroffiziere, darauf zu achten, dass die Männer das Alarmgepäck ordnungsgemäß packen. Wir hatten uns alle an die so häufigen Übungsalarme gewöhnt, bei denen wir nach einem kurzen Marsch aus der Kaserne schon nach einer Stunde wieder in der Kaserne landeten, dass alle anfingen, nur noch ganz wenig einzupacken. Auch mein Bursche und Kraftfahrer Toni Haas, den ich vom Stab zur Kompanie mitgenommen hatte, war von mir bei solchen Übungsalarmen erwischt worden, dass mein Offizierskoffer ganz leer verladen wurde. Ich belehrte Toni deshalb auch deswegen. Am Abend kam der Befehl, dass die Abteilung zum Truppenübungsplatz Königsbrück feldmarschmässig verlegen sollte, Abmarsch am nächsten Morgen ganz zeitig. Wir verließen die Kaserne kurz nach Hellwerden. Dieses Mal reichte die Zeit nicht, um bei der Durchfahrt durch Sonnewalde Station zu machen. Am Abend waren wir ohne besondere Vorkommnisse in Königsbrück. Barackenquartier war vorbereitet. Am nächsten Tag kam der Befehl, am Abend in das Erzgebirge an die tschechische Grenze zu verlegen. An die Ortsnamen erinnere ich mich nicht.

Bei beginnender Dunkelheit hatten wir den Ort im Erzgebirge erreicht. Die Kompanie biwakierte in einer Turnhalle. Ich hatte alle Hände voll zu tun, um die letzten Funkunterlagen zu verteilen. Dazu kamen die Nachrichtenoffiziere der Bataillone zu mir in die Schule, wohin sie schon vor dem Abmarsch aus Königsbrück beordert worden waren. Alles klappte sehr gut. Inzwischen war aus Radiomeldungen bekannt geworden, dass Hitler mit Präsident Beneš verhandelt und dieser nach Berlin »beordert« worden war. Jetzt war allen klar, worum es ging. Bei mir wurde es spät und ich hatte kaum Zeit zum Schlafen. Kurz nach Morgengrauen erfolgte der Abmarsch. Ich fuhr mit einer Funkstaffel direkt hinter dem Divisionskommandeur. Wir waren sehr gespannt, wie sich die Tschechische Armee verhalten würde, rechneten aber doch mit Widerstand, zumindest teilweise. Eine gewisse Nervosität war spürbar. Kurz vor Prag lag an unserer Marschroute in Brandeis a. d. Elbe die tschech[ische] Panzertruppenschule. Zur Überraschung und großen Erleichterung meldete sich der Schulkommandeur am Ortseingang bei General von Geyr. Das Wetter war besonders schlecht und hatte den Marsch durch Schneetreiben und Eisglätte erheblich behindert. Am späten Vormittag hellte es etwas auf. Kurz nach der Panzeraufklärungsabteilung 3 erreichte der Führungsstab der Division und damit auch ich mit der Funkstaffel Prag, ohne Ausfälle. Die Bevölkerung verhielt sich ebenso wie das Militär ruhig. Die Voraussage von General Geyr bei meiner Einweisung in Berlin hatte sich bestätigt: Wir beide standen tatsächlich am Tag X auf dem Hradschin! X war der 15. März 1939 geworden.

Damit ging für mich eine im Ganzen gesehen doch recht fröhliche und unbeschwerte Leutnantszeit zu Ende. Ich sah meine zur Heimat gewordene Kaserne in Stahnsdorf nur noch als Gast wieder.

Einmarsch nach Prag als Chef der Funkkompanie der Panzernachrichtenabteilung 39, 1939

***

Der Tag des Einmarsches deutscher Truppen in die Tschechoslowakei kam am 15. März 1939. Oberleutnant Poretschkin selbst hatte diesen Schritt für die 3. Panzerdivision als Funksachbearbeiter seit einigen Wochen mit vorbereitet. Seine persönliche Haltung gegenüber diesem Bruch sämtlicher internationaler Abkommen und des Völkerrechts lässt er allerdings völlig im Unklaren. Er schreibt lediglich von seiner Erleichterung über das weitge-

hend friedliche Gelingen. Dies spricht dafür, dass bei ihm und seinen Kameraden eine Eskalation der Lage freylos für möglich gehalten wurde, zumal die tschechoslowakische Armee als durchaus schlagkräftig galt.[49] *Laut Präsident Edvard Beneš (1884–1948) wäre sie in der Lage gewesen, rund fünf Monate lang gegen eine Invasion deutscher Truppen Widerstand zu leisten. Essentiell hierfür wäre aber der militärische Beistand durch französische und britische Truppen auf dem westlichen Kriegsschauplatz gewesen. Beide Regierungen entschieden sich jedoch aus unterschiedlichen Gründen gegen ein Eingreifen.*[50]

Auf geostrategischer Ebene war mit der Zerschlagung der Tschechoslowakei die militärische Ausgangsposition der Wehrmacht für den Überfall auf Polen zusätzlich gestärkt worden. Die deutschen Truppen konnten nun von Norden, Süden und Westen aus ihren Angriff auf das Nachbarland durchführen und hatten zusätzlich erhebliche Mengen an militärischem Material aller Art erbeutet.[51] *Bereits am 28. April 1939 kündigte Hitler den Deutsch-Polnischen Nichtangriffspakt auf und ließ, wie schon gegen Österreich und die Tschechoslowakei praktiziert, eine Propagandakampagne gegen Polen beginnen.*[52]

Eine Einordnung des Einmarsches in die Tschechoslowakei aus seiner Perspektive, wie bei den vorangegangenen Annexionen geschehen, unterlässt Poretschkin. Dies deckt sich mit den Erinnerungen des damaligen Hauptmannes und späteren Vorgesetzten Poretschkins am NATO-Defense College, Johann Adolf Graf von Kielmannsegg (1906–2006). Dieser beschrieb 1992 zwar ein »unangenehmes Gefühl«[53] *mit Blick auf den Einmarsch, hielt diesen Schritt wie seine Kameraden aber gleichzeitig für notwendig und hinterfragte ihn nicht näher.*[54]

Dessen ungeachtet genoss Poretschkin sogar die Monate vor Beginn des Zweiten Weltkrieges in Prag. Der dienstliche Alltag verlief unspektakulär. Er wurde zum 6. April 1939 zur neu aufgestellten 10. Panzerdivision versetzt, die als Sicherungstruppe mit rotierenden unterstellten Verbänden in Prag eingeplant war.[55] *Mit der 10. Panzerdivision erlebte der Oberleutnant als Kompaniechef der Panzernachrichtenkompanie 90 die Feldzüge in Polen und Frankreich. Im Privaten fand er schnell Anschluss in Prag und lernte hier seine erste Ehefrau Gerta Schneeberger kennen.*

***

In Prag fuhr ich im Kfz 15 (großer Gelände-Pkw Horch) mit zwei Funkpanzerspähwagen Achtrad und zwei Funkpanzerspähwagen Vierrad mit den wichtigsten

49 Hamerow, Die Attentäter, S. 186; Jentz, Panzertruppe, S. 69ff.; Krämer, Hitlers Kriegskurs, S. 85.

50 Krämer, Hitlers Kriegskurs, S. 83 ff.

51 Hamerow, Die Attentäter, S. 186 ff.; Jentz, Panzertruppe, S. 69 ff.

52 Hamerow, Die Attentäter, S. 267 f.

53 Feldmeyer/Meyer, Kielmannsegg, S. 8.

54 Ebd.; Hamerow, Die Attentäter, S. 265.

55 Schick, 10. Panzer-Division, S. 5 f.

Funkverbindungen direkt hinter dem Kfz 14 des Generals von Geyr und Kradmeldern durch die Stadt über die alte Elbebrücke zum Hradschin. Dort meldete das Vorauskommando der Panzeraufklärungsabteilung 3 dem General gerade: »Vorauskommando ohne Feindberührung und ohne besondere Vorkommnisse Prag und den Hradschin erreicht«, als plötzlich ein Schuss losging und ein Vierradspähwagen hinter mir getroffen wurde. Große Aufregung. Was war geschehen? Es stellte sich heraus, dass ein Panzerschütze in einem Spähwagen der Panzeraufklärungsabteilung 3 durch eine unvorsichtige Bewegung den Schuss aus einer 2 cm-Kanone ausgelöst, den Kotflügel und ein darauf geschnalltes Kochgeschirr getroffen hatte, aber niemand verwundet worden war. Sonst blieb alles ruhig, kein tschechischer Soldat war zu sehen. Der General fuhr zum Wenzelsplatz und ich folgte mit den Funkstellen. Da der übliche Verkehr einschließlich Straßenbahn in der Stadt weiterlief, riss unsere Kolonne in der Stadt ab und es gab kurz vor dem Wenzelsplatz in Höhe des »Deutschen Hauses« einen Stop. Auf einer Seite der Straße standen Sudetendeutsche und auf der anderen Seite Tschechen. Von der deutschen Seite hörte man hysterische »Sieg Heil«-Rufe und auf der anderen Seite sah man abweisende Gesichter und drohende Gebärden der Tschechen. Wir hatten strikte Anweisung, Auseinandersetzungen möglichst zu vermeiden. Ich überlegte, was ich tun sollte, als plötzlich in dem einen Funkwagen der Funker zu Klampen aus der Turmluke auftauchte und anfing, Zauberkunststücke vorzuführen und im dahinterstehenden Spähwagen ein Sudetendeutscher, Funker Thonn, der so stotterte, dass er sonst kaum ein Wort hervorbrachte, auf Tschechisch witzige Kommentare laut von sich gab. Die Gesichter der Tschechen hellten sich auf und plötzlich gab es von beiden Straßenseiten lachenden Beifall zu den Kunststücken. Die Situation war gerettet und ich sehr erleichtert. Nach einiger Zeit ging der Verkehr weiter. In der Tschechischen Republik war damals noch der für uns ungewohnte Linksverkehr üblich. Dies hielt noch zusätzlich auf. Aber wir gelangten doch zum Wenzelsplatz und zum Hotel, wo der Divisionsstab Quartier bezogen hatte. Hier wurde für meine Kompanie Quartier in der Turnhalle einer Schule nahe vom Wenzelsplatz zugewiesen. Damit hatte ich gar nicht gerechnet und angenommen, dass wir erst lange warten müssten, bis wir ein geeignetes Quartier finden würden. Es stellte sich heraus, dass die Organisation der Sudetendeutschen Partei so enge Verbindungen zu Deutschland unterhielt, dass sie schon vor dem Einmarsch offensichtlich Vorbereitungen treffen und dem Divisionsstab nun sofort ihre Hilfe anbieten konnte. Beim Chef traf ich auch Major Kempf und erfuhr, dass die Masse meiner Kompanie mit der Abteilung am Ortsrand von Prag auf Befehle wartete. Durch Kradmelder wurden die Kompanien in die Quartiere eingewiesen, ich selbst musste beim Divisionsstab bleiben. Am späten Nachmittag meldete mir mein tüchtiger und zuverlässiger Spieß, Hauptwachtmeister Merkel, dass die Kompanie gut untergekommen sei und sogar genügend Stroh für alle vorhanden wäre. Als am Abend alles geregelt war und die Situation ruhig blieb, gingen einige Offiziere ins Deutsche Haus zum Essen. Wir wurden begeistert begrüßt und zum

Essen eingeladen und noch mehr zum Trinken von echtem Pilsener aufgefordert. Hier traf ich gleich einen Uralt-Medizinstudenten, dem wir beim Sudeteneinmarsch in Fulnek in der Nähe von Troppau kennengelernt hatten. Er war über fünfunddreißig Jahre alt und hatte noch immer das Examen nicht geschafft. Sein Name war Wurdinger, wenn ich mich recht erinnere. Kurze Zeit nach dem Einmarsch wurde als Sensation erzählt, dass er nun das Staatsexamen geschafft hätte und sich sogar Dr. med. nennen dürfte. Es war aber nicht mit rechten Dingen zugegangen. Er hatte von seinen Freunden bei der Sudetendeutschen Partei offiziell bestätigt bekommen, dass er während des Studiums so viel Parteiarbeit leisten musste und sein Studium und die Examensvorbereitungen darunter so gelitten hätten, dass an ein Bestehen des Examens nicht gedacht werden konnte. Das waren typische Begleiterscheinungen jener Zeit, die nicht überall Zustimmung fanden. Durch Wurdinger lernte ich eine Menge Prager Deutsche kennen. Das Deutsche Haus wurde mein Stammlokal, solange wir in Prag lagen und auch nachdem meine Kompanie nach kurzer Zeit nach Brandeis a. d. Elbe, einem Vorort von Prag, verlegt wurde. Gleich in den ersten Tagen lernte ich einen Dipl.-Ing. Rudolf Bertrand kennen. Er stammte wohl aus Österreich und war nach Prag geschickt worden, um kommissarisch tschechische Rüstungsfirmen zu leiten. Er war viel älter als ich, aber wir freundeten uns an. Eines Tages kam Rudi Bertram ins Deutsche Haus in Begleitung einer Dame, die aus Mährisch-Ostrau stammte, österreichische Staatsangehörige war und das Prager Kulturinstitut Urania leitete, dem auch ein kleines Kino mit deutschen Filmen angehörte. Sie hatte als junges Mädchen einen Herren aus Wien geheiratet, der älter als sie und Jude war. Diese Ehe war bald geschieden worden, da die strenggläubige Schwiegermutter sie als Christin strikt ablehnte.

Der Name dieser gut aussehenden Dame war Gerta Marianna Schneeberger, geborene Wels. Wir verliebten uns auf Anhieb. Gerti war zwei Jahre älter als ich. Es entstand eine enge Beziehung. Für mich ein völlig neues Erlebnis. Wir sahen uns jeden Tag. Aber ans Heiraten dachten wir überhaupt nicht. Nach den damaligen Bestimmungen durfte ich ja als Berufsoffizier überhaupt erst mit siebenundzwanzig Jahren heiraten. Kurz vor der Rückverlegung nach Stahnsdorf kam der Befehl für meine Versetzung als Chef der Panzernachrichtenkompanie der 10. Panzerdivision in Prag.

Chef der Panzernachrichtenkompanie der 10. Panzerdivision, Prag, 1939

Meine Versetzung war zum 6. April 1939 verfügt worden. Ohne nennenswerte Ereignisse verging die Zeit bis zum Rückmarsch in die Garnisonen. Die Tschechoslowakei wurde nun das Protektorat Böhmen und Mähren. Anfang April kehrte ich mit meiner Kompanie nach Stahnsdorf zurück, wo sie offiziell durch Major Kempf an Oberleutnant Mangelsdorff übergeben wurde und zum letzten Mal unter dem neuen Kompaniechef mir zu Ehren vorbeimarschierte.

Dann packte ich einige Koffer und Kartons mit den nötigsten Sachen und kehrte mit Dienst-Pkw und Toni Haas als Fahrer und Burschen nach Prag zurück. Meine Möbel verblieben in der Kaserne, bis ich in Prag eine Unterkunft gefunden hatte. Ich hätte brennend gerne Toni nach Prag in die neue Kompanie mitgenommen, aber Mangelsdorff und auch der Kommandeur kannten Haas gut und wollten ihn behalten. Er sollte Unteroffizier werden und wurde dort gebraucht. Er wäre gerne mit mir nach Prag gegangen. Er wurde aber mit Pkw solange »ausgeliehen«, bis die neue Kompanie aufgestellt war. Von der auch in Stahnsdorf stationierten Korpsnachrichtenabteilung 62 wurde als »Spieß« für meine neue Kompanie der Hauptwachtmeister Heinemann versetzt. Ich konnte ihn gleich mitnehmen, um eine Hilfe bei der Aufstellung und Unterbringung zu haben. Die neue Kompanie sollte aus allen bestehenden Panzernachrichtenabteilungen der Panzertruppe durch Abgabe von Personal, Kraftfahrzeugen und Gerät entstehen und zunächst in Weimar bei der 1. Panzerdivision zusammengestellt und dann nach Prag zurückgeführt werden. In Prag meldete ich mich beim Vorkommando des Stabes der 10. Panzerdivision. Dieser war in Dewitz, einem Ortsteil nördlich der Elbe und des Hradschin, im nun geräumten Gebäude des Oberkommandos der Tschechischen Armee untergebracht. Ich erhielt dort als Chef einer selbstständigen Nachrichtenkompanie, der zugleich den Posten des Nachrichtenführers der Division bekleidete, ein Zimmer zugewiesen. Normalerweise war Nachrichtenführer der Abteilungskommandeur, den es nicht gab.

Die 10. Panzerdivision war als Sicherungstruppe (um nicht zu sagen Besatzungstruppe) für das Protektorat geschaffen worden, also kein normaler Panzerverband. Sie erhielt als ständige Einheiten nur den Divisionsstab, meine Panzernachrichtenkompanie und eine Divisionskraftfahrkompanie. Alle übrigen Truppenteile sollten in halb- bzw. einjährigen Wechsel von den Panzerdivisionen im Reich aus ihren Heimatgarnisonen ins Protektorat verlegt und der 10. Panzerdivision unterstellt werden.

Dies war bisher noch nicht geschehen, sollte aber bald erfolgen. Wie ich aus dem mur nun zugänglichen Aufstellungsbefehl für meine Kompanie ersehen konnte, wurde diese aus Abgaben aller vorhandenen Panzernachrichtenabteilung zunächst in Weimar in der Kaserne der Panzernachrichtenabteilung 37 der 1. Panzerdivision aufgestellt und dann nach Prag zurückgeführt. Vom Adjutanten der Panzernachrichtenabteilung 37, meinem Freund Heinz Burchardt, erfuhr ich, dass Personal und Gerät sowie Kfz in der Masse schon dort eingetroffen seien und in Kürze nach Prag zurückgeführt werden sollten. Heinz sagte mir, dass die beiden eingetroffenen Zugführer der Kompanie durchaus in der Lage wären, die Kompanie nach Prag zu führen und meine Anwesenheit nicht erforderlich sei. Ich war froh, dass ich mich hier um Unterkunft usw. kümmern konnte. Ich sprach telefonisch mit diesen beiden Leutnants. Es waren dies Wolfgang Russwurm, Neffe meines ersten Potsdamer Kommandeurs, dessen Bruder auch Offizier im Heereswaffenamt war, und Walter Beck, dessen Vater

Chefchemiker der BASF (Badische Anilin und Soda Fabrik) war. Beide versicherten mir ebenfalls, dass sie sich zutrauten, allein fertig zu werden. Wir vereinbarten, den Termin für die Zuführung telefonisch festzulegen. Als Unterkunft für meine Kompanie war bereits die Kaserne einer tschechischen Technischen Einheit vorgesehen, nicht weit vom Divisionsstab. In der Kaserne sollte ein Abwicklungsstab der Tschechen verbleiben, der mir aber nur in meiner Eigenschaft als Kasernenkommandant unterstehen würde.

Ich sah mir die Kaserne mit Heinemann an und wir beide waren der Ansicht, dass die Unterkunft und der technische Bereich ausreichend waren. Barackenähnliche Steingebäude dienten als Unterkunft und hatten brauchbare Dusch- und Sanitäreinrichtungen, die noch etwas verbessert werden könnten. Auch Kfz-Hallen und Werkstätten waren vorhanden und der Kasernenhof für unsere Zwecke ausreichend groß. Heinemann sorgte sich um gründliche Reinigung und Desinfektion, er und Haas bezogen gleich dort Quartier. Ich fand in einem in der Nähe gelegenen kleinen Hotel auch ein geeignetes Zimmer. Das tschechische Kommando in der Kaserne sollte unter Aufsicht des Heereswaffenamtes Gerät und Waffen der Armee verwalten und Jagdwaffen der Zivilbevölkerung einsammeln. Später konnte ich aus diesen Beständen einige besonders schöne Jagdgewehre als Schmuck für das Unteroffizierskasino als Leihgabe bekommen.

Wir sahen der Ankunft der Kompanie beruhigt entgegen. Aus dem Vorkommando entstand der Divisionsstab. Der Divisionskommandeur Generalmajor Gawantka[56] sollte zum 1. Mai eintreffen. Er war alter Dragoner und bisher Kommandeur der 2. Schützenbrigade. Ia (Erster Generalstabsoffizier) war Major i.G. Bayerlein, mit dem ich gleich guten Kontakt bekam, was sehr wichtig war, da ich in Zukunft hauptsächlich mit ihm sehr eng zusammen arbeiten würde. Sein Ordonnanzoffizier war Hauptmann Henrici, Vetter von »Onkelchen Henrici«. Er neigte zum Stottern, wenn er sich aufregte. Bald kursieren im Divisionsstab viele auf ihn bezogene Stottererwitze, worunter er besonders litt und dann noch mehr stotterte. Ic (Feindlagebearbeiter) war Hauptmann von Bieberstein. Hauptmann kommandiert zum Generalstab Görhardt war Ib (Quartiermeister), mit dem Ordonnanzoffizier Oberleutnant Dr. jur. Pohl, freundete ich mich an. Adjutant (IIa) war Hauptmann Freiherr von Gültlingen. Kriegsgerichtsrat Dr. jur. Krämer war Justizbeamter der Division. Alle diese Herren trafen nacheinander in Prag ein und der Stab wurde arbeitsfähig.

Die Truppenteile, die für die Division vorgesehen waren und am Einmarsch in die Tschechoslowakei teilgenommen hatten, kehrten zunächst alle in ihre Heimatstandorte zurück. Das Panzerregiment 8 verlegte am 20. April aus Böblingen ins Protektorat nach Milowitz und wurde der 10. Panzerdivision unterstellt. Im Juni 1939 folgten dann das Infanterieregiment (mot.) 86 aus Mühlhausen/Thüringen nach Prag, Beraun,

[56] Georg Gawantka (1891–1939) starb bereits wenige Wochen nach Übernahme der 10. Panzerdivision am 14. Juli 1939.

Probram, Laun und Rakonitz, die erste Abteilung des Aufklärungsregiments 8 aus Stettin nach Prag-Vrsovice sowie die zweite Abteilung des Artillerieregiments 29 aus Erfurt ebenfalls nach Prag und das Pionierbataillon 49 aus Hann.-Münden nach Alt-Bunzlau und Elbe-Kosteletz. Fernsprechverbindungen in die dortigen Unterkünfte wurden beantragt und vom dafür zuständigen Wehrkreis-Kommando in Dresden durch die Post geschaltet. Zu den außerhalb von Prag gelegenen Truppenteilen hatte meine Kompanie Funkverbindungen rechtzeitig eingerichtet. Die Verbindungen bestanden also beim Eintreffen der Verbände. Für meine Kompanie ging sonst der übliche Ausbildungsdienst weiter. Die Kompanie hatte sich in der Kaserne gut eingelebt. In der Freizeit genossen die Soldaten die schöne neue Garnisonsstadt Prag, die Unteroffiziere besonders die »türkischen« Dampfbäder, etwas bisher für sie Unbekanntes. Meine Offiziere hatten als Unterkunft für den Kompaniechef und sich die schöne Villa des aus Prag geflohenen Besitzers der Schuhfabrik Bata ausfindig gemacht. Da sie nach meinem Urteil zu aufwendig für uns war, bot ich sie dem Divisionsstab als Residenz für General Gawantka an und er zog auch nach Eintreffen dort ein. Leutnant Beck und seine Frau fanden auch eine geeignete Wohnung und ich mietete in der Kamenicka 1 (die verdeutscht in Steinmetzstraße umgetauft wurde, aber weiterhin Kamenicka hieß) eine sehr schöne Zweizimmerwohnung in einem neugebauten ganz modernen Mietshaus mit Fahrstuhl direkt am Letnapark. Meine Möbel aus Stahnsdorf wurden bald anlässlich einer Dienstfahrt mit einem Lkw nach Prag gebracht.

Möbliert war die Wohnung sehr wohnlich und gemütlich geworden. Gerti und Rudi Bertrand gefiel meine neue Behausung auch sehr gut. Sie waren oft bei mir zu Gast und ich versuchte, meine Kochkünste zu beweisen. Bald konnte ich außer der Erbsensuppe aus Stahnsdorf auch mit besseren Gerichten meine Gäste bewirten. Es freute mich, dass ich mich bei den Freunden, die mich so oft eingeladen hatten, nun revanchieren konnte. Die Beziehung zu Gerti wurde immer herzlicher. Durch Gerti lernte ich einen sehr gebildeten und netten Eugen Roeder kennen und wir wurden bald Freunde. Er war Bankbeamter der Böhmischen Escompte Bank in Prag, Österreicher, seine verstorbene Mutter war Jüdin und er hatte dadurch allerlei Schwierigkeiten als Halbjude. Im Weltkrieg war er gerade noch Soldat geworden und bei Kriegsende Fähnrich der k.u.k.-Armee[57]. Aus dieser Zeit besaß er noch seine Dienstpistole. Im Protektorat waren jetzt die neuen deutschen Gesetze für Juden in Kraft getreten, danach musste er seine Pistole anmelden und abliefern. Er wollte sie aber als Andenken behalten und bat mich, sie für ihn aufzubewahren. Ich nahm sie also zu mir in die Wohnung.

Mitte Juli starb überraschend Generalmajor Gawantka an einem Herzschlag. Am 1. August wurde neuer Divisionskommandeur Generalmajor Ferdinand Schaal[58],

[57] Als k.u.k.-Armee (kaiserlich und königlich) wurden die Streitkräfte Österreich-Ungarns bezeichnet.

[58] Ferdinand Schaal (1889–1962) führte die 10. Panzerdivision bis August 1941. Anschließend befehligte er u. a. ein Armeekorps, bevor er administrative Dienstposten innerhalb des Reiches übernahm. Er wurde als Beteiligter des 20. Juli verhaftet, überlebte den Krieg jedoch.

auch ein alter Dragoner und vom ersten Tag des Aufbaus der Panzertruppe Kommandeur der 1. Panzerbrigade. Er hatte großes Verständnis für die Belange der Nachrichtentruppe.

Im August nahm ich Urlaub und verbrachte ihn bei Mutti in Spandau. Gerti kam für ein paar Tage auch nach Berlin, wohnte in einem Hotel und ich stellte sie meiner Mutter vor. Beide verstanden sich sofort gut. Ich zeigte Gerti Berlin, das sie nicht kannte. Ende August war ich wieder in Prag. Zwei oder drei Tage danach waren Gerti, Rudi Bertrand und Eugen abends bei mir zum Abendessen. Gegen 23 Uhr rief der Offizier vom Dienst des Divisionsstabes an. Ein geheimes Fernschreiben mit Zusatz »Nur durch Offizier zu entschlüsseln« war vom OKW (Oberkommando der Wehrmacht) eingetroffen, der Kraftfahrer vom Dienst sei schon unterwegs. Die Gäste wurden raus bugsiert und ich fuhr zum Divisionsstab. Schlüsseln hatte ich gründlich gelernt, aber keinerlei Übung mit dem Handschlüssel, seitdem ich Offizier geworden war, da normalerweise stets Maschinenschlüssel benutzt wurde. Nach einigen Fehlstarts kam ich aber zurecht und war überrascht über den Inhalt des Fernschreibens. Dieses besagte, dass »Auf Führerbefehl« die 10. Panzerdivision unverzüglich mobil gemacht werden soll, Einsatzbefehl folgt. Ich alarmierte den Ia, Major i.G. Bayerlein kam sofort zum Divisionsstab. Nach kurzer Beratung unterrichtete er den Divisionskommandeur und für den nächsten Morgen wurde um acht Uhr eine Besprechung befohlen. Diese werde ich nie vergessen. Der General stellte fest, dass die Kampftruppen der Division beschränkt einsatzfähig seien, aber mit der Panzernachrichtenkompanie in der jetzigen Gliederung und Ausstattung für stationären Einsatz kann die Division als mobile Panzerdivision niemals geführt werden. Ich hatte mir schon ähnliche Gedanken gemacht und bat den General, mir seinen Fieseler Storch (leichtes Flugzeug, das überall landen konnte) oder eine Do (kleines Dornier-Flugzeug) zur Verfügung zu stellen. Mein Freund Jochen Meichßner war als Generalstabsoffizier in der Organisationsabteilung im OKH (Oberkommando des Heeres) und er würde uns unbürokratisch bestimmt helfen. Der General willigte ein und befahl, die Do unverzüglich startklar zu machen. Ich rief Jochen an. Er war über die entstandene Lage orientiert und sagte, dass sie schon überlegten, wie geholfen werden könne. Er sagte, ich sollte gleich starten und die Ankunftszeit in Berlin-Tempelhof ihm durchgeben lassen, er würde einen Pkw zum Flugplatz schicken. Alles klappte vorzüglich. Im Büro von Jochen wurde mit den entsprechenden Mitarbeitern festgelegt, was von den von mir erbetenen Verstärkungen erfüllt werden konnte. Da der Einsatz gegen Polen geplant sei und mit einem Eingreifen im Westen nicht gerechnet werden müsste, könnten die benötigten Funk- und Fernsprechtruppen von Nachrichtenabteilungen aus dem Westen abgezogen werden und auch die erforderliche Verstärkung für die Versorgungs- und Instandsetzungsteile von dort gestellt werden. Natürlich müsste man sich mit motorisierten Funktrupps begnügen und weitgehend auf gepanzerte Funktrupps verzichten. Es wurde beschlossen, dass die Zuführung dieser Verstärkungen nach Halle an die Nachrichten-Schule erfolgen sollte, wohin meine

Kompanie zu verlegen sei. Mir wurde versprochen, dass der Befehl für die Umgliederung der Kompanie in eine »Panzernachrichtenkompanie 90« bis zum nächsten Morgen fernschriftlich in Prag vorliegen würde. Befriedigt war ich am Abend wieder in Prag und konnte dem Ia das Ergebnis melden, der mich zu dem Erfolg beglückwünschte und den General orientierte. Major Bayerlein war ein Freund schneller und origineller Entschlüsse. Er meinte, dass wir nun beinahe eine ganze Nachrichtenabteilung hätten und befahl mir, für meinen Pkw einen Abteilungskommandeurswimpel anfertigen zu lassen, da der 10. Panzerdivision eigentlich eine Abteilung zustünde und sie sich nach außen nicht mit einer Kompanie begnügen wollte. Außerdem empfahl er, mir einen Adjutanten einzuteilen und gab mir aus seinem Schreibtisch seine »Affenschaukel« (Fangschnur für Adjutanten und Generalstabsoffiziere) für diesen, da er sie ja selbst heutzutage nicht bräuchte. Zufrieden ging ich nachhause in die Kamenicka. Das einzige, was mich sehr bedrückte, war die Tatsache, dass Jochen mir auf meine Bemerkung, die ganze Sache wäre doch nur ein Bluff von Hitler, sehr ernst entgegnet hatte, er befürchte, dass dieser größenwahnsinnig würde, es zu weit triebe und es zum Krieg kommen könnte. Er sähe da doch sehr schwarz. Gerti erwartete mich besorgt, sie hatten den Schlüssel.

Kapitel 3: Kriegsdienst von 1939 bis 1943

Polenfeldzug als Chef der Panzernachrichtenkompanie 90, 10. Panzerdivision

***

In seiner Reichstagsrede vom Donnerstag, dem 1. September 1939 verkündete Adolf Hitler, dass nunmehr »seit 5:45 Uhr zurückgeschossen« werde, nachdem polnische Truppen kurz zuvor deutsches Territorium attackiert hätten. Dass es sich bei diesem vermeintlichen »polnischen Angriff« auf den Radiosender Gleiwitz um eine Inszenierung der SS handelte, ist heute hinlänglich bekannt.

Der damalige Oberleutnant und Kompaniechef Theodor Poretschkin muss diese Lüge von Beginn an durchschaut haben. Schließlich hatte er schon am 25. August 1939 in seiner Eigenschaft als Kompaniechef der Panzernachrichtenkompanie 90 der 10. Panzerdivision von den Einmarschplänen der Wehrmacht erfahren.[1] *Aus heutiger Sicht erstaunlich erscheint, dass er sich in seinen Memoiren nie kritisch mit diesem Angriffskrieg auseinandersetzte. Wie bei späteren Feldzügen schreibt er nur, dass viele Kameraden wie er vergeblich hofften, nicht ins Feld ziehen zu müssen. Seine persönliche Einstellung Polen gegenüber bleibt im Dunkeln. Der östliche Nachbarstaat wurde innerhalb des deutschen Offizierskorps der Reichswehr nicht sonderlich geschätzt, was vor allem noch aus den Erfahrungen im Zuge der Grenzstreitigkeiten nach dem Ersten Weltkrieg resultierte.*[2] *Die nationalsozialistische Propaganda verstärkte die Ressentiments gegenüber dem östlichen Nachbarn insbesondere in den letzten Monaten vor dem Angriff, auch wenn außenpolitisch zeitweilig Signale der Entspannung gesendet wurden.*[3] *Poretschkin hatte bereits während seiner Ausbildung zum Offizier im Kameradenkreis immer wieder Diskussionen mitgehört, in denen es um mögliche polnische Aggressionen ging. Ein solcher Angriff war laut Poretschkin angesichts der zwar gut ausgebildeten, aber für die Landesverteidigung zu kleinen Reichswehr durchaus gefürchtet.*

1939 hatte sich die Situation umgekehrt. Die Wehrmacht konnte nach ihrer Mobilmachung auf rund 3,8 Millionen Soldaten zurückgreifen.[4] *Gegenüber Polen hatte sich*

---

1 BArch, RH 27-10/1, Bd. 1, Befehl für den Abmarsch der 10. Panzer-Division an die Standorte.

2 Hamerow, Die Attentäter, S. 53.

3 Krämer, Hitlers Kriegskurs, S. 468 f.; Overy, Russlands Krieg, S. 87; Piekalkiewicz, Polenfeldzug, S. 41.

4 Kampe, Heeres-Nachrichtentruppe, S. 21.

die Ausgangslage durch den Einmarsch in die Tschechoslowakei erheblich zugunsten des Deutschen Reiches verschoben und Polen konnte nun buchstäblich in die Zange genommen werden.[5] *Damit nicht genug war im Zuge des deutsch-sowjetischen Nichtangriffspaktes vom 23. August 1939 mit der Führung der Sowjetunion vereinbart worden, dass die Rote Armee Polen als vermeintliche »Schutzmacht« von Osten her attackieren und besetzen sollte. Das Ende des seit 1919 bestehenden polnischen Staates war damit praktisch besiegelt. Dessen einzige Chance bestand in einer raschen Gegenoffensive der französischen und britischen Landstreitkräfte an der Westgrenze des Deutschen Reiches, um die Führung der Wehrmacht zu zwingen, Truppen aus dem Osten nach Westen zu verlegen.*[6]

Die britische und die französische Regierung erklärten dem Deutschen Reich zwar zum Entsetzen des nationalsozialistischen Regimes am 3. September 1939 den Krieg, blieben aber weitgehend passiv.[7] *Die französischen Streitkräfte harrten im Wesentlichen an der Maginotlinie aus. Auch das britische Expeditionskorps verharrte in der Verteidigung.*[8] *Die wenigen gut ausgestatteten motorisierten Divisionen der Wehrmacht konnten so nahezu ungehindert wie Speerspitzen auf polnisches Territorium vordringen, wobei sie von slowakischen Kontingenten unterstützt wurden. Die polnischen Streitkräfte leisteten verbissenen Widerstand, hatten aber gegen den koordinierten Angriff von mehreren Seiten keine Chance.*[9] *Neben der rasch erkämpften Luftüberlegenheit erlaubten es vor allem die effektiven Führungsmittel per Funk, die deutschen Panzerdivisionen schnell vorpreschen zu lassen und den Widerstand zu brechen.*[10] *Die Kapitulation der letzten regulären polnischen Truppen erfolgte am 6. Oktober 1939. Auf der anderen Seite waren die deutschen Munitionsvorräte zu diesem Zeitpunkt beinahe erschöpft und teilweise bis zu fünfzig Prozent der Fahrzeuge ausgefallen.*[11]

Für die Sicherstellung der Fernmeldeverbindungen in der 10. Panzerdivision war Poretschkins Panzernachrichtenkompanie 90 zuständig. Sie hatte für die lückenlose Aufrechterhaltung der Funk- und Fernsprechverbindungen zwischen den verschiedenen Verbänden und Führungsebenen der Division zu sorgen, wozu auch das Chiffrieren und Dechiffrieren von Befehlen und Informationen mittels der Schlüsselmaschinen des Typs Enigma gehörte. Die einzelnen Trupps und Führungsstaffeln der Kompanie wurden dafür den jeweiligen Verbänden zugeordnet. Obwohl Teil einer Panzerdivision, verfügte die Kompanie im Polenfeldzug nur über wenige gepanzerte Fahrzeuge und operierte überwiegend von ungeschützten Funkwagen aus, wobei die schweren Funktrupps eine

---

5 Frieser, Blitzkrieg-Legende, S. 23.

6 Ebd.

7 Ebd., S. 19 f., 24; Krämer, Hitlers Kriegskurs, S. 468; Piekalkiewicz, Polenfeldzug, S. 94.

8 Frieser, Blitzkrieg-Legende, S. 43; Piekalkiewicz, Polenfeldzug, S. 146.

9 Frieser, Blitzkrieg-Legende, S. 22 f.

10 Ebd. S. 22; Piekalkiewicz, Polenfeldzug, S. 268 f.

11 Frieser, Blitzkrieg-Legende, S. 26 f.; Piekalkiewicz, Polenfeldzug, S. 267.

Reichweite von etwa einhundert Kilometern hatten.[12] *Die 10. Panzerdivision verfügte zu diesem Zeitpunkt selbst nur über die rund 140 Panzer des Panzerregiments 8, von denen die leichten Panzerkampfwagen I und II die überwiegende Masse darstellte.*[13] *Dass die erst kurz zuvor aufgestellte Nachrichtenkompanie diese Aufgabe meisterte, ohne zuvor in Übungen oder Manövern zusammengearbeitet zu haben, spiegelt sich in der Auszeichnung Poretschkins mit dem Eisernen Kreuz II. Klasse am 27. September 1939 wider.*[14]

Poretschkins Schilderungen seines ersten Feldzuges erscheinen sehr kurz und distanziert. Einblicke in seine Gefühlswelt angesichts der Schrecken des Krieges gibt er aus der Rückblende nach über 60 Jahren nur vereinzelt. Er erzeugt den Eindruck eines gemäß seiner Erziehung völlig politisch neutralen Offiziers. Die direkte Konfrontation mit Tod, Verwundung und den weiteren Grauen des Krieges erlebte Poretschkin als Nachrichtenoffizier hinter den Frontlinien während des »Fall Weiß« nur am Rande. Auch Eindrücke von polnischen Soldaten oder Kriegsgefangenen erwähnt er nicht, sodass dieser Feldzug in seinen Memoiren sehr abstrakt bleibt.

***

Der Aufstellungsbefehl für die Panzernachrichtenkompanie 90 war tatsächlich am nächsten Tag da. Alle unsere Wünsche waren erfüllt worden. Sogar der Panzerspähwagen mit Funk für den Divisionskommandeur war dabei. Alles sollte nach Halle schon in den nächsten Tagen in Marsch gesetzt werden. Die schöne Zeit in Prag ging wohl doch zu Ende. Es roch verdammt nach Krieg und es galt nun Abschied zu nehmen, obwohl mein Friedensstandort Prag blieb, ich meine Wohnung dort behielt und Gerti den Schlüssel natürlich auch weiterhin hatte. Sie wollte sich um sie kümmern. Ich und auch viele Kameraden glaubten aber dennoch, dass Hitler wieder blufft und Polen und auch die Alliierten im Westen wiedermal darauf reinfallen und klein beigeben würden. Die schrecklichen Folgen des letzten Krieges müssten doch auch bei den Politikern noch in Erinnerung sein!

Der Abschied von Prag fiel schwer, nicht nur mir. Alle Truppenteile der Division verließen, beginnend wohl am 28. August, das Protektorat. An die genauen Daten und Einzelheiten kann ich mich nicht mehr präzise erinnern, habe auch keinerlei zuverlässige Unterlagen dafür. Der Divisionsstab wurde nach dem Truppenübungsplatz Ohrdruf/Thüringen verlegte. Die Truppenteile kamen zunächst in die Heimatgarnisonen, die meisten im Landmarsch, um dort mobil zu machen, d. h. auf planmäßige Kriegsstärke gebracht zu werden. »Marsch« im militärischen Sprachgebrauch bedeutet nicht nur zu Fuß, sondern auch beritten oder motorisiert.

12 Niehaus, Nachrichtentruppe, S. 146; Schick, Combat History, S. 37.

13 Jentz, Panzertruppe, S. 91; Schick, Combat History, S. 32 f.

14 BArch, PERS 1/29739, Personal-Nachweis Poretschkin, Theodor.

Die Ereignisse der nächsten Tage und auch Wochen waren teilweise so hektisch, turbulent und ungewöhnlich, dass ich mich zwar an vieles Geschehen recht genau erinnere, aber für die Korrektheit von Angaben über zeitliche Daten, Namen von Orten, Personen u. ä. nicht garantieren kann. Ich benutze daher als Gedächtnishilfe das Buch von Albert Schick »Die Zehnte P.D., Geschichte der 10. Panzerdivision 1939–1943«, herausgegeben von der Traditionsgemeinschaft der ehemaligen 10. Panzerdivision, 1993. Dieses Buch ist Mitte der 80er-Jahre entstanden. Damals habe ich einiges dazu beigetragen, als die Erinnerung etwas frischer war. Der Verfasser hatte Zugang zu Unterlagen des Militärgeschichtlichen Forschungsamtes der Bundeswehr und amtlichen Aufzeichnungen aus den Jahren 1939 bis 1943. Namen von Personen werde ich nur dann angeben, wenn sie korrekt sind, bei Ungewissheit lasse ich sie weg.

Meine Kompanie bekam Marschbefehl vom Wehrkreiskommando Dresden am 29. August im Landmarsch nach Halle zu verlegen. Ich ließ ein kleines Nachkommando mit Pkw in Prag. Der Marsch verlief zu meiner Überraschung einigermaßen planmäßig. Es war weniger Verkehr als erwartet. Ich fuhr kurz vor Halle zur Nachrichten Schule voraus, wo die Masse der Verstärkung schon eingetroffen war. Am Abend traf die Kompanie ohne Ausfälle in Halle ein. Die Trupps von den Nachrichtenabteilungen aus dem Rheinland machten auf mich einen recht guten ersten Eindruck.

Schon am nächsten Tag (30. August) kam der Marschbefehl zur Verlegung auf den Truppenübungsplatz Groß Born/Pommern, wieder im Landmarsch. Da noch einige Trupps, die zur Aufstellung der Panzernachrichtenkompanie 90 vom »Westwall« abgezogen wurden, noch nicht eingetroffen waren, ließ ich einen Wachtmeister in Halle. Dieser sollte die Trupps nachführen oder auch im Einzelmarsch nachschicken. Ganz früh am 31. August startete die Kompanie, jetzt schon über dreihundert Mann stark, in den Bereitstellungsraum. Die Marschroute war befohlen worden bis Berlin auf der Autobahn, dann Umgehung von Berlin (Strecke nicht erinnerlich) und wieder über die Autobahn bis kurz vor Stettin und dann auf Landstraßen Richtung Groß Born. Kurz vor dem Ziel scherte ich aus, um in Bad Polzin beim Stab des Nachrichtenführers der Heeresgruppe Nord, der die Division unterstellt worden war, Unterlagen für die Funkregelung der Division (Frequenzen, Rufzeichen und Schlüssel) sowie für die Nutzung postalischer Einrichtungen durch die Division abzuholen und auch um persönlichen Kontakt aufzunehmen. Diese Unterlagen wurden schleunigst gebraucht, um die Nachrichtenverbindungen sicherzustellen. Mir war klar, dass in den nächsten Tagen mit Nachtruhe nicht zu rechnen war. Bei Dunkelheit kam die Kompanie auf dem Truppenübungsplatz Groß Born an, der so überfüllt war, dass wir eine Unterkunft in der Nähe suchen mussten. Nach einiger Zeit kam die Kompanie in einem Dorf in Scheunen unter und zum wohlverdienten Schlaf nach einem langen und sehr anstrengenden Marsch. Ich kam allerdings nicht zum Schlafen, da ich mich beim Divisionsstab in Bärwalde (etwa zwanzig Kilometer von Groß Born) melden musste, der dorthin ausgewichen war. Dort erfuhr ich, dass wir am nächsten Morgen gleich nach Bärwalde umziehen sollten, wo für uns besseres Quartier vorhanden war. Ich konnte gerade noch in einem Divisionsbefehl den Zusatz anbringen, dass alle Nachrichtenoffiziere der Regimenter und Bataillone sich bei der Panzernachrichtenkompanie 90 melden sollen. Gegen morgen kam ich wieder zur Kompanie. An Schlafen war nicht mehr zu denken. Am 1. September begann bei Hellwerden der Polenkrieg. Unsere Division war daran aber noch nicht beteiligt. Die Kompanie verlegte nach Bärwalde und bezog Quartier, was aber doch einige Zeit benötigte, da an diesem Tag auch andere Truppenteile in der gleichen Gegend ankamen und es einige Probleme mit den Unterkünften gab. Den ganzen Tag war ich wieder auf den Beinen, da aus Halle Nachzügler eintrafen. Ich musste ja auch möglichst bald die neuen Kameraden der Kompanie kennenlernen, vor allem die Unteroffiziere und Truppführer. Am Abend kam der Befehl für die Verlegung in den Raum um Bütow. Das bedeutete wieder einen Marsch von rund einhundertzehn Kilometern auf kleinen Landstraßen. Das musste auch vorbereitet werden. Ich schlief wieder nicht und die Funkunterlagen für die Division waren auch nicht fertig.

Für uns war Abmarsch am 2. September etwas später (wenn ich recht erinnere, acht Uhr Ablaufpunkt bei Bärwalde) befohlen worden. Also konnte ich mich bei Hellwerden etwas ins Stroh legen und ließ mich von meinem Fahrer um halb sieben wecken. Als er mir einen Eimer Wasser als Dusche übergekippt hatte und ich mir gerade ein frisches Hemd anzog, meldete sich der Nachrichtenoffiziere eines gerade eingetroffenen Bataillone bei der Kompanie, um Funkunterlagen abzuholen. Ich begrüßte ihn so wie ich vor der Scheune stand, zog mich an und begann aus dem Stehgreif die Rufzeichen und Frequenzverteilung der Division aufzustellen. Ein Unteroffizier schrieb mit. Ein gewagtes Unternehmen, da so Fehler und Überschneidungen leicht unterlaufen können. Später am Tag ging es aber auch gleich nach dem Eintreffen im Raum Bütow so weiter. Ich befürchtete ein Desaster für die gesamte Funkregelung der Division. Zum Glück unterliefen keine Fehler und alles klappte. Der Unteroffizier hatte genau mitgeschrieben. Fortune muss der Soldat haben! Der Marsch nach Bütow dauerte lange, die schmale Straße war oft verstopft. Am frühen Nachmittag bezogen wir Quartier in Bütow und ich hatte wie oben beschrieben viel zu tun mit der Funkregelung. Am späten Nachmittag orientierte mich der Ia[15], dass wir jetzt der 4. Armee (General von Kluge[16]) unterstellt werden. Ich konnte die Armee nicht telefonisch erreichen. Aber es gelang mir, in einem Ferngespräch mit der Heeresgruppe Nord zu klären, dass an den Funkunterlagen sich nichts ändert und ich

15 Die Abkürzung Ia bezeichnete umgangssprachlich den Führer der Stabsabteilung »Führung und Ausbildung«. Der Bereich Ib war verantwortlich für Logistik und Versorgungsdienste und Ic für Feindlage und Abwehr.

16 Günther von Kluge (1882–1944) führte die 4. Armee im Polen- und Frankreichfeldzug und diente 1944 als Oberbefehlshaber West. Nach dem gescheiterten Attentat auf Hitler verlor er dessen Vertrauen und beging am 19. August 1944 Selbstmord.

bat, der 4. Armee die Erreichbarkeit des Divisionsstabes über das Postnetz mitzuteilen. Auch die Funkverbindung zur Armee wurde geregelt. Kurz danach wurde ich wieder zum Ia befohlen. Hier erfuhr ich, dass die Division Befehl hatte, schon am 3. September um 7:30 Uhr anzutreten und über Berent-Neuenburg a. d. Weichsel den Dirschauer Winkel südlich Danzig abzuschneiden. Die Aufklärungsabteilung wird schon sofort vorausgeworfen. Funkverbindungen müssten also umgehend aufgenommen werden. Ich war froh, dass sie schon geregelt waren und aktiviert werden konnten. Es klappte auch, da alle auf engem Raum zusammenlagen. Die neu zugeführten Funkstellen waren mir völlig unbekannt, erwiesen sich aber als so wendig, dass alles funktionierte. Ich führte dieses auf gute Ausbildung und auch die rheinische Mentalität der Truppführer und Funker zurück. Divisionsstab und meine Kompanie blieben aber zunächst in Bütow. General Schaal entschloss sich, schon bei Dunkelheit zur Aufklärungsabteilung bei Berent mit dem Pkw vorzufahren, die gemeldet hatte, dass sie bisher keine Feindberührung hatte. Der General fuhr mit abgedunkelten Scheinwerfern. Plötzlich fuhr der Pkw. in einen Bombentrichter oder eine Straßensperre, dies ist meines Wissens nach nie geklärt worden. Der General und sein Begleiter, der Ic, Hauptmann von Bieberstein, sowie der Fahrer wurden am Kopf verletzt und erlitten starke Gehirnerschütterungen. Sie mussten ins Lazarett eingeliefert werden (die Landser sagten: »Der General biss in die Windschutzscheibe«). Schon bevor für die Division der Krieg richtig angefangen hatte, verlor sie den von allen geschätzten Kommandeur. Wie üblich, übernahm zunächst der dienstälteste Kommandeur die Führung der Division, es war dies Oberst Ehrenberg, Kommandeur des Infanterieregiments (mot.) 86.

Schon am 6. September wurde aber Generalmajor Stumpff[17], bisher Kommandeur der Panzerbrigade 3, mit der Führung der Division beauftragt. General Stumpff kannte ich ja schon von der Zeit bei der 3. Schützenbrigade. Kurz nach dem Unfall des Generals Schaal kam ein Funkspruch, wonach die Division wieder der Heeresgruppe Nord unterstellt wurde und Befehl kam, am selben Tag über Dirschau-Käsemark die Gegend Marienburg zu erreichen. Der Führungsstab der Division und meine Kompanie waren schon ostwärts verlegt worden. Mit Funksprüchen wird allen Truppenteilen der Division befohlen, auf verschiedenen Straßen den Raum nördlich Dirschau zu erreichen.

Alle Brücken über die Weichsel bei Dirschau waren gesprengt. Einzige Möglichkeit über die Weichsel zu kommen, bot eine Schiffsbrücke bei Käsemark auf Danziger Gebiet an der Fächerung der Mündungsarme der Weichsel. Am Nachmittag erhielt die Division Befehl, nach Überqueren der Weichsel über Elbing und Mohrungen den Raum zwischen Osterode und Allenstein zu erreichen. Die Nacht vom 3. zum 4. September verbrachte die Führungsstaffel meiner Kompanie in der Nähe des Divisi-

17 Horst Stumpff (1887–1958) diente durchgehend in Infanterieverwendungen, bis er 1938 die 3. Panzerbrigade übernahm. Bis 1941 führte er einige Panzerdivisionen und nahm danach bis Kriegsende vor allem administrative Dienstposten im Reichsgebiet wahr.

onsgefechtsstandes nördlich Dirschau. Wir hatten bislang keinerlei Feindberührung. Am 4. September nachmittags Abmarsch über die Schiffsbrücke Käsemark Richtung Allenstein. Nach anstrengendem Marsch Tag und Nacht erreichen wir am 5. September morgens den Raum Osterode-Alleinstein und beziehen, quartiert in der Nähe des Divisionsstabes bei Dietrichswalde. Der folgende Ruhetag ist mit Instandsetzung von Kfz und Gerät ausgefüllt und die Männer kommen kaum zur Ruhe. Die Division erhält Befehl, am 6. September über Bischofsburg–Sensburg den Raum um den Truppenübungsplatz Arys zu erreichen, um am 7. September über die polnische Grenze Lomza anzugreifen. Der Ia orientiert mich, dass alle der Division unterstellten Truppenteile zur Division gestoßen sind. Die Nachrichtenoffiziere melden sich bei mir und erhalten die fehlenden Unterlagen. Am 6. September nachmittags kommen wir in Arys an, aber nicht zur Ruhe. Am Abend trifft der neue Divisionskommandeur General Stumpff ein. Inzwischen ist die Division dem XXI. Armeekorps der 3. Armee unterstellt worden und soll am 7. September um 5 Uhr die polnische Grenze überschreiten, wo nur schwache Kavallerie festgestellt worden ist. Die nun folgenden militärischen Ereignisse sind im schon erwähnten Buch von Albert Schick »Die Zehnte P.D.« geschildert. Ich verweise für den Polenfeldzug darauf und werde selbst nur davon berichten, wenn zum Verständnis erforderlich.

Die letzte Nacht schlief ich kaum und unruhig. Ich kannte ja kaum die Namen der Hälfte meiner Soldaten! Als pünktlich um fünf Uhr die Grenze überschritten wurde und auch für unsere Division der Krieg richtig begann, merkte ich zunächst gar nichts davon. Ich war voll beschäftigt, mit einigen wehrpflichtigen Abiturienten und dem sehr wendigen Wachtmeister Simon Tarntafeln und andere Funkunterlagen zu ergänzen und durch Kradmelder der Truppe zuzustellen. So nahe beim Divisionsgefechtsstand war nichts von Fliegerangriffen oder Artilleriebeschuss zu merken. Es war wie im Manöver. Plötzlich große Aufregung. Zwei Kradmelder waren in einem Dorf ganz in der Nähe des Divisionsgefechtsstandes auf der Fahrt zur Front aus dem Hinterhalt beschossen worden, einer war sofort tot, der andere an seiner Verwundung auf dem Transport gestorben. Die ersten Gefallenen der Division. Der Schütze, ein alter Zivilist war mit dem Gewehr in der Hand gefasst und mit den Toten zum Gefechtsstand gebracht worden. Also ein Freischärler, der Begriff Partisan war damals noch nicht geläufig. Zufällig war der Kriegsgerichtsrat Dr. Krämer beim Führungsstab. Nach Beratung mit ihm ordnete General Stumpff sofort ein Feldkriegsgerichtsverfahren an und ich wurde als erreichbarer Truppenoffizier mit einem Feldwebel und einem Gefreiten als Beisitzer befohlen. Dolmetscher war vorhanden. Nach Belehrung durch Dr. Krämer trat das Gericht zusammen und der Angeklagte wurde vorgeführt. Nach anfänglichem Schweigen war er geständig und beschimpfte uns. Völkerrechtlich eine klar bewiesene Tat eines Freischärlers, die nach Internationalem Völkerrecht und Brauch mit dem Tode zu bestrafen ist. Die kurze Verhandlung erinnerte mich sehr genau an den Unterricht beim Fähnrichsvater und auf der Kriegsschule. Mir wurde ganz plötzlich bewusst, welche Verantwortung auf uns jetzt zukam. Mit der Frage, ob sich ein Mensch überhaupt das Recht anmaßen darf, über Tod und Leben eines Mitbürgers zu entscheiden, hatte ich bis dahin nicht nachgedacht. Zweifel habe ich daran immer noch. Das Todesurteil wurde einstimmig gefällt, vom Gerichtsherrn bestätigt und vollstreckt. Zum Glück wurde ich aber nicht auch noch mit der Führung des Kommandos bei der Exekution beauftragt. Dafür bin ich bis heute dankbar.

Der Angriff auf Lomza bereitet der Division einige Schwierigkeiten, Einzelheiten schildert Albert Schick gewissenhaft und eingehend. Am 8. September wird die Division dem XIX. Korps unterstellt, dessen Kommandierender General der General der Panzertruppen Heinz Guderian war. Nach anfänglichen Schwierigkeiten folgte eine gute und für die Division fruchtbare Zusammenarbeit. Für mich brachte die Unterstellung den großen Vorteil, dass ich den Nachrichtenführer des Korps und seine Mitarbeiter persönlich aus der Stahnsdorfer Zeit sehr gut kannte, dies half mir sehr. Die Division erreichte über Wizna den Narew, den sie mit einigen Schwierigkeiten überschritt und über Wysokie Mazowiecki schließlich am 14. September Brest Litowsk, das zusammen mit der 20. Division am 17. September eingenommen wird. Hier trifft die Division auf die sowjetrussische Armee, die in Polen einmarschiert war. Der Ia der Division, Major Bayerlein wollte mich als Verbindungsoffizier und Dolmetscher zu den Russen einsetzen, da in meiner Personalakte noch angegeben war, dass ich Russisch als Muttersprache spreche. Mit großer Mühe konnte ich ihn davon abbringen, da ein Sprachschatz (der eines im Dorf aufgewachsenen Kindes) für eine solch diffizile Aufgabe keineswegs ausreichte und ich inzwischen viel vergessen hatte. Am 23. September wird die Division aus Brest Litowsk abgezogen. Am 25. September trifft Generalmajor Schaal aus dem Lazarett wieder beim Divisionsstab ein und übernimmt die Führung der Division. Gleichzeitig erhält die Division Befehl zum Abmarsch nach Ostpreußen.

Divisionsstab und meine Kompanie wurden nach Nikolaiken verlegt. Wir erreichten das neue Quartier im Landmarsch und bezogen Quartier in leer stehenden Kasernen. Am Abend wurde ich zum Divisionskommandeur befohlen und General Schaal überreichte mir mit anerkennenden Worten das Eiserne Kreuz II. Klasse. Er betonte, dass die Division diese Auszeichnung für mich beantragt hätte als Anerkennung für die guten Leistungen unter schwierigen Verhältnissen der Panzernachrichtenkompanie 90. Damit hatte ich nicht gerechnet und war unheimlich stolz über diese unerwartete Auszeichnung. Wachtmeister Blattner hatte das EK II auf Antrag der Kommandeure vom Panzerregiment 8 und Infanterieregiment (mot.) 86 bekommen, weil er zu ihnen als Zugführer im Gefecht stets Fernsprechverbindungen sichergestellt hatte. Das hatte mich sehr gefreut, aber ich hatte mit einer Auszeichnung für mich selbst nicht gerechnet. Bis heute ist es für mich unerklärlich, wie ein so zusammengewürfelter Haufen, wie meine Kompanie bei Kriegsbeginn war, überhaupt funktionieren konnte, da wir keine Zeit für Übungen gehabt haben. Der Spruch vom Alten Fritz »Fortune muss der Soldat haben!« muss doch seine Berechtigung haben,

Schon am 29. September wurden wir nach Gumbinnen a. d. Pissa verlegt (mein Quartierswirt sagte mir gleich, dass dieser Fluss bei den Damen »das Flüsschen« genannt wird, während die Männer ihn »Urinokko« nennen). Schon am 1. Oktober kam der Befehl zur Verlegung im Bahntransport nach Thüringen auf den Truppenübungsplatz Ohrdruf und Divisionsstab und Panzernachrichtenkompanie 90 nach Gotha. Ich wurde als Vorkommando nach Gotha befohlen, um die Fernsprechverbindungen vorzubereiten. Fahrt im Pkw. Die Kompanie sollte durch einen Kompanieoffizier nachgeführt werden. Ich erhielt die Erlaubnis, über Berlin und Prag zu fahren. Ich nahm Leutnant Beck und Wachtmeister Blattner mit, die beide verheiratet waren und ihre Wohnung in Prag hatten. Ein Fernsprechtrupp hatte in Polen eine Panzerabwehrkanone erbeutet und sie sollte unsere Kaserne in Prag schmücken, da wir damit rechneten, bald in unseren Friedensstandort zurückzukehren. Deshalb hängten wir sie an unseren Kfz 15 an. In Berlin kamen wir gegen Mittag an und stellten fest, dass Unter den Linden eine Parade am Nachmittag stattfinden sollte. Wir fuhren natürlich über die »Linden«, die schon voller Zuschauer waren. Die Absperrungsposten ließen uns »Fronthelden«, die im offenen Wagen (mit frischem EK am Band im Knopfloch) saßen, aber anstandslos durchfahren. Wir wurden durch die Zuschauer mächtig beklatscht. Wir machten einen kurzen Halt bei meiner Mutter, die wegen der Parade dienstfrei hatte. Nach einer Tasse Kaffee bei Mutti fuhren wir nach Prag weiter und kamen dort im Laufe der Nacht gegen Morgen an. Wir stellten fest, dass zu unserem Erstaunen und großen Ärger die Kaserne neu belegt war und wir keinesfalls willkommen waren. Die Kanone stellten wir aber doch dort ab und der neue Kasernenkommandant versprach mit, sie für uns aufzuheben und sicher aufzubewahren. Den Tag über blieben wir in Prag. Frau Beck und Frau Blattner freuten sich natürlich sehr und Gerti nahm sich den Tag auch frei. Am Abend starteten wir wieder Richtung Ohrdruf/Gotha. Mitten in der Nacht fuhren wir durch das verdunkelte Leipzig und fanden nicht die Ausfahrt zur damals schon fertiggestellten Autobahn. Als wir an einer Straßenkreuzung hielten, hörten wir Schritte. Ich rief laut »Halloh [sic], bitte kommen Sie hierher« und eine Person kam tatsächlich an unseren Pkw. Als ich fragte »Können Sie uns helfen und sagen, wie wir zur Autobahn kommen?«, kam aus dem Dunkeln die Antwort: »Nu freilich. Fahren Sie num, nauf und nunter. Dann gommen Sie an die Autobahn. Heil Hitler!« Wir alle im Pkw lachten lauthals, dann nauf und wieder nunter und wir waren tatsächlich an der Einfahrt zur Autobahn. Morgens meldeten wir uns in Gotha beim Divisionsvorkommando.

Zwischen Polen und Frankreich, Oktober 1939 bis Mai 1940

Der Standortälteste in Gotha/Ohrdruf hatte vorzügliche Arbeit geleistet. Für meine Kompanie war in der Kaserne der abwesenden Aufklärungsabteilung Quartier bereitgestellt und schon berücksichtigt, dass die Kompanie zu einer Abteilung erweitert werden sollte. Der Aufstellungsbefehl für die Umgliederung meiner Kompanie lag als Fernschreiben vor. Es war durch die Personalabteilung auch schon befohlen worden, wie die Offiziersstellenbesetzung aussehen würde. Demnach wurde der Major Pannicke Abteilungskommandeur. Er hatte bisher beim Reiterregiment in Ostpreußen gedient. Da er früher Regimentsnachrichtenoffizier gewesen war und die Kavallerie verkleinert wurde, war er zur Nachrichtentruppe als Abteilungskommandeur versetzt worden und zunächst zur Einweisung zur 3. Panzerdivision kommandiert worden. Ich wurde Chef der Funkkompanie und bekam den Auftrag, die Umgliederung der Panzerfunkkompanie zur Panzernachrichtenabteilung 90 zu leiten und zu melden, wenn die Aufstellung erfolgt ist. Dann würde der neue Kommandeur nach Gotha in Marsch gesetzt. Leutnant Beck wurde zum Abteilungsadjutanten ernannt, Kompaniechef der Fernsprechkompanie wurde der Oberleutnant von Vacano. Zu mir wurden als Zugführer zwei Reserveoffiziere, Leutnant Rippl und Leutnant Sauermilch, versetzt. Nach einigen Tagen traf meine alte Kompanie von Danzig im Bahntransport in Gotha ein und auch die zuversetzten Offiziere. Das Eintreffen der Unteroffiziere und Mannschaften dauerte etwas länger. Für alle Angehörigen der Division, die am Polenfeldzug teilgenommen hatten, wurden sechs Tage Sonderurlaub befohlen, der so zu gewähren war, dass die Aufstellung möglichst wenig verzögert wurde. Da die Kompaniehauptwachtmeister (»Spieß« genannt) alle aus der bisherigen Kompanie gestellt werden konnten, ging die Aufstellung zügig voran.

Nachdem die Truppenteile der Division alle in Ohrdruf/Gotha und den Friedensstandorten in Thüringen eingetroffen waren, lud General Schaal zu einer Kommandeursbesprechung mit Herrenabend ein. Ich wurde als bisher selbstständiger Kompaniechef auch dazu befohlen. Beim Herrenabend ging es recht fröhlich her und es wurde dem Alkohol reichlich zugesprochen. Der General hielt eine Rede und sprach am Schluss den Kommandeuren und ihren Verbänden seine Anerkennung aus. Am Ende lobte er besonders die Leistungen meiner Kompanie und sprach mir Anerkennung und Lob aus. Ich hatte wohl schon zu viel Alkohol getrunken, denn leise, aber für alle dennoch vernehmlich, sagte ich »Ovationen gewöhnt, Herr General«. In der darauf folgenden Stille bat der General mich raus auf den Gang. Ich hatte noch nie einen solchen Anpfiff bekommen wie den, der nun folgte und mit den Worten schloss: »Herr Oberleutnant, wenn mir, als ich junger Offizier war, mein Divisionskommandeur ein solches Lob ausgesprochen hätte, wäre ich sprachlos gewesen und vor Stolz sicher beinahe geplatzt. Sie wagen es, darauf so schnoddrig zu reagieren. Nun müssen Sie mir beweisen, ob mein Lob berechtigt war!« Jetzt war ich sprachlos. Der Rest des Abends verlief für mich recht trist. General Schaal war aber so großzügig, dass er es mir nicht nachgetragen hat. Bald war das Vertrauen wieder da.

Anfang November konnte ich melden, dass die Aufstellung so weit gediehen war, dass die Abteilung übergeben werden konnte. Einige Tage später kam der neue Kommandeur. Ich holte ihn zusammen mit dem Adjutanten am Bahnhof ab. Wir waren sehr gespannt. Dem Zug entstieg ein drahtiger, nicht sehr großer Offizier. Ich meldete ihm die Abteilung. Der »Neue« dankte für die Meldung und fügte hinzu: »Lieber Poretschkin, ich habe einundzwanzig Jahre dem Vaterland mit dem Arsch gedient. Nun soll ich dies mit dem Kopf tun. Im Personalamt muss jemand vollkommen plem-plem geworden sein. Ich habe mir aber sagen lassen, dass Sie etwas vom Fach verstehen. Ich schlage vor: wir fahren zusammen im selben Automobil. Ich zeige immer vorne meine Schulterstücke vor und Sie sagen, was gemacht werden soll. Abgemacht?«

In der Kaserne in Gotha brachte ich den Kommandeur mit Leutnant Beck zum Stabsgebäude zu seinem Arbeitszimmer und ging mich für den Appell umziehen. Auf ein Zeichen von mir kam Major Pannicke mit dem Adjutanten. Ich meldete ihm die Abteilung und nach dem Abschreiten der Front begrüßte der neue Kommandeur seine Soldaten und gab für den Rest des Tages dienstfrei. Nach dem Mittagessen brachte ich Major Pannicke in sein Quartier und wir gingen anschließend in ein Café, das voller Soldaten der Abteilung war. Wir setzten uns an einen kleinen Tisch und tranken Kaffee. Plötzlich sprang der Kommandeur auf, ging an den Nebentisch und fragte einen Soldaten »Kennen Sie mich?« worauf der Soldat antwortete »Nein, Herr Major«. Worauf dieser sagte: »Der Mensch kennt nicht seinen Kommandeur, dabei bin ich das schon seit vier Stunden!« Er zog sein Portemonnaie und gab dem verdutzten Soldaten ein Markstück mit den Worten: »Hier hast Du eine Mark. Setz Dich hin und trinke Kaffee und guck mich dabei an, damit Du nicht vergisst, wie Dein Kommandeur aussieht!« Dann saßen wir wieder zusammen und unterhielten uns. Plötzlich sprang Major Pannicke wieder auf und rief: »Ich geb dem Menschen eine ganze Mark und er trinkt Kaffee, aber guckt nicht befehlsgemäß seinen Kommandeur an. Kerl, jetzt bleib stehen und sieh mich an!« Nach einer Weile gingen wir und beim Rausgehen sagte Pannicke nur »Hinsetzen!« Das sprach sich schnell rum und wir alle lernten ihn als ein ausgesprochenes Original kennen. Mit dem Divisionskommandeur kam er sofort gut zurecht, da dieser ja auch alter Kavallerist war wie auch viele der Kommandeure der Division. Da mich fast alle Herren des Divisionsstabes schon lange kannten, kamen sie meist erst zu mir und baten, den Kommandeur zu unterrichten. So ging es recht gut. Ab Anfang November wurde die Division bis Frühjahr 1940 auf volle Stärke einer Panzerdivision aufgefüllt.

Die 10. Panzerdivision gehörte jetzt wieder dem XIX. Panzerkorps des Generals der Panzertruppen Heinz Guderian, zusammen mit der 2. Panzerdivision und der 2. Infanteriedivision (mot.). Das Hauptquartier des Korps liegt in Koblenz. Mitte November werden die Divisionskommandeure von General Guderian in die Planungen für einen Feldzug im Westen eingewiesen. Der Deckname dafür ist »Fall Gelb«. Als Funksachbearbeiter der Division werde ich vom Ia der Division eingewiesen. Die Arbeit als Funksachbearbeiter neben der Kompaniecheftätigkeit ist jetzt viel einfacher, da ich zur Unterstützung mehrere Offiziere und gut ausgebildete Wachtmeister (Offizieranwärter) in der Kompanie habe. Dann fanden im November noch mehrere Planspiele zum »Fall Gelb« für die Regiments- und Bataillonskommandeure des Korpsbereichs in Koblenz statt, an denen die Funksachbearbeiter teilnahmen. Dabei erfuhr ich auch, wie oft dieser Plan von der Obersten Führung geändert wurde.

Ende November wurde die Division in den Raum ostwärts Koblenz verlegt. Unsere Abteilung bezog zusammen mit dem Divisionsstab Quartier in Limburg a. d. Lahn und Diez. Die Quartiermacher meiner Kompanie hatten für mich ein besonders gutes Quartier aussuchen wollen und mich beim Domprobst einquartiert. Ich hatte ein sehr großes Zimmer mit kaltem und warmem Wasser, damals etwas Besonderes und einen wunderschönen Blick ins Lahntal und den Dom. Ich bedankte mich besonders bei dem Wachtmeister. Die Haushälterin bat ich, mir einen Termin am nächsten Tag für einen Antrittsbesuch beim Hausherrn zu erfragen. Noch am Abend kam die Dame und teilte mir mit, dass Hochwürden keinen Wert auf einen Besuch legte und mir ausrichten ließ, dass Damenbesuche bei mir äußerst unerwünscht wären. Am nächsten Morgen bezog ich ein anderes Quartier, das zwar nicht so komfortabel war, aber in dem mich sehr wohl fühlte bei einer netten Lehrerfamilie. Die Quartiermacher wies ich an, mich ja nicht noch einmal bei einem »Pfaffen« einzuquartieren. Das sollte sich später als großer Fehler erweisen.

Die Ausbildung litt durch plötzlich einsetzende Kälte und Betriebsstoffmangel. Der Mangel entstand, weil die Produktion des synthetischen Betriebsstoffes in Leuna noch im Anlaufen begriffen war. Es fiel auch ungewöhnlich viel Schnee. Der hohe Schnee bereitete mir und dem Kompaniewachtmeister aus einem hässlichen Anlass Schwierigkeiten. Ein junger Unteroffizier beging Selbstmord. In seinem Quartier fanden wir einen Brief, in dem er mitteilte, dass seine Verlobte in Berlin ihm untreu geworden sei und er sich deshalb das Leben nehmen würde und sich »draußen im Schnee« mit seiner Pistole erschießen würde. Tagelanges Suchen blieb erfolglos. Als ich den Vorfall dem Kommandeur meldete, sagte Major Pannicke nur: »Lieber Poretschkin, Reisende in den Himmel soll man nicht aufhalten!« Ich bekam jedoch großen Ärger, weil ich zwei Tage vorher gemeldet hatte, dass die gesamte scharfe Munition befehlsgemäß eingesammelt und im Munitionsdepot der Division abgeliefert sei. Der Unteroffizier hatte offensichtlich einige Patronen unterschlagen. Er war im Herbst zur Kompanie versetzt worden und ein ganz unauffälliger Durchschnittssoldat gewesen. Ich musste seine Eltern verständigen, was mir schwer fiel, aber ich musste ihnen ja wahrheitsgemäß berichten. Erst Wochen später, nach der Schneeschmelze wurde die Leiche gefunden und nach Berlin zur Beerdigung überführt. Da waren wir schon nicht mehr in Limburg. Der Vater war Nazi und kleiner Funktionär der NSDAP (Blockwart) in Berlin. Er verlangte bei der Standortverwaltung eine Beerdigung mit militärischen Ehren. Entsprechend der Vorschrift musste hierzu der Disziplinarvorgesetzte Stellung nehmen. Auf Anfrage lehnte ich nach Lage der Dinge militärische Ehren für einen Selbstmörder aus vorliegendem Anlass ab. Das führte zur Beschwerde des Vaters über mich beim »Führer«, die vom Reichsleiter Bormann[18] auf dem Dienstwege über OKW, OKH, Heeresgruppe, Armee und Korps beim Divisionskommandeur nach Monaten landete und zu einem langen Schriftwechsel führte, da General Schaal sich meiner Stellungnahme anschloss und meine verlangte Bestrafung ablehnte. Das ganze verlief dann im Sande, nachdem der Frankreichfeldzug ausbrach. Das war aber viel später, noch sind wir in Limburg. Weihnachten gab es einige Tage Urlaub. Ich bot unserem Kommandeur an, über die Feiertage zu fahren, da er verheiratet war. Major Pannicke nahm das dankend an und ich vertrat ihn. Während des Urlaubs verlangte General Guderian von den Divisionen eine detaillierte Meldung über gepanzerte Kfz (einsatzbereit/kurzfristige/langfristige Instandsetzung, Totalausfall). Ich verließ mich auf die Angaben des Schirrmeisters, der den beurlaubten technischen Beamten vertrat und unterschrieb die Meldung in Vertretung des Kommandeurs. Es stellte sich heraus, dass die Meldung falsche Angaben enthielt wie viele andere, die auf gleiche Weise von Vertretern unterschrieben wurden. Guderian tobte und verlangte Bestrafung wegen Abgabe einer Falschmeldung. Mir wurde mitgeteilt, dass ich mich beim Divisionskommandeur zur Bestrafung melden sollte. Da kam gerade Major Pannicke zurück. Ich meldete ihm die Sache. Darauf ging er zum Divisionskommandeur und bat um seine Bestrafung, da ich ihn vertreten hätte und er der Kommandeur sei. Darauf wurde keiner von uns beiden bestraft. Mir hat diese vornehme, ritterliche und kameradschaftliche Haltung meines Kommandeurs ungeheuer imponiert.

Einige Tage später fuhr ich nach Prag zu einem Kurzurlaub. Gerti und ich beschlossen zu heiraten. Die Vorschrift, dass Berufsoffiziere erst mit siebenundzwanzig Jahren heiraten können, war zwar aufgehoben worden, aber eine Verlobungs- und Heiratsgenehmigung musste auch im Kriege vom Personalamt genehmigt werden.

Die paar Tage in Prag vergingen schnell und nach Rückkehr zur Kompanie meldete ich dem Kommandeur, dass ich die Absicht habe, zu heiraten und ihm den Antrag auf Genehmigung vorlegen würde. Ich nahm an, dass dies jetzt nur eine reine Formsache ist und war über die Reaktion sehr erstaunt. Major Pannicke sagte: »Sie können unmöglich von mir verlangen, dass ich einen solchen Antrag befürwortend weiterleite. Als ich heiraten wollte, hat mein Kommandeur mehrere Reisen gemacht, um die Familie meiner künftigen Frau kennenzulernen, bevor er den Antrag befürwortend weitergab. Das kann ich jetzt doch nicht tun. Warten Sie damit bis der Krieg vorbei ist, das dauert bestimmt nicht mehr lange.« Als ich aber weiter auf meiner Absicht bestand, lehnte er strikt meine Bitte ab. Damit war für ihn die Sache erledigt.

Ich war von dieser Ablehnung so überrascht, dass ich erst mal ein paar Tage brauchte, um zu überlegen, wie ich weiter verfahren sollte. Da kam ein Fernschreiben, dass Major Pannicke als Kommandeur der Nachrichtenabteilung einer neuauf-

---

[18] Martin Bormann (1900–1945) stieg in der NSDAP bis 1943 zum Privatsekretär Hitlers auf. In den letzten Kriegstagen starb er beim Versuch, in Berlin aus dem Führerbunker zu entkommen.

gestellten Kavalleriedivision versetzt wird. Sein Nachfolger wurde Major Bayer von der Inspektion der Nachrichtentruppen in Berlin, den ich von der Zeit in Stahnsdorf kannte. Er hatte sich für die ihm damals noch unbekannten Funkerei der Panzertruppen besonders interessiert. So wartete ich den bevorstehenden Kommandowechsel ab, der in einigen Tagen erfolgen sollte. Er fand bei besonders strenger Kälte statt und ich erinnere mich gut daran, weil ich so leichtsinnig war und vorschriftsmäßige graue Wildlederhandschuhe anzog und mir die Finger so erfror, dass es längere Zeit dauerte, bis sie wieder vom Truppenarzt sachgemäß aufgetaut werden konnten. Dem neuen Kommandeur legte ich mein Heiratsgesuch vor und nach wenigen Tagen kam fernschriftlich schon die Heiratsgenehmigung vom Personalamt. Darauf wurde Heiratsurlaub für Anfang Februar zugesagt.[19]

Noch während der neue Kommandeur von uns Kompaniechefs eingewiesen wurde, kam der Befehl zur Verlegung an die Mosel. Divisionsstab und der Stab unserer Abteilung kamen nach Bernkastel und meine Kompanie nach Longkamp, etwa zwei Kilometer oberhalb Bernkastel am Rand des Hunsrücks gelegen. Die Quartiermacher erinnerte ich an die Absprache wegen meines Quartiers. In den letzten Januartagen marschierten wir bei klirrender Kälte nach Longkamp. Bei Ankunft meldete der Wachtmeister, dass das beste Quartier zweifellos beim Dorfpfarrer sei, sie hätten mich aber eingedenk meines Befehls beim Oberförster Brandt einquartiert. Bei der Familie Brandt wurde ich herzlich empfangen und bekam das große Eheschlafzimmer, da Frau Brandt an einer seltsamen Krankheit litt und seit Jahren nicht mehr schlafen konnte und deshalb nachts immer in der Küche in einem Sessel saß und Herr Brandt sich das Einzelzimmer der verheirateten Tochter genommen hatte. Ich war sehr gut aufgehoben, aber als ich den Pfarrer und sein Pfarrhaus kennengelernt hatte, bedauerte ich doch meine Anweisung. Der Pfarrer hatte einen Studienfreund, der beim Bischof von Tier für die Weinberge zuständig war und seinen Freund immer mit »Messwein« aus den besten Lagen der bischöflichen Weingüter versorgte. Der Pfarrer erzählte mir, dass ihm das Telefon weggenommen wurde, weil es für unser Geschäftszimmer benötigt wurde. Er vermisste es sehr, weil er jetzt auch die Pfarrei eines zum Militär eingezogenen Amtsbruders betreuen müsste. So müsste er oft nachts lange Wege zu Fuß laufen, wenn er gerufen wurde und konnte sich nicht vorher telefonisch erkundigen. Oft stellte er nach langem Nachtmarsch fest, dass es gar nicht so eilig gewesen war und er den Nachtmarsch umsonst gemacht hatte. Ich stellte fest, dass im Dorf noch ein Anschluss war, der dem Luftschutzwart und Ortsgruppenleiter der NSDAP gehörte und nicht abgeschaltet werden dürfte. Ich ging daher zu diesem Herrn, erklärte ihm, dass ich jetzt Ortskommandant sei und für Ordnung und auch Luftschutz zuständig sei. Sein Apparat würde daher nicht dringend benötigt und deshalb würde sein Anschluss für uns genommen. Ich hätte mich

19 Ironischerweise wurde bei aller penibler Bürokratie im Rahmen dieses Vorgangs nicht auf den Namen der Braut geachtet, sodass auf der Heiratsgenehmigung aus Gerta Schneeberger »Gerda Schleeberger« wurde, siehe BArch, PERS 1/29739, Fernschreiben vom 29.1.40.

persönlich überzeugt, dass der Pfarrer ein Telefon dringend benötigte. Auf heftige Proteste, er wäre Hoheitsträger der Partei usw., ließ ich mich nicht ein und belehrte ihn, dass im Kriege der Soldat als Ortskommandant verantwortlich und damit auch Hoheitsträger sei. Wir schieden nicht gerade in Freundschaft. Folge war eine Beschwerde bei dem höchsten Luftschutzwart, Reichsmarschall Hermann Göring[20]. Auch diese Beschwerde verlief im Sande, da sie auch auf dem langen Dienstweg bei der Division erst nach Monaten ankam, als der Frankreichfeldzug zu Ende war. Der Pfarrer behielt so seinen Anschluss bis wir auszogen und bedankte sich oft dafür, indem er mich zu seinem »Messwein« abends in sein gemütliches Pfarrhaus einlud.

In den Monaten in Longkamp bekam die Kompanie die zustehenden Achtrad- und Vierradpanzerspähwagen mit Funkausrüstung im Austausch mit den bisher behelfsmäßig eingesetzten Kraftfahrzeugen. Die Funker und auch Truppführer mussten daran ausgebildet werden. Mein Freund Burchardt beim Panzerkorpsnachrichtenführer half mir und schickte mir für eine Woche daran ausgebildete erfahrene Unteroffiziere zur Hilfe. Ich bekam von der Division auch eine Extrazuweisung von Sprit, sodass wir auch im Gelände und während der Fahrt ausbilden konnten.

Vor Ostern passierte etwas sehr Komisches. In dem unserer Division unterstellten Regiment Großdeutschland diente als Reserveunteroffizier der »Reichsjugendführer des Großdeutschen Reiches« Baldur von Schirach[21]. Die Division bekam ein Fernschreiben, dass dieser bei einer Veranstaltung von HJ-Führern im Saargebiet am Geburtstag des Führers eine Rede halten sollte und dafür zu beurlauben sei. Da das Regiment keinen Fernschreibanschluss hatte, wurde dieser Befehl als Fernspruch durchgegeben, wobei für den Namen des Truppenteiles der Deckname zur Tarnung eingesetzt werden musste, dieser war zufällig festgelegt worden. Er lautete für das Regiment Großdeutschland »Zuchtbulle«. Beim Regiment kam also an: »... Uffz. Baldur von Schirach, Zuchtbulle (Anm.: Deckname des Regiments) ist zu beurlauben... usw.« Dieser Text wurde in Unkenntnis der Tarnbestimmungen missverstanden und als böswillige Verunglimpfung der Partei und dieser hochgestellten Persönlichkeit ausgelegt und die Bestrafung der für diesen Text Verantwortlichen verlangt. Ich konnte den sachlichen Grund für den Text erklären. Dies löste große Heiterkeit aus und mir geschah nichts.

General Guderian hielt weiter Planspiele und Lehrvorführungen in Koblenz zum »Fall Gelb« ab. Ich nahm als Funksachbearbeiter daran teil. Später waren alle Kompaniechefs der Division beteiligt. Ende April wurde dabei auf dem Übungsplatz bei

20 Der ehemalige Jagdflieger Hermann Göring (1893–1946) galt lange als einer der engsten Weggefährten Hitlers. Er häufte ab 1933 eine Vielzahl von Ämtern und Titeln an und war seit 1933 u. a. Präsident des Reichsluftschutzverbandes. Seiner Hinrichtung nach einem Schuldspruch in den Nürnberger Prozessen entzog er sich durch Selbstmord.

21 Baldur von Schirach (1907–1974) wurde 1931 zum Reichsjugendführer der NSDAP ernannt und war in dieser Funktion für die Hitlerjugend verantwortlich. Von 1939 bis 1940 diente er in der Wehrmacht und wurde im Anschluss Reichsstatthalter in Wien. 1946 verurteilten ihn die Richter in den Nürnberger Prozessen zu zwanzig Jahren Haft, die er bis 1966 verbüßte.

Koblenz durch eine Panzergrenadierkompanie als Lehrvorführung der Angriff auf einen nachgebauten Bunker der Maginotlinie gezeigt. Guderians Kritik war vernichtend. Wir Zuschauer waren fast alle der Meinung gewesen, dass die Einnahme des Bunkers viel zu schnell erfolgt war und es in Wirklichkeit viel länger dauern würde, eine so starke Befestigung zu knacken. Zu unserem Erstaunen war Guderian ganz anderer Meinung, ihm hatte es viel zu lange gedauert. Er schärfte allen ein: »Merken Sie sich: Je schneller wir laufen, umso schneller läuft der Gegner von uns weg, das gilt auch beim Angriff auf einen Bunker! Schärfen Sie dies Ihren Soldaten ein!« Das Planspiel hatte den Übergang über die Maas bei Sedan behandelt. Guderian befahl in der Schlussbesprechung, die beim Planspiel erarbeiteten Befehle aufzuheben, sie könnten später beim Übergang verwendet werden.

Abschließend ordnete er an, wenn »Fall Gelb« ausgelöst wird und wir ausrücken, für alle Nachzügler beim Restkommando im alten Quartier den Befehl zu hinterlegen: »Nachkommen, Marschziel Calais!« Wir hielten dies zunächst für einen Scherz, merkten aber, dass es ernst gemeint war und haben dies später getan. Bei meiner Kompanie hat es auch tatsächlich funktioniert. Anfang März war unser Erster Generalstabsoffizier versetzt worden. Es kam zum Divisionsstab der Oberstleutnant i.G. Freiherr von Liebenstein. Dieser hatte auch für die Belange der Nachrichtentruppe großes Verständnis. Die Zusammenarbeit mit ihm war von Anfang an gut.

Feldzug in Frankreich, Mai 1940 bis März 1941

***

Der deutsche Angriff auf Frankreich begann am Morgen des 10. Mai 1940 und fand weitgehend gemäß dem vom damaligen Generalleutnant Erich von Manstein[22] *ausgearbeiteten »Sichelschnittplan« statt. Vorangegangen war mit dem »Unternehmen Weserübung« die weitgehende Besetzung Dänemarks und Norwegens durch die Wehrmacht.*

Der Plan für den Feldzug im Westen sah vor, wie bereits im Ersten Weltkrieg, mit einem Teil der Truppen im Rahmen des »Fall Gelb« durch das neutrale Belgien, Luxemburg und zusätzlich über die Niederlande anzugreifen. Die mobilen britischen und französischen Einheiten sollten so nach Norden in den Raum Belgien gelockt werden. Parallel sollten Panzerdivisionen wie eine Speerspitze aus dem für Panzer ungünstigen Ardennengelände nach Westen hervorbrechen und sich den Weg, ohne auf Flankensicherung zu achten, zur Kanalküste freikämpfen.[23] *Dieser Plan stand im krassen Gegensatz zu den*

[22] Der 1942 zum Generalfeldmarschall ernannte Erich von Manstein (1887–1973) galt als operatives Genie der deutschen Generalität. Nach zahlreichen Konflikten mit Hitler entließ dieser ihn im März 1944. 1949 verurteilte ihn ein britisches Militärgericht wegen Kriegsverbrechen zu achtzehn Jahren Haft, aus der er 1952 entlassen wurde.

[23] Frieser, Blitzkrieg-Legende, S. 78 f., 316; Niehaus, Nachrichtentruppe, S. 143.

Planungen vom Herbst 1939, die vorgesehen hatten, sich langsam von Norden her durch Frankreich zu kämpfen. Die Wehrmachtführung hatte sich dabei auf einen langjährigen Krieg eingestellt.[24] *Mansteins Plan besaß jedoch den entscheidenden Vorteil eines Überraschungsmoments und nutzte den Vorzug der hohen Operationsgeschwindigkeit der Panzerdivisionen effektiv aus. Von Nachteil war der enge Zeitplan, der unbedingt eingehalten werden musste, wenn der beabsichtigte Erfolg erzielt werden sollte. Bemerkenswert ist, dass Hitler den Plan vor dem Hintergrund seiner eigenen Erfahrungen des Grabenkrieges an der Westfront im Ersten Weltkrieg offensichtlich nicht verstanden hatte und mehrfach befahl, die rasch vordringenden Panzerverbände anzuhalten. Angesichts des rasanten Operationstempos waren der »Führer« und Teile der Generalität mehrfach einem Nervenzusammenbruch nahe.*[25]

Der Durchbruch der Panzerdivisionen durch die Ardennen bis zur Kanalküste gelang. Das Gros der französischen und britischen Streitkräfte stand nun isoliert in Nordfrankreich und Belgien. Einem Teil gelang es, von Dünkirchen aus Großbritannien zu erreichen. Die Wucht des deutschen Angriffs, bestehend aus einer Kombination von gepanzerten Verbänden und präzisen Luftschlägen, entschied diesen Feldzug.[26] *Das mitunter rücksichtlose Vordringen hatte zwar Verluste an Menschen und Material zur Folge, doch errangen die deutschen Truppen im Westen insgesamt gesehen einen unerwartet schnellen Erfolg.*[27] *Erneut war hier das ständige Halten der Verbindungen zwischen den einzelnen mobilen Verbänden durch die Nachrichtentruppe unerlässlich und führte dazu, dass im deutschen Heer über zwölfmal mehr Funker als in der französischen Armee eingesetzt wurden.*[28] *Dies war insbesondere in den motorisierten Verbänden zwingend erforderlich, da die 10. Panzerdivision im Rahmen des XIX. Armeekorps die Spitze des Stoßkeils durch die Ardennen war und die Panzerverbände mit Luftunterstützung weitgehend losgelöst von den langsameren Infanteriedivisionen operierten.*[29]

Der frisch verheiratete Poretschkin erlebte den Frankreichfeldzug als Kompaniechef der 2. Kompanie der neu aufgestellten Panzernachrichtenabteilung 90. Wie der Rest der Panzertruppe und sonstiger motorisierter Verbände waren auch die Nachrichteneinheiten nach dem Polenfeldzug aufgestockt und mit neuem Material, insbesondere gepanzerten Fahrzeugen, ausgestattet worden.[30] *Neben einer leichten Versorgungskolonne verfügte diese Abteilung über den Stab, eine Fernsprechkompanie sowie Poretschkins Funkkompanie.*[31] *Die Umstrukturierungen der Verbände waren den Ausfällen durch Feindeinwir-*

---

24 Frieser, Blitzkrieg-Legende, S. 38, 74.

25 Ebd., S. 319 ff., 363 ff; Hoffmann, Die deutsche Heeresführung, S. 49.

26 Frieser, Blitzkrieg-Legende, S. 377, 426 f.

27 Ebd., S. 399 f.

28 Ebd., S. 426.

29 Ebd., S. 119; Jentz, Panzertruppe, S. 129; Niehaus, Nachrichtentruppe, S. 143.

30 BArch, RH 27-10/109, Taktische Erfahrungen im polnischen Feldzug, 15.10.1939; Frieser, Blitzkrieg-Legende, S. 28; Jentz, Panzertruppe, S. 106; Schick, Combat History, S. 79.

31 Schick, Combat History, S. 75.

kung oder Verschleiß sowie den taktischen Erkenntnissen aus Polen geschuldet. Hinzu kam, dass auf französischer und britischer Seite Panzer zum Einsatz kamen, mit denen es die leichten Panzerkampfwagen I und II keinesfalls mehr aufnehmen konnten. Sie waren zwar immer noch vorhanden, wurden aber in hohem Maße durch die schwereren Typen III und IV ergänzt.[32] *Auch hinsichtlich des Ausbildungsstandes wurden die im Polenfeldzug erkannten Mängel weitgehend beseitigt. Dies betraf auch die Fähigkeiten des Divisionspersonals im Fernmeldebereich, für das die Panzernachrichtenabteilung 90 Funklehrgänge anbot.*[33]

Die Kampfhandlungen schildert Poretschkin erneut nur knapp und rudimentär. Insbesondere die Soldaten der Nachrichtentruppe waren praktisch rund um die Uhr im Einsatz, um die Verbindungen sicherzustellen.[34] *Neben einigen Anekdoten erwähnt er den teilweise heftigen Widerstand der britischen und französischen Streitkräfte. Der Gegner scheint somit für ihn ein Gesicht bekommen zu haben. Im Gegensatz zum Polenfeldzug beschreibt er aus der Rückblende nach über sechzig Jahren wiederholt das »kavaliersmäßige« Verhalten der Offiziere beider Kriegsparteien, die zu seiner »Erleichterung« scheinbar ritterlich und unter gegenseitiger Hochachtung Krieg führten. Poretschkin betont dabei, dass ein derartiges Verhalten ein wichtiger Grund für ihn gewesen war, den Beruf des Offiziers zu ergreifen.*

Am Ende des Feldzugs erhielt Poretschkin stellvertretend für die Leistungen seiner im Vergleich zu den Panzer- und Infanterieeinheiten im Hintergrund wirkenden Kompanie am 21. Juni 1940 wegen Führungsverdiensten das Eiserne Kreuz I. Klasse. Dies bedeutete zu Beginn des Krieges insbesondere außerhalb der Kampftruppen eine erhebliche Auszeichnung.[35] *Im Nachgang zu dieser Ordensverleihung meldete sich Poretschkin beim damaligen Generalmajor und Chef des Heeresnachrichtenwesens, Erich Fellgiebel (1886–1944), der 1943 kurzzeitig sein Vorgesetzter wurde. Auch das kulturelle Leben in Frankreich im Vergleich zu dem gemäß seinen Eindrücken armseligen Dasein in Polen beschreibt er mehrfach mitsamt den damit verbundenen Annehmlichkeiten für die deutschen Soldaten.*

***

Am 10. Mai 1940 wurden wir alarmiert. Der Alarm war oft geübt worden und alles klappte gut. Wir verließen das uns lieb gewordene Longkamp bis auf einige wenige Urlauber und dienstlich Abwesende. Der Feldzug gegen Frankreich begann wie bei Planspielen geübt. Wir waren darauf vorbereitet worden, hatten aber doch gehofft, es würde nicht dazu kommen. Nach Dänemark war diese Hoffnung aber geringer ge-

32 Jentz, Panzertruppe, S. 121; Schick, Combat History, S. 78 f.

33 BArch, RH 27-10/4, Ausbildungsbefehl vom 31.10.1939.

34 Niehaus, Nachrichtentruppe, S. 150.

35 BArch, PERS 1/29739, Personal-Nachweis Poretschkin, Theodor.

worden. Zunächst verlief alles nach Plan mit einigen Abweichungen, die der Gegner uns doch aufzwang.

Die Grenze ins neutrale Luxemburg wurde überquert, die Straßen waren frei. Dann gab es einige unvorhergesehene Schwierigkeiten. Am 12. Mai abends waren der Divisionsstab und auch die Funkstaffel in La Chapelle nahe Sedan. Die französische Artillerie schoss uns aber raus und wir mussten im Dunkeln ausweichen. In der Nacht wurde der Befehl für den Übergang über die Maas zum Angriff auf Sedan herausgegeben. Es stellte sich heraus, dass General Guderian wirklich richtig vorausgesagt hatte. Es musste an dem alten Befehl vom Planspiel nur wenig geändert werden und der Termin für den Angriffsbeginn verschoben werden. Dann konnte der Befehl vervielfältigt werden und an die Truppe herausgehen. Die Pontonbrücken waren zerstört. Der Übergang gelang doch. Allerdings ohne die schweren Panzer, da die Tragfähigkeit nicht ausreichte. Auf die gute Qualität der französischen Artillerie waren wir vorbereitet, aber sie machte uns größere Schwierigkeiten als erwartet und hielt uns erheblich auf. Nach Einnahme von Sedan wurde unsere Division sofort weiter nach Nordwesten in Richtung Boulogne/Calais eingesetzt. Widerstand der Franzosen, meist Nordafrikaner mit französischen Offizieren, wurde geringer. Offenbar auch durch Munitionsmangel. Ein Ereignis ist mir unauslöschlich in Erinnerung geblieben. Die Führungsstaffel des Divisionsstabes mit der Funkstaffel, bei der ich mich aufhielt, lag in einem Bauerngehöft mit Scheunen und Ställen um einen großen freien Platz. Ich war beim Ia gewesen und stand mit ihm auf den Stufen am Eingang, als ein gefangener französischer alter Oberst in den Hof geführt wurde. Der alte Herr hatte wohl seine Kopfbedeckung bei der Gefangennahme verloren und die weißen Haare leuchteten über einem müden, traurig aussehenden Gesicht. Der alte Herr schleppte einen offensichtlich schweren Koffer. Auf dem Hof standen einige Soldaten vom Stab und der Chef der Stabskompanie, ein alter Reserveoffizier aus dem Ersten Weltkrieg, Berufsschullehrer, ein wenig sympathischer und sehr überheblicher Mensch. Kein guter Vertreter seines Standes. Alle amüsierten sich über den ankommenden Gefangenen. Der Oberstleutnant Freiherr von Liebenstein war ein sehr ruhiger Mensch, den ich noch nie laut erlebt hatte. Plötzlich unterbrach er unser Gespräch und schrie aufgeregt sehr laut über den Hof: »Hauptmann K., Sie sehen doch, dass der Herr Oberst Schwierigkeiten mit dem Gepäck hat, warum hilft keiner? Sorgen Sie sofort dafür, dass einer Ihrer Soldaten ihm hilft, den Koffer zu tragen, aber schnell! Dann melden Sie sich bei mir!« Jetzt erlebte ich etwas, was ich mir als Schüler bei meiner Berufswahl vorgestellt hatte: Achtung und kavaliersmäßiges Verhalten gegenüber dem Gegner. Diese Einstellung schien mir beim bisherigen Verlauf des Krieges in Verlust geraten zu sein. Ich war richtig erleichtert.

Außer der französischen Artillerie verursachte noch die Trinkwasserversorgung große Probleme. Die zurück- beziehungsweise ausweichenden französischen Truppen verseuchten die Brunnen und Wasserbehälter, indem sie tote Tiere, aber auch Gefallene in diese warfen, sodass praktisch kein Trinkwasser vorhanden war. Die

Landser behalfen sich mit dem in Frankreich überall reichlich vorhandenem Wein, was bei einer Panzerdivision mit Kraftfahrern ein besonders großes Problem bereitete. Wir behalfen uns damit, aus unserem rückwärtigen Gebiet in Kanistern und beschlagnahmten Behältern sauberes Wasser heranzuschaffen.

Auf die folgenden Ereignisse verweise ich wieder auf die eingehenden Schilderungen von Albert Schick. Der Angriff auf Calais erwies sich als viel schwieriger als erwartet. Einem Teil der Engländer im Hafen vor Calais gelang es, sich über den Kanal abzusetzen. Aber der Kommandant der Zitadelle, Brigadier Nicholson[36], leistete hartnäckig Widerstand. Durch einen Leutnant als Parlamentär, der von einem französischen Hauptmann und einem Belgier (beide Gefangene) begleitet wurde, fordert General Schaal ihn zur Übergabe auf. Er erhält darauf die Antwort:

»1. The answer is no, as it is he British Army's duty to fight as well as it is the German's.

2. The French captain and the Belgian soldiers having not been blindfolded cannot be sent back. The Allied Commander gives his word that they will be put under guard and will not be allowed to fight against the Germans.«

Diese Haltung fand großen Respekt und Hochachtung bei dem Divisionskommandeur und uns allen, die davon erfuhren.

Die Zitadelle von Calais musste also erst nach hartem Kampf erobert werden, da die Engländer zäh verteidigten. Am Nachmittag des 26. Mai wurde die Zitadelle eingenommen und Brigadier Nicholson, der tapfere und hartnäckige Verteidiger, geriet in Gefangenschaft.

Von Calais führte ein Seekabel nach England, durch das die Fernsprech- und Fernschreibverbindungen vom Festland zu den Britischen Inseln liefen. Die Division hatte den Befehl erhalten, diese Verbindung zu unterbrechen, was natürlich Aufgabe der Nachrichtenabteilung war. Alle verfügbaren Soldaten, auch aus meiner Kompanie, wurden also am Strand eingesetzt. Es lag eine genaue Beschreibung vor, sodass die Stelle bald gefunden wurde. Von meiner Kompanie war der Obergefreite Blatter bei diesem Kommando. Mitten in der Arbeit wurde dieser Trupp von zwei britischen Aufklärungsfliegern beschossen. Während alle anderen Soldaten Deckung suchten, blieb Blatter (wie er später sagte, vor Schreck) stehen, nahm seinen Karabiner vom Rücken, legte an und drückte ab. Er hatte Erfolg: beide Flugzeuge wurden mit »einem Gewehrschuss« abgeschossen. Was war aber tatsächlich geschehen? Blatter hatte den Piloten des einen Flugzeugs getroffen, die Maschine war führungslos mit dem anderen Flugzeug zusammengestoßen und beide waren abgestürzt, wobei beide Piloten umkamen. Mit einem Schuss zwei Flugzeuge abgeschossen! Diese Sensation wurde sofort der Division gemeldet und von dieser an das Panzerkorps. Erfolg: Sonderlob von General Guderian und Verleihung des Eisernen Kreuzes I. Klasse! Eine

[36] Brigadier Claude Nicholson (1898–1943) war Kommandant des 1940 belagerten Calais und geriet nach der Einnahme der Zitadelle in deutsche Kriegsgefangenschaft. 1943 beging er in einem Gefangenenlager in Rothenburg a. d. Fulda Selbstmord.

richtige Sensation, denn diese »Heldentat« wurde sogar am Abend im Wehrmachtsbericht im Radio erwähnt. Alle in der Abteilung waren stolz darüber, nur mein Waffenunteroffizier, ein guter Schießausbilder aber primitiver »Schleifer«, meldete sich und verlangte sofortige Bestrafung des Blatter, weil er bisher immer »simuliert« und nur »Fahrkarten« geschossen hatte. Er hätte ihn damit auf den Arm genommen und verdiente eine Strafe. Natürlich passierte darauf nichts, er wurde ausgelacht. Einzige Folge war, dass Major Bayer den Obergefreiten zum Stab als Kommandeursfahrer versetzte.

Ich hatte seit Aufstellung in Prag der Division angehört und fast alle Offiziere kannten mich. Das führte dazu, dass die Generalstabsoffiziere statt des Kommandeurs sehr oft mich holten, wenn Fragen der Nachrichtenverbindungen vorlagen. Ich habe mehrfach darauf hingewiesen, dass jetzt ein Abteilungskommandeur dafür zuständig ist, hatte aber keinen Erfolg. Bayer warf mir vor, dass ich mich vordrängen würde und verbot mir energisch, zum Divisionsstab zu gehen. Ich hielt mich stur an diesen Befehl, was zu Pannen führte und dem schon etwas gespannten Verhältnis nicht gerade gut tat. Nach der Einnahme von Calais hatten wir Zeit, Fahrzeuge und Gerät in Ordnung zu bringen. Meine Kompanie sollte Quartier in einem von den Eigentümern fluchtartig verlassenen Schloss beziehen. Ich zog aber vor, statt ins Schloss zu gehen, im Park in Zelten zu biwakieren. Es war schönes Wetter, der Spieß hatte ein Fass Wein besorgt und die Männer feierten etwas. Ich ging von Zelt zu Zelt. An einem Zelt wurde laut gelacht und als ich herantrat, lief ein Soldat weg. Ich rief ihn zurück und sah, dass er ein Schottenkäppi auf hatte. Er hatte es im Hafen gefunden. Ich bat ihn, es mir zu geben mit den Worten »ich möchte sehen, ob es mir auch so gut steht« und sah dabei im Futter ein Etikett »Capt. F. C. Caird«. Großmutter Poretschkin war Schottin und in 1. Ehe jung verwitwet. Ihr erster Mann hieß Caird. Ich wusste, dass ich in Glasgow einen entfernten Verwandten Captain Caird hatte. Mir lief es den Rücken kalt herunter.

Nach einigem Hin und Her in den nächsten Tagen bezüglich des weiteren Einsatzes der Division wurden wir dem XIV. Armeekorps des Generals von Wietersheim[37] unterstellt und in den Raum bei Amiens verlegt. Unter ungewöhnlich strenger Geheimhaltung wurden wir orientiert, dass wir von dort zum Durchbruch durch die sogenannte »Weygand-Linie« eingesetzt würden. Meine Kompanie bezog Quartier im durch Stuka-Angriffe stark zerstörten Amiens. Die Stadt wirkte wie ausgestorben. Die Bevölkerung hatte Ende Mai, als um Amiens gekämpft wurde, mit Masse die Stadt fluchtartig nach Süden verlassen. Ich hatte so etwas noch nie gesehen, eine moderne Stadt mit hohen mehrstöckigen Mietshäusern und schönen Villen, völlig verödet! Aus dem Polenfeldzug kannten wir nur verlassene Kleinstädte und Dörfer. Das

[37] Gustav Anton von Wietersheim (1884–1974) nahm an verschiedenen Feldzügen der Wehrmacht teil und befehligte 1942 zuletzt das XIV. Panzerkorps. Nach Differenzen mit Hitler wurde er aus dieser Funktion heraus aus der Wehrmacht entlassen.

hatte mich nicht so bedrückt, vielleicht weil dort alles so armselig und anders als zuhause war.

Am 5. Juni 1940 begann planmäßig der Angriff, der auf starken Widerstand der Franzosen stieß. Vor allem die französische Artillerie verursachte starke Verluste. Später stellte sich heraus, dass uns gegenüber das Artillerielehrregiment lag, das diese Gegend vorher sehr genau vermessen hatte und deshalb so genau zielen konnte. So erreichte die Division nicht das gesteckte Tagesziel. Auch der Angriff der Panzerbrigade blieb nach großen Verlusten stecken (von 180 Panzern ausgefallen 73, das sind 40%[38]). Die nächsten Tage sind ebenso durch schwere Kämpfe gekennzeichnet mit schweren Verlusten auf beiden Seiten. Endlich, am 10. Juni gelang der Durchbruch. Der starke, aber auch letzte Widerstand der Franzosen an der Weygandlinie ist gebrochen. Die Division hat zwar Verluste erlitten, aber über zwanzigtausend Gefangene gemacht und eine nicht zu übersehende Menge an Waffen, Kfz und Kriegsgerät erbeutet. Sie wird mit Lob herausgezogen und zum Angriff auf die Gegend Chauny (nördlich Soissons) bereitgestellt. In den vergangenen Tagen waren keine Schwierigkeiten bei den Funkverbindungen aufgetreten und für mich recht ruhig verlaufen. Ich erinnere mich aber an eine Begebenheit ganz besonders, weil sie mich menschlich sehr beeindruckt hat. Als eine Befehlsausgabe durch den Ia unter starkem Artilleriefeuer vorbei war und etwas Ruhe eintrat, war der Freiherr Liebenstein nirgends zu finden. Alles Suchen war vergeblich und wir hatten schon Sorge, dass ihm bei dem Artilleriefeuer etwas zugestoßen war. Plötzlich tauchte er auf und entschuldigte sich. Er hatte in dem zerschossenen kleinen Schloss neben dem Gefechtsstand in der Bibliothek einen zeitgenössischen sehr schönen Band Racine gefunden und sich so festgelesen, dass er Zeit und Artilleriefeuer ganz übersehen hatte. Mir hat dieses Zeichen von Kultur mitten in einer heiklen Situation so imponiert, dass es unauslöschlich im Gedächtnis geblieben ist. In Chauny hatten wir etwas Zeit zum Instandsetzen von Gerät und Kfz und wurden dann Richtung Lyon eingesetzt. Die Division marschierte parallel auf zwei Straßen in Richtung Lyon (Autobahn gab es damals noch nicht).

Die Franzosen wichen aus und wir hatten kaum Feindberührung. Unser Marsch glich einer Spazierfahrt durch das schöne Rhônetal. Ich hatte in meinen Pkw den Unteroffizier Schott mitgenommen. Er sprach fließend Französisch, da er an der Sorbonne studiert hatte und von Beruf Journalist in Düsseldorf war. Mein Schulfranzösisch war recht kümmerlich und ich hatte so einen perfekten Dolmetscher stets dabei. Am 17. Juni brachte mir ein Kradmelder von einem Trupp, der keinen Funkverkehr hatte und mit dem Empfänger Radio Nachrichten abhörte, auf einem Spruchformular die Meldung: »Deutschlandfunk meldet soeben, dass Marschall Pé-

[38] Insgesamt verlor die 4. Panzerbrigade an diesem Tag sieben Offiziere und 124 Unteroffiziere und Mannschaften, von denen 41 Mann gefallen waren. Am nächsten Morgen verfügte die Brigade nach nächtlichen Instandsetzungsarbeiten wieder über 90 einsatzbereite Panzerkampfwagen, siehe Schick, Combat History, S. 145.

tain[39] Waffenstillstandsangebot unterbreitet hat«. Ich fuhr ein paar Kfz weiter nach vorne zum Pkw des Generals Schaal und überreichte ihm die Meldung. General Schaal hielt die Kolonne an und beriet sich mit den Offizieren des Stabes, was nun zu tun sei. Der General meinte, wenn das stimmt, darf es keinen einzigen Toten oder Verwundeten mehr auf beiden Seiten geben. Ich musste durch Funk beim Korps anfragen, ob die Meldung stimmt. Es kam umgehend die Antwort, dass sie nicht bestätigt werden kann, Anfrage bei Armee läuft. Was nun tun? Ich empfahl dem General, meinen Unteroffizier Schott als Dolmetscher zum Funktrupp an der Kolonnenspitze einzusetzen. Da die Fernsprechverbindungen der Post noch intakt waren, könnte dieser immer im nächsten Ort anrufen und den Ortsbürgermeister mit weißer Fahne an den Ortseingang beordern. Das wurde vom General befohlen. Schott fuhr dorthin und die Kolonne setzte den Marsch fort. Es funktionierte gut. Dann kam von der Spitze die Funkmeldung, dass Schwierigkeiten entstanden sind. General Schaal fuhr nach vorn und stellte fest, dass ein Artillerie-Sergeant sich energisch weigert, zu kapitulieren und den Ort verteidigen will. General Schaal verhandelt dann selbst mit dem Sergeanten, der immer wieder argumentiert, ich habe von meinem Kommandeur den Befehl, den Ort zu verteidigen bis zum letzten Schuss. Das gilt für mich, bis der Befehl von ihm aufgehoben wird. Schließlich schlägt der General Schaal vor, dass der Sergeant freien Abzug mit seiner Kanone erhält und die Division ihm einen Vorsprung gewährt und erst später den Marsch fortsetzt. Der General erzählte uns später, dass der Sergeant mit Tränen in den Augen sich bei ihm bedankte und einverstanden war. So geschah es. Nach der versprochenen Wartezeit setzten wir den Marsch fort und nach einer Weile überholten wir den Sergeanten mit seiner Kanone auf einem Nebenweg und winkten ihnen zu. Auch dieses Ereignis ist mir heute noch in lebendiger Erinnerung als ein Zeichen, dass damals auch im Krieg noch Anstand und Achtung vor dem Gegner Vorrang hatten. Solche Erlebnisse ließen einen vergessen, wie schrecklich grausam der Krieg ist. Erst viel später, im Russlandfeldzug, wurde mir klar, dass der Krieg nicht mehr nach kavaliersmäßigen Regeln geführt wurde, völlig entartete und in keiner Weise mehr dem entsprach, was wir uns bei der Berufswahl vorgestellt hatten und aus Erzählungen von Teilnehmern des Weltkrieges gehört hatten.

Im Buch von Albert Schick wird diese Episode eingehend und etwas anders geschildert, er war selbst nicht dabei und gibt ihm Erzähltes wieder. Sinngemäß stimmt aber meine Erinnerung mit seiner Schilderung überein.[40]

Nun ging es zügig weiter und wir hatten keinen nennenswerten Widerstand. Am 20. Juni beziehen Divisionsstab und unsere Panzernachrichtenabteilung Quartier in Lyon. Ich hatte Unteroffizier Schott als Quartiermacher vorausgeschickt und dieser

---

[39] Philippe Pétain (1856–1951) erlangte 1916 bei der Verteidigung Verduns Bekanntheit. Nach dem französischen Zusammenbruch war er von 1940 bis 1944 Staatschef des Vichy-Regimes und wurde 1946 wegen Kollaboration zum Tode verurteilt, jedoch zu lebenslanger Haft begnadigt.

[40] Für die andere Version dieser Ereignisse in Chalon-sur-Saône siehe Schick, Combat History, S. 176 ff.

hatte für meine Kompanie Quartier in einem der besten Hotels in der Nähe des Bahnhofs beschafft. Da der Abteilungsstab mit dem Kommandeur schlechter untergebracht war, bot ich in »unserem« Hotel« eine Etage dem Stab an, was dankend angenommen wurde. Das Hotel war nach damaligen Normen sehr elegant und fortschrittlich ausgestattet. Mein Zimmer hatte ein riesiges Bad mit zwei Waschbecken, Badewanne, Dusche und zwei Bidets. So etwas hatte mein Fahrer und Bursche noch nie gesehen und als er mein Gepäck ins Zimmer gebracht hatte, setzte er sich im Badezimmer aufs Bidet und drehte den Wasserhahn voll auf. Das unerwartet beinahe kochend heiße Wasser verbrühte ihm so das Hinterteil, dass er laut aufschrie, als ich gerade in mein Zimmer kam. Ich gab ihm Penatencreme zum Kühlen und klärte ihn auf, dass in solch vornehmen Hotels das Wasser so heiß ist, damit die Badewannen ganz schnell gefüllt werden. Als ich mein Zimmer einrichtete (uns war gesagt worden, dass wir einige Zeit in Lyon bleiben würden), kam plötzlich der Leutnant d.R. Schwerdtgeburt, Volkschullehrer aus Sachsen, vom Abteilungsstab und rief in reinstem Sächsisch: »Der Gommandeur hat befohlen, Ihre Gombanie soll söfort auf dem Blatz vor dem Hotel antreten. Anzug beliebig. Hauptsache schnell!« Auf meine Frage, was los sei, kam nur die Antwort: »Wees nich, er ist aber auf achdzich!«. Ich rief also den Spieß und die Kompanie stand in wenigen Minuten. Auf meine Frage nach der Meldung: »Wer hat etwas ausgefressen? Der Kommandeur ist verärgert«, meldete sich niemand, aber viele sahen verlegen drein. Major Bayer kam mit schnellen Schritten mit einem ernsten, verbissenen Gesicht. Ich ahnte Böses, da ich annahm, dass einer der Soldaten vielleicht gerade dem Stubenmädchen vom Kommandeur zu nahe getreten war oder etwas Ähnliches passiert sei. Ich meldete die Kompanie. Zu meinem Erstaunen hellte sich das Gesicht vom Kommandeur plötzlich auf, er ließ die Kompanie nicht rühren, sondern erklärte: »Der Führer hat auf Antrag des Divisionskommandeurs dem Oberleutnant Poretschkin das Eiserne Kreuz I. Klasse verliehen!«. Dabei zog er das EK aus der Tasche und heftete es mir demonstrativ an die Brust. Ich hatte so etwas überhaupt nicht erwartet und war sprachlos. Als der Kommandeur gegangen war, bedankte ich mich bei der Kompanie und sagte, dass eigentlich die Kompanie die Auszeichnungen verdient hätte und ich es stellvertretend für alle Soldaten der Kompanie tragen würde. Dann beging ich eine unüberlegte Dummheit: Ich ordnete an: Zapfenstreich für die Kompanie erst um vierundzwanzig Uhr, obwohl vom Standortkommandanten Lyon dieser auf zweiundzwanzig Uhr befohlen war. Natürlich floss bei den Soldaten und auch bei mir der Alkohol an diesem Abend überreichlich und ich feierte mit den Unteroffizieren und Truppführern in unserem Hotel. Ich hatte ja genug Geld, der gesamte Wehrsold war noch unangebrochen. Kurz vor Mitternacht kam unerwartet der Befehl, dass am nächsten Morgen um sechs Uhr die Kompanie mit allem Gepäck und Kfz vor dem Hotel abmarschbereit stehen sollte. Ich befahl Wecken für die Kompanie um vier Uhr dreißig an. Der Unteroffizier vom Dienst »befahl« darauf rechtzeitig dem diensthabenden Hotelportier, die »Herren Soldaten« in allen Zimmern telefonisch zu wecken. Das klappte auch, allerdings fehlte beim Antreten der ganze 3. Zug. Dieser war nicht geweckt worden, da er im obersten Stock untergebracht war und dort kein Telefon in den Zimmern vorhanden war! Nach der Meldung an den Kommandeur musste die Kompanie unverzüglich zum befohlenen Ablaufpunkt am Nordrand von Lyon abmarschieren. Ich ließ den Spieß zurück mit dem Befehl, die fehlenden Soldaten zu wecken und so rasch wie möglich nachzukommen. Mein tüchtiger Spieß schaffte es tatsächlich. Glücklicherweise hatte es am Ablaufpunkt eine Verzögerung gegeben und wenige Minuten bevor ich das Zeichen zum Abmarsch geben musste, sah ich den Spieß mit dem Rest der Kompanie ankommen. So marschierte die ganze Kompanie vollzählig ab und niemand außerhalb der Kompanie hatte die Panne bemerkt. Vor dem Abmarsch hatte ich von der Abteilung den Marschbefehl erhalten. Die Division wurde aus Lyon abgezogen und hatte Befehl, nach Norden Richtung Paris zu marschieren, vor Paris nach Westen abzubiegen und bei Chartres wieder Richtung Angouleme/Bordeaux nach Süden zu fahren. Dieser große Umweg war notwendig, weil der Raum zwischen Lyon und Bordeaux als besatzungsfreie Zone vorgesehen war und schon jetzt nicht von deutschen Truppen betreten werden sollte. Später nach dem offiziellen Waffenstillstand wurde dieser Raum als Vichy-Frankreich bekannt.

Unterwegs erhielt ich per Funk Befehl, auf der Durchfahrt mich beim Inspekteur der Nachrichtentruppe, General Fellgiebel[41] in Fontainebleau im Hauptquartier des OKH zu melden. Dort erfuhr ich den Grund. General Fellgiebel war gemeldet worden, dass ich als erster »Subalternoffizier« (altmodische Bezeichnung für Leutnant und Oberleutnant) der Nachrichtentruppe das EK I erhalten hatte und mein Divisionskommandeur hat es mit der Begründung beantragt: »Ohne die guten Funkverbindungen der Kompanie des Oberleutnant Poretschkin hätte er die Division nicht so führen können, dass ihm dafür das Ritterkreuz verliehen wurde«, also nicht wegen Tapferkeit vor dem Feinde, sondern wegen Führungsverdiensten, was für junge Offiziere etwas ganz Ungewöhnliches war.

Ich war sehr erfreut, als ich diese Begründung erfuhr, die mir auch bestätigt wurde, als ich mich später beim Divisionskommandeur melden konnte. Ich war zwar stolz auf diese Auszeichnung, aber gehemmt, wenn ich Kameraden traf, die als Chefs von Kompanien der kämpfenden Truppe diese Auszeichnung noch nicht erhalten hatten, obwohl sie »Tapferkeit vor dem Feinde« zu Genüge bewiesen hatten. General Fellgiebel kannte ich persönlich aus der Zeit in Potsdam und Stahnsdorf. Nach freundlichen Worten der Anerkennung und Einladung zum Mittagessen im Offizierskasino, kehrte ich zur Kompanie zurück.

Der weitere Marsch erfolgt ohne Feindberührung. Aufenthalte entstehen durch unbrauchbare Brücken. Außerdem konnte ich beim Divisionsstab beobachten, dass

---

41 Erich Fellgiebel (1886–1944) diente ab 1940 als General und Inspekteur der Nachrichtentruppe. Als einer der Mitverschwörer des Attentats vom 20. Juli 1944 wurde er zum Tode verurteilt und hingerichtet. Sein Nachfolger wurde der General der Nachrichtentruppe Albert Praun (1894–1975).

Aufträge und auch Marschrouten sowie Änderungen in der Unterstellung der Division Konfusion und Verzögerungen verursachen. Aber am Abend des 24. Juni beziehen der Divisionsstab und auch meine Kompanie Quartier in Cognac inmitten der Charente. Hier soll erst mal der Marsch ein Ende haben. In der folgenden Nacht soll der Waffenstillstand in Kraft treten. Meine Kompanie wird auf dem Gelände einer bekannten Cognacfabrik einquartiert, die vom Besitzer verlassen wurde, der sich wie viele Bewohner nach Süden abgesetzt hatte. Der Butler war aber noch da und begrüßte mich reserviert, aber sehr höflich. Er hieß uns als Gäste willkommen. Dann fügte er hinzu, dass der geflohene Besitzer ihn angewiesen hätte, die deutschen Soldaten als Gäste zu betrachten und uns Küche und Keller zur Verfügung zu stellen und unsere Wünsche zu erfüllen. Er bat, ihm unsere Wünsche mitzuteilen und nicht nach dem Gewünschten selbst zu suchen. Ich bedankte mich und versprach, dass meine Soldaten daran halten würden, was auch dann geschah. Der Waffenstillstand am nächsten Morgen sollte mit einem feierlichen Appell gewürdigt werden. Die Kirchenglocken sollten zur Feier des Tages läuten. Der Pfarrer von Cognac bat den Stadtkommandanten davon abzusehen, für Franzosen sei es ein Tag der Trauer. Oberst Memy, ein Kavalier alter Schule, ordnete darauf offiziell an, dass die Kirchenglocken an diesem Tag zum Gedenken an alle Gefallenen beider Seiten läuten sollten. Der Pfarrer bedankte sich und war einverstanden. Für mich war die Handlungsweise des alten Obersten wieder ein erfreuliches Zeichen von Menschlichkeit und Achtung vor dem Gegner. Mit dem Waffenstillstand war der Feldzug gegen Frankreich auch offiziell beendet. Alle freuten sich auf eine Zeit der Ruhe. Es kam aber wieder ganz anders.

Zwischen Frankreich- und Russlandfeldzug, 1940 bis 1941

Schon am nächsten Tag kam der Befehl, dass die Division der Panzergruppe von Kleist unterstellt wird. Großes Rätselraten, was dieser Unterstellungswechsel bedeutet. Gegen Mittag des 27. Juni kommt Klarheit: Die 10. Panzerdivision wird herausgezogen, um mit der 9. Panzerdivision an der Siegesparade in Paris teilzunehmen. Wir verlegten in den Raum südlich von Paris. Hier sollte ein Paradeverband aus mehreren Divisionen zusammengestellt werden. Wir fingen schon mit dem Vorüben an, als es hieß, dass die Parade in Frage gestellt sei. Nach mehrfachem Hin und Her wurde die Parade abgesagt und die Division in den Raum ostwärts Paris verlegt. Meine Kompanie bezog Quartier in Santenay ostwärts Vincennes bei Paris. Ein kleines Dörfchen. Uns wurde durch die Prefecture in Versailles ein leer stehendes Chateau als Unterkunft zugewiesen und als Einrichtung bekamen wir Mobiliar, Betten, Tische, Spinde, Stühle usw. aus Beständen der aufgelösten Armee zugewiesen. Ich hatte Wert darauf gelegt, nicht in ein leer stehendes möbliertes Schloss eingewiesen zu werden, um Ärger durch Beschädigungen durch die Landser zu vermeiden. So waren wir wie in einer normalen Kaserne untergebracht und brauchten nicht besonders Rücksicht zu nehmen. Ich selbst bekam Quartier im Hause des Direktors des Pariser Schlachtviehhofes zugewiesen, wo ich freundlich aufgenommen wurde. Die Freundlichkeit wurde noch größer, als mein Spieß in meiner Abwesenheit die schwangere Tochter meines Quartierwirts, als sie Wehen bekam und er davon hörte, mit seinem Dienst-Pkw ins Krankenhaus nach Vincennes fuhr. Das sprach sich auch sofort im ganzen Dorf herum. Die bis dahin korrekte, aber doch völlig unpersönliche Haltung der Bevölkerung den Soldaten gegenüber schlug ins Gegenteil um. Sogar gab es Einladungen Einzelner zum Essen. Ich hatte großes Glück mit diesem umsichtigen und fürsorglichen Spieß. Leider ist er später, als ich nicht mehr bei der Kompanie war, in Russland gefallen. In der kommenden Zeit unterschied sich der Dienst kaum vom Friedensdienst zu Hause in der Kaserne. Es wurde auch abwechselnd ein paar Tage Urlaub gewährt. Da die Bahnverbindung in Frankreich unzureichend funktionierte, wurden die Urlauber bis nach Trier mit Lkw gebracht und fuhren von dort aus mit der Bahn nach Hause. Dann folgten die Vorbereitungen für das Unternehmen »Seelöwe«. »Seelöwe« war der Tarnname für die geplante Besetzung Englands. Es gab hierzu Planspiele und praktische Einweisungen in Antwerpen über das von dort geplante Übersetzen über den Kanal, an denen alle Kompaniechefs teilnahmen. Daher fiel der Urlaub zunächst ins Wasser. Das Unternehmen »Seelöwe« wurde dann abgeblasen, aber ich konnte trotzdem nicht Urlaub nehmen, da ich Befehl bekam, bei der Nachrichtenabteilung einer Infanteriedivision, die zur Panzerdivision umgegliedert wurde, den »reichen Schatz« meiner Erfahrungen in Polen und Frankreich dem Offizierskorps weiterzugeben und ihnen dadurch bei der Umstellung zu helfen. Ich fuhr also zweimal in der Woche nach Brie-Comte-Robert, erteilte Unterricht und wurde vom Kommandeur meist danach ins Kasino eingeladen. Der Unterricht kam gut an und machte mir Spaß. Am Ende des Jahres konnte ich meinen Kurzurlaub nehmen und fuhr nach Prag. Die Zeit verging schnell und bei der Rückkehr erfuhr ich, dass die Division nach dem französischen Truppenübungsplatz Mourmelon als »Panzerlehrdivision« verlegt wurde, was bald geschah. Wir blieben dort aber nur kurze Zeit und wurden vor Weihnachten in den Raum Dijon verlegt. Bei starkem Glatteis und strenger Kälte marschierten wir nach Süden. Es hieß, dass die Division von dort zur Mittelmeerküste weitermarschieren und dort den Kriegshafen Toulon besetzen und zur Verteidigung gegen Angriffe von See einrichten sollte. Die strategische Lage hatte sich so verändert, nachdem Amerikaner in Afrika gelandet waren.[42] Daraus wurde aber nichts; und wir blieben mit dem Divisionsstab in Gray und meine Kompanie in einem Dörfchen an der Route Nationale 71 nordwestlich Dijon. Die ungewöhnlich strenge Kälte behinderte den Dienst sehr. Der

[42] An dieser Stelle irrt sich Poretschkin in seinen Erinnerungen. Zum beschriebenen Zeitpunkt waren die USA noch nicht in den Zweiten Weltkrieg eingetreten. Die Landung US-amerikanischer Truppen in Nordafrika im Rahmen der Operation »Torch« begann erst am 8. November 1942. Möglicherweise verwechselte Poretschkin die Landung der Alliierten in Tunesien mit den Vorbereitungen zur Entsendung des Afrikakorps zur Unterstützung der italienischen Verbündeten im heutigen Libyen.

einzige größere Raum war in der einklassigen Dorfschule. Dann wurde aber eine Baracke frei, da die darin untergebrachte Einheit der OT (Organisation Todt, eine Baueinheit der Partei) abgezogen wurde. Wir benutzten sie als Aufenthalts- und Essraum sowie als Küche. Die Fernsprechverbindungen wurden nur aktiviert, wenn Ausfälle auftraten. Im Dezember bekamen wir einige Soldaten als Ersatz von der Nachrichtenersatzabteilung in Weimar, die eingewiesen und weiter ausgebildet wurden. Es war eine ruhige Zeit. Weihnachten gab es ein paar Tage Urlaub. Major Bayer bat mich ihn zu vertreten und meinen Urlaub erst nach Neujahr zu nehmen. So feierte ich Weihnachten mit der Kompanie, wobei eine etwas blümerante Stimmung bei den Landsern aufkam. Unser netter evangelischer Pfarrer hielt einen gut besuchten ökumenischen Gottesdienst. Dann gab es ein verbessertes Abendessen und für jeden Soldaten ein kleines Geschenk. Die Feldpost hatte auch den meisten Päckchen gebracht. Alles verlief harmonisch. Die Neujahrsfeier war feuchtfröhlich. Es wurden natürlich aus französischen Beutegewehren Platzpatronen verknallt und Wein gab es ja reichlich. Als zur Begrüßung des neuen Jahres alle auf die Bänke stiegen, brach eine Bank, wurde aber von eigenen Handwerkern repariert. Anfang Januar kam der Kommandeur vom Urlaub zurück und ich fuhr für einige Tage auf Urlaub nach Prag. Die Fahrt war umständlich und dauerte lange. Unterwegs lernte ich die Luftangriffe in der Heimat und Verdunkelung kennen. Im Protektorat wurde zu dieser Zeit noch nicht verdunkelt. Zuhause wurde ich von Gerti mit der Nachricht überrascht, dass sie schwanger sei und im Sommer ein Kind erwartete. Wir waren beide hoch erfreut.

Die Urlaubstage in Prag vergingen im Fluge. Die Rückfahrt dauerte dagegen umso länger. Bei der Rückkehr zur Kompanie meldete mir der Spieß, dass es großen Ärger gegeben hätte und ich mich sofort beim Kommandeur und anschließend beim Divisionskommandeur melden sollte. Major Bayer war sehr ungehalten. Folgendes war passiert: Ein Soldat der Kompanie, der im Park des verlassenen Schlösschens in Calais biwakiert hatte, fand auf dem Weg einen Silberlöffel, der offenbar von flüchtenden Bewohnern verloren wurde. Da dieser Löffel mit einem Wappen graviert war, hatte er ihn als Andenken an sich genommen und an Weihnachten mit der Feldpost seiner Mutter geschickt und sie gebeten, ihn als Andenken aufzuheben. Unterwegs war die Post zensiert worden. Bei der Division war Anklage wegen Plünderung eingegangen. Außerdem hatte einer der Soldaten vom letzten Ersatz in einem zensierten Brief geschrieben und über unsere Neujahrsfeier berichtet. Es fiel auf, dass darin stand: »Bei unserer Neujahrsfeier ging es hoch her, unter Anführung unseres verehrten Herrn Kompaniechefs wurde der Festsaal zertrümmert«. Dieser Vorfall sollte untersucht und disziplinar geahndet werden. Ich fuhr zum Divisionsstab und ging zuerst zum Oberleutnant d.R. Dr. Knorr, von Beruf Staatsanwalt, und bat um Rat. Ich hatte festgestellt, dass der Soldat, der über die Silvesterfeier berichtete, darunter litt, dass er an keinerlei Kampfhandlungen teilgenommen hatte. Er wollte wenigstens etwas Aufregendes berichten und hatte deshalb so aufgeschnitten. Der Soldat aus Calais hatte den Löffel, den die Besitzer verloren hatten, wirklich gefunden. Ich war fest überzeugt, dass keine Plünderung vorlag. Dr. Knorr ging mit mir zum Kriegsgerichtsrat, der den Divisionskommandeur beriet. Mit diesem meldete ich mich beim General, der die Anklage wegen Plünderung als Gerichtsherr im Einvernehmen mit dem Kriegsgerichtsrat niederschlug. Der Fall »Festsaal« ging zur disziplinaren Erledigung zur Kompanie.

Als ich diesen Jüngling bestellte und ihm klarmachte, welchen Wirbel er mit seinem Brief verursacht hatte, fing er an zu weinen und sagte: »Zuhause wollen die Mädchen nicht mit mir gehen, weil ich nichts im Krieg erlebt habe. Deshalb habe ich doch nur etwas angeben wollen. Ich habe doch nie jemandem in der Kompanie oder sonstwo Ärger machen wollen. Was ich tun, um das wieder gut zu machen?« Der Junge tat mir so leid, dass ich ihn nicht bestrafte. Ich teilte ihn nur übers Wochenende zum Dienst ein, um ihm Zeit zum Nachdenken über sein Verhalten zu geben. Damit war die Sache erledigt.

Dann kam unerwartet ein Fernschreiben vom Personalamt: »Oberleutnant Poretschkin zur Panzergruppe 4 versetzt. Verwendung: Adjutant und Funksachbearbeiter Nachrichtenführer. Meldung 16.3.1941 in Allenstein/Ostpreußen«. Gleichzeitig wurde als Nachfolger Oberleutnant Prümm befohlen.

Prümm hatte ich ihn Stahnsdorf als Offizieranwärter ausgebildet und schätzte ihn. Ich musste jetzt meine Kompanie abgeben und die Abteilung und auch die Division verlassen, bei der ich seit Prag gedient und zwei Feldzüge miterlebt hatte.

Ostpreußen bei der Panzergruppe 4, 1941

Die mir verbleibende Zeit in Frankreich verging rasend schnell mit der Einweisung von Oberleutnant Prümm, Abmeldungen bei Brigaden, Regimentern und Bataillonen und Verabschiedungen von vielen liebgewordenen Kameraden, nicht nur in der eigenen Abteilung, sondern auch bei anderen Waffengattungen. Uns verbanden doch viele gemeinsame glückliche Erlebnisse im Frieden in Prag, das so vieles mit Paris gemeinsam hatte, und das wir genossen hatten. Im Krieg in Polen und Frankreich waren die Eindrücke sehr verschieden und vielfältig, sie reichten von fröhlichen Zeiten bis zum Erleben von Elend, Grausamkeiten und Tod. Das verbindet oft für das ganze Leben.

Schließlich hieß es endgültig Abschied nehmen von der Kompanie in der bekannten Baracke und vom Offizierskorps beim Abteilungsstab. Major Bayer, zu dem sich das Verhältnis im Laufe der Zeit sehr verbessert hatte, hielt eine herzliche und glaubwürdige Rede. Der Abend wurde lang und feuchtfröhlich. Beim Divisionsstab wurde ich als einer der »Alten« aus Prag herzlich mit einem Herrenabend verabschiedet. General Schaal fand freundliche und herzliche Worte der Anerkennung. Er ordnete auch an, dass ich auf der Fahrt nach Ostpreußen den Umweg über Prag nehmen sollte, um mich von meiner Familie zu verabschieden und Bekleidung und Ausrüstung zu ergänzen. Von dort sollte ich über Berlin fahren und den Sonderzug des Oberkommandos bis Ostpreußen benutzen. Die Erlaubnis und Platzkarten für den Schlafwagen hatte die Division besorgt. Nach einem feierlichen Übergabeappell und Vorbeimarsch meiner alten Kompanie unter Führung des neuen Chefs an mir, brachte mich mein Fahrer zum letzten Mal mit dem inzwischen recht ergrauten Kfz 15 nach Freiburg. Leutnant Sauermilch, zum Freund gewordener Zugführer, begleitete mich bis zum Zug im Bahnhof. Ich hatte ihn gebeten, Pate unseres noch nicht geborenen Sohnes zu werden und er hatte freudig zugestimmt. Er selbst war unverheirateter Referendar. Leider konnte er es nicht mehr werden, er fiel in den ersten Tagen in Russland.

Die zwei Tage in Prag vergingen schnell. Abschied fiel schwer, obwohl ich immer noch glaubte, dass Hitler wieder bluffen und sich nicht leichtsinnig auf einen Zweifrontenkrieg gegen eine hochgerüstete Sowjetunion einlassen würde. Gerti war anderer Meinung und behielt leider Recht. Beide glaubten wir jedoch nicht, dass wir uns erst nach zweieinhalb Jahren wiedersehen würden. In Berlin sah ich kurz Mutti, die inzwischen bei der Briefprüfstelle nahe Bahnhof Zoo dienstverpflichtet war. Die Nachtfahrt mit dem Schlafwagenzug war bequem. Ein alter Schlafwagenschaffner, der den Ersten Weltkrieg mitgemacht hatte und stolz auf sein EK II war, betreute mich rührend. Es gab nicht nur Kaffee und Tee sogar umsonst, zum Selbstkostenpreis auch Bier, Wein und diverse Spirituosen. So kam ich gut nach Ostpreußen ins Hauptquartier. Ein alter Oberamtmann aus dem Stab Chef HNW (Heeresnachrichtenwesen), den ich noch aus Berlin kannte, besorgte mir einen Pkw, mit dem ich nach Allenstein fuhr. Ich kam dort am frühen Abend an und der Offizier vom Dienst führte mich in das reservierte Zimmer in der Kaserne des Reiterregiments und zeigte den Weg zum Kasino. Es war Abendbrotzeit. Hier traf ich als einige Gäste den Pionierkommandeur, Oberst Dinter[43] und mir zwei unbekannte junge Ordonanzoffiziere. Als der alte Oberst erfuhr, dass ich von der 10. Panzerdivision aus Frankreich kam, erkundigte er sich zunächst über ihn bekannte Offiziere und wir kamen sofort in ein angeregtes Gespräch. Dann fing der Oberst mich etwas zu hänseln an, da ich aus dem lebenslustigen Frankreich kam und fragte, ob ich den französischen Luxus nicht sehr vermissen würde. Ich sagte, natürlich fehlten mir hier die gewohnten täglichen Schnecken und vor allem Austern. Worauf der Oberst meinte, wie man so etwas Schleimiges überhaupt essen könnte. Er würde da viel lieber einen guten deutschen Regenwurm vorziehen. So ging das Gespräch eine Weile weiter und wir tranken dabei auch einige Bierchen und kamen in angeregte Stimmung. Als ich mal aus dem Esszimmer ging, traf ich dort einen der jungen Leutnants. Wir sprachen lachend über das Angebot des alten Oberst, statt Austern lieber Regenwürmer zu essen. Ich schlug vor, einen praktischen Versuch zu machen. Verdrallt, wie wir waren,

[43] Der spätere Generalleutnant Rudolf Dinter (1893–1965) diente seit dem 15. Februar 1941 als Pionierführer der Panzergruppe 4. 1943 erfolgte die Beförderung zum Generalmajor und weitere Verwendungen, u. a. als Divisions- und Schulkommandeur.

baten wir in der Küche um einen Spaten, der tatsächlich vorhanden war, und gingen mit einer Taschenlampe in den Kasinogarten, der leicht verschneit war. Nach längeren vergeblichen Versuchen hatten wir Glück und gruben tatsächlich einen Regenwurm aus. Hocherfreut wuschen wir dieses Prachtexemplar, das sich in der Wärme schon zu ringeln begann und legten ihn mit Messer und Gabel und etwas Senf auf ein Tellerchen. Dann gingen wir ins Esszimmer und ich überreichte Oberst Dinter den gewünschten Regenwurm. Dieser stockte einen Augenblick, dann sagte er: »Meine Herren, merken Sie sich, wenn ein Offizier etwas verspricht, muss er es auch halten. Geben Sie her!« Er ergriff mit zwei Fingern den sich ringelnden Regenwurm, ließ ihn in den weit offenen Mund fallen und würgte ihn dann herunter. Wir waren sprachlos, der Oberst aber lief etwas bleich geworden auf die Toilette. Nach einer Weile kam er heraus und sagte zu mir: »Das haben Sie aber gut gemacht und mich ordentlich reingelegt. Alle Achtung. Gute Nacht, meine Herren.« Der Adjutant des Pionierführers kam am nächsten Morgen zu mir ins Zimmer und fragte, was haben Sie gestern mit meinem Oberst gemacht? Er kam heute bleich ins Büro, erzählte etwas von einem Regenwurm und verbringt die meiste Zeit auf dem Lokus. Ich klärte ihn auf und wir beide lachten, damit begann eine gute Zusammenarbeit mit meinem Pionier-Amtsbruder. Diese Geschichte machte erstaunlich schnell die Runde im ganzen Stab. Bei der Meldung bei unserem OB (Oberbefehlshaber) Generaloberst Hoepner[44] um die Mittagszeit wusste dieser auch schon davon und meinte lachend, das war ein guter Einstand. Mit diesem Befehlshaber hatte ich einen Vorgesetzten bekommen, den ich noch heute sehr verehre und in großer Hochachtung an ihn denke. Nach dem Attentat am 20. Juli 1944 verlor auch er sein Leben.

Als Funksachbearbeiter einer Panzergruppe hatte ich andere Aufgaben als bei der Division. Verwaltungsarbeit überwog hier. So musste ich Frequenzen und Rufzeichen sowie Schlüsselunterlagen den Korps und Divisionen in Paketen zuteilen. Verbindungen mussten zu unterstellten Korps und Divisionen und wenigen Armeetruppen geregelt und befohlen werden. Mit der Abwicklung des Funkverkehrs hatte ich nichts zu tun, das war Sache des unterstellten Nachrichtenregiments. Für die Verwaltung und Zuteilung der Schlüsselmittel hatte ich einen guten und zuverlässigen Wachtmeister als Gehilfen. Die Einarbeitung fiel mir leicht. Meinen Vorgesetzten Oberst Negendanck[45] kannte ich schon von früher. Er war sehr großzügig und überaus freudig im Delegieren der Arbeit. Er sah seine Aufgabe hauptsächlich darin, möglichst frühzeitig über die Planungen des Generalstabes orientiert zu sein. Die

---

44 Generaloberst Erich Hoepner (1886–1944) diente im Zweiten Weltkrieg im Polen- und Frankreichfeldzug sowie im Krieg gegen die Sowjetunion als Korpskommandeur. Am 8. Januar 1942 degradierte und entließ Hitler ihn wegen eines eigenmächtig befohlenen Rückzugs aus der Wehrmacht. Als einer der Verschwörer des 20. Juli 1944 wurde er am 8. August 1944 nach einem Schauprozess hingerichtet.

45 Hans Negendanck (1894–1962) durchlief als Nachrichtenoffizier eine Vielzahl unterschiedlicher Verwendungen während des Zweiten Weltkriegs und geriet als Generalmajor und Nachrichtenführer der Heeresgruppe Kurland 1945 in sowjetische Kriegsgefangenschaft, aus der er 1950 heimkehrte.

Ausführung überließ er gerne Mitarbeitern, hauptsächlich mir als seinem Adjutanten. Am besten erfuhr er alles Diesbezügliche beim Abendessen und anschießendem Bridgespiel mit dem Befehlshaber. Darüber unterrichtete er mich und erwartete dann die Vorlage einer unterschriftsreifen Anweisung bzw. eines Befehls. Das hatte Vor- und Nachteile, an die ich mich schnell gewöhnte. Außerdienstlich war Oberst Negendanck ein großer Kenner unzähliger Anekdoten über Ostpreußen, die er mit Charme im perfekten Dialekt gekonnt vortrug. Das Nachrichtenregiment war uns unterstellt. Der Kommandeur Oberst Kutscher, ein in der Waffengattung berühmtes Original und Freund des Alkohols, war mir von Stahnsdorf bekannt, ebenfalls sein wichtigster Mitarbeiter Hauptmann Heinig. Zusammenarbeit war gut, litt nur etwas dadurch, dass das Regiment im Frieden und in den bisherigen Feldzügen noch als Nachrichtenabteilung dem Panzerkorps angehörte, aus dem erst nach Frankreich die Panzergruppe entstand. Oberst Kutscher war als Kommandeur zugleich Nachrichtenführer des Korps und gewöhnt, mit dem Stab direkt zu verkehren. Nun war der Nachrichtenführer der Panzergruppe ihm vorgesetzt, von dem er Befehle bekam. Daraus entstanden verständlicherweise Spannungen. Nun war es meine Aufgabe als Adjutant, diese zu verhindern oder wenigstens auszugleichen. Das gelang nicht immer. Da ich mit »Drehkreuzachsen« u. ä. Dingen bisher keine Erfahrungen hatte, baten wir Oberst Kutscher, den Hauptmann Heinig uns als Berater zur Verfügung zu stellen. Das hatte Erfolg. Kutscher und Heinig waren zufrieden und ich lernte von Heinig eine Menge für mich völlig Neues.

Am 1. April 1941 wurden die ersten meines Jahrgangs zum Hauptmann befördert. Solche Beförderungen erfolgten damals nach der Rangliste, die für uns Leutnante/Oberleutnante nach dem Ergebnis der Offiziersprüfung festgelegt worden war. Ich hatte die Nr. 81, befördert wurde bis Nr. 80. Ich war der älteste Oberleutnant des deutschen Heeres geworden und unheimlich stolz darauf. Dieses Hochgefühl genoss ich bis zum 20. April, an dem auch ich befördert und einer der jüngsten Hauptleute wurde. Das nahm ich gelassen hin und freute mich natürlich darüber. Unser Generaloberst war als Rittmeister in Allenstein in derselben Kaserne Chef einer Schwadron gewesen und hatte häufig Reitunterricht geben müssen. Reiten war immer noch seine Passion. Er bot an, interessierten Offizieren Unterricht zu geben, was natürlich erfreut angenommen wurde. Pferde waren in der Kaserne noch vorhanden. Als ich davon hörte, meldete ich mich auch an und bekam die »Karla« zugewiesen, ein betagtes Mädchen, das kräftig angetrieben werden musste. Kameraden, die schon mitritten, erzählten mir, dass unserem Reitlehrer offensichtlich jetzt wieder viele dumme Sprüche einfielen, die beim Kommiss von Reitlehrern benutzt wurden und recht drastisch waren. Mir waren sie nicht unbekannt, da ich nie ein guter Reiter gewesen bin. Ich ritt aber trotzdem gern. Gleich in der ersten Stunde hörte ich zur allgemeinen Freude auch gleich den Generaloberst rufen: »Potemkin, Sie sitzen auf der Karle wie Mariechen Stuckart, schön aber unglücklich!« (»Potemkin« war ein Spitzname, der mir überallhin folgte, von der Schulzeit bis zur Bundeswehr und NATO).

Wir hatten aber großen Spaß gerade an dieser Art von Reitunterricht. Besonders beliebt waren die Ausritte in die schöne Umgebung von Alleinstein. Abends diskutierten wir immer wieder im Kasino über unsere Lage und fast alle waren wir der Meinung, dass Hitler doch nicht so töricht sein könnte, einen Krieg mit der Sowjetunion anzufangen. Wir hofften, bald wieder in die Heimatgarnisonen verlegt zu werden. Dann kam der Befehl zur Verlegung nach Gumbinnen und es entstanden wieder Zweifel. Diese Stadt liegt ganz nahe an der Ostgrenze.

Der Sommer begann und wir lagen immer noch in Bereitschaft bei Gumbinnen. Es wurde zum Sport, Wetten abzuschließen, dass es keinen Krieg mit der Sowjetunion geben kann. Sogar am Vorabend des Kriegsbeginns schloss ich eine solche Wette ab und verlor sie prompt noch in derselben Nacht vom 21. zum 22. Juni 1941. Der Krieg gegen die Sowjetunion begann genau neunzehn Jahre nach dem Tag, an dem unsere Mutter und wir Kinder als Flüchtlinge (damals nannte man das Emigranten), aus Petrograd kommend, in Deutschland an Land gingen.[46]

Krieg gegen die Sowjetunion, Panzergruppe 4, 1941 bis 1942

***

Die Zeit des Wartens in Ostpreußen war für die deutschen Truppen in den frühen Morgenstunden des 22. Juni 1941 zu Ende. Der Angriff der Wehrmacht und ihrer Verbündeten mit über drei Millionen Soldaten hatte entlang einer über 2.000 Kilometer langen Frontlinie von der Ostsee bis zum Schwarzen Meer begonnen.

Die zuvor im Anschluss an den Frankreichfeldzug geplante Invasion Großbritanniens wurde im Januar 1941 durch Hitler auf unbestimmte Zeit verschoben.[47] Trotz verlustreicher Kämpfe war es der Luftwaffe nicht gelungen, die Luftüberlegenheit als Voraussetzung für eine erfolgreiche Landung zu erringen. Ab dem 6. April 1941 griffen Wehrmachtsverbände die Balkanhalbinsel an und besetzten binnen weniger Wochen das Königreich Jugoslawien sowie Griechenland.

Angesichts der vorangegangenen Feldzüge der Wehrmacht und des hohen Maßes an Kampferfahrung gingen das nationalsozialistische Regime wie auch die führenden Militärs erneut davon aus, in wenigen Wochen einen Erfolg zu erzielen.[48] Tatsächlich gelangen den motorisierten Divisionen in den ersten Monaten des Feldzugs rasante Vorstöße in die Tiefe der Sowjetunion mit hunderttausenden gefangenen Rotarmisten. Das Zusammenspiel aus Panzerspitzen und Luftstreitkräften bewährte sich scheinbar auch in den

[46] Tatsächlich war die Familie Poretschkin am 19. Juni 1922 in Stettin an Land gegangen.

[47] Hoffmann, Die deutsche Heeresführung, S. 55.

[48] Frieser, Blitzkrieg-Legende, S. 400, 437 ff.; Overy, Russlands Krieg, S. 141.

riesigen Weiten Osteuropas.[49] *Die deutschen Soldaten profitierten dabei von den vorangegangenen Säuberungen Stalins innerhalb der Roten Armee in den Dreißiger Jahren. Große Teile des Offizierskorps und des Generalstabs waren diesen Aktionen zum Opfer gefallen, sodass die Rote Armee 1941 zwar zahlenmäßig ein ungeheures Kampfpotenzial hatte, aber nach einer Reorganisation im Sommer 1940 nur bedingt über erfahrene Kommandeure und eingespielte Strukturen verfügte.*[50] *Technisch gesehen befand sich die Rote Armee in einer Phase der Umrüstung, in der z. B. der später tausendfach produzierte T34 eingeführt wurde, der den meisten der damaligen deutschen Panzermodelle überlegen war. Zu Beginn des Russlandfeldzugs konnten die deutschen Panzerbesatzungen dies jedoch durch Erfahrung und überlegene taktische Führung per Funk noch ausgleichen.*[51] *Erst nach und nach erholten sie die sowjetischen Truppen von dem für sie überraschenden Angriff und reorganisierten sich. Hierbei kamen ihnen die einsetzende Schlammperiode und der frühe außergewöhnlich strenge Winter zugute. Beides lähmte die deutschen Verbände und sorgte durch die extremen Temperaturen für große Ausfälle unter den Soldaten und ein wortwörtliches Erstarren des Vormarschs. Angesichts der Erwartung, die Sowjetunion noch vor dem Wintereinbruch besiegt zu haben, war eine Versorgung mit Winterbekleidung und weiterer -ausrüstung unterblieben.*[52]

Der mit Wirkung zum 1. April 1941 regulär zum Hauptmann beförderte Poretschkin nahm als Adjutant des Nachrichtenführers Oberst Hans Negendanck (1894–1962) und Funksachbearbeiter der Panzergruppe 4 unter Generaloberst Erich Hoepner (1886–1944) am Beginn des Russlandfeldzugs teil. Diese Aufgabe beinhaltete vornehmlich administrative Aufgaben hinter der Front. Die Nachrichtentruppe hatte bereits seit Ende Januar 1941 damit begonnen, die für einen Krieg im Osten erforderlichen Fernmeldeverbindungen vorzubereiten und hunderte Kilometer zusätzliche Kabel verlegt.[53] *Diese Vorbereitungen waren auch Poretschkin in seiner Funktion als Funksachbearbeiter nicht entgangen. Die Panzergruppe 4 stieß zunächst als Teil der Heeresgruppe Nord durch das Baltikum auf Leningrad vor. Im September 1941 erfolgte die Unterstellung unter die Heeresgruppe Mitte mit dem neuen Angriffsziel Moskau, wo der deutsche Angriff an der erbitterten Gegenwehr der Roten Armee und dem russischen Winter scheiterte. Poretschkin sollte in wechselnden Verwendungen bis zum Mai 1943 ununterbrochen an der Ostfront dienen. In seinen Schilderungen zu dieser Zeit gibt er nur an einer einzigen Stelle seine Einstellung zum Russlandfeldzug preis: »Mir wurde bewusst, weshalb und wofür dieser Krieg und gegen den mir schon seit der Kindheit gefürchteten und seitdem gehassten*

49 Frieser, Blitzkrieg-Legende, S. 399, 438; Hughes-Wilson, On Intelligence, S. 230; Hoffmann, Die deutsche Heeresführung, S. 74 f.

50 Hartmann, Unternehmen Barbarossa, S. 34; Hughes-Wilson, On Intelligence, S. 232; Overy, Russlands Krieg, S. 60, 102.

51 de Beaulieu, Vorstoß, S. 31 ff., 40; Ganz, Ghost Division, S. 67; Jentz, Panzertruppe, S. 194, 205 ff.; Overy, Russlands Krieg, S. 298.

52 Frieser, Blitzkrieg-Legende, S. 438; Hoffmann, Die deutsche Heeresführung, S. 75, 79.

53 Kampe, Heeres-Nachrichtentruppe, S. 131 f.; Niehaus, Nachrichtentruppe, S. 203.

Bolschewismus geführt werden musste, der meiner Familie so viel Leid und Unglück gebracht hatte.« Aus seiner Perspektive handelte es sich also nicht um einen Krieg gegen Russland, sondern gegen die kommunistischen Bolschewiki. Seine persönlichen Erlebnisse im Zuge der Oktoberrevolution hatten für eine tiefe und nachhaltige Abneigung gegenüber den kommunistischen Machthabern gesorgt, sodass er auch rückblickend nach über sechzig Jahren den Russlandfeldzug als Kampf gegen dieses System für sich rechtfertigte.

Von diesen persönlichen Motiven abgesehen ist in seinen Schilderungen nicht zu erkennen, dass es sich beim Russlandfeldzug von Anfang an vor allem um einen Vernichtungsfeldzug handelte.[54] *Er beschreibt stattdessen rückblickend, wie ein älterer deutscher Soldat einem erschöpften sowjetischen Kriegsgefangenen half oder eine russische Kirche vor Plünderungen zunächst geschützt wurde. Das elende Schicksal der Masse der rund 5,7 Millionen sowjetischen Kriegsgefangenen in den Lagern hinter der Front war ihm hingegen keine Erwähnung wert. Der junge Hauptmann plante sogar, seine Verwandten nach der Einnahme Leningrads zu besuchen, was angesichts des Schreckens der jahrelangen Blockade Leningrads durch die Wehrmacht eine fast naive Sicht auf den Krieg im Osten zeigt. Beispiele an »kavaliersmäßigem« Verhalten, wie im Kampf gegen die Westalliierten 1940, kommen in seinen Schilderungen der Zeit nach 1941 aber nicht mehr vor. Der Leser gewinnt wie schon bei der Beschreibung des Dienstes in den Dreißiger Jahren den Eindruck von gänzlich unpolitischen militärischen Fachleuten in der Wehrmacht. Gleichzeitig schreibt Poretschkin jedoch, dass sich mit der Verschlechterung der Lage angesichts des gescheiterten Angriffs auf Moskau das Vertrauen der Soldaten aller Dienstgrade in den »Führer« Adolf Hitler empfindlich verringerte.*

Die Anzeichen, wie brutal der Feldzug im Osten noch werden würde, waren in Ansätzen bereits 1941 erkennbar. So erlebte Poretschkin im Tross des Generaloberst Erich Hoepner eine Besprechung mit der SS-Totenkopf-Division unter der Führung des SS-Gruppenführers Theodor Eicke (1892–1943), bei der erhebliche Unterschiede zwischen SS und Wehrmacht in der Kriegführung offenbar wurden. Insbesondere in den ersten Kriegsjahren versuchte die Waffen-SS, fehlendes militärisches Know-how durch Einsatzwillen auszugleichen, was zu hohen Verlusten führte.[55] *Diese Art, ohne jegliche Rücksicht gegen Freund und Feind Krieg zu führen, wurde hier bereits deutlich. Ein weiteres direktes Beispiel für die Andersartigkeit des Russlandfeldzuges ist der von Poretschkin hoch verehrte Generaloberst Hoepner, der bereits im Mai 1941 einen Kampf bis zur völligen Vernichtung ohne Schonung des Gegners forderte.*[56]

In privater Hinsicht wurde Theodor Poretschkin gleich zu Beginn des Russlandfeldzugs Vater seines ersten Sohns Peter. Bis er seinen Sohn in Prag erstmals kennenlernte, sollten allerdings noch fast zwei Jahre vergehen.

---

[54] Hartmann, Unternehmen Barbarossa, S. 52 ff., 62; Hoffmann, Die deutsche Heeresführung, S. 59, 76 f.; Overy, Russlands Krieg, S. 140.

[55] Ganz, Ghost Division, S. 87; Hartmann, Unternehmen Barbarossa, S. 52; Rohrkamp, »Weltanschaulich gefestigte Kämpfer«, S. 330 ff., 408.

[56] Wilhelm, Rassenpolitik, S. 140.

***

Der Gefechtsstand der Panzergruppe 4 war schon vor Angriffsbeginn nach Pogegen nördlich Tilsit verlegt worden. Wohl alle waren schon vor dem befohlenen Zeitpunkt wach und warteten auf drei Uhr fünf. Pünktlich hörten wir ein dumpfes Grollen aus Richtung Front. Es war Ernst geworden. Der Krieg hatte tatsächlich angefangen. Vorher war die Stimmung so angespannt gewesen, dass wir beinahe Erleichterung empfanden, dass die Ungewissheit ein Ende hatte und dann darüber doch auch Scham empfanden. Wir saßen ja rückwärts sicher in der finstersten Etappe. Dann überflogen uns Stukas (Sturzkampfbomber) und kurz darauf hörten wir ihre Bomben fallen. Es herrschte Unsicherheit, ob die Russen auf den Angriff vorbereitet oder überrascht waren. Klarheit entstand, als erste Funkmeldungen von den Korps eintrafen. Mir fiel ein Stein vom Herzen, die Funkerei klappte. Der Gegner schien den Meldungen nach nicht gut vorbereitet gewesen zu sein. Über das Geschehene werde ich auch hier wenig selbst berichten und verweise auf das Buch des Chefs des Generalstabes der Panzergruppe 4, Oberst i.G. Chales de Beaulieu[57]: »Der Vorstoß der Panzergruppe 4 auf Leningrad«, Verlauf Kurt Vowickel, 1961 Neckargemünd.

Etwas Nervosität entstand beim Stab, als gemeldet wurde, dass der Russe überstarke Panzerkräfte uns gegenüber verfügte. Es gab Gerüchte, dass ein großer Panzer der Russen unseren stark überlegen sei. Beim Vorstoß auf die Düna westlich der Stadt Dünaburg kam es am 24./25. Juni zu einer Schlacht der unterstellten 1. und 6. Panzerdivisionen mit den sowjetischen Panzerverbänden, die zu unseren Gunsten endete und den Weg zur Düna freigab. Dieser Erfolg beruhigte. Ich hatte wenig zu tun und nutzte die Zeit, um meiner Mutter zu schreiben und sie zu bitten, mir Adressen und Angaben über unsere noch lebenden Verwandten in Leningrad mitzuteilen. Jetzt musste ich mich darauf einstellen, hin zu kommen, dort Verwandte zu treffen bzw. nach ihnen forschen zu können.

Für mich war es ein merkwürdiger Zustand, dass wir beim Stabsquartier so weit hinten lagen, dass man vom Kriegsgeschehen so gut wie nichts merkte. Das Wetter war herrlich sommerlich aber nicht zu heiß, von russischen Fliegern und auch Artilleriefeuer merkten wir nichts. Es war wie im Frieden. Es war wohl schon in den ersten Tagen Juli, wir saßen im Freien im Obstgarten in einem Dorf in der Nähe von Dünaburg beim Mittagessen. Da kam ein Melder von der Fernsprechvermittlung und rief: »Herr Hauptmann Poretschkin wird dringend am Telefon verlangt.« Ich lief zur Vermittlung und der Truppführer übergab mir den Hörer mit den Worten »Für Sie!« Zu meinem Erstaunen hörte ich ein Baby schreien und dann plötzlich die Stimme meiner Frau: »Hallo, Dein Sohn will Dich begrüßen!« Ich war sprachlos, es war so klar wie ein Ortsgespräch in der Stadt. Was war geschehen? Mein Sohn Peter war am

57 Walter Chales de Beaulieu (1898–1974) führte nach seiner Verwendung bei der Panzergruppe 4 noch einige Divisionen, wurde aber Anfang 1945 als ehemaliger Vertrauter Hoepners aus der Wehrmacht entlassen.

24. Juni in Prag geboren worden, etwas zu früh, da die Mutter sich über den Ausbruch des Krieges gegen Russland sehr aufgeregt hatte. Sie hatte ein Telegramm an meine Feldpostnummer geschickt, das dann über Feldfernschreiber weitergegeben wurde. Die Soldaten kannten mich und hatten netterweise versucht, eine Fernsprechverbindung zu meiner Wohnung bei Prag herzustellen (Nummer war bekannt) und das Telegramm zurückgehalten. Über Heeresgruppe Nord–OKH–Hauptquartier Hitlers–Berlin–Paris–Frankfurt/M hatten sie dann Prag über geschaltete Fernsprechleitungen der Wehrmacht erreicht und meine Nummer anwählen lassen. Freude war natürlich groß und die Überraschung noch größer. Alle konnten wir nicht ahnen, dass ich meinen Sohn und meine Frau erst nach mehr als zwei Jahren wieder sehen würde.

Kurz nach diesem freudigen Ereignis hörte ich vom Ordonanzoffizier des Generalobersten, dass dieser mit dem Chef des Stabes zur SS Totenkopf-Division fliegen würde. Die Division war uns zugeführt worden und ich musste Funkverbindungen regeln und Funkunterlagen zuweisen. Ich bat mitfliegen zu dürfen, was genehmigt wurde. Als der Fieseler Storch landete, bot sich uns ein komischer Anblick. Der Gefechtsstand der Division glich mehr einem Pfadfinderlager als einer militärischen Einrichtung. Der Divisionskommandeur SS-Gruppenführer Eicke[58], ohne Uniformrock und in Pantoffeln, meldete. Als der Befehlshaber ihn in die Lage einweisen wollte, hatte der Stab keine zusammengeklebte Karte sondern nur Einzelblätter, sodass ich die Karte aus dem Flugzeug holte. Mehrere SS-Landser standen neugierig herum. Der Generaloberst erläuterte anhand der Karte dem Divisionskommandeur und seinem Chef des Stabes den Auftrag und schloss mit den Worten: »Lieber Eicke, nehmen Sie sich Zeit für sorgfältige Erkundung, mir kommt es erster Linie darauf an, dass Verluste möglichst vermieden werden.« Darauf erhob Eicke die Hand zum »Deutschen Gruß« und sagte »Herr Generaloberst, bei der SS werden Befehle ausgeführt, Verluste spielen keine Rolle!« Es entstand ein Moment Schweigen, dann schrieb der Generaloberst: »Herr, merken Sie sich, solange Sie dem alten Hoepner unterstehen, spielen Verluste die größte Rolle. Sie scheinen noch nicht kapiert zu haben, dass Ihnen das Kostbarste anvertraut ist! Leben und Gesundheit junger Menschen!« Ich glaube, wir alle hatten unseren Befehlshaber noch nie so schreien gehört. Ich sehe noch heute, wie sein Chef ihn am Arm fasste und flüsterte »Herr General, bitte«, aber keinen Erfolg hatte. Wir grüßten mit der Hand an der Mütze, gingen schweigend zum Flugzeug und flogen zurück. Die Funkunterlagen konnte ich dem SS-Führer, der die Nachrichtenabteilung führte, bei Ankunft geben und ihn kurz einweisen. Für mehr war jetzt keine Zeit vorhanden. Das Erlebte hielt ich für einen

[58] Theodor Eicke (1892–1943) diente im Ersten Weltkrieg als Unteroffizier und wurde 1930 in die SS aufgenommen. Er stieg in dieser Organisation schnell auf und wurde u. a. Kommandant des Konzentrationslagers Dachau. 1939 übernahm er die SS-Division »Totenkopf« und führte diese in Polen- und Frankreichfeldzug sowie beim Angriff auf die Sowjetunion. Anfang 1943 starb er bei einem Flugzeugabsturz.

Einzelfall. Später als ich Himmler[59], unterstand und nach 1945 in Dachau lernte ich, dass dies die Grundeinstellung der SS war.

Die Zusammenarbeit mit dem Nachrichtenregiment hatte sich gut eingespielt. Hauptmann Heinig bearbeitete jetzt praktisch das Gebiet des Fernsprechsachbearbeiters in unserem Stab, soweit es die Planung anbetraf, was mich entlastete. Auf dem Gebiet der Funkregelung war nicht mehr viel zu tun, da nicht viel Wechsel eintrat. Leider blieb der gesamte Kleinkram an mir als Adjutant hängen. So musste ich mich um die Fernsprechvermittlung kümmern, was eigentlich Aufgabe des bei uns nicht vorhandenen Fernsprechbearbeiters war. Viele Offiziere der Generalstabsabteilungen hatten gar kein Verständnis für die Schwierigkeiten auf diesen Gebieten und beschwerten sich laufend. Ich kam kaum zum Schlafen. Eines Nachts war es besonders schlimm und ich schlief übermüdet am Telefon am Kartentisch ein. Morgens rief der Nachrichtenführer der Heeresgruppe Nord an und fragte nach dem Ergebnis der Erkundung. Ich wusste gar nicht, worum es sich handelt. Es stellte sich heraus, dass in der Nacht der Auftrag erteilt worden war, festzustellen, ob eine Postleitung entlang einer Vormarschstraße brauchbar war. Tatsächlich fand ich auf dem Kartentisch auf einem Fernspruchblock mit meiner Handschrift eine entsprechende Notiz über den Auftrag mit Uhrzeitangabe. Ich hatte nichts veranlasst. Glücklicherweise hatte das Nachrichtenregiment von sich aus eine Erkundung angesetzt und das Ergebnis konnte gemeldet werden. Allerdings fand die Erklärung, dass ich aus Übermüdung so gehandelt hatte, kein Verständnis bei der Heeresgruppe, wo es wohl weniger hektisch zuging. Sie lagen ja noch weiter hinten in der Etappe!

Eines Tages rief mich Hauptmann Bruns, mit dem ich früher in Stahnsdorf im selben Junggesellenhaus gewohnt hatte, an und fragte, ob ich an einem winzigen Fotoapparat interessiert sei. Ich ging hin und er zeigte mir eine Minox-Kamera »made in Latvia«. Diese Kleinstkamera war in Deutschland entwickelt worden und mangels Interesse bei deutschen Herstellern war das Patent nach Litauen verkauft worden und wurde dort mit Erfolg hergestellt. Bruns sagte, dass die Organisation Rosenberg der NSDAP alles beschlagnahmt hätte, man könnte aber noch einige kaufen. Da sich der Wehrsold mangels Gelegenheit zur Ausgabe angesammelt hatte, kaufte ich gleich zwei dieser niedlichen Kameras. Da jeder sie für einen Belichtungsmesser hielt, habe ich damit viele gelungene Schnappschüsse gemacht. Den zweiten Apparat schenkte ich Jahre später Gerti. Meine Minox wanderte 1945 nach USA aus, als ich verhaftet und »gefilzt« wurde. Eine ganze Menge Negativfilme habe ich noch, vielleicht regt mich diese Niederschrift dazu an, doch noch mal Anzüge fertigen zu lassen.

Als unser Hauptquartier in Pleskau lag, beobachtete ich, dass eine Kirche geplündert wurde. Ich stellte fest, dass dort ein »Antireligiöses Museum« eingerichtet werden sollte und in der Kirche sich ein riesiges Lager von Ikonen befand. Der Pope er-

---

[59] Heinrich Himmler (1900–1945) baute die SS auf und galt als einer der innenpolitisch mächtigsten Figuren im »Dritten Reich« nach Hitler. Er hatte maßgeblichen Anteil an der Organisation des Holocaust und nahm sich nach Kriegsende in britischem Gewahrsam das Leben.

zählte mir, dass man beabsichtigte darzustellen, wie dürftig das gemeine Volk dahinvegetieren musste und dagegen die Kirche so reich war, dass sie sich so kostbare Ikonen leisten konnte. Ich meldete dies dem für solche Dinge zuständigen Hauptmann Bruns, der die Kirche durch Feldjäger bewachen ließ. Der Pope bedanke sich, indem er uns beiden eine kleine beschädigte Ikone schenkte, die ich heute noch besitze. Hinterher stellte es sich leider heraus, dass durch die Bewachung die berüchtigte Organisation Rosenberg[60] aufmerksam geworden war und die Ikonen beschlagnahmt und nach Deutschland verbracht hatte.

Anfang September waren wir schon so dicht an Leningrad herangekommen, dass man im Hintergrund gut Kirchtürme sehen konnte. Ich war sehr gespannt und auch aufgeregt bei dem Gedanken, bald meine Geburtsstadt wieder zu sehen. Da kam der Befehl, dass unsere Panzergruppe, die nun »Panzerarmee 4« hieß, herausgezogen und in den Mittelabschnitt verlegt würde. Ich sollte zur Vorbereitung der Nachrichtenverbindungen zum Vorkommando gehören und zur Heeresgruppe Mitte nach Smolensk fahren. Aus dem Wiedersehen mit meiner Geburtsstadt wurde also nichts.

Es war wohl Ende September, als wir in Smolensk ankamen. Hier traf ich alte Bekannte. Mein Stubenkamerad aus der Potsdamer Ausbildungszeit Ulrich von Oertzen[61] war als »junger Mann« in der Operationsabteilung bei Oberst i.G. von Tresckow[62]. Wir freuten uns sehr über das Wiedersehen nach langer Zeit und Ulrich sorgte dafür, dass ich gut im erbeuteten russischen Salonzug, der jetzt Gästehotel war, ein vornehmes Schlafwagenabteil bekam. Beim Abendessen erzählte mir Uli, dass noch mehrere Jahrgangskameraden in Smolensk sind. Beim Armeenachrichtenregiment waren Karlheinz Collé und Harro Ültzen und unser Kompaniechef in Potsdam Hauptmann Ahrens war jetzt Oberst und Regimentskommandeur und in Katyn bei Smolensk untergebracht. In Katyn hatten die Russen eine Unterkunft des NKWD[63], wo sie Tausende (ich glaube mich zu erinnern, etwa 10.000) polnische Offiziere ermordet hatten. Nach dem Krieg behaupteten die Sowjets, die deutsche Armee hätte diese Polen umgebracht. Oberst a.D. Ahrens wurde vor dem Internationalen Gerichtshof angeklagt, aber dort freigesprochen, weil bewiesen werden konnte, dass die Sowjetarmee diese Untat begangen hatte.[64]

60 Gemeint ist hier wahrscheinlich der Einsatzstab Reichsleiter Rosenberg, der für den Raub von Kulturgütern in den besetzten Gebieten verantwortlich war.

61 Hans-Ulrich von Oertzen (1915–1944) war einer der engsten Vertrauten von Tresckows und beging nach dem misslungenen Staatsstreich am 21. Juli 1944 in Berlin Selbstmord.

62 Henning von Tresckow (1901–1944) bekleidete seit 1941 den Dienstposten des Ia der Heeresgruppe Mitte und wurde später eine der zentralen Figuren bei der Planung und Durchführung des Attentats vom 20. Juli 1944. Nach dessen Scheitern beging er an der Ostfront Selbstmord.

63 Der NKWD (russische Abkürzung für »Volkskommissariat für innere Angelegenheiten«) nahm in der Sowjetunion u. a. die Aufgaben einer politischen Geheimpolizei wie auch eines Geheimdienstes wahr.

64 Der damalige Oberstleutnant und Kommandeur des Nachrichtenregimentes 537, Friedrich Ahrens, hatte nach Gerüchten über sowjetische Massenhinrichtungen nahe Katyn einige Gebiete freilegen lassen und stieß dabei auf die Leichen der rund 4.600 erschossenen polnischen Kriegsgefangenen. Nachdem das Massa-

Colleé und Ueltzen haben mir später im Einsatz oft geholfen. Durch Uli Oertzen lernte ich den Ordonnanzoffizier des Feldmarschalls von Kluge, Oberleutnant d.R. Graf Berg, kennen. Dieser litt darunter, als noch verhältnismäßig junger Reserveoffizier so weit hinten eingesetzt zu sein. Er versuchte dies dadurch etwas auszugleichen, dass er Kameraden aus der Front behilflich war. Front war alles, was vorwärts des Hauptquartiers der Heeresgruppe lag! Ich habe dies später reichlich ausgenutzt und Kameraden durch ihn Mitfluggelegenheiten im Kurierflugzeug von Smolensk zum Hauptquartier in Ostpreußen und von dort mit dem Sonderzug nach Berlin verschafft.

Das Vorkommando wurde durch die Operationsabteilung eingewiesen. Die 4. Panzerarmee wurde mit der 2. Panzerarmee zusammen zum Angriff auf Moskau eingesetzt. Angriffsbeginn wird festgesetzt, wenn die Verbände der beiden Armeen im Mittelabschnitt eingetroffen sind. Mein Regimentskommandeur in Potsdam, Oberst Oberhäuser[65], war Nachrichtenführer der Heeresgruppe und kannte mich gut, seine Mitarbeiter ebenfalls zum großen Teil. Ich bekam jede Unterstützung, die überhaupt möglich war. So hatte ich die Vorbereitungen für unseren Einsatz bald erledigt und hatte Zeit. Auf den Karten bei Uli Oertzen hatte ich festgestellt, dass die 3. Panzerdivision und meine Stahnsdorfer Kompanie nicht weit von Smolensk lagen. Ich rief an und fuhr hin. Es gab ein herzliches Wiedersehen mit Kameraden und mit meinem zum Freund gewordenen Burschen Toni Haas, der inzwischen Unteroffizier war. Es wurde ein feucht-fröhlicher und später Abend und ich übernachtete dort. Am nächsten Tag war ich wieder in Smolensk und musste dort bis zur Ankunft unseres Stabes warten.

Ich nutzte die Wartezeit, um die Regelung des Funkverkehrs schon jetzt zu bearbeiten, die Unterlagen bekam ich ohnehin vom Nachrichtenführer der Heeresgruppe. So bekam ich die Unterlagen zur Bearbeitung und konnte sie abends zur Aufbewahrung auch wieder in dessen Panzerschränke geben. Die für den vorgesehenen Einsatz unterstehenden Kommandobehörden, Divisionen und Einheiten erfuhr ich ebenfalls bei der Heeresgruppe. So konnte ich einen großen Teil der Vorbereitungen schon vor Ankunft unseres Stabes bearbeiten, sogar unter viel besseren Bedingungen als es später in unserer Unterkunft möglich sein würde. Das stellte sich auch als ein großer Glücksfall heraus, denn die Zeit bis Angriffsbeginn war sehr knapp bemessen.

Leider habe ich keine verlässlichen Unterlagen über den Verlauf des folgenden Angriffs und auch keinerlei zeitgenössisches Kartenmaterial zur Verfügung. In den letz-

ker von Katyn den deutschen Angeklagten im Nürnberger Prozess zur Last gelegt wurde, stellte Ahrens sich. Manipulierte Beweise der sowjetischen Anklage konnte er 1946 widerlegen, siehe Weber, Krieg der Täter, S. 73. Über seinen weiteren Werdegang ist nichts bekannt.

65 Eugen Oberhäuser diente im zweiten Weltkrieg zuletzt als Generalleutnant und war nach dem Attentat vom 20. Juli 1944 für die Unterbrechung der Nachrichtenverbindungen in Paris verantwortlich. Über seinen weiteren Werdegang ist nichts bekannt.

ten Tagen im September traf der Stab der Panzergruppe 4 in Smolensk ein und auch die unterstellten Verbände erreichten ihre Marschziele im Raum um Smolensk.

Soweit ich mich erinnere, begann der Angriff der Heeresgruppe Mitte mit dem Ziel Moskau in den ersten Tagen Oktober 1941. Der Angriffsstreifen der Panzergruppe 4, die bald danach in 4. Panzerarmee umbenannt wurde, lag etwas nördlich der Straße (»Rollbahn« genannt) Smolensk–Wjasma–Moskau und südlich der Linie Charkow–Jelnja–Juchnow–Moskau. Der Angriff begann zügig, im Kessel nördl. Juchnow wurden schon nach einigen Tagen mehr als 200.000 Gefangene gemacht und Unmengen von Waffen und Gerät erbeutet. Ich erinnere mich, dass ich bei einer Fahrt nach vorne einer endlos scheinenden Kolonne russischer Gefangener begegnete, die sich nach Westen schleppte. Am Ende dieses Zuges zerlumpter, elender Gestalten ging ein einzelner alter Landsturmmann, offensichtlich Veteran des Ersten Weltkrieges, da er das Bändchen der Teilnehmermedaille trug. Ich hörte, wie dieser alte Mann einem Russen zuredete, er sollte doch nicht zurückbleiben und bei der Kolonne bleiben, sonst müsste er doch schießen. Ich höre noch heute die Worte »Mensch Russki, das kannste mir doch nicht zumuten.« Dabei fasste er den müden Russen unter die Armee und schob ihn vorwärts. Dieses Zeichen von Menschlichkeit am Rande kann ich nicht vergessen. Die Funkverbindungen klappten und außerdem konnte das Nachrichtenregiment eine russische Fernsprechleitung an einer Vormarschstraße instand setzen. Ich hatte dadurch wenig zu tun.

Dann geschah etwas, was uns sehr betroffen hat. Die Funkzentrale nahe unseres vorgeschobenen Gefechtsstandes ostwärts des Kessels mit den russischen Gefangenen wurde im Morgengrauen überfallen. Die Funker hatten sich so sicher gefühlt, dass sie alle befohlenen Sicherungsmaßnahmen außer Acht ließen und völlig überrascht wurden. Wie sich herausstellte, hatte eine versprengte russische Resteinheit in etwa Zugstärke versucht, aus dem Kessel nach Osten zu entkommen. Im Dunkeln war sie im Wald auf die Funkzentrale gestoßen, hatte wild um sich geschossen und nichts anderes im Sinne gehabt, als zu entkommen. Dies gelang auch bis auf einen verwundeten Soldaten, der dies aussagte. Unter den Funkern gab es leider mehrere Tote und ein paar Verwundete. Neben der Sorge um die Toten und Verwundeten dachte ich zunächst an die Folgen für den Funkverkehr und die damit verbundene Menge Arbeit. Zu meiner großen Überraschung und noch größeren Erleichterung hatten die Russen sich um die Funkstelle überhaupt nicht gekümmert. Keine Unterlage, auch keine Schlüsselmaschine (jeder Funktrupp hatte eine Enigma) oder andere Schlüsselmittel fehlten. Die Funkfahrzeuge waren unbeachtet geblieben. Ich wollte dies nicht glauben, aber auch peinlich genaue Überprüfung hatte zum Glück kein anderes Ergebnis. Ich hatte mich schon auf das Schlimmste eingestellt und mit einer Menge Mehrarbeit und großem Zeitaufwand gerechnet. Bestattung der Toten und Sorge um die Verwundeten war Sache des Nachrichtenregiments und die gesamte Arbeit mit der Klärung des Sachverhalts und Veranlassen der notwendigen Maßnahmen juristischer und disziplinarer Art wurde durch die Fachleute des Armeestabes erledigt. Soviel ich weiß, waren die Folgen dieses bedauerlichen Vorfalls immer noch nicht endgültig abgeschlossen, als ich den Armeestab verließ.

Bis Mitte Oktober verliefen die Operationen Richtung Moskau wie geplant. Mitte Oktober begann es zu regnen und in Kürze versank alles in einem solchen Schlamm, dass alle Straßen und Wege, zunächst für motorisierte Truppen, aber bald auch für Infanterie unpassierbar wurden. Die »Schlammperiode« überraschte unvorbereitet Stäbe und Truppe. Großer Unmut und Verlust allen Vertrauens in die Oberste Führung war die Folge.

Die Vergleiche mit dem Feldzug von Napoleon[66] und seinem Desaster bei Moskau waren frappierend. Das Buch von Caulaincourt[67] über die Flucht mit Napoleon von Moskau wurde viel gelesen. Ich bekam es von Fritz von der Tann zugeschickt. Die Feldpost funktionierte nach Beginn der Schlammperiode überhaupt nicht, aber Fritz Tann schaffte es über Günther Namslau, der jetzt Adjutant von General Fellgiebel war. Er fand stets Schleichwege vom Hauptquartier in Ostpreußen über Dienstreisende oder Kuriere bis zu unserem Armeestab und beförderte sogar Päckchen an Freunde bis an die Front. Diese »Schlittengespräche mit Napoleon« haben mich in Russland stets begleitet und ich fand immer Stellen, die unserer Situation glichen. Hitlers Ansehen litt sogar bei den Reservisten aller Grade, die Parteimitglieder waren. Aber wir waren so mit dem örtlichen Geschehen und der Fürsorge für die uns anvertrauten Menschen beschäftigt, dass für Gedanken wie z. B. an einen Widerstand gar kein Platz war. Für Fahrten an die Front bestand kaum noch eine Möglichkeit wegen des Schlamms. Am ehesten bekam man eine Möglichkeit zur Mitfahrt auf einem Lkw, da dort Hilfe zum Schieben beim Steckenbleiben willkommen war. Ich benutzte eine solche Fahrgelegenheit, um einiges bei den Korps zu regeln und den persönlichen Kontakt nicht zu verlieren. Auf der Rückfahrt blieb der Lkw im Schlamm stecken und beim Versuch ihn flott zu kriegen, blieb einer meiner Stiefel so fest stecken, dass ich nur meinen Fuß rauszog und der Stiefel im Schlamm stecken blieb und nicht mehr zu finden war. Ich musste mit einem Fuß nur in durchweichten Socken zurückfahren und dann mehrere Tage warten, bis ich wieder Stiefel bekam und mir solange mit ein paar Filzlatschen aushelfen. Dann setzte ganz plötzlich strenger Frost ein und viele Fahrzeuge waren über Nacht im Matsch so fest angefroren, dass sie ohne Schaden zu nehmen nicht freikamen. Der Verkehr kam auch jetzt kaum in Gang.

Nach dem in die Militärgeschichte als »Kessel von Wjasma« eingegangenen Erfolg gegen die Sowjetarmee, man sprach von 600.000 Gefangenen, blieb der Angriff auf

---

66 Napoleon Bonaparte (1769–1821) wurde nach der Französischen Revolution in wenigen Jahren General und 1804 Kaiser der Franzosen. Sein Russlandfeldzug von 1812 endete nach einem raschen Vormarsch und der kampflosen Einnahme Moskaus in einem verlustreichen Rückzug im russischen Winter.

67 Armand de Caulaincourt (1773–1827) stieg nach der Französischen Revolution zum General und später zum persönlichen Adjutanten und Großstallmeister auf. Nach dem Scheitern des Russlandfeldzugs von 1812 flüchtete er gemeinsam mit Napoleon von Moskau nach Paris.

Moskau stecken. Größte Sorge bereitete, dass unsere Truppen zum großen Teil ohne Winterbekleidung durch den Kälteeinbruch überrascht wurden. Der Nachschub war zu spät angelaufen und auch die in der Heimat spontan angelaufene Sammlung von Spenden warmer Sachen für die Soldaten erreichte nicht die Truppe. Ich erinnere mich, dass wir erst kurz vor Ostern 1942 die warmen Wolljacken und Unterhosen erhielten. Die Truppe an der Front fror entsetzlich und die Ausfälle durch Erfrierungen mehrten sich erschreckend. Hitler, der den Oberbefehl über die Ostfront übernommen hatte, verbot gleichzeitig jede Rückwärtsbewegung ohne seine persönliche Genehmigung, die jedoch so gut wie nie erteilt wurde. Die Verbitterung darüber bei den verantwortlichen Führern war groß und erfasste auch uns alle. In dieser Zeit erlebte ich persönlich etwas Erfreuliches. Der Chef des Stabes eröffnete mir, dass er mich im Einvernehmen mit dem Generaloberst zur Generalstabsausbildung namhaft gemacht hätte. Kurz danach kam die entsprechende Verfügung des Personalamtes. Ich wurde zum Lehrgang an der Kriegsakademie, die nach Hirschberg im Riesengebirge umgezogen war, versetzt. Vorher wurde ich zu einer Infanteriedivision vor Moskau kommandiert, um Erfahrungen als Kompanieführer einer kämpfenden Einheit zu sammeln. Das war für alle Teilnehmer, die nicht aus der Kampftruppe kamen, befohlen worden. Ich arbeitete meinen inzwischen eingetroffenen Nachfolger ein und sollte am 22. Dezember die Kompanie übernehmen. Ich schrieb quasi einen Abschiedsbrief nachhause, da an der Front der Teufel los war und ich so gut wie keine Erfahrung als Infanterist hatte. Als ich mich am Morgen des 22. Dezember zur Abfahrt fertig machte, kam ein dringendes Fernschreiben, das die Kommandierung aufhob.

Einige Offiziere, die das Kommando schon angetreten hatten, waren gleich gefallen, da sie dieser Aufgabe in der extrem schwierigen Lage mangels Erfahrung nicht gewachsen waren und wohl diesen Mangel durch besonderen Schneid auszugleichen versuchten. Darauf hatte Feldmarschall von Kluge für seinen Befehlsbereich diese Kommandierungen verboten. Da mein Nachfolger bereits übernommen hatte, wurde ich zunächst zur »Führerreserve OKH, Standort Nachrichtenschule Hall« versetzt. Ich meldete mich bei Oberst von der Schulenburg, dem Personalchef, und ging mit ihm zum Generaloberst. Diesen bat ich, die Kommandierung rückgängig zu machen und mich als Kommandeur der Panzernachrichtenabteilung der 11. Panzerdivision einzusetzen, der ausgefallen war. Als junger Berufsoffizier gehörte ich in dieser Lage an die Front. General Hoepner stimmte zu. Nach mehreren Telefonaten mit dem Personalamt wurde ich mich der Führung der Abteilung zum 15. Januar 1942 beauftragt. So erlebte ich noch, dass unser verehrter Generaloberst Hoepner am 8. Januar 1942 von Hitler als Armeeführer abgelöst und wegen Verstoß gegen einen Führerbefehl aus der Armee ausgestoßen wurde. Er hatte erfolglos mehrfach beantragt, die Front des XX. Korps zu begradigen. Darauf hatte er dies trotzdem befohlen. Bei seiner Verabschiedung von seinem Stab sagte er wörtlich: »Ich bin meines Postens als Oberbefehlshaber der 4. Panzerarmee enthoben worden, weil ich einen

Führerbefehl nicht befolgt habe. Seit meiner Jugend der Armee verbunden und dadurch dem deutschen Soldaten verpflichtet, fühle ich mich bei meinen Entschlüssen stets einem Höheren verantwortlich. Jederzeit würde ich wieder so handeln, wie ich gehandelt habe.« Es gab bestimmt keinen unter uns, der nicht zu tiefst erschüttert war. Am 20. Juli 1944 hat er in diesem Sinne gehandelt und ist dafür am Galgen gestorben.

Für mich endete eine schwierige und interessante Zeit, bei der ich aber vermisste, Menschen führen zu dürfen.

Kommandeur der Panzernachrichtenabteilung der 11. Panzerdivision, Januar 1942 bis Mai 1943

***

Zu Beginn des Jahres 1942 hatte sich der deutsche Angriff auf die Sowjetunion aufgrund des wachsenden Widerstands der Roten Armee und durch den bitterkalten russischen Winter weitgehend festgefahren. Hinzu kamen die seit Beginn des Unternehmens »Barbarossa« horrenden Verluste an Mensch und Material durch Verschleiß und Feineinwirkung, die die Wehrmacht empfindlich getroffen hatten.[68] Die Einnahme Moskaus als Ziel der Heeresgruppe Mitte war gescheitert. Stattdessen mussten sich zahlreiche Verbände angesichts einer sowjetischen Gegenoffensive mit ausgeruhten und für den Winterkrieg gut ausgerüsteten Truppen ab dem 5. Dezember 1941 zurückziehen.[69] Dass die Lage sogar dazu führte, dass Offiziere wie Hauptmann Poretschkin aus Spezialverwendungen zum Sammeln von Kampferfahrung ohne die dafür nötige Erfahrung zu Infanterieeinheiten kommandiert werden sollten, verdeutlicht die hohen Verluste.

Auch abseits der Ostfront hatte sich die Lage für das nationalsozialistische Regime zum Negativen verändert. Nach dem japanischen Angriff auf Pearl Harbor am 7. Dezember 1941 traten die Vereinigten Staaten in den Zweiten Weltkrieg ein. Als Verbündeter des japanischen Kaiserreichs erklärte wiederum das Deutsche Reich den Vereinigten Staaten am 11. Dezember 1941 den Krieg. Trotz aller militärischen Anstrengungen von Luftwaffe und Kriegsmarine leisteten die britischen Streitkräfte zur See und in der Luft weiter heftigen Widerstand. Das Bomber Command der Royal Air Force begann 1941 verstärkt damit, deutsche Städte im Reichsgebiet durch Bomberverbände anzugreifen.

In dieser insgesamt prekärer werdenden Lage wurde Theodor Poretschkin am 15. Januar 1942 als Nachfolger des Majors Bernhard von Bernuth mit der Führung der Panzernachrichtenabteilung 341 in der 11. Panzerdivision beauftragt. Offiziell übernahm er

---

68 Hartmann, Unternehmen Barbarossa, S. 24; Overy, Russlands Krieg, S. 194.

69 Hartmann, Unternehmen Barbarossa, S. 40 ff., Hoffmann, Die deutsche Heeresführung, S. 79; Overy, Russlands Krieg, S. 192.

die Dienststellung als Kommandeur dieser rund 360 Mann starken Abteilung jedoch erst rückwirkend zum 1. Mai 1942 am 20. Juni 1942, nachdem dies seitens der Divisionsführung am 13. April 1942 beantragt worden war.[70] *Nach vorangegangenen Verwendungen als Kompaniechef und als Funksachbearbeiter der Panzergruppe 4 bedeutete dies einen weiteren Schritt auf der Karriereleiter, da er nun die Stellung eines Bataillonskommandeurs und Divisionsnachrichtenführers bekleidete.*

Nach der eher administrativen Verwendung als Adjutant und Funksachbearbeiter in der Etappe erwartete Poretschkin nun die brutale Realität eines Winters an der Ostfront. Die Panzernachrichtenabteilung 341 unterstand als Divisionstruppe direkt dem Stab und damit dem Divisionskommandeur.[71] *Seit dem Rückzug vor Moskau waren jedoch viele Angehörige und Material vermisst gemeldet, von denen ein Teil erst nach und nach wieder die Abteilung erreichte. Die Gliederung entsprach im Wesentlichen noch der von 1940 und beinhaltete neben dem Stab eine Fernsprechkompanie, eine Funkkompanie sowie eine leichte Versorgungskolonne. Nachdem der in Poretschkins Augen eher farblose Infanterist und Generalmajor Scheller (1892–1944) am 16. Mai 1942 die 11. Panzerdivision an Oberst Hermann Balck (1893–1982) abgegeben hatte, bemerkte Poretschkin, dass die direkte Unterstellung unter einen Divisionsstab nicht nur Vorteile hatte. Sein neuer Vorgesetzter zeigte zunächst keinerlei Verständnis für die Belange der Nachrichtentruppe und ließ seinen Unmut des Öfteren an Poretschkin als Kommandeur der Divisionsnachrichtenabteilung aus. Dieser Zustand währte aber nicht ewig und so schlug Balck am 30. März 1943 Poretschkin sogar zur bevorzugten Beförderung zum Major vor. In seiner Begründung heißt es: »Alle schwierigen Lagen, sei es im Angriff, in der Verteidigung oder beim Rückzug hat er durch seinen persönlichen Einsatz zu meistern gewusst und hat durch seine vorausschauenden Maßnahmen die nachrichtentechnische Grundlage für die Führung der Division geschaffen. Dies war umso schwerer, da die 11. Pz.Div. besonders seit dem 8.12.42 pausenlos eingesetzt war und von einem Krisenpunkt zum anderen in kürzester Zeit verlegt worden ist. Trotz höchster Anspannung seiner Männer und Fahrzeuge hat es Hptm. Poretschkin verstanden, seine Abt. voll einsatzfähig zu halten und durch sein Organisationstalent die anfallenden Ausfälle immer wieder auszugleichen. Hptm. Poretschkin ist eine ausgesprochene Führerpersönlichkeit.«*[72] *Das Heerespersonalamt befürwortete die Beförderung am 25. Mai 1943 rückwirkend zum 1. April des Jahres.*[73]

Poretschkin schildert die zahlreichen Einsätze der 11. Panzerdivision nur rudimentär, wobei er sich auf Gedächtnislücken beruft. Verhältnismäßig ausführlich stellt er abseits menschlicher oder politischer Differenzen die fachlichen Fähigkeiten Balcks als Divisions-

70 BArch, PERS 1/29739, Betr.: Antrag auf Ernennung des Hptm. Poretschkin zum Kdr. Pz.N.A. 341; BArch, PERS 1/29739, Personalveränderungen vom 20. Juni 1942.

71 Schrodek, 11. Panzer-Division, S. 7.

72 BArch, PERS 1/29739, Betr.: vorzugswiese Beförderung bei Bewährung.

73 Ebd,, Fernschreiben vom 25. Mai 1943.

kommandeur heraus. Tatsächlich wurde die 11. Panzerdivision oftmals in kritischen Situationen eingesetzt und sollte zum Beispiel Ende 1942 zu der in Stalingrad eingekesselten 6. Armee durchstoßen, was allerdings scheiterte.[74] *Mehrfach war die Division an der Ostfront durch schwere Verluste dem Ausbluten nahe.*[75] *Über Verluste innerhalb seiner Abteilung schreibt Poretschkin wie schon während seiner Zeit als Kompaniechef nichts. Zwar verlor die Nachrichtentruppe prozentual gesehen nicht annähernd so viel Personal wie die kämpfenden Truppen, doch innerhalb der Panzernachrichtenabteilungen erfolgte der Einsatz oft Seite an Seite, sodass auch hier Verluste zu beklagen gewesen sein dürften.*[76]

Es zeigt sich in den Beschreibungen neben der unerwarteten Dauer des Krieges die erhebliche Brutalität in der Kriegführung fernab des »kavaliersmäßigen« Verhaltens früherer Feldzüge. Ein Beispiel hierfür erlebte Poretschkin Mitte Dezember 1942, als auf dem Hauptverbandsplatz nahe der Sowchose 79 mehrere hundert deutsche Verwundete nach Einnahme des Platzes durch sowjetische Truppen massakriert worden waren.[77] *General Balck nutzte dies, um in einem Tagesbefehl vom 14. Dezember 1942 zu verdeutlichen, »was für ein Schicksal unser harrt, wenn wir diesen Kampf nicht siegreich bestehen.«*[78]

***

Anfang 1942 hatte ich praktisch nichts zu tun, da mein Nachfolger schon übernommen hatte. So gut es noch ging, machte ich Abschiedsbesuche und meldete mich bei den Abteilungsleitern des Armeestabes ab. Im vergangenen halben Jahr war doch eine Reihe von herzlichen kameradschaftlichen Bindungen entstanden. Am späteren Vormittag des 15. Januar wurde ich mit dem Kommandeurs-Pkw, einem Kfz 15 (geländegängiger Pkw), meiner neuen Abteilung abgeholt. Oberleutnant Walter Beck, Kompaniechef der Fernsprechkompanie, den ich von Prag, Polen und Frankreich kannte, kam mit dem Kommandeursfahrer Obergefreiter Schwänke mich abholen. Als ich meinen neuen Pkw sah, war es ein richtiger Schock. Kotflügel waren alle verbeult, auf dem Verdeck waren zwei schmutzige Matratzen aufgeschnallt und hinten hing am Abschlepphaken ein eiserner Eimer mit gefrorenem Inhalt. Ich kam ja aus der Etappe und kannte so etwas nicht. Ich wurde vom Fahrer aufgeklärt, Matratzen brauchte man zum Schlafen und im Eimer war gefrorene Hühnerbrühe. Schwänke sagte, bei jedem Halt sieht er sich nach einem Huhn um und kocht sofort Brühe, damit wir immer einen Vorrat bei uns haben, da oft es mit dem Essen aus der Feldküche nicht klappt, wenn der Kommandeur unterwegs ist. Das leuchtete mir ein. Beck und

74 Ganz, Ghost Division, S. 120 ff.; Schrodek, 11. Panzer-Division, S. 9, 408.

75 Ganz, Ghost Division, S. 112.

76 Kampe, Heeres-Nachrichtentruppe, S. 188; Niehaus, Nachrichtentruppe, S. 217

77 Balck, Ordnung im Chaos, S. 399 ff.; Selle, Zwischen Steppe und Strom, S. 667 ff.; Schrodek, 11. Panzer-Division, S. 376 – 377.

78 Schrodek, 11. Panzer-Division, S. 377.

Schwänke hatten beide einen alten Schafspelz an und ich war froh, dass ich mir auch einen solchen Pelz beim Kommandanten des Stabsquartiers »leihweise« besorgt hatte (er wurde nie zurückgegeben). Nach recht mühsamer Fahrt auf der Rollbahn Richtung Smolensk bis Mjassojedowa bei schneidender Kälte von nahe -30° C und vereister Straße mit steckengebliebenen und ausgefallenen Kfz erreichten wir bei Dunkelheit mein neues Quartier, ein kleines Bauernhaus mit einem riesigen gemauerten Ofen, der das ganze Haus wärmte. Es gab zwar ein Verbot, dass Soldaten mit Zivilbevölkerung in einem Haus gemeinsam wohnen durften, aber ich wurde aufgeklärt, dass sich niemand daran hält, wenn nur eine Frau mit einem kleinen Kind darin wohnte. Die Matka war ganz entzückt, als ich sie russisch begrüßte und wollte mir die Hand küssen. Mein Adjutant war Oberleutnant d.R. Prof. Dr. Werner Hartke[79], im Zivilberuf Altphilologe an der Universität Königsberg/Ostpreußen und ca. sechs Jahre älter als ich. Wir verstanden uns gleich gut. Kompaniechef der Funkkompanie war ein Wiener, Oberleutnant Percy, zwei Jahre jünger als ich. Ich wurde gleich aufgeklärt, dass die 11. Panzerdivision schon seit dem Frankreichfeldzug »Gespenster-Division« heißt. Der Name »The Phantom Brigade« wurde schon im Frankreichfeldzug von den Engländern der Schützenbrigade in Angern verliehen, aus der die Division entstand.[80] Neben dem offiziellen Divisionsabzeichen Kreis mit einem senkrechten Strich (»Kaffeebohne«) führten alle Kfz der Division seitdem zusätzlich ein weißes Gespenst auf dem linken Kotflügel und am Heck. Ich war gleich am ersten Tag beeindruckt von dem Stolz auf die erfolgreiche Division, die jeden Angehörigen der Division, vom Funker bis zum General, beflügelte.

Am Abend saß ich noch lange mit Hartke, Beck und Percy bei einem guten französischen Rotwein zusammen, den ich vom Armeestab mitgebracht hatte. So hatte ich am nächsten Morgen schon einen ganz guten Überblick über meine Abteilung, als ich mich beim Divisionskommandeur, Generalleutnant Scheller[81] meldete. Die Kompaniechefs hatten mir berichtet, dass der General sich mit fast allen Kommandeuren der Division festgezogen hatte, was schon beim Armeestab erzählt wurde. Ich war auf den persönlichen Eindruck sehr gespannt. Der General war offensichtlich ein sehr fähiger Generalstabsoffizier, aber ihm fehlte jede Ausstrahlung. Er fragte mich am Schluss, ob ich Bridge oder Doppelkopf spielen würde. Bridge verneinte ich, sagte

---

79 Werner Hartke (1907–1993) trat nach Kriegsende in die KPD und später in die SED ein und lehrte an Universitäten in Rostock und Berlin. 1946 schickte sein Vater Wilhelm Hartke (1879–1966) einen Brief an Theodor Poretschkin, um diesen gegenüber den Alliierten zu entlasten. Als Wilhelm Hartke 1943 die Todesstrafe wegen Hochverrat drohte, hatte Poretschkin für ihn ausgesagt und so dazu beigetragen, dass Hartke mit einer Gefängnisstrafe davonkam, siehe Schreiben Wilhelm Hartke an Theodor Poretschkin vom 21. September 1946.

80 Laut den Aussagen des Schöpfers des »Gespensterabzeichens«, Stabsgefreiter Schönberger, entstand der Beiname, weil Kriegsgefangene sich wunderten, wie die damalige Brigade scheinbar immer und überall im Kampf auftauchen konnte, siehe Schrodek, 11. Panzer-Division, S. 10, 232.

81 Walter Scheller (1892–1944) diente als Kommandeur verschiedener Verbände während des Zweiten Weltkrieges. Er führte die 11. Panzerdivision vom 20. Oktober 1941 bis zum 16. Mai 1942 und fiel später als Festungskommandant in Brest-Litowsk.

aber, dass ich gerne Doppelkopf spielen würde. Dieses erwies sich als ein großer Fehler. Als ich dies dem Ordonnanzoffizier, Hauptmann d.R. Dr. Knorr, im Zivilberuf Staatsanwalt, erzählte, klärte dieser mich auf, dass ich bald zum Doppelkopf »gebeten« würde, was als Befehl aufzufassen sei. Das wäre kein Vergnügen, da der General als Bridgespieler auch beim Doppelkopf jedes Wort der Unterhaltung sich verbat und das Spiel zur Qual würde. Ich merkte das schon bald. Dr. Knorr, der auch immer dazu »gebeten« wurde, und ich verabredeten eines Tages, dass wir jeder eine schwarze Dame zusätzlich heimlich einstecken würden, um sie dann auszuspielen. Ich habe nie das entsetzte Gesicht des Generals vergessen, als das erste Mal plötzlich die Dame zum dritten Mal ausgespielt wurde und er ausrief: »Aber die beiden Damen sind doch schon raus« und wir es erstaunt verneinten. Der General kam nie auf den Gedanken, dass Offiziere beim Spiel betrügen könnten. Als es nach einiger Zeit das zweite Mal passierte, zweifelte er so an seiner Konzentrationsfähigkeit, dass er uns nicht mehr zum Kartenspiel einlud. Ich habe heute noch ein schlechtes Gewissen, wenn ich daran zurückdenke. Ich arbeitete mich schnell in die neue Aufgabe ein. Meine Freunde bei der Heeresgruppe Mitte in Smolensk erzählten mir, dass im Generalgouvernement Kapazitäten bei Instandsetzungseinheiten frei wären und auch Ersatzteile in Mengen vorhanden seien. Da beim Einsatz vor Moskau die Masse der Kfz verloren gegangen war und die wenigen verbliebenen Fahrzeuge nicht fahrbereit waren, entschloss ich mich, meinen technischen Beamten mit Fahrzeugen zur Instandsetzung zu schicken. Einige Beute-Lkw waren fahrbereit. So zog eine kläglich aussehende Kolonne fahrbereiter Lkw mit jeweils zwei bis drei angehängten Fahrzeugen im Schlepp nach Westen Richtung Polen. Es vergingen Wochen bis sie dann doch zu unserer großen Freude zurückkamen. Alles war tadellos instandgesetzt und dazu brachte der Beamte noch ein paar nagelneue Kfz 17 (kleine Lkw für Funktruppe) mit. Auf meine Frage, woher diese Fahrzeuge kämen, erfuhr ich zu unserer Überraschung Folgendes: Auf der Rückfahrt hat unsere Kolonne in einem Betreuungsheim des Roten Kreuzes Rast gemacht. Bei der Abfahrt stellten sie fest, dass auf dem Parkplatz eine andere Kolonne daneben Fahrzeuge abgestellt hatte und die Schlüssel in den Kfz hatten stecken lassen. Dabei waren auch einige fabrikneue Kfz 17. Daraufhin wurden einige unserer Kfz an Lkw gehängt und die frei gewordenen Fahrer hatten von den Kfz 17 einige mitgenommen, sogar die Kfz-Papiere steckten neben dem Fahrersitz im Fach. So einfach war das gewesen. Ich erinnere mich ganz deutlich, dass ich später zu Oberleutnant Hartke sagte: »Mit unserer Armee geht es doch bergab«. Ich hätte die Soldaten wegen Diebstahls zumindest rügen und den Beamten vor den Kadi bringen müssen. Stattdessen habe ich sie vor Freude über die Fahrzeuge sogar gelobt. Geschämt habe ich mich damals aber nicht. Die Abteilung hatte vor Moskau sehr große Ausfälle an Kfz und Gerät gehabt. Große Teile des Personals wurden zunächst vermisst. Mit der Zeit traf ein erheblicher Teil Vermisster kleckerweise doch wieder bei den Kompanien ein. Viele davon fanden erst nach langer Irrfahrt ihren Truppenteil. Die Resttruppen der Division hatten alle Sicherungsaufgaben gegen versprengte sowjetische Einheiten, die sich nach Osten durchzuschlagen versuchten oder planmäßig eingesetzte Partisanen. Deshalb waren Funkverbindungen von der Division zu unterstellten Stäben und Einheiten dringend erforderlich. Mangels Kfz waren Funktrupps stationär befehlsmäßig eingesetzt worden. Dieser Mangel konnte jetzt besser behoben werden. Ein besonders kritischer Punkt war Dorogobusch, ein kleines Städtchen zwischen der Bahnlinie und der Rollbahn von Smolensk nach Moskau. Dort saß noch ein Kommando unter der Führung eines »Landwehrmajors« aus dem Ersten Weltkrieg, das vorher zur Bewachung eines Durchgangslagers für Gefangene gehört hatte und jetzt den Auftrag hatte, den Ort gegen die Partisanen zu verteidigen und es bisher gerade noch geschafft hatte.[82]

Wir konnten oft beobachten, wie am Horizont vor allem kurz vor Dunkelwerden sowjetische Flugzeuge in der Umgebung von Dorogobusch Personal absetzten. Gefangene sagten aus, dass sie Fabrikarbeiter waren und plötzlich von der Arbeit weggeholt wurden. Nach einer kurzen Einweisung hätten sie dann Handwaffen bekommen, wären in ein Flugzeug verladen und ohne Fallschirm in den tiefen Schnee abgeworfen worden. Dort wurden sie von Partisanen erwartet und eingesetzt. Ob ihre Familien unterrichtet seien, was mit ihnen geschehen ist, war ihnen nicht bekannt. Warme Kleidung hätten sie in Moskau erhalten. Dorogobusch in den Besitz der Partisanen zu bekommen, war ganz offensichtlich das erste Ziel der Partisanen. Eines Tages wurde ich unerwartet als Beisitzer beim Kriegsgericht befohlen. Angeklagt war der alte Major aus Dorogobusch, weil er ausgewichen war, als die Partisanen angriffen. Durch Einsatz von Panzergrenadieren der Division war der Einbruch inzwischen bereinigt worden. Das Gericht kam zur Überzeugung, dass der arme alte Mann völlig überfordert war, da seine Männer für solche Aufgaben gegen einen zahlenmäßig stark überlegenen Angreifer nicht ausgebildet waren und außer ihren Handwaffen nichts hatten. Wir wollten ihn freisprechen und den Fall zur disziplinaren Würdigung an seinen Vorgesetzten überweisen. Da aber solche Fälle dem Oberbefehlshaber des Heeres (also Hitler) gemeldet werden mussten, befürchteten wir, dass dieser das Urteil aufheben und den Fall an ein anderes (völlig fremdes) Gericht überweisen würde. Wir berieten in einer Pause »privat«, was man jetzt machen sollte. Ich schlug vor, dass wir die Verhandlung auf den nächsten Tag vertagen und ich mich krank melde, sodass ein anderer Beisitzer eingesetzt werden muss. Als Ersatz schlug ich den Schimmelgrafen vor.[83] Dieser würde bestimmt unserer Meinung sein, aber da er das Ritterkreuz hat, würde Hitler das Urteil sicher akzeptieren.

Der Vorschlag wurde angenommen und wir vertagten uns. Oberst Graf Schimmelmann war einverstanden und der Fall wurde zur disziplinaren Würdigung zu-

[82] Beim »Landwehrmajor« handelte es sich um den 1895 geborenen Helmut Sichler, der dem Kommandanten des rückwärtigen Armeegebietes unterstand, siehe Ganz, Ghost Division, S. 97.

[83] Graf Theodor Graf Schimmelmann von Lindenburg (1896–1970) hatte als Abteilungskommandeur bereits im Frankreichfeldzug das Ritterkreuz erhalten und führte das Panzerregiment 15 der 11. Panzerdivision seit Anfang 1942.

rückgewiesen. Ich habe nie etwas gehört, dass der Fall nochmals vor ein Kriegsgericht kam.

Kurze Zeit darauf bekam ich von meinem alten Freund und Vorgänger als Adjutant bei Major Kempf, »Onkelchen« Henrici, einen Anruf. Er war inzwischen Generalstabsoffizier und Quartiermeister (Ib) einer Infanteriedivision, die vor Moskau stark gelitten hatte und nun zur Auffrischung nach Frankreich verlegt werden sollte. Henrici fragte, ob ich an einem Pferd interessiert sei. Sein Divisionsveterinär hätte ein gutes und braves Pferd, das aber durch die Verhältnisse bedingt so verlaust sei, dass es nach Frankreich nicht überführt werden darf. Ich beriet mich mit Hartke und vor allem mit meinem Burschen Willi Schwänke, die beide zurieten, vor allem im Hinblick auf den vielen Schnee und die kommende Schlammperiode. Willi meinte, die Läuse würde er bald wegkriegen. Ich schickte also Schwänke und einen anderen Pferdekenner mit einem Beute-Lkw zu Henrici. Nach einigen Tagen kamen sie zurück mit einem hübschen Braunen, dessen Fell aber von Läusen wimmelte. Ich bekam Bedenken, aber der erfahrene und findige Willi schaffte es. Er wusch das Pferd mit Dieselöl von Kopf bis Fuß und alle Läuse waren tot, aber auch die Haare hatten stark gelitten und unser Pferdchen hatte am ganzen Körper eine Vollglatze mit einigen Inseln von Büscheln von Pferdehaaren. Es sah etwas komisch aus. Das Pferd wurde in der ganzen Division bekannt wie ein bunter Hund und ich auch. Ohne das Pferd wäre ich in der Schlammperiode unbeweglich gewesen. Ich behielt es, bis wir im Frühsommer eingesetzt wurden. Dann schenkte ich es dem Führer einer Gruppe der Organisation Todt, die Straßen instand setzte. Etwa ein Jahr später begrüßte mich das Pferd freudig wiehernd in der Kalmückensteppe!

Dorogobusch wäre mir beinahe zum Schicksal geworden. Der Ort wurde zum »festen Platz« erklärt. Ein von Hitler neu geprägter Begriff, der besagte, dass ein solcher Platz ohne ausdrückliche Genehmigung des Führers nicht geräumt werden durfte und ein Verstoß dagegen die Todesstrafe bedeutete. Die Division erhielt den Befehl, einen geeigneten Offizier als Kommandanten einzusetzen. Ich wurde zum Divisionskommandeur befohlen, der mir mitteilte, dass der dafür vorgesehene stellvertretende Kommandeur des Artilleriebataillons nicht rechtzeitig aus dem Genesungsurlaub zurück käme und ich mich bereit machen sollte, um am nächsten Tag nach Dorogobusch zu fahren, um den Posten zu übernehmen. Eine Funkstelle sollte ich auch mitnehmen. Ich hatte für eine so heikle Aufgabe zwar keine Erfahrung und daher ein ungutes Gefühl, aber mir wurde gleich gesagt, dass niemand anderer zur Verfügung steht. Ich ging also zu meinem Stab, traf alle nötigen Vorbereitungen, schrieb nach Hause einen Abschiedsbrief und ging früh schlafen, um am nächsten Morgen zeitig abzufahren. Ich erinnere noch genau, dass ich nicht besonders ruhig schlief. Als ich nach dem Frühstück mit Hartke und Percy, der mich vertreten sollte, gerade mit etwas mulmigen Gefühl zur Abfahrt fertig machte, kam ein Anruf vom Ia, Oberstleutnant i.G. Kienitz, der offensichtlich froh war, dass ich nicht schon abgefahren war, und mir mitteilte, dass heute Nacht der vorgesehene stellvertretende

Kommandeur der Artillerieabteilung eingetroffen sei. Die Funkstelle sollte ich gleich zum Artilleriebataillon schicken. Ehrlich gesagt, mir fiel ein Stein von der Seele. Ich hoffe heute noch, dass man es nicht zu sehr merkte.

Im Frühjahr konnten in unserer Division einige Tage Urlaub gewährt werden. Für mich kam das nicht in Frage, da ich vor Moskau nicht zur Division gehörte. Ich freue mich aber, dass ich einigen Kameraden aus meiner Abteilung und auch Kommandeuren der kämpfenden Truppe durch den Grafen Berg bei der Heeresgruppe Mitte helfen konnte, die lange und umständliche Heimfahrt mit der Bahn durch eine Mitflugmöglichkeit in Kurierflugzeugen bis zum Oberkommando in Ostpreußen und sogar in Einzelfällen weiter bis Berlin zu beschaffen. So konnte ich auch meinem Burschen Willi Schwänke helfen. Er wünschte sich so sehr einen Sohn, aber es hatte nie geklappt. Ich hatte mit unserem Abteilungsarzt gesprochen, der sich von Willi einige Daten hatte geben lassen und berechnete, wann dieser Wunsch unter Umständen ermöglicht werden könnte. Es gelang Graf Berg, zu diesem Datum eine Flugmöglichkeit bis Berlin zu beschaffen und Willi fuhr von dort mit D-Zug nach Dortmund. Zufrieden kam er zurück und einige Zeit später bekam er die freudige Nachricht, dass seine Frau ein Kind erwartet und es wurde dann tatsächlich ein Junge. Das hatte zur Folge, dass er stets behauptete, »unser Herr Hauptmann kann alles!« Aus dieser Einstellung hat er es mir nie verziehen, dass ich später, als ich versetzt wurde, ihn nicht als Burschen mitnahm. Das ging nicht, weil beim OKH es gar keine persönlichen Burschen gab. Er meinte später immer noch, dass ich es nicht wollte.

Anfang 1942 war ein Termin zur Meldung von Offizieren zur Generalstabsausbildung. General Scheller wies darauf uns Kommandeure hin und schloss mit den Worten: »Meine Herren, wir sind ja bekannt als eine besonders gute Division, deshalb müssen wir auch viel geeignete junge Offiziere haben. Ich erwarte deshalb zahlreiche Meldungen.« Kurze Zeit danach wurde er versetzt. Sein Nachfolger wurde Anfang Juni Oberst Hermann Balck[84], der in Frankreich das Ritterkreuz erhalten und einen guten Ruf hatte. Bei der ersten Kommandeursbesprechung kam er auf die Meldung zu sprechen und sagte: »Die Gespensterdivision hat gute Offiziere, diese gehören an die Front. Für den Generalstab sind die A...löcher gut genug. Da wir keine bei uns haben, erwarte ich keine Meldungen.« So verschieden waren die Maßstäbe.

Die Monate April und Mai waren damit ausgefüllt, dass die Division offiziell aufgefrischt wurde und wir auch wieder einige Funkpanzer bekamen. Die Sicherungsaufgaben zwischen Rollbahn und Eisenbahn Smolensk–Moskau blieben bestehen. In der Schlammperiode bewährte sich mein Pferd sehr, auch die Haare fingen an zu wachsen. Am Abend, wenn die Tagesarbeit beendet war, erfreute mich mein Adjutant als Altphilologe durch auswendiges Rezitieren, abwechselnd in Griechisch und Latein, Homer, Cicero oder Cäsar. Ich bin kein Humanist und kenne beide

[84] Hermann Balck (1893–1982) befehligte nach der 11. Panzerdivision als General der Panzertruppen ein Panzerkorps, zeitweilig die Heeresgruppe G und zuletzt die 6. Armee, bevor er von 1945 bis 1947 in US-amerikanische Kriegsgefangenschaft geriet.

Sprachen nicht. Trotzdem war es mir stets ein großer Genuss, wenn Hartke in Kommiss-Strickjacke (»Polnische« genannt) und Filzpantoffeln in der überheizten Stube wohlgelaunt auf und ab ging und griechische oder lateinische Verse auswendig vortrug. Es war ein ganz besonderes Erlebnis, in einem dreckigen, verlassenen Dörfchen mitten in Russland weitab von der uns gewohnten Zivilisation plötzlich diese schönen Verse so gekonnt vorgetragen zu hören. Mir wurde bewusst, weshalb und wofür dieser Krieg und gegen den mir schon seit der Kindheit gefürchteten und seitdem gehassten Bolschewismus geführt werden musste, der meiner Familie so viel Leid und Unglück gebracht hatte. Ich vergesse dies nie, obwohl für jemand, der uns beobachtet hätte, es ein urkomischer Anblick gewesen sein muss.

An einem solchen Abend klopfte es kurz vor Mitternacht plötzlich an unserer Haustür und draußen stand eine vermummte Gestalt in Uniform, die ein Streifenposten im Dorf aufgelesen und zu mir gebracht hatte. Zu meiner großen Freude war es der Oberleutnant d.R. Hans von Seggern[85], ein alter Bekannter aus Prag. Er war von Zivilberuf evangelischer Pfarrer und Kompaniechef einer Kradschützenkompanie bei der 10. Panzerdivision in der Nähe von Prag gewesen. In Polen, Frankreich und Russland war er zehnmal verwundet worden, das letzte Mal vor Moskau. Aus dem Lazarett in Oldenburg, seiner Heimatstadt, war er ausgebüchst, weil er glaubte, dass seine Kompanie in Russland ihn dringend benötigte. Nun war er kurz vor dem Ziel mit dem Zug südlich unseres Dorfes steckengeblieben und versuchte, zunächst zu Fuß wieder zu seiner Einheit zu gelangen. Es war ein unerwartetes und frohes Wiedersehen. Seggern blieb einige Tage mein Gast, bis wir festgestellt hatten, wo seine Kompanie nun lag und eine Mitfahrmöglichkeit gefunden war. Seggern litt an der Vorstellung, dass seine Kompanie ohne ihn nicht zurechtkommen kann und hatte Oldenburg, wo seine Familie wohnte, heimlich verlassen, um bei seiner Kompanie zu sein. Solche Fälle habe ich mehrfach beobachten können. Nach dem Krieg traf ich Hans von Seggern in Frankreich wieder. Er war Pfarrer in Oldenburg gewesen und hatte sich der Bundeswehr als Militärpfarrer zur Verfügung gestellt. Als ich beim NATO-Stab SHAPE[86] diente und mit meiner Familie in St. Germain-en-Laye bei Paris wohnte, war Seggern Militärpfarrer in Fontainebleau und hat uns betreut und dabei auch unseren Sohn Alexander konfirmiert. Später ist er Militärdekan in Bonn gewesen und lebt jetzt wieder in Oldenburg als Pensionär. Die Verbindung besteht immer noch.

Die Schlammperiode hatten wir auch gut überstanden. So langsam wurde die Division auch wieder als Panzerverband einsatzfähig. Der neue Divisionskommandeur war eingetroffen und wir waren gespannt, wann und wo wir eingesetzt würden. Wir warteten auf die Sommeroffensive.

---

[85] Hans von Seggern (geb. 1914) studierte entgegen Poretschkins Erinnerung zuerst Jura, bevor er 1935 als Offizieranwärter in die Wehrmacht eintrat. 1945 geriet er als Major in belgische Kriegsgefangenschaft und wurde nach seiner Entlassung Pfarrer und Militärseelsorger.

[86] Das Supreme Headquarters Allied Powers Europe stellt seit 1951 das Oberste Hauptquartier der alliierten Streitkräfte in Europa dar und ist unmittelbar dem NATO-Hauptquartier unterstellt.

Noch 11. Panzerdivision unter Kommandeur General Balck

Leider merkte ich schon sehr bald, dass der neue Kommandeur für meine Waffengattung nicht viel Interesse hatte. Das wurde weitgehend ausgeglichen durch den 1. Generalstabsoffizier (Ia) Oberstleutnant i.G. Kienitz, mit dem ich hauptsächlich zusammenarbeiten musste, und der viel Verständnis für die Belange der Nachrichtentruppe hatte. Dieses setzte sich auch fort, als später mein Jahrgangskamerad Max Schwerdtfeger, den ich von der Kriegsschule Dresden gut kannte, als Rittmeister kommandiert zum Generalstab nach dem Ende des Kriegsakademielehrganges (das war der Lehrgang, an dem ich ursprünglich auch teilnehmen sollte) zum Divisionsstab kam und beim Ia eingesetzt wurde und diesen auch oft vertrat. Mit Max war die Zusammenarbeit besonders erfreulich. Oft holte er mich und beriet mit mir, welche Nachrichtenverbindungen wir herstellen konnten, noch bevor er den Entschluss fasste, wie der Einsatz erfolgen sollte. Das war sogar ein Lehrbeispiel, wie es die Taktiker an der Akademie lehrten, was dann aber sehr oft in der Praxis nicht befolgt wurde. Max war nicht nur ein schneidiger Kavallerist und Rennreiter sondern hatte auch Köpfchen. Schon bei der ersten Besprechung mit allen Kommandeuren, bekam ich den Eindruck, dass Oberst Balck ein ganz besonderes Gespür für die Truppe und für die Beurteilung der praktischen Möglichkeiten unter Berücksichtigung des Auftrages, des Geländes und des Zustands der Truppe und der Eigenschaften ihres jeweiligen Führers hatte. Er machte den Eindruck eines unerschrockenen und mutigen Mannes, der das auch von seinen Untergebenen erwartete. Er war aber sehr besonnen und darauf bedacht, alle vermeidbaren Verluste zu verhindern. Er befahl, darauf zu achten, dass jeder Soldat gleich welchen Ranges, bei jedem Halt sofort sich nach einer Deckung umsieht und wenn keine zu finden ist, sich sofort ein Loch zu graben, um bei Beschuss sich selbst schützen zu können. Er setzte dies auch unerbittlich durch und handelte selbst auch danach (wenn die Lage es zuließ). Ich erinnere mich ganz genau, dass ich den kleinen Leutnant Krüger (von Zivilberuf Beamter bei der Bundesbank), der Funkoffizier im Befehlspanzer des Divisionskommandeurs war, nach dem ersten Einsatz mit dem neuen Kommandeur fragte, wie es denn gewesen wäre. Die Antwort war: »Was ich heute erlebt habe, war nicht Mut oder Tapferkeit, das war Gotteslästerung!« Dann erzählte er, dass, als die Panzer von Oberleutnant Lestmann angriffen, der Oberst Balck ausstieg und Leutnant Krüger befahl, »Fahren Sie mit dem Befehlspanzer in Deckung, der könnte Schaden erleiden. Ich fahre im Kfz 15«. Dann wäre er zu den angreifenden Panzern gefahren und hätte an den Panzer von Lestmann mit der Pistole geklopft und laut geschrien: »Lestmann feste druff! Ich fahre mit!« Als alles gut lief, ist er wieder in den Befehlspanzer gestiegen. Obwohl Balck in vielen – auch politischen – Dingen Auffassungen hatte, die ich nicht billigte, und ich es oft sehr schwer unter ihm hatte, bin ich der Ansicht, dass der General Balck ein idealer Führer einer Panzerdivision war, vor allem in einem so grausamen Krieg wie der gegen die Sowjetarmee. Ob er auf höheren Befehlsebenen dies auch war, kann ich nicht beurteilen. Ich erinnere, dass er selbst mir, als ich ihm etwa ein Jahr später, zur Auszeichnung mit dem Ritterkreuz mit Eichenlaub und Schwertern zur Beförderung gratulierte, sagte: »Ich glaube, dass ich ein brauchbarer Divisionskommandeur bin. Ich fürchte, dass ich bei höheren Aufgaben, zu denen sie mich jetzt hochgeigen werden, überfordert werden könnte.« Ich hatte es jedenfalls unter Balck so schwer, wie unter keinem anderen Vorgesetzten in meiner ganzen militärischen Laufbahn. Trotzdem schätze ich ihn als einen vorzüglichen und erfolgreichen Divisionskommandeur. Bald nach der Übernahme der Division durch Oberst Balck begann die Sommeroffensive, über diese Zeit werde ich nun berichten.

General Balck war ein Mensch, der stets sehr konsequent gehandelt hat. So hat er während des gesamten Krieges jeden Abend Tagebuch geführt und vor dem Schlafengehen eine halbe Stunde Englisch gelernt. Er hat aufgrund der Tagebücher ein Buch geschrieben. »Ordnung im Chaos«, erschienen im Biblio Verlag Osnabrück, 1981. Ich bekam es von meinem Freund Gustav Adolf Kuntzen geschenkt, las es und schrieb auf das Vorblatt »Hervorragendes Buch meines Divisionskommandeurs bei 11. Pz.Div. Für unsere nachfolgende Generation kaum nachvollziehbar. Bedarf deshalb eingehender Erläuterung, wenn man es jungen Menschen zu lesen gibt«. Ich empfehle es und beziehe mich auf die eingehenden Schilderungen der Jahre 1942 bis 1943. Es ist mir nicht erklärlich, aber für diese Zeit des Einsatzes bei der 11. Panzerdivision habe ich Schwierigkeiten mit den Erinnerungen an Einzelheiten des zeitlichen und örtlichen Ablaufs des Geschehens. Innerhalb eines knappen Jahres wurden wir dabei zwischen Moskau und dem Schwarzen Meer als »Gespensterdivision« in kritischen Lagen zur »Bereinigung der Lage« hin und her geschoben und erlebten viel.

Über seinen täglichen Selbstunterricht der englischen Sprache schreibt General Balck in seinem Buch, dass er am Ende des Krieges davon sehr profitiert hat. Er konnte als Oberbefehlshaber der Heeresgruppe Ungarn mit dem US-Befehlshaber ohne Einschaltung eines Dolmetschers direkt verhandeln und dadurch erreichen, dass die Truppen aus dem Balkan noch vor dem vereinbarten Kapitulationstermin nach Westen verlegt werden konnten und dadurch der sowjetischen Gefangenschaft entgingen. Um dieses Ziel zu erreichen, musste er auch in seinem Befehlsbereich alles unternehmen, um das Vordringen der sowjetischen Armee zu verhindern. Die Truppe zeigte Auflösungserscheinungen und es gab viele Desertationen. General Balck griff dagegen sehr scharf durch und wurde nach 1945 von einem deutschen Gericht verurteilt. Er saß die Zuchthausstrafe ab.[87]

[87] Hermann Balck hatte als Oberbefehlshaber der Heeresgruppe G am 28. November 1944 den Oberstleutnant Johann Schottke (1892–1944) in Saarbrücken-Dudweiler wegen Trunkenheit ohne Standgerichtsurteil erschießen lassen und wurde hierfür in Stuttgart von einem Schwurgericht 1948 zu dreieinhalb Jahren Gefängnis verurteilt. Entgegen Poretschkins Erinnerung begnadigte man ihn aber bereits nach achtzehn Monaten, siehe Balck, Ordnung im Chaos, S. 587 f.; Westemeier, Himmlers Krieger, S. 717.

Vor dem bevorstehenden Einsatz der Division in der Steppe von Woronesh hielt der neue Divisionskommandeur mit allen Kommandeuren ein Planspiel ab. Das war eine Idee von Oberst Balck, der meinte das wäre viel besser als lange schriftliche Befehle. Eine praktische Methode, die sich sehr bewährte und viel schriftliche Befehle ersparte. Balcks Führungsstil war für eine Panzerdivision ideal. Schriftliche Befehle nur, wenn sie unumgänglich nötig sind. Der Generalstabsoffizier (Ia) mit kleingehaltenem Führungsstab arbeitet auf einem ruhigen Gefechtsstand, aber nicht zu weit von der Front. Der Divisionskommandeur führt aus dem Befehlspanzer persönlich oder mit Funk, das verstand Balck ungewöhnlich gut.

Beim jetzt beginnenden Einsatz merkte ich erst richtig, wie wenig Gelegenheit ich bisher hatte, meine Soldaten persönlich kennen zu lernen. Seit ich die Abteilung übernommen hatte, war die Abteilung eingesetzt und die Masse der Funk- und Fernsprechtrupps in der ganzen Division verteilt. Ich hatte nie Gelegenheit, die Abteilung oder auch nur die Kompanien geschlossen zu sehen und zu sprechen. Ich hatte zwar schon Monate Zeit gehabt und sie viel genutzt, um die Truppenteile der Division im Schnee mit dem Schlitten und zu Pferd während der Schlammperiode aufzusuchen. Wenn ich zu den abgestellten Trupps kam, hatten sie durchgehend Schichtdienst und ich sah nur die diensthabenden Soldaten und konnte die gerade schlafenden Männer nicht alle wecken. Das kannte ich bisher überhaupt nicht. Im Frieden und auch im Polen- und Frankreichfeldzug kannte ich jeden Mann und seine Stärken und Schwächen und dadurch auch, was man jedem einzelnen zutrauen durfte. Jetzt fehlte mir diese Kenntnis und machte das Führen der Abteilung schwieriger, aber ich gewöhnte mich daran und es ging erstaunlich gut. Der Marsch verlief ohne Probleme. Die Landschaft ostwärts Orel, blühende Grassteppe, war zauberhaft schön.

Wie schon gesagt, lässt mich mein gutes Gedächtnis, was die Einsätze und Kampfabläufe betrifft, im Stich, während ich mich an einige völlig nebensächliche Vorkommnisse klar erinnere. In der Steppe vor Woronesh waren die Sowjets früher zurückgeworfen worden. Wir fanden sehr gut ausgebaute russische Bunker in den Mulden, leider an der falschen Seite. Ich beging den Fehler, bei einem feindlichen Feuerüberfall Zuflucht in einem vorgefundenen, gut erhaltenen und sogar sauberen Bunker zu suchen und da es sehr heiß war, hing ich den Uniformrock an einen Nagel neben dem Eingang. Ein Artilleriegeschoss platzte genau in diese Öffnung, mein Rock war hin. Mir passierte nichts, nur konnte ich durch den starken Knall lange Zeit nichts hören. Erst Jahre später stellte sich heraus, dass ich dabei einen Schaden im Innenohr erlitten hatte, der zu einer sehr frühen Schwerhörigkeit führte und die Alterstaubheit erhöhte. Nach Bereinigung der Front bei Woronesh sollten wir Richtung Kaukasus eingesetzt werden. Ich bekam schon Anrufe von Kameraden beim Armeestab, die mich baten, ihnen vom Kaspischen Meer ein Fässchen Kaviar mitzubringen, da wir bestimmt von dort als Feuerwehr wieder nach Norden kämen. Daraus wurde nichts. Wir wurden nach Norden befohlen und nach der erfolgreichen Schlacht bei Suchinitschi Mitte August bis Mitte September weiter nordwestlich In den Raum bei Roslawl als Reserve des OKH verlegt, wo wir etwas Ruhe hatten und Gerät und Kfz warten konnten. Dann schlugen wir uns mit Partisanen rum. General Balck führte unverzüglich Planspiele zum für uns unbekannten Kampf gegen ausgebildete Partisanen im ganz undurchdringlichen Waldgelände durch. Das half, Verluste zu vermeiden. Anfang Dezember 1942 erfolgte Verlegung im Bahntransport nach Süden in die Gegend Millerowo zum Entsatz von Stalingrad, das von den Sowjets eingekesselt worden war. Die dort eingesetzten Rumänen und Italiener galten als ausgesprochen unzuverlässig.

Die Schlammperiode war zum Glück schon vorbei, aber es war bitter kalt und es lag viel Schnee. Wir wurden zur Unterstützung der 336. Infanteriedivision westlich Stalingrad eingesetzt, die von sowjetischen Kräften bedroht wurde. Lage und Witterung waren nicht gerade dazu angetan, die Stimmung zu heben. Zum Glück waren die Entfernungen beim Einsatz nicht groß, sodass sogar Fernsprechverbindungen möglich waren, obwohl die Offiziere sich an das Führen durch Funk gut gewöhnt hatten. Das war unzweifelhaft General Balck zu verdanken, der selbst ein Meister darin war. Ich hatte es aber gerade mit ihm nicht leicht (um es gelinde auszudrücken). So passierte es gleich zu Beginn des Einsatzes, dass ich zu ihm gerufen wurde und er mich sehr unwirsch und laut anfuhr und fragte: »Warum kriege ich den Oberst Schmidt nicht per Telefon?« Da ich gerade die Fernsprechverbindung zum Artillerieregiment überprüft hatte, sagte ich, dass ich soeben mit dem Regiment gesprochen habe, worauf der General schrie: »Das interessiert mich nicht, ich will nicht das Regiment, sondern den Kommandeur! Wozu habe ich in der Division einen Hauptmann mit fünfhundert Mann? In Berlin stecke ich einen Groschen in den Automaten und kann telefonieren mit wem ich will und hier kriege ich nicht mal den Oberst Schmidt. Kümmern Sie sich gefälligst darum!« Ich stellte fest, dass die Leitung bis ins Zelt des Regimentskommandeurs in Ordnung war. Der Oberst sagte mir aber: »Ich denke nicht daran, an den Apparat zu gehen. Heute scheißt dieser Mensch mich doch nur an.« Solche Dinge gehörten bei mir leider zum Geschäft. Das wurde dadurch wieder wettgemacht, dass Regimentskommandeure mich ansprachen und Soldaten meiner Abteilung zum Eisernen Kreuz vorschlugen, weil sie im Gefecht die Verbindungen unter schwierigen Bedingungen gehalten haben. Das geschah auch vor Stalingrad, dass der Schimmelgraf mir empfahl, einen Fernsprechtruppführer für diese Auszeichnung vorzutragen. Ich tat dies und schrieb eine entsprechende ausführliche Begründung. Als ich den Vorschlag dem Divisionskommandeur vorlegte, lehnte er, ohne die Begründung zu lesen, mit den Worten ab: »Wenn ich für Ihre Drahtamseln EKs beantragen soll, dann müsste ich jedem Panzergrenadier das EK schon bei der Einkleidung geben.« Damit reichte er mir meinen Vorschlag zurück und mein Vortrag bei ihm war beendet. Ich steckte das Schreiben in die Tasche und ging. Wenige Tage danach wurde ich zum General befohlen, der mich sehr ungehalten anfuhr: »Herr, haben Sie schon mal etwas von Fürsorge für die Truppe gehört? Heute früh im Morgengrauen fuhr ich durch dichtes Schneetreiben im Befehlspanzer zum Grafen

Schimmelmann, der den Russen eingekesselt hatte. Als plötzlich Gestalten im Dunst auftauchten, glaubten wir, dass es Russen sind und legten schon unser MG an, als wir merkten, dass es Deutsche waren. Es war ein Soldat Ihrer Abteilung und meldete mir: »Obergefreiter Schröder mit zwei Mann auf Störungssuche. Störung eben beseitigt, Herr General können mit dem Panzerregiment sprechen.« Warum hat dieser Mann noch kein EK? Nennen Sie das Fürsorge? Herr Hauptmann!« Ich zog darauf das noch in der Tasche steckende Gesuch heraus und sagte: »Herr General, dieser Mann ist die Drahtamsel, für die ich Ihnen neulich den Vorschlag vorlegte und den Sie abgelehnt haben. Sie werden sich sicher daran erinnern.« Darauf Schweigen. Dann stand der General auf, hielt mir die Hand hin und sagte: »Poretschkin, ich habe Ihnen und Ihren Männern Unrecht getan. Ich habe nicht geahnt, was Ihre Männer unter so schweren Bedingungen leisten müssen. Ich bitte um Entschuldigung, es tut mir sehr leid.« In diesem Augenblick kam ein Offizier hinzu, Der General sagte darauf, ich entschuldige mich nochmals vor Zeugen und wiederholte das vorher Gesagte. Das war eine andere Seite des oft so schroffen Generals Balck. Wir gaben uns schweigend die Hand. Nun war unser so schlechtes Verhältnis völlig umgewandelt. Ich habe es dem General hoch angerechnet und meine Bewunderung für ihn als Panzerdivisionskommandeur ist noch gestiegen. Weihnachten kam heran und bei den Kämpfen wurde die Sowchose 79 mit einem deutschen Hauptverbandsplatz, die einige Tage vorher von den Russen eingenommen wurde, von uns wieder zurückerobert. Unseren Soldaten bot sich ein grauenhafter Anblick. Die Verwundeten waren hingeschlachtet worden, viele von ihnen sogar auf den Tragbahren in Reihen in den Schnee gestellt worden und dann waren Panzer über die Köpfe gefahren. So etwas hatten wir noch nie erlebt. Wir Offiziere hatten anschließend Mühe, unsere Soldaten, die das gesehen hatten, von Racheakten an gefangenen Russen abzuhalten.

Am 24. Dezember, also Heiligabend, traf ich General Balck beim Divisionsstab, als der Befehl gerade eingetroffen war, dass die Russen durchgebrochen waren und die Division herausgezogen und noch in der Nacht einen Ort Tatschinskaja erreichen sollte, um den weiteren Durchbruch zu verhindern. Der General befahl, dass der Ia alles regeln und befehlen sollte. Er selbst wollte nach Tatschinskaja vorausfahren. Ich sollte mit ihm fahren und die Truppen der Division dort an einem Straßenkreuz vor Tatschinskaja zum Einsatz einweisen. Nach kurzer Absprache des weiteren Verlaufes hatte ich gerade noch Gelegenheit, meinen Adjutanten einzuweisen, dass Hauptmann Percy die Abteilung entsprechend dem noch folgenden Divisionsbefehl nachführen sollte.

Dann ging es los. Unterwegs musste ich in den Pkw des Generals umsteigen. General Balck erklärte mir auf der Karte, wie er die Lage beurteilt und sich den Ablauf des Einsatzes vorstellt. Wenn wir dort angekommen sein werden und er mit dem Verbindungsoffizier beim rumänischen Befehlshaber den Einsatz abgesprochen haben wird, wollte er mir weitere Anweisungen geben. Zu meiner Freude traf ich beim Verbindungsstab meinen Jahrgangskameraden Jochen Voelkel als Generalstabsoffizier.

Mit Jochen verband mit eine herzliche Kameradschaft seit der Rekrutenzeit in Potsdam. Wir waren gemeinsam bis kurz vor der Beförderung zum Leutnant ausgebildet worden. Anfang April 1935 hatten sich unsere Wege getrennt, als ich nach Potsdam zurückversetzt wurde und Jochen nach Breslau kam. Seitdem hatten wir uns nicht gesehen. Das war beinahe zehn Jahre her, aber die entstandene Freundschaft hat darunter nicht gelitten und bis zu seinem Tode im Jahr 1985 gehalten. Es war eine bitterkalte Nacht, die ich draußen auf der Straße zubringen musste, Jochen hat dafür gesorgt, dass mein Fahrer und ich laufend mit heißem Kaffee, den es bei seinem Stab die ganze Nacht durch gab, versorgt wurden. Von General Balck erhielt ich nach seiner Aussprache mit dem deutschen Chef des Stabes Oberst i.G. Wenck[88] beim rumänischen Armeebefehlshaber Generaloberst Dimitrescu[89] eine Karte mit dem eingezeichneten Einsatz der Truppen der Division. General Balck wies mich dazu mündlich ein und ich konnte Fragen gleich klären. So war ich gut vorbereitet und konnte den in der Nacht eintreffenden Truppenkommandeuren die Einsatzbefehle geben. Bis zum Morgengrauen war die Masse der vor Stalingrad zusammengeschmolzenen Divisionen eingetroffen und bereit zum befohlenen Angriff auf die durchgebrochenen Teile des sowjetischen Panzerkorps. Am folgenden Tag gelang es mit Hilfe der inzwischen auch eingetroffenen Reste der Panzer des Schimmelgrafen, die Russen einzukesseln. Bis Ende Dezember blieb die Division in der Gegend Tatschinskaja. Am 31. Dezember waren wir wieder am Don und der Divisionsstab hatte seinen Gefechtsstand direkt vor der Don-Brücke. Ich erinnere mich genau, dass ich in der Nacht zum Stab ging, um meinen Soldaten bei der Vermittlung und auch den Herren beim Divisionsstab ein gutes neues Jahr zu wünschen. Beim Divisionsstab geriet ich mitten in eine heftige Diskussion um die Folgen für das ganze Volk durch die hohen Verluste an Männern im Russlandkrieg. Ich hörte wie der General sagte, dass die großen Verluste an jungen Männern zu einem unheilvollen Rückgang der Geburtenziffern führen würden. Dabei äußerte General Balck, dass dieser Mangel nur dadurch behoben werden könnte, wenn der Führer befehlen würde, dass nach Ende des Krieges jeder Mann zwei Frauen heiraten müsste, damit die Geburtenziffer entsprechend größer wird. Darüber wurde heftig gestritten und ich fragte den General, was seine Frau dazu sagen würde. Drauf meinte Balck nur, dass er und seine Frau dann ohnehin schon zu alt wären und auf sie dies nicht zutreffen würde. In diese Diskussion platzte der junge Leutnant Wirt meiner Abteilung mit einem soeben eingetroffenen Fernschreiben herein. General Balck fragte ihn: »Wirt, wie viele Kinder

---

88 Walther Wenck (1900–1982) wurde während des Zweiten Weltkriegs vom Major zum General der Panzertruppe befördert und mehrfach hoch dekoriert. Bekannt wurde er durch die Verweigerung eines letzten Angriffsbefehls seiner Armee zur Entlastung Berlins im April 1945. Nach Kriegsende war er in der Rüstungsindustrie tätig.

89 Petre Dimitrescu (1882–1950) befehligte Ende 1942 die rumänische 3. Armee, die zur Flankensicherung der in Stalingrad kämpfenden 6. Armee eingesetzt war. Die sehr geschwächte und mangelhaft ausgerüstete rumänische Armee konnte dem sowjetischen Angriff am 19. November 1942 nichts entgegensetzen, sodass der Roten Armee die Einkesselung Stalingrads gelang.

haben Sie?«, worauf dieser antwortete: »Herr General, keine, ich bin nicht verheiratet.« Worauf der General erwiderte: »Sie Schlappstiefel, als ich so alt wie Sie war, hatte ich mindestens schon drei Alimentenklagen am Hals!« Mich brachte dieser Ausspruch des Divisionskommandeurs kurze Zeit später in Verlegenheit, als der Leutnant Wirt mir meldete, dass er mit der Feldpost, die uns wegen der häufigen Verlegungen nur selten mal antraf, die Mitteilung erhalten hatte, dass er Vater geworden sei. Das wäre wohl beim letzten Urlaub passiert. Eingedenk dieser Äußerung des Generals, konnte ich nun nicht dem Leutnant so recht meine Meinung sagen und ihn wegen des Mangels an Verantwortung rügen.

Im Laufe des Januars 1943 schmolz die Division ziemlich durch Verluste zusammen, kam aber nicht zum Verschnaufen, sondern wurde in die Gegend von Rostow an der Donmündung verlegt, um den Rückzug der Deutschen aus dem Kaukasus zu ermöglichen durch das Aufhalten des Russen in der Kalmückensteppe ostwärts von Rostow. Dort war eine sowjetische Panzerarmee durchgebrochen.

Bei diesem Einsatz kamen wir wieder unter den Befehl der 4. Panzerarmee, bei der ich zu Beginn des Russlandfeldzuges im Baltikum war. Das half mir bei der Regelung von Nachrichtenverbindungen, da ich dort alte Bekannte traf. Neben der Hilfe erhielt ich wieder »Aufträge«, reichlich Kaviar vom Kaspischen Meer mitzubringen! Leider musste ich später wieder enttäuschen. Es gelang der Division den sowjetischen Angriff ostwärts des Manytsch in schweren und verlustreichen Kämpfen zu stoppen. Dadurch wurde der Rückzug der Kaukasusarmee ermöglicht. Geführt konnte der Einsatz in der Kalmückensteppe nur mit Funk werden, da die Breite der Division teilweise vierzig bis achtzig Kilometer betrug und der Einsatz von Fernsprechverbindungen kaum möglich war. Es hat aber alles gut funktioniert und ich bekam sogar Lob von Balck! Stark belastet waren wir alle durch den Untergang der Stalingradarmee, besonders, da viele dort Kameraden und Freunde verloren. Neue Schwierigkeiten an der Front im Süden Russlands entstanden bei den dort eingesetzten Italienern und Ungarn. Unsere Division hatte den Auftrag, in der Steppe ostwärts Rostow erfolgreich erfüllt und wurde jetzt in die Gegend bei Charkow beordert. Bisher hatten wir kaum beachtet, ob es vorwärts oder rückwärts ging. Hauptsache war, dass der Auftrag erfüllt wurde, die Verluste gering waren und wir am Abend wussten, wo sich die Soldaten und Kfz der Einheit befanden. Nun wurde uns plötzlich klar, dass die Front endgültig ins Wanken geriet und die Lage kritisch wurde. So war es jedenfalls bei unserer »Gespensterdivision«. Anfang März waren wir, immer kämpfend, vor Charkow eingetroffen. Da wurde General Balck versetzt. Vorher war er wohl wieder ausgezeichnet und zum General der Panzertruppe befördert worden, genau weiß ich es nicht mehr. Beim Verabschieden wünschte ich ihm im Namen meiner Abteilung Soldatenglück, worauf er mir antwortete: »Ich habe Ihnen schon früher gesagt, dass ich befürchte, bei weiteren Verwendungen überfordert zu werden. Ich weiß, dass ich die Division gut geführt habe, aber nicht, ob es auch für höhere Führungsebenen zutrifft. Drücken Sie die Daumen, dass man mich nicht zu hoch geigt!« Das war wiedermal typisch Balck, es trat am Ende des Krieges in Ungarn dann leider doch ein.

Nachfolger als Divisionskommandeur wurde General von Choltitz[90], ein Dresdener Infanterist. Als »Eroberer von Sewastopol« war er sehr bekannt geworden und mit dem Ritterkreuz ausgezeichnet worden. Die ganze Division war sehr gespannt, wie der »Neue« sein würde. Nachfolger von General Balck zu werden, war ganz bestimmt eine große Herausforderung und keine leichte Aufgabe. Ich habe keinen General kennengelernt, der so von Natur aus dazu begabt war und wie ein Jagdhund eine angeborene »Witterung« für die Besonderheiten zum Führen von Panzerverbänden in den verschiedensten Lagen hatte wie General Balck.

Kommandeur der Panzernachrichtenabteilung 89 bei der 11. Panzerdivision bis Juli 1943, Divisionskommandeur General von Choltitz

***

Als Generalleutnant Hermann Balck die Führung der 11. Panzerdivision am 4. März 1943 an Generalleutnant Dietrich von Choltitz übergab, befand sich die Wehrmacht an der Ostfront in einer angespannten Lage. Die Moral der Truppe hatte nach der Vernichtung der 6. Armee in Stalingrad erheblich gelitten und die Rote Armee befand sich weiter auf dem Vormarsch. Zwar konnte die Front noch einmal weitgehend stabilisiert werden, aber nach dem Scheitern der Operation »Zitadelle« im Sommer 1943 ging die Initiative auf die sowjetischen Truppen über.[91]

Auch abseits der Ostfront hatte sich die Lage für das nationalsozialistische Regime verschlechtert. Das deutsche Afrikakorps musste im Mai 1943 in Tunesien kapitulieren. Zusammen mit der 6. Armee in Stalingrad verlor die Wehrmacht allein bei diesen beiden Ereignissen schlagartig mehr als 400.000 Offiziere und Soldaten sowie deren gesamtes Material.[92] *Gleichzeitig flogen US-amerikanische und britische Bomberverbände bei Tag und Nacht immer mehr Luftangriffe auf deutsche Städte, was Verlegungen von Jagdverbänden der Luftwaffe von der Ostfront zur Reichsverteidigung erforderlich machte.*[93]

Der neue Divisionskommandeur Dietrich von Choltitz führte die 11. Panzerdivision nur wenige Monate, bevor er sie an Generalleutnant Johann Mickl (1893–1945) über-

90 Bekanntheit erlangte Dietrich von Choltitz (1894–1966) durch die weitgehend kampflose Übergabe von Paris an die französische Armee am 25. August 1944. Er hatte zuvor als Stadtkommandant die Befehle Hitlers, die Stadt zu zerstören, nicht ausgeführt. Bei seinem Begräbnis am 9. November 1966 waren zahlreiche hohe deutsche wie französische Offiziere anwesend.

91 Bussmann, Kursk-Orel-Dnejpr, S. 505, 510; Hartmann, Unternehmen Barbarossa, S. 99; Overy, Russlands Krieg, S. 321 f.

92 Richardt, Auswahl und Ausbildung, S. 150.

93 Niehaus, Nachrichtentruppe, S. 274.

gab. Poretschkin schätzte Choltitz nicht zuletzt wegen seines Humors und seiner unkomplizierten Art von Beginn an sehr. Der Dresdner Infanterieoffizier hatte sich im Frankreichfeldzug und während der Kämpfe um Sewastopol auf der Krim einen Namen gemacht und führte mit der 11. Panzerdivision erstmals einen militärischen Großverband. Während der Kämpfe in der Sowjetunion war er aber gleichzeitig an Kriegsverbrechen der Wehrmacht beteiligt und sprach in britischer Kriegsgefangenschaft über seine eigene Verantwortung diesbezüglich.[94]

Die kurze Zeit unter Choltitz als Kommandeur war für die 11. Panzerdivision geprägt von Stellungskämpfen im Bereich der Heeresgruppe Süd und damit verhältnismäßig ruhig.[95] *Theodor Poretschkin wurde noch auf Initiative Balcks am 25. Mai 1943 nach nur zwei Jahren als Hauptmann mit Wirkung zum 1. April 1943 bevorzugt zum Major befördert. Grund hierfür war, dass er sich in seiner Dienststellung als Abteilungskommandeur zwölf Monate lang bewährt hatte.*[96] *Zum gleichen Datum erfolgte die Umbenennung der Panzernachrichtenabteilung 341 in Panzernachrichtenabteilung 89. Ermöglicht wurden bevorzugte Beförderungen aufgrund einer Weisung Hitlers vom November 1942, gemäß der Frontoffiziere bei gezeigter Tapferkeit und Bewährung vor dem Feind frühzeitig befördert werden konnten.*[97] *Theodor Poretschkin hatte an den Feldzügen in Polen und Frankreich teilgenommen und stand seit dem ersten Tag des Russlandfeldzuges an der Ostfront. Die Auszeichnungen mit den Eisernen Kreuzen beider Klassen sowie mit der Medaille Winterschlacht im Osten 1941/1942 am 15. August 1942 ermöglichten daher den Vorschlag zur bevorzugten Beförderung, auch wenn Poretschkin weder Infanterie- noch Panzertruppe angehörte.*[98] *Bereits im zweiten Halbjahr 1943 war die als Ausnahme gedachte bevorzugte Beförderung aber bereits zur Regel geworden.*[99]

In einer Beurteilungsnotiz vom 14. Mai 1943 heißt es im Weiteren über ihn: »Ausgesprochene Persönlichkeit, die fest ihre Ansichten vertritt, dabei dank sehr guter Manieren stets taktvoll, höflich, besonders wohlerzogen ist. Ein guter, nobler Charakter. Ein kenntnisreicher, sehr brauchbarer Offizier, der seine Abteilung, die ihm willigst und anhänglich folgt, auf das Beste erzogen hat.«[100] *Zusammenfassend werden seine Leistungen als über dem Durchschnitt und für die Ausbildung zum Generalstab geeignet eingeschätzt.*[101]

94 Neitzel, Abgehört, S. 54, 59.

95 Schrodek, 11. Panzer-Division, S. 9.

96 BArch, PERS 1/29739, Fernschreiben vom 25. Mai 1943.

97 Richardt, Auswahl und Ausbildung, S. 144 f.

98 BArch, PERS 1/29739, Personal-Nachweis Poretschkin, Theodor.

99 Richardt, Auswahl und Ausbildung, S. 149. Die Praxis der bevorzugten Beförderung bei Tapferkeit bzw. Bewährung an der Front entfiel daher zum 1. Juli 1944 wieder, siehe Richardt, Auswahl und Ausbildung, S. 146.

100 BArch, PERS 1/29739, Beurteilungsnotizen vom 14. Mai 1943.

101 Ebd.

***

General von Choltitz war eine korpulente, stattliche Erscheinung mit Sinn für Humor. Ich merkte dies sofort. Er wusste, dass die Angehörigen der Division stolz darauf waren, dass sie der Panzertruppe angehörten. Deshalb machte er sich den Spaß, bei jeder sich bietenden Gelegenheit zu betonen, dass er Infanterist war. So benutzte er statt Kfz das Wort Automobil oder Lastauto und die Panzer nannte er Tankwagen. Er freute sich diebisch, wenn er bemerkte, dass jemand meinte, dass er wirklich nicht wusste, wie man das in der Fachsprache der Panzerleute nennt. Anfangs sorgte dies für eine gewisse Verwirrung, aber dann schmunzelte man über diese Marotte. Beim ersten Einsatz sprach es sich aber in Windeseile herum, dass der »Neue« ein sehr tapferer Mann war. Sein Funkoffizier im Befehlspanzer erzählte mir nach dem ersten Einsatz, dass der neue General im Schafspelz mit Feldmütze aus dem Befehlswagen stieg und zu Fuß mit den Panzergrenadieren lief und sie anfeuerte. Als ich ihn darauf ansprach und meinte, dass dies wohl etwas leichtsinnig sei, sagte General von Choltitz: »Ich bin so fett, dass alle, auch die Russen, denken, da hat sich ein vollgefressener Zahlmeister an die Front verirrt und schießen nicht, um Munition zu sparen.« Mir wurde von den Funkern bestätigt, dass er in der kurzen Zeit seiner Zugehörigkeit zur Division es tat, solange noch Pelz getragen wurde. Wir wurden bald zur Auffrischung herangezogen und bezogen bei Poltawa hinter der Front Quartier. Dort meldete sich der General zum Mittagessen mit dem Offizierskorps an. Wir hatten sogar in der kleinen Dorfschule ein Kasino eingerichtet. Beim Essen erzählte er von der Verleihung des Ritterkreuzes durch Hitler in dessen Hauptquartier Wolfsschanze in Ostpreußen. Dabei hätte ihn dieser gefragt, wann er das letzte Mal Urlaub gehabt hätte.

Er hätte gesagt, dass es schon so lange her wäre, dass er sich nicht mehr erinnern würde, aber seit Beginn des Russlandfeldzuges hätte er wie die meisten Soldaten noch keinen Heimaturlaub gehabt. Darauf hätte Hitler sich an Feldmarschall Keitel gewandt und gesagt: »Der muss erst mal in Urlaub fahren.« Zuhause hätte er beim Zubettgehen seine »Polnische« (Landserausdruck für Strickjacke) angezogen und er fügte hinzu: »Meine werte Frau Gemahlin rief entsetzt aus: aber Choltitz, bist Du verrückt geworden?« Als er später einen meiner Offiziere nach seiner Familie fragte und dieser auch von seiner »werten Frau Gemahlin« sprach, stieß er mich mit dem Fuß an und flüsterte »Vornehmes Offizierskorps haben Sie«. Mit Choltitz kam ich sehr gut zurecht, er hatte viel Verständnis für die Belange unserer Waffengattung. 1944 war General von Choltitz Kommandant von Paris und hat nach der Invasion gegen den Führerbefehl die Stadt geschont und sie kampflos übergeben, um diese schöne Stadt nicht kaputtbomben zu lassen. Bei seiner Beerdigung nach dem Krieg in Baden-Baden hat die Französische Armee auf Befehl des Präsidenten ein großes Ehrengeleit gestellt. Kurz vor der Versetzung des Generals wurde ich »bevorzugt« zum Major mit Wirkung vom 1. April 1943 befördert, beantragt hatte dies noch General Balck. Mein Bursche Willi Schwänke war gerade in Heimaturlaub. Er war sehr betrübt, dass er noch keinen Nachwuchs bekommen hatte. Unser Truppenarzt hatte ihn wegen eines Urlaubstermins deswegen beraten und ich hatte ihm einen Kurzurlaub mit Mitfluggelegenheit in einem Kurierflugzeug verschafft[102]. Als er bei Rückkehr mich als Major antraf, war er ganz entsetzt, dass er die neuen Schulterstücke nicht hatte annähen können und nähte alles wieder um, weil es für »unseren« Herrn Major nicht gut genug gemacht war.

Nachfolger von General von Choltitz wurde Generalmajor Mickl[103], ein Offizier noch aus der österreichischen k.u.k. Armee. Ihm eilte der Ruf voraus, dass er in Nordafrika mit seinem Adjutanten aus einem britischen Gefangenenlager mit dem gestohlenen Pkw des englischen Lagerkommandanten geflohen war. Er führte die begonnene Auffrischung weiter durch. Ich habe ihn aber nicht mehr im Einsatz kennengelernt.

Wir lagen noch im Auffrischungsraum und bereiteten uns auf die Operation »Zitadelle« bei Kursk vor, da wurde meine Versetzung zum OKH befohlen. Da wir nicht im Einsatz waren, hatte ich jetzt Zeit und Gelegenheit, mich bei den Kommandeuren in der Division abzumelden und Abschiedsbesuche zu machen. Der Abschied von der Division und manch liebgewordenen Kameraden, aber vor allem von meiner Abteilung fiel mir recht schwer. Das so gute Verhältnis mit meinem Burschen Willi ging aber tatsächlich in die Brüche. Er wollte unbedingt bei mir bleiben und zum Stab des OKH versetzt werden. Meine Erklärung, dass dies leider nicht möglich sei, akzeptierte er nicht. Auch als ich ihm klar machte, dass es beim OKH keine persönlichen Burschen gab wie es bei der Truppe Brauch war, ließ er nicht gelten. Er sagte immer nur: »Unser Herr Major kann alles. Er hat ja auch Mitflüge in Kuriermaschinen organisiert. Unser Herr Major will Willi nicht mitnehmen.« Dabei blieb er und war mir so böse, dass ich von ihm nichts mehr gehört habe. Auch als ich nach dem Krieg in der von ihm übernommenen Kneipe seiner Mutter in Dortmund anrief, hat er stur reagiert. Er blieb immer noch bei seiner Meinung.

Nach Übergabe der Abteilung an meinen Nachfolger flog ich vom Hauptquartier der Heeresgruppe Mitte nach Ostpreußen zum OKH. Den Platz hatte mir natürlich auch wieder der Graf Berg beschafft. Meine Frontzeit als Kommandeur war nun zu Ende.

---

102 Es bleibt unklar, wie diese Begebenheit im Kontext mit früheren Schilderungen zu verstehen ist, gemäß denen sein Bursche bereits Vater geworden war.

103 Johann Mickl diente bereits als Offizier in der k.u.k. Armee und wurde 1938 in die Wehrmacht übernommen. Er führte die 11. Panzerdivision bis zum 10. August 1943. Kurz vor Kriegsende starb er in Folge einer Verwundung in Jugoslawien.

Zwischenspiel 1943 beim Oberkommando des Heeres/Chef des Heeresnachrichtenwesens

***

Das Scheitern und die Auswirkungen des Unternehmens Zitadelle, an der auch die 11. Panzerdivision vom 5. bis zum 12. Juli 1943 teilnahm, erlebte Major Poretschkin wegen seiner Versetzung zum OKH nicht mehr als Abteilungskommandeur. Die 11. Panzerdivision überstand hier und im weiteren Kampfverlauf im Osten schwere Gefechte, bis sie nahezu zerschlagen ab Juni 1944 nach Frankreich verlegt wurde.[104]

Seine Versetzung als Gruppenleiter und Funksachbearbeiter zum Oberkommando des Heeres bedeutete einen weiteren Schritt in der Karriere des jungen Stabsoffiziers, der nach rund zwei Jahren an der Ostfront wieder in einer Kommandobehörde Dienst tun sollte. Das OKH war aus dem Generalstab des Heeres hervorgegangen und sollte die Befehls- und Kommandogewalt über die Heerestruppenteile an der Front und in der Heimat ausüben.[105] *Es umfasste als Spitzengliederung des Heeres ab 1938 u. a. den Generalstab des Heeres, das Heerespersonalamt, das Allgemeine Heeresamt, die Inspekteure sowie die Heeresgruppen- und Generalkommandos.*[106] *Ab 1941 dienten rund 1.500 Angehörige des Kommandos im Feldquartier »Mauerwald« nahe der Wolfschance bei Rastenburg in Ostpreußen, wohingegen die Masse der Angehörigen des OKH weiter in Wünsdorf tätig war.*[107] *Im gleichen Jahr hatte Hitler nach dem Scheitern des Angriffs auf Moskau am 19. Dezember selbst auch formal den Oberbefehl über das Heer an sich gerissen*[108]*. De facto führte das OKH danach zunehmend nur noch die Befehle Hitlers aus und verschwand neben dem Oberkommando der Wehrmacht weitgehend in der Bedeutungslosigkeit.*[109]

Der General der Nachrichtentruppe Erich Fellgiebel diente 1943 im OKH als Chef des Heeresnachrichtenwesens und war verantwortlich für die Sicherstellung der Nachrichtenverbindungen zu den Kommandostellen des Feldheeres. Gleichzeitig unterstand ihm der Horchdienst, dessen Auftrag es war, militärisch bedeutsame Informationen durch Abhören gegnerischer Kommunikation zu gewinnen.[110] *Er war oberster Waffenvorgesetzter der Nachrichtentruppe und als Chef der Wehrmachtsnachrichtenverbindungen gleichzeitig dem Oberkommando der Wehrmacht unterstellt.*[111] *Die Leistungsfähigkeit der Nachrichtentruppe im Zweiten Weltkrieg verdeutlicht die Redewendung, dass Deutsch-*

104 Schrodek, 11. Panzer-Division, S. 9.

105 Hoffmann, Die deutsche Heeresführung, S. 8 ff.

106 Ebd., S. 18.

107 Ebd., S. 66.

108 Ebd., S. 81, 83.

109 Ebd., S. 81, 85, 103.

110 Ebd., S. 27; Pahl, Fremde Heeres Ost, S. 192 f.

111 Hoffmann, Die deutsche Heeresführung, S. 27, 98.

land »den Ersten Weltkrieg wegen zu schlechter und den Zweiten Weltkrieg wegen zu guter Nachrichtenverbindungen verloren (habe)«.[112] *Gemeint ist damit, dass durch die Nachrichtenverbindungen beinahe jederzeit eine direkte Einflussnahme Hitlers auf das Frontgeschehen möglich war. Poretschkin war dem General seit seiner Dienstzeit bei der 3. (Preuß.) Nachrichtenabteilung in Potsdam persönlich bekannt und wurde von Fellgiebel geschätzt. Dass es noch während der Einarbeitungsphase allerdings für den jungen Major anders als geplant kam und er sich schneller als gedacht als ungeliebter Verbindungsoffizier des OKH zum Armeeoberkommando 9 wieder an der Front wiederfinden sollte, zeigten erst die kommenden Wochen.*

Privat konnte Poretschkin zum ersten Mal seit 1941 wieder zu seiner Ehefrau nach Prag reisen und seinen im Juni 1941 geborenen Sohn Peter kennenlernen. Die Heimat blieb ihm jedoch wie seinem früheren Divisionskommandeur von Choltitz während des kurzen Aufenthaltes in Prag fremd.

***

Bei der Meldung bei Chef HNW fand General der Nachrichtentruppen Fellgiebel, der mich schon seit meiner Dienstzeit bei der 3. (Preuß.) Nachrichtenabteilung in Potsdam kannte, freundliche Willkommensworte. Beim Stab des OKH traf ich eine ganze Reihe alter Bekannter und Jahrgangskameraden, was ein baldiges und gutes Einarbeiten versprach. Zuerst wurde mir bedeutet, dass ich als Kurier nach Berlin geschickt würde, um von dort erst mal nachhause nach Prag für einige Tage zu fahren. Dort sollte ich meine Bekleidung und Ausrüstung ergänzen bzw. reparieren lassen. Nach etwas über zwei Jahren Russland war dies dringend notwendig. Alles war völlig abgerissen. Dann sollte ich wieder mit dem Kurierzug zurückkehren. Ich bekam vom Chef des Stabes, Oberst Hahn[113] (Balte, Spitzname Kiki), auch alter Bekannter aus Potsdamer und Stahnsdorfer Zeit, einen Dienstreisebefehl und Militärfahrkarten bis Prag und zurück. Die Fahrt nach Berlin im Schlafwagen 1. Klasse war nach zwei Jahren in Russland ein wahrer Genuss. In Berlin traf ich gleich neben dem Bahnhof Zoo in den Bürogebäuden des Zoologischen Gartens meine Mutter bei der Briefprüfstelle des OKW, wo sie dienstverpflichtete Dolmetscherin für Russisch war. Ein frohes Wiedersehen nach über zwei Jahren. Dann fuhr ich weiter nach Prag. Hier sah ich zum ersten Mal meinen Sohn Peter, inzwischen schon über zwei Jahre geworden. Mir ging es ähnlich wie dem General von Choltitz, ich fand mich kaum zurecht. Peter fasste zu dem fremden Mann Zutrauen. Nach Peters Geburt hatte Gerti ihre langjährige Aufwartefrau, eine Tschechin, täglich zur Betreuung von Peter engagiert. Diese sprach tschechisch und nur ganz wenig deutsch. Wenn sie mit Peter im angren-

112 Kampe, Heeres-Nachrichtentruppe, S. 163.

113 Oberst i.G. Kurt Hahn (1901–1944) diente seit 1943 als Stabschef bei dem Chef des Heeresnachrichtenwesens im OKH. Als Mitwisser und Unterstützer des Attentats vom 20. Juli 1944 wurde er am 12. August 1944 verhaftet und wenige Wochen später nach einem Schauprozess hingerichtet.

zenden Letna-Park war, spielte dieser mit tschechischen Kindern und er sprach mit ihnen auch Tschechisch. Er sprach überhaupt immer mit Deutschen deutsch und mit den Tschechen tschechisch. Ich fand das sehr gut, dass er zweisprachig aufwuchs. Gerti erzählte, dass einige Tage vorher der Kreisleiter der NSDAP ihr hatte mitteilen lassen, dass das Kind eines deutschen Offiziers nicht mit Tschechen spielen und auch nicht Tschechisch sprechen dürfte. Er drohte an, dass bei Nichtbefolgen dieser Anordnung, das Kind ihr weggenommen und in ein Kinderheim der Partei zur Erziehung gegeben würde.

Ich musste mich ohnehin bei der Behörde wegen Lebensmittelkarten melden. Mir war empfohlen worden, für einen solchen Gang, Uniform anzuziehen. Der Kreisleiter hatte sein Büro daneben und ich ging hin. Mir wurde gesagt, dass er zuhause sei. Nach einiger Diskussion erhielt ich die Privatadresse und fuhr hin. Es war ein schönes altes Mietshaus in der Altstadt. Als ich klingelte, hörte ich innen eine Männerstimme, die sagte: »Wenn jemand mich sprechen will, ich bin nicht zuhause!« Eine Frau öffnete und als ich sagte, dass ich den Herrn Kreisleiter sprechen wollte, bekam ich zur Antwort: »Mein Mann ist nicht zuhause« Ich erwiderte: »Ich habe aber eben seine Stimme gehört«. Darauf wollte sie die Tür mir vor der Nase schließen, was ich verhinderte, indem ich wütend meinen Fuß in den Türspalt stellte. Darauf erschien der Kreisleiter in offen stehender Strickjacke, brauner Reithose mit Hosenträgern, Ringelsocken und Filzlatschen. Eine Figur wie aus dem Witzblatt, die mir nun erklärte, dass er jetzt nicht zu sprechen sei, wenn ich was wollte, sollte ich ins Büro kommen. Er ging auch nicht darauf ein, als ich ihm erklärte, ich hätte keine Zeit, da ich nach zwei Jahren zum ersten Mal von der Front für ein paar Tage zuhause sei. Darauf verließ ich ihn und erklärte vorher, dass ich nun mich über ihn beim Reichsprotektor direkt beschweren würde. Das tat ich auch, traf aber nicht den Reichsprotektor, das war damals wohl noch Heydrich[114], der spätere Chef der Sicherheitspolizei und des SD. Sein Vertreter war ein hoher SS-Führer im Generalsrang, ein sehr höflicher und freundlicher Herr, der mich als Frontsoldaten besonders herzlich in der Heimat willkommen hieß. Ich trug ihm die Sache vor und verbat mir energisch die Einmischung der Partei in die Privatangelegenheiten eines Frontsoldaten. Den »Frontsoldaten« betonte ich besonders. Zu meiner Überraschung entschuldigte sich dieser Herr und bat um Verständnis, dass Leute wie dieser Kreisleiter leider oft überfordert wären. Er versprach, sich persönlich darum zu kümmern. Von da ab wurde Gerti von den örtlichen Parteibonzen nie wieder belästigt und im Gegenteil sehr zuvorkommend behandelt.

[114] Der Leiter des Reichssicherheitshauptamtes und stellvertretende Reichsprotektor für Böhmen und Mähren, SS-Obergruppenführer Reinhard Heydrich (1904–1942), war zum Zeitpunkt dieser Episode bereits tot. Per Fallschirm abgesetzte tschechische Soldaten hatten ihn bei einem Attentat am 27. Mai 1942 so schwer verwundet, dass er am 4. Juni 1942 starb. Als originärer Reichsprotektor fungierte der Diplomat Konstantin von Neurath (1873–1956), der jedoch aus »gesundheitlichen Gründen« seit September 1941 beurlaubt war, siehe Gerwarth, Reinhard Heydrich, S. 275. Möglicherweise traf Poretschkin auf dessen Nachfolger Karl Daluege (1897–1946), der bis August 1943 stellvertretender Reichsprotektor war.

Die wenigen Tage in Prag waren im Nu vorbei, meine Uniformstücke natürlich nicht fertig. Ich fuhr also in »Parade«-Reithose- und Rock und ebensolchen (engen) Reitstiefeln zurück nach Ostpreußen und wollte die instandgesetzten Sachen möglichst bald abholen.

Beim OKH begannen wir mit der Übergabe der Geschäfte des Funksachbearbeiters, aber schon zwei Tage danach wurde dies unterbrochen. Das Unternehmen »Zitadelle« hatte begonnen. Dabei wurde zum ersten Mal ein neuentwickelter Panzertyp »Königstiger« eingesetzt. In der Tagesmeldung der Heeresgruppe Mitte an das OKH wurde gemeldet, dass fünfundfünfzig dieser neuen Panzer am ersten Tag ausgefallen seien. Große Aufregung darüber beim Chef des Generalstabes in der Morgenbesprechung der Lage. Nach Rückfragen stellte ich heraus, dass nicht fünfundfünfzig, sondern fünf Königstiger ausgefallen waren. Die Fernsprechverbindung war sehr schlecht gewesen, als der Offizier vom Dienst bei der Heeresgruppe die Meldung auf einer abhörsicheren Leitung fernmündlich durchgab. Als beim OKH mehrfach die Zahl nicht verstanden wurde, hatte er die fünf wiederholt und gesagt »Fünf – fünf!« Worauf der aufnehmende Offizier beim OKH statt einer »fünf« die Zahl »fünfundfünfzig« schrieb. Als sich dieser Irrtum aufgeklärt hatte, befahl der Chef des Generalstabes, Generaloberst Zeitzler[115], dass umgehend ein Verbindungsoffizier mit Flugzeug an die Front entsandt wird, der jeden Abend durch eigene Funkstelle direkt an das OKH Panzerausfälle melden sollte. Als nach geeigneten Offizieren gesucht wurde, verbot Generaloberst Zeitzler, einen Offizier der Panzertruppe einzusetzen. Er hatte eine Abneigung gegen Guderian und meinte, dass solche Offiziere die Meldungen »schönen« würden, da sie alle »guderianhörig« seien. Darauf hatte der anwesende Oberst Hahn mich vorgeschlagen, da ich seit 1936 bei der Panzertruppe gedient hätte, aber Nachrichtenmann sei und nicht ein »Panzermann« in diesem Sinne. Darauf wurde ich dazu befohlen. Ich bekam eine meterlange Liste aller Divisionen und Einheiten mit Angaben bei welchen die verschiedenen Panzertypen planmäßig vorhanden waren. Ich sollte nach dieser Liste täglich am Abend alle Ausfälle melden mit genauer Angabe, wodurch diese entstanden sind und wie lange die Instandsetzung bis zur Einsatzbereitschaft dauern wird. Bei der Meldung bei General Heusinger[116], dem Chef der Operationsabteilung, wies ich darauf hin, dass ich es für völlig unmöglich hielt, diese Angaben für den gesamten Armeebereich täglich feststellen zu können. Ich bezog mich auf meine Erfahrungen als Kommandeur einer Panzernachrichtenabteilung, bei der ich nur wenige Panzerfunktrupps hatte und am Abend froh sein konnte, wenn ich wusste, welche von ihnen auch nur einsatzbereit waren. Die gefor-

---

[115] Kurt Zeitzler (1895–1963) wurde im September 1942 Chef des Generalstabes im OKH. Nach heftigen Meinungsverschiedenheiten, erfolglosen Rücktrittsgesuchen und Krankmeldungen versetzte Hitler ihn im August 1944 in die Führerreserve und entließ ihn wenige Monate später endgültig aus der Wehrmacht.

[116] Adolf Heusinger (1897–1982) diente von 1937 bis 1944 in der Operationsabteilung des Generalstabes im Oberkommando des Heeres und wurde als Generalleutnant beim Attentat vom 20. Juli verwundet. Nach dem Krieg war er von 1957 bis 1964 erster Generalinspekteur der Bundeswehr.

derten Angaben hätte ich nie am Abend machen können. Ich meldete, dass ich den Auftrag für nicht ausführbar hielt. General Heusinger hörte sich alles an und sagte mir nur: »Lieber Poretschkin, Sie mögen recht haben. Nun ist das Kind in den Brunnen gefallen. Versuchen Sie, wieder herauszukommen.« Damit war ich entlassen. Früh am Morgen flog ich, gekleidet wie zu einer Parade, aber völlig ungeeignet für die Front, zur Armee Model[117] ab. Die Funkstelle sollte dort zugeführt werden. Es folgte die hässlichste Zeit, die ich je an der Front erlebt habe.

Am Flugplatz wurde ich abgeholt und zum Befehlswagen von General Model[118] gebracht. An dessen etwas mokantem Blick merkte ich, dass er meinen feinen Anzug wahrnahm und missbilligte. Als ich bei meiner Meldung meinen Auftrag erwähnte, brach es wie ein Unwetter aus ihm. Er brüllte: »Spione dulde ich nicht bei meinem Stab. Melden Sie sich dem Herrn Chef des Generalstabes, er soll selbst herkommen und sich ansehen, was für einen Mist er befohlen hat. Einen Pkw kriegen Sie nicht von meinem Stab. Danke. Raus!« Dabei öffnete er die Tür des Befehlswagens. Etwas verdattert stieg ich aus. In diesem Augenblick öffnete der Chef des Stabes, ich glaube, es war Oberst i.G. Reinhard[119], die Tür des daneben stehenden Befehlswagens und eine freundliche Stimme forderte mich auf, hereinzukommen. Der Oberst begrüßte mich und sagte: »Der General ist sehr überarbeitet, er meint es nicht so.« Oberst Reinhard beriet mich, wo ich am besten anfangen sollte. Die mir zugewiesene Funkstelle brachte ich bei der Funkzentrale der Armee unter. Meine Sachen kamen ins zugewiesene Quartier und als der mir zugeteilte Fahrer mit Gelände-Pkw eingetroffen war, fuhr ich zum Gefechtsstand der nächstgelegenen Panzerdivision. Gute Karten hatte mir Oberst Reinhard auch geben lassen. Beim Divisionsstab war man über mein Erscheinen, das telefonisch angekündigt war, nicht sonderlich erfreut und wunderte sich über meinen frontfremden Auftrag. Der Chef des Generalstabes der Division meinte, dass der Auftrag sinnlos sei, weil mir niemand die erforderlichen Auskünfte zeitgerecht geben könnte. Er empfahl mir, zum Gefechtsstand des Panzerregiments zu fahren. Dort geriet ich in einen üblen Artillerieüberfall und mir wurde unfreundlich vorgeworfen, dass mein Erscheinen nur das Feuer auf den Gefechtsstand gelenkt hätte. Meine Fragen könnten dort nicht beantwortet werden, das Regiment wäre froh, wenn man es selbst wüsste. Das hätte ich doch wissen müssen.

Dies wiederholte sich auch bei den anderen Einheiten, die ich noch erreichte. Am Abend berichtete ich telefonisch dem zuständigen Offizier bei der Operationsabteilung meinen kompletten Misserfolg und bekam nicht gerade ein Lob dafür. Beim

117 Walter Model (1891–1945) kommandierte zum Zeitpunkt des Unternehmens Zitadelle die 9. Armee, siehe Hoffmann, Die deutsche Heeresführung, S. 106.

118 Der eigenwillige und von seinen Untergebenen nicht immer geliebte Walter Model galt als einer der militärisch fähigsten Generäle der Wehrmacht und war gleichzeitig loyaler Anhänger Hitlers. Kurz vor Kriegsende beging der Generalfeldmarschall Selbstmord.

119 Chef des Stabes der 9. Armee war während des Unternehmens Zitadelle der Oberst i.G. Harald-Gustav Freiherr von Elverfeldt (1900–1945), siehe Bussmann, Kursk-Orel-Dnejpr, S. 509.

Armeestab traf ich zwei inzwischen eingetroffene Generalstabsoffiziere des OKH mit ähnlichem Auftrag, aber auf taktischem oder operativem Gebiet, die ebensolche Schwierigkeiten hatten. Das ging noch einige Tage so weiter und meine Meldungen blieben spärlich wie meine Versuche erfolglos, den Auftrag zurückziehen zu lassen. General Model befahl uns drei »Spionen« mit einem Fieseler Storch (kleines Flugzeug, etwa ein Vorläufer des Hubschraubers) Erkundungsflüge in Frontabschnitte, in denen immer mehr sowjetische Partisanen eingesetzt wurden. Das waren wenigstens sinnvollere Aufträge. Das ging etwa zwei Wochen so weiter. Dann wurde mein Auftrag aufgehoben. Ich kehrte über die Heeresgruppe Mitte zum OKH zurück. Hier fand ich eine völlig veränderte Situation vor. Die Versetzung meines Vorgängers war infolge der Entwicklung der Lage an der Ostfront hinfällig geworden. Mir wurde am nächsten Tag plötzlich erklärt, dass der Stellvertreter von Admiral Canaris[120] einen fronterfahrenen Offizier als Leiter des Funkdienstes beim Amt Ausland/Abwehr (Geheimdienst) angefordert hätte und ich nach Berlin zunächst kommandiert würde. Oberst Hahn meinte bei meiner Abmeldung, für diesen »Sauhaufen« ist ein junger aktiver Offizier zu schade, ich würde bei nächster Gelegenheit eine neue Frontverwendung bekommen. Die Gastrolle beim OKH war nun zu Ende. Ich fuhr also wieder mit dem bequemen Schlafwagen im Sonderzug nach Berlin. Da ich keine Ahnung hatte, was mich bei der Abwehr erwartet, ging ich zuerst zu meinem früheren Kommandeur in Stahnsdorf, inzwischen Oberst und Chef der Chiffrierabteilung im OKW. Von diesem erfuhr ich Näheres über meine neue Aufgabe. Er meinte, ich sollte mich vertrauensvoll an den Vertreter von Admiral Canaris, Oberst d.G. Hansen[121] wenden, mit dem ich ganz bestimmt sehr gut können würde. Das Amt Ausland/Abwehr war ebenfalls im Bendlerblock untergebracht. Die Abteilung Abwehr I, deren Chef Hansen war, zog gerade wegen der häufigen Luftangriffe auf Berlin nach Zossen, einem Vorort, um. Oberst Hansen war aber noch im Hause. Bei der Meldung konnte ich feststellen, dass Kempf Recht hatte. Wir verstanden uns auf Anhieb ausgezeichnet. Hansen wies mich kurz in meine neue Aufgabe ein. Mein Vorgänger sollte demnächst eine Frontverwendung bekommen. Oberst Hansen wollte anstelle der in den Dreißiger Jahren eingestellten reaktivierten Herren aus dem Krieg 14–18 jüngere, im jetzigen Krieg fronterfahrene Offiziere ins Amt holen. Er meinte, dass die alten Herren sich schwer an die neuen Verhältnisse gewöhnen könnten und das Amt wenig effektiv arbeitet. Ich sollte zunächst zur OKW-Außendienststelle Belzig fahren. Dort sollte ich mir die Funkstelle und deren Arbeitsweise ansehen, um einen Einblick zu bekommen. Dann würde er mich nach Spanien, Portugal und auf den

[120] Wilhelm Canaris (1887–1945) leitete von 1935 bis Anfang 1944 mit der Abwehr den militärischen Geheimdienst der Wehrmacht. Zeitlebens ein eigenwilliger und schwer durchschaubarer Charakter, wurde er kurz vor Kriegsende wegen Verbindungen zu den Attentätern des 20. Juli hingerichtet.

[121] Georg Alexander Hansen (1904–1944) diente mit Unterbrechungen von 1939 bis 1944 in der Abwehr. Wegen seiner Beteiligung am Attentat vom 20. Juli wurde er wenige Tage später verhaftet, zum Tode verurteilt und am 8. September 1944 hingerichtet.

Balkan schicken. Anschließend sollte ich vom Vorgänger die Stelle übernehmen. Im neuen Hauptquartier in Zossen würde er für mich auch ein Arbeitszimmer bereitstellen lassen, damit ich dort ungestört arbeiten könnte.

Über Nacht blieb ich in Spandau bei meiner Mutter. Mit der Vorortbahn fuhr ich am nächsten Morgen, sehr gespannt auf die neue Aufgabe, nach Belzig, südwestlich von Berlin in der Mark Brandenburg gelegen.

Kapitel 4: Verwendung in der Abwehr und Kriegsende

Einarbeitung OKW/Amt Ausland/Abwehr I, 1943

***

Poretschkins Zwischenspiel beim OKH war also vollkommen anders verlaufen, als von ihm erwartet. Der General der Nachrichtentruppe Fellgiebel war bekannt dafür, junge und bewährte Frontoffiziere zu sich in seine Dienststelle ins OKH zu holen, um sowohl von deren Wissen zu profitieren wie auch das Wissen der Dienststelle an den Nachwuchs weiterzugeben. Hierbei rechnete er stets mit einer Einarbeitungszeit von drei bis sechs Monaten.[1] *Infolge der neuen Lage wurde der kurz zuvor beförderte Major aber nach knapp zwei Monaten im OKH zum 1. August 1943 als Referatsleiter Ii zur Abwehr versetzt. Die ihm kurz zuvor zugeschriebenen Attribute »organisatorisch begabt mit gutem Überblick, taktisch verständnisvoll«*[2] *konnte er bald in der neuen Dienststelle unter Beweis stellen.*

Zum Zeitpunkt seiner Versetzung im Sommer 1943 befanden sich das Deutsche Reich und seine Verbündeten in einer zunehmend angespannten Lage. Die Initiative an der Ostfront war nach dem gescheiterten Durchbruchsversuchen im Rahmen des Unternehmens »Zitadelle« weitgehend an die Rote Armee übergegangen, auch wenn es einigen Befehlshabern noch eine Zeitlang gelingen sollte, die Front zu stabilisieren.[3] *Das zur Heeresgruppe Afrika umbenannte Afrikakorps hatte bereits im Mai 1943 in Tunesien kapitulieren müssen und Truppen des Commonwealth und der USA waren am 10. Juli 1943 in Sizilien gelandet. Dies hatte zur Folge, dass Benito Mussolini als Diktator Italiens abgesetzt wurde und wenige Wochen später ein Seitenwechsel Italiens stattfand, woraufhin die Wehrmacht nun auch in Italien einmarschierte und eine weitere Front sichern musste. Den Luftangriffen von Royal Air Force und den United States Army Air Forces hatte sie immer weniger entgegenzusetzen.*

Poretschkin war sich über seine neue Verwendung zunächst noch im Unklaren. Tatsächlich umgibt die Abwehr nach wie vor die Aura des Geheimnisvollen. In der deutschsprachigen Geschichtsschreibung existieren nur wenige Publikationen, die sich diesem Thema annähern und sich dabei vor allem auf den langjährigen Leiter Wilhelm Canaris

1 Wildhagen, Erich Fellgiebel, S. 205.

2 BArch, PERS 1/29739, Beurteilungsnotizen vom 14. Mai 1943.

3 Hartmann, Unternehmen Barbarossa, S. 99 ff.; Kahn, Hitler's Spies, S. 273.

konzentrieren. Der Kern der späteren Abwehr war unter Major Friedrich Gempp[4] *zu Beginn der zwanziger Jahre in Form einer Abwehrgruppe im Truppenamt des Reichswehrministeriums gegründet worden. Diese hatte ursprünglich den Auftrag, die Reichswehr vor Spionage und Zersetzung zu schützen.*[5] *Als militärischer Nachrichten- und Geheimdienst war 1928 die »Abteilung Abwehr« im Reichswehrministerium begründet worden.*[6] *Die Aufgaben umfassten dabei zunächst die Abwehr von fremden Spionageakten sowie die Informationsgewinnung durch aktive Spionage im Ausland.*[7] *Von einer kleinen Abteilung im Reichswehrministerium wuchs die Abwehr 1938 zur Amtsgruppe Auslandsnachrichten und Abwehr im neu eingerichteten OKW und am 18. Oktober 1939 schließlich zu einem eigenständigen Amt Ausland/Abwehr mit unmittelbarer Unterstellung unter den damaligen Generaloberst Wilhelm Keitel*[8] *als Chef des OKW kontinuierlich an.*[9]

Die Leitung der Abwehr hatte 1935 der damalige Kapitän zur See Wilhelm Canaris von seinem Vorgänger Kapitän zur See Conrad Patzig[10] *übernommen. Dieser kriegserfahrene Marineoffizier galt als besonderes Talent in diskreten diplomatischen Angelegenheiten und war somit prädestiniert für diese Verwendung, wie zahlreiche Beurteilungen es belegen. Gleichzeitig galt er seinen Vorgesetzten als teilweise undurchschaubarer und zu Stimmungsschwankungen neigender Charakter.*[11] *Die Abwehr stand ab 1933 zunehmend in direkter Konkurrenz zum Sicherheitsdienst (SD) des Reichsführers SS. Der SD als Geheimdienst der NSDAP sollte ursprünglich innenpolitische Gegner der Nationalsozialisten überwachen, agierte aber auch zunehmend außenpolitisch, was zwangsläufig zu Kollisionen mit der Arbeit der Abwehr führte.*[12] *Hinzu kamen nachrichtendienstliche*

4 Friedrich Gempp (1873–1947) diente im Ersten Weltkrieg in der Abteilung IIIb im Generalstab des Heeres als Nachrichtenoffizier. Im Zweiten Weltkrieg wurde er bis 1943 für die Abwehr reaktiviert. Seit seiner Verhaftung durch den sowjetischen NKWD gilt er als verschollen.

5 Höhne, Canaris, S. 154; Leverkuehn, Der geheime Nachrichtendienst, S. 9; Staritz, Abwehrfunk – Funkabwehr, S. 9.

6 Höhne, Canaris, S. 155; Kahn, Hitler's Spies, S. 225 Staritz, Abwehrfunk – Funkabwehr, S. 9. Ein Nachrichtendienst, wie z. B. der Bundesnachrichtendienst, hat ausschließlich die Funktion, Informationen zu beschaffen und gegebenenfalls auszuwerten. Ein Geheimdienst führt darüber hinaus auch aktiv z. B. Sabotageakte aus. Die Abwehr von 1928 bis 1944 fällt daher in die Kategorie Geheimdienst.

7 Kahn, Hitler's Spies, S. 225, 232 f.

8 Generalfeldmarschall Wilhelm Keitel (1882–1946) war von 1938 bis 1945 Chef des Oberkommandos der Wehrmacht und galt als bedingungsloser Anhänger Hitlers. Seine unterwürfige Art Hitler gegenüber brachte ihm den Spitznamen »Lakeitel« ein. In den Nürnberger Prozessen wurde er wie sein langjähriger Chef des Stabes Jodl angeklagt und nach einem Todesurteil 1946 hingerichtet.

9 Bartz, Die Tragödie, S. 14; Buchheit, Der deutsche Geheimdienst, S. 111.

10 Nachdem er als Marineoffizier 1914 beim Fall der Kolonie Kiautschou in japanische Kriegsgefangenschaft geraten war, kehrte Conrad Patzig (1888–1975) 1920 nach Deutschland zurück und wurde in die Reichsmarine übernommen. Von 1932 bis 1935 führte er die Abwehr. Nach mehreren weiteren Marineverwendungen schied er 1943 aus dem aktiven Dienst aus.

11 BArch, PERS 6/105, Beurteilungsbericht bei seiner Abkommandierung (zum 18.VI.28); Beurteilungsbericht zum 1. November 1933; Beurteilungsbericht zum 1. November 1934.

12 Buchheit, Der deutsche Geheimdienst, S. 45 f.; Weisz, Die Nachrichtendienste, S. 220 f.; Wildt, Generation des Unbedingten, S. 702.

Elemente des Außenministeriums.[13] *1935 konnte Canaris erwirken, dass die Abwehr das Monopol für militärische Spionage und Spionageabwehr erhielt.*[14] *Es wurde zwar durch alle Beteiligten und zusätzlich durch Göring mit dem Forschungsamt als Abhöreinrichtung im Reichsluftfahrtministerium unterlaufen, doch stellte dies alles keine ernsthafte Konkurrenz zur Abwehr dar.*[15] *Mit der Verschlechterung der Kriegslage drangen die Informationen und Einschätzungen der Abwehr immer seltener zur militärischen Führung durch und stießen insbesondere bei Hitler in der Regel auf taube Ohren, sodass militärische Operationen ohne belastbare Informationen zur Feindlage geplant und durchgeführt wurden.*[16] *Eine effektive zentrale Koordinierung der vorhandenen Geheimdienste war durch Hitler nicht gewünscht, da das Konkurrenzdenken und das Buhlen um die Gunst des »Führers« eine leichtere Kontrolle der Dienste ermöglichten.*[17]

In dieser Situation stieß Major Theodor Poretschkin nach einigen Jahren an den Fronten des Krieges zur Abwehr. Zu dem Zeitpunkt bestand die Abwehr seit 1938 neben einer Abteilung Z für zentrale Angelegenheiten wie z. B. Recht und Finanzen und der Abteilung Ausland aus drei operativ tätigen Bereichen. Die Abteilung Abwehr I umfasste den geheimen Meldedienst. Dies bedeutete die Beschaffung von Informationen über andere Staaten mittels Spionage durch V-Leute oder Angehörige der Abwehr vor Ort. Die Abteilung Abwehr II betrieb Sabotage und Zersetzung der Wehrkraft im Feindesland durch aktive Sabotage und Propagandakampagnen, wohingegen sich die Abteilung III mit der Abwehr von Spionage im Reichsgebiet beschäftigte.[18] *Die Abwehr verfügte aber über keine exekutiven Befugnisse und arbeitete z. B. bei der Verhaftung ausländischer Spione mit der Polizei zusammen.*[19]

Poretschkins neue Dienststelle war das Referat Ii innerhalb der Abteilung I. Mit der offiziellen Übernahme der Abteilung Ii der Abwehr am 15. September 1943 führte Major Poretschkin nun den geheimen Funkmeldedienst der Abwehr. Dies bedeutete, dass ihm die Funker im Inland wie auch die im Ausland unterstanden, die die Abwehr mit Informationen zur Lage vor Ort versorgten. Das Referat Ii war 1936 unter Führung des damaligen Major Kurt Rasehorn (1897 –?) gegründet worden und übernahm nicht nur im Querschnitt für alle Abteilungen den Funkverkehr, sondern auch die Ausbildung der Funker und die Herstellung der für den geheimen Funkverkehr erforderlichen kompakten und dennoch leistungsstarken Geräte.[20] *Trotz seiner großen Fachkenntnisse wurde Rase-*

13 Bartz, Die Tragödie, S. 72.

14 Ebd.

15 Ebd., S. 72 f.; Weiße, Geheime Nachrichtendienste, S. 23; Wildt, Generation des Unbedingten, S. 702.

16 Bartz, Die Tragödie, S. 192.

17 Brammer, Spionageabwehr und »geheimer Meldedienst«, S. 16.

18 Bartz, Die Tragödie, S. 14f.; Hagen, Die geheime Front, S. 10 ff.; Kahn, Hitler's Spies, S. 233; Weisz, Die Nachrichtendienste, S. 227 f.

19 Schmidt, Canaris, S. 115.

20 Grabau, Die geheimen Funkverbindungen, S. 50 f.; Kahn, Hitler's Spies, S. 292; Leverkuehn, Der geheime Nachrichtendienst, S. 20 f.

horn ab 1943 zunehmend exzentrischer. So ließ er keine außer seiner eigenen Meinung mehr gelten und nahm keine Ratschläge mehr an, was schließlich zu einer Knappheit an Material führte.[21] *Mit Kriegsbeginn waren die Anforderungen an das Referat Ii in qualitativer und quantitativer Sicht stetig gestiegen, die Strukturen hingegen nicht angepasst worden, was zu zahlreichen truppendienstlichen Missständen geführt hatte, die nun beseitigt werden sollten.*[22]

Hinzu kam die Ablehnung der vielfach lebensälteren Stabsoffiziere in Führungspositionen der Abwehr, die bereits im Ersten Weltkrieg gedient hatten und in den Dreißiger Jahren reaktiviert worden waren.[23] *Dieses Personal verfügte zwar über lange Stehzeiten auf den Dienstposten, allerdings oft auch über kaum militärische Erfahrung und einen Hang zur Bürokratie.*[24] *Im Vergleich zum Dasein an der Front führten diese in der Heimat stationierten Offiziere ein verhältnismäßig angenehmes Leben, das durch die Rekrutierung von kriegserfahrenen jungen Offizieren für die Abwehr bedroht war. Dass sein Vorgänger ihn nicht gerade freundlich empfing, mag daher menschlich nachvollziehbar sein. Schließlich stand der frisch beförderte Oberstleutnant Rasehorn wegen des Erscheinens Poretschkins kurz vor einer Versetzung an die Ostfront und wird gewusst haben, was ihn dort erwartet. Die Versetzungen zahlreicher langjähriger Abwehroffiziere bedeutete für Canaris den Verlust zahlreicher Vertrauter.*[25]

Nach der Teilnahme an drei Feldzügen sah Poretschkin seiner neuen und weniger gefährlichen Aufgabe in Belzig gespannt und neugierig entgegen. Die Arbeit in einem Geheimdienst unterschied sich vollkommen vom Dienst im Feldheer der Wehrmacht und ermöglichte viele Freiheiten und interessante Einblicke in die geheimdienstlichen Tätigkeiten, die z. B. im Rahmen der Einweisungsreise durch Europa auch genutzt wurden.

***

In Belzig war die »OKW-Außenstelle«, so lautete der Tarnname für die Abteilung Ii des Amtes Ausland/Abwehr I, mit der Großfunkstelle in einem großen Barackenlager neben der Funkstelle untergebracht. Ich meldete mich beim Leiter Abwehr Ii, dem Oberstleutnant Dipl. Ing. Rasehorn. Er machte keinen Hehl daraus, dass ich ihm nicht gerade willkommen war. Nach meiner Meldung sagte er zur Begrüßung nur: »Wenn Sie junger Major von Schmunds Gnaden glauben, mich hier aus dem Sattel heben zu können, so werden Sie sehen, dass dies hier Ihr militärisches Grab wird.« Dann überließ er mich zur Einweisung seinem Mitarbeiter Oberleutnant d.R.

---

21 Personal View of Ii Matters, Prisoner: Obst/Lt Rauh, Johann Gottlieb (23. Okober 1945, https://www.fold3.com/image/231928452, zuletzt aufgerufen am 16.06.2019).

22 Grabau, Die geheimen Funkverbindungen, S. 53.

23 Brammer, Spionageabwehr und »Geheimer Meldedienst«, S. 32; Schmidt, Canaris, S. 28, 120.

24 Brammer, Spionageabwehr und »Geheimer Meldedienst«, S. 33.

25 Buchheit, Der deutsche Geheimdienst, S. 458.

Dr. Alf Oesterle. Oesterle[26] war der einzige Offizier neben Rasehorn bei der Abt. I. Hauptmann Nohse war Chef der Außenstelle Belzig mit der Funkstelle und der Entwicklungs- und Fertigungsstelle für Agentenfunkgeräte. Diese bestand aus Technikern von den Firmen Telefunken und Siemens sowie Lorenz, die als Wehrpflichtige eingezogen worden waren. An der Spitze die hochqualifizierten Ingenieure Sonderführer Ing. Otto Grünberg von der Firma Telefunken und die dienstverpflichteten Dr. Ing. Tropper und Dipl. Ing. Rudolf Kaiser von der Firma Siemens. Diese Herren traf ich alle beim Mittagessen und lernte sie schon etwas kennen. Oberstleutnant Rasehorn nahm am Essen nicht teil, er ließ es sich in sein Büro bringen. Mir wurde gesagt, dass er dies sehr selten tun würde. Am Nachmittag hatte ich Zeit, mein Zimmer einzurichten. Ich lag mit Dr. Oesterle, Grünberg und Ing. Kaiser zusammen in einer Baracke. Ich hatte noch Zeit, die große Funkstelle mit dem riesigen Gittermast, der dem großen Rundfunkmast in Berlin-Charlottenburg sehr ähnelte, anzusehen. Rasehorn hatte ihn zu Beginn des Krieges errichten lassen. Dabei war nicht gespart worden und sehr großzügig verfahren worden. Ich stellte überall fest, dass Geld für Abwehrzwecke offenbar reichlich vorhanden war. Die Funkstelle war für den UKW-Verkehr mit Agenten in Übersee vorgesehen gewesen. Außerdem wurde der gesamte Dienstverkehr mit den Abwehrstellen im Inland und Ausland von hier abgewickelt und per Fernschreiben zum Amt Abwehr weitergeleitet. Die Funkstelle hatte durchgängig Tag und Nacht Betrieb. Das Personal, im Krieg alles Soldaten, arbeitete normalerweise in drei Schichten. Bei ungewöhnlich starkem Verkehr in vier Schichten. Die meisten Funker waren Amateurfunker und der Funkverkehr wurde nach den Regeln, die im Amateurbetrieb üblich waren, abgewickelt. Amateurfunker sind sehr wendige und geschickte Funker, haben aber auch die Gewohnheit, eigenwillig zu handeln. Dieses hat den Nachteil, dass sie mit ihren Eigenheiten leicht erkannt und identifiziert werden, was beim geheimen Funkverkehr mit Agenten natürlich unerwünscht ist. Das ist ein großer Nachteil und Amateurfunkern sehr schwer abzugewöhnen. Ich hatte später große Probleme damit. An diesem Abend saß ich noch lange mit meinen Zimmernachbarn zusammen. Dabei merkte ich gleich, dass guter Rotwein bei der Abwehr kein Problem darstellt. Der für den Dienst erforderliche Kurierverkehr bot genug Gelegenheit, in Deutschland rare Waren wie Alkohol, Kaffee, Tabakwaren u. ä. im Kuriergepäck mitzubringen. Es bestand die Gefahr, dass Missbrauch getrieben wurde, der nur schwer abzustellen war. Später machte mit dies etwas zu schaffen, da ich diese Gewohnheit vom Fronteinsatz her nicht kannte. Am ersten Abend in Belzig genoss ich es aber besonders. Ich erfuhr in fortgeschrittener Stunde, dass bei den Soldaten der Dienststelle über den Chef der Spruch umging: »Gott erschuf in seinem Zorn den Oberstleutnant Rasehorn«. Kein Zeichen besonderer Beliebtheit! In den nächsten Tagen konnte ich mir auch ein Bild machen über

[26] Der bürgerliche Name lautete Alfons Oesterle, siehe BArch, RH 44/411, Bestandsmeldungen Erkennungsmarkenverzeichnisse des Nachrichten-Regiments 506.

das viele im geheimen Funkdienst des Amtes Abwehr eingesetzte Personal. Das Ergebnis erregte nicht nur mein Erstaunen, sondern erschreckte mich regelrecht. Im Frieden waren beim Amt und den Abwehrstellen nur wenige Angestelltenplanstellen für Funker vorhanden.

Nach Kriegsbeginn war der Bedarf an Funkern gewaltig gestiegen, aber dafür keine Vorsorge getroffen worden. Statt entsprechende Berechnungen anzustellen und Planstellen für Funkpersonal bei den Dienststellen im Inland und besonders im Ausland neu zu schaffen, wurde der Bedarf auf recht ungewöhnliche Weise gedeckt. Für das Amt Ausland/Abwehr Ii wurden Planstellen zum Betreiben der Funkstellen bei den OKW-Außendienststellen Belzig und Stahnsdorf geschaffen, aber viel zu wenig. Die fehlenden Funker wurden von Nachrichteneinheiten von Heer, aber auch von Luftwaffe und Marine, unter der Hand beschafft. Das Personal wurde mit durch Kurier eingeführte Waren, wie Tabakwaren, Parfüm, Schokolade u. a. knappen Dingen, eingetauscht. Auf Deutsch gesagt: gekauft. Offiziell wurden diese Soldaten beim Stammtruppenteil weitergeführt, taten Dienst aber bei den Abwehrstellen im Inland und auch im Ausland. Niemand kümmerte sich um diese Männer. Ich merkte dies aus Beschwerden in den Akten von Ehefrauen, z. B. über falsche Berechnung oder sogar Ausbleiben von Dienstbezügen ihrer Männer. Ich fand auch ein paar unerledigte oder falsch bearbeitete Beschwerden von Unteroffizieren, die Stellungen für Wachtmeister ausübten, aber nicht befördert wurden. Ein grobes Versäumnis der Fürsorgepflicht eines Disziplinarvorgesetzten. Mir wurde klar, dass die mir gestellte Aufgabe, Ordnung in diesen Zustand zu bringen, sich recht schwierig gestalten würde und mir sehr viel Arbeit und Kopfzerbrechen bereiten würde. Oberst Hansen riet mir, bald nach Spanien und Portugal zu fahren, um mir den hierfür erforderlichen Einblick in die Arbeitsweise im neutralen Ausland zu verschaffen und gleichzeitig mir in Lissabon die für die Tätigkeit bei der Abwehr notwendige Zivilkleidung zu beschaffen. Hierfür wurden mir ausreichend Devisen bewilligt. Für diese Reise bekam ich einen Diplomatenpass, ausgestellt auf einen Oberregierungsrat Pohl vom Auswärtigen Amt.

Um mich an den Namen Pohl zu gewöhnen, ließ ich mich nachts von meinem Burschen wecken und fragen: »Wie heißen Sie?« Ich hatte noch nie einen falschen Namen benutzt. Das ganze Vorhaben war für mich ja etwas völlig Neues und deshalb auch recht aufregend. Vor meiner Abfahrt rief mich ein Herr von der Abwehr Abteilung II an und bat mich, beim Umsteigen in San Sebastian von der dortigen kleinen Abwehrnebenstelle ein Gepäckstück als Kurier mitzunehmen, der betreffende Mitarbeiter würde sich bei mir bei Ankunft im Zug melden. Nach einigen Tagen war es soweit. Ich ließ mich mit dem Dienstwagen nicht bis zum Anhalter Bahnhof fahren, sondern stieg etwas vorher aus und ging allein mit dem Koffer zum Bahnhof. Ich war von einem »Experten« eingewiesen worden. Natürlich hatte ich im Schlafwagen Erster Klasse ein Einzelabteil. Alles klappte wie vorgeplant, bis wir am frühen Morgen an der Grenzstation hielten. Ich sah verschlafen aus dem Fenster und davor stand auf dem Bahnsteig Oberst Schroetter[27], der frühere Standortälteste von Stahnsdorf. Ein immer sehr lauter Herr, der mich erkannte und rief: »Poretschkin, ich hörte, Sie sind Major geworden, gratuliere. Was machen Sie denn hier? Ich dachte, Sie sind in Russland! Wollen Sie sich in Paris amüsieren?« Als ich ihm ganz leise sagte »Herr Oberst, ich bin jetzt bei der Abwehr«, schrie er »Aber natürlich, das habe ich ja ganz vergessen. Wir kennen uns nicht!« und ging weg. Der Schlafwagen wurde in Paris umrangiert an den Zug nach St. Sebastian, der bald abfuhr. Ich hatte den Funkoffizier der Abwehrstelle in Angouleme telefonisch vor der Abfahrt angewiesen, in meinem Schlafwagen zuzusteigen und bis Biarritz mitzufahren, um ihn kennen zu lernen. Als dieser den Schaffner nach dem Oberregierungsrat Dr. Pohl fragte, sagte dieser: »Sie suchen den jungen Major? Der hat Abteil drei.« Als der Leutnant mir das erzählte, lachten wir sehr über meine Tarnung. Auf der Fahrt erfuhr ich das Notwendige über seine Tätigkeit und auch sein wenig erfreuliches Urteil über die Arbeit seiner Abwehrstelle. Er meinte, die angeworbenen Agenten, die er als Funker ausbilden musste, waren meist recht unzuverlässig. Leider würden die zuständigen Offiziere, die diese Agenten anwerben, aber auf sein Urteil nicht hören. Eine für mich wichtige Information, die ich in Zukunft noch oft von zuverlässigen Ausbildern immer wieder hörte und nach dem Einsatz dieser Funker bestätigt bekam. Auch meine späteren diesbezüglichen Hinweise nutzten wenig. An der Grenze wurde ich als Kurier nicht kontrolliert. In San Sebastian traf ich den Vertreter der Abwehr, der sich anbot, mir San Sebastian zu zeigen, da der Zug nach Madrid mit meinem Schlafwagen erst am Abend weiterfuhr. Ich verbrachte einen sehr schönen und interessanten Tag in San Sebastian und Umgebung. Der alte Hauptmann von der Abwehrstelle erwies sich als exzellenter Fremdenführer und zeigte mir die Vororte an der See und die Umgebung zum Gebirge.

Am Abend erhielt ich vor Abfahrt des Zuges als zusätzliches Kuriergepäck einen großen Sack für Madrid in mein Abteil geliefert. Dabei wurde mir der Rat gegeben, falls bei Kontrollen nach dem Inhalt gefragt wird, statt irgendwelcher Antworten einen Geldschein im Gegenwert von ca. zehn Mark in die Hand zu drücken. Bei den Reisekosten kann dies geltend gemacht werden. Ich lernte dauernd etwas Neues! Das klappte auch gut kurze Zeit nach Abfahrt des Zuges. In Madrid wurde ich wieder am Bahnhof abgeholt und zu meinem Hotel und anschließend zur Abwehrstelle gebracht. Der Chef der dortigen Abwehr II (Sabotage) wartete schon auf mich, begrüßte mich herzlich und rief: »Endlich haben wir nun den britischen Originalsprengstoff für Gibraltar!« Gut, dass ich das nicht schon vorher gesagt bekam, ich wäre bestimmt etwas nervös und unsicher gewesen. Langsam gewöhnte ich mich an die Eigenarten der Abwehr. Später in Lissabon las ich in der Zeitung eine Meldung über einen Sprengstoffanschlag im Hafen von Gibraltar. Die drei Tage Madrid waren

[27] Der spätere Generalleutnant Josef Schroetter (1891–1972) diente von 1935 bis 1938 als Kommandeur der Aufklärungsabteilung 3 in Stahnsdorf. Nach weiteren überwiegend administrativen Verwendungen geriet er 1945 mit einer hastig aufgestellten Kampfgruppe in US-amerikanische Kriegsgefangenschaft.

mit Kurzeinweisungen aller Abteilungen und vor allem mit Kennenlernen der dortigen Funkstellen und ihrer Besatzung ausgefüllt. Die Funker machten einen guten Eindruck. Ich lernte ihre Arbeit und die Funkausbildung der Agenten gut kennen. Der Wachtmeister klagte wieder über Mängel der Agenten. Bei den Offizieren der Abwehr fanden entsprechende Hinweise wenig Gegenliebe. Die Abwehrstelle hatte einen Funkoffizier planmäßig schon im Frieden, besetzt durch einen Freund von Oberstleutnant Rasehorn. Ich bekam mit ihm aber keinen Kontakt, obwohl er sich ganz offensichtlich große Mühe gab und mich besonders zuvorkommend behandelte. So hatte er Karten für den Stierkampf in der großen Arena in Madrid mit einem bekannten Matador besorgt. Es war ein sehr spannender Kampf, der beim Publikum ankam. Ich fand ihn auch aufregend, habe auch später nach dem Kriege in Dax nördlich der Pyrenäen Stierkämpfe gesehen, aber doch keine so große Begeisterung für diesen Sport empfunden. Mit Herrn K. kam ich nicht zurecht und war froh, als er Anfang 1944 versetzt wurde. Die Tage in Madrid waren für mich lehrreich, mit dem Leiter, einem erfahrenen Fachmann und großem Kavalier, habe ich bis zuletzt gut zusammen gearbeitet. Mit dem D-Zug fuhr ich nach Lissabon. Ich sah unterwegs viel Schönes und für mich auch Neues. Bei der Abwehrstelle Lissabon war als Funkoffizier ein Oberleutnant Blail aus Breslau eingesetzt, Deckname »Bingo«. Dieser Bingo nahm mich am Bahnhof freundlich in Empfang und brachte mich in seine geräumige Wohnung, wo er mich für den Aufenthalt in Portugal einlud. Das war für mich sehr angenehm, da ich überhaupt kein Portugiesisch verstand. Bingo war orientiert worden, dass ich mich auch einkleiden sollte. Er hatte einen Schneider in seine Wohnung am nächsten Morgen bestellt. Der Tag verging mit Meldung, Besuchen und einem köstlichen »Abendmahl«. Am nächsten Morgen kam der Schneider pünktlich und brachte auch gleich eine Menge Stoffproben mit. Ich bestellte bei ihm ein Tweedjacket mit grauer Flanellhose, einen hellen Sommeranzug und ein halbes Dutzend Hemden. Er nahm sehr gründlich Maß und wollte, zu meiner Überraschung, alles schon am selben Abend liefern. Ich wollte den Abend aber zur freien Verfügung haben und bestellte ihn erst zum nächsten Tag. Alles fiel zu meiner vollen Zufriedenheit aus. So schöne Sachen hatte ich noch nie besessen, die Kombination und die Hemden mit dem Monogramm »TP« auf der Brusttasche hatte ich bei Kriegsende bei meiner Mutter in Spandau deponiert. Obwohl Mutti in den letzten Kriegstagen ausgebombt wurde, haben diese Sachen durch Zufall den Angriff überlebt und ich habe sie lange nach Kriegsende noch getragen.

Lissabon war schon immer eine international viel besuchte Stadt. Da Portugal neutral war, lebte dort ein Gemisch aus allen kriegführenden und neutral gebliebenen Staaten. Dadurch war es auch ein Dorado für Spionagedienste aus aller Welt. Auf Schritt und Tritt und in allen Lokalen zeigte mir Bingo (diskret) immer wieder Leute, die im Spionagedienst arbeiteten. Er kannte sie alle recht genau und wusste, für wen sie alle tätig sind, meinte auch, dass diese Kollegen ihn genauso gut kannten und sicherlich auch schon längst wüssten, wer der neu aufgetauchte Herr Dr. Pohl ist.

Ein komisches Gefühl beschlich mich dann doch in dieser noblen Umgebung! Bingo führte mich mit großer Umsicht in seine Arbeit auch in der Praxis ein und hatte dieses mit Überlegung vorbereitet. So konnte ich z. B. dabei sein, als er und seine Leute eine neue Ausbildungsstätte für Agentenfunker in einer stark bevölkerten Gegend Lissabons einrichteten. Dazu hatte er für mich sogar geeignete, unauffällige Kleidung bereitgestellt. Ich lernte in diesen Tagen viel praktische, nüchterne Abwehrarbeit kennen und meinen guten Bingo schätzen. Ich begleitete ihn auch bei der Kontrolle eines gerade fertig ausgebildeten Funkagenten, der vor dem Einsatz zum Schluss der Ausbildung einen Auftrag ähnlich den Einsatzbedingungen praktisch üben sollte.

Neben diesen für mich interessanten und auch wichtigen Unterrichtungen fand Bingo immer wieder Zeit, mir etwas von Land und Leuten zu zeigen. Er selbst war an solchen Dingen sehr interessiert und hatte das Land und seine Menschen lieben und schätzen gelernt. Dadurch machte es mir ebenfalls große Freude. Bingo erzählte, dass die Geldmittel zwar sehr großzügig zugeteilt würden, aber nicht immer ausreichten. Es hatte sich dabei eine merkwürdige Methode eingebürgert. Statt langwieriger Anträge behalf man sich wie folgt: Man benutzte den unterschiedlichen Mangel an Waren in Frankreich und Portugal und den jeweiligen Schwarzmarkt in diesen Ländern zur Geldbeschaffung. Waren, an denen es in Frankreich mangelte und die es in Portugal im Überfluss gab, brachte man in einem großen Lkw nach Bordeaux. Genügend Zollbeamte waren ohnehin bestochen worden und kontrollierten nicht. Diese Waren wurden mit Gewinn auf dem Schwarzmarkt verkauft und dafür entsprechende Ware für den Markt in Lissabon beschafft. Dies einige Male wiederholt und man hatte gewaltige Summen verdient und den Etat aufgefüllt. Allerdings hörte ich, dass die gleiche Methode auch zu privaten Vorhaben benutzt wurde. Wenn man 100 bis 200 Mark einsetzte, könnte nach längerer Umtauschzeit ein schöner Nerzmantel beschafft werden. Man sieht, welche Versuchungen und damit verbundene Gefahren der Abwehrdienst mit sich bringen kann. Nach einer Fahrt zur Nebenstelle Oporto, Funkoffizier war Oberleutnant Löbe, Sohn eines dortigen Portweinproduzenten, ging mein Besuch zu Ende. Die Reise hatte sich sehr gelohnt, für meine künftigen Aufgaben hatte ich viel dazugelernt. Per Flug, mit Umsteigen in Paris, kehrte ich befriedigt nach Berlin zurück.

In Belzig stellte ich fest, dass über die neue Verwendung von Oberstleutnant Rasehorn immer noch nicht entschieden war. Da an seiner Einstellung mit gegenüber sich auch nichts geändert hatte, wollte ich hässliche Zusammenstöße vermeiden und schlug Oberst Hansen vor, möglichst bald die zweite Informationsreise nach dem Balkan anzutreten. So wickelte ich die Reise nach Spanien und Portugal ab und bereitete die neue Informationsreise ab Mitte September vor. Mit der Bahn ging es nach Wien mit Abstecher nach Ungarn. Dann über Jugoslawien nach Bulgarien und Nordgriechenland. Von Sofia wieder nachhause. Auch diese Reise machte der Dr. Pohl vom Auswärtigen Amt, allerdings nicht als Kurier. Die neue Kombination und die Hemden aus Lissabon erwiesen gute Dienste. Die Strecke nach Wien führte über Prag. So übernachtete ich zuhause und konnte dabei auch die Mitbringsel aus Spanien und Portugal mitnehmen. Die Schokolade schmeckte Peter besonders gut. In Wien hatte ich Gelegenheit, die Herren der Abwehrstelle kennen zu lernen. Vor allem sah ich mir die Dienststelle Ii mit der Funkstelle und den Ausbildungseinrichtungen für Funkagenten gründlich an. Der dortige Ii, Oberstleutnant Hötzel hätte mein Vater sein können, er hatte den Weltkrieg als Offizier mitgemacht und war 1935 reaktiviert worden. In der Zwischenzeit hatte er studiert und als Dipl.-Ing. bei Siemens gearbeitet. Erster Eindruck: ein guter Ingenieur, als Offizier aber steckte er noch völlig in den Vorstellungen der alten kaiserlichen Armee. Ich konnte mir nicht recht vorstellen, wie er mal Abteilungskommandeur unter den neuen Bedingungen werden sollte. Die Einweisung war aber gründlich und gut überlegt. Dann schlug er vor, nach Jugoslawien mit dem Pkw über Ungarn zu fahren. Nachdem ich die Wiener Einrichtungen gesehen hatte, fuhren wir mit dem Pkw über den Plattensee zur Abwehrstelle Budapest, für deren Funkerei Oberstleutnant Hötzel auch zuständig war.

Die Fahrt bei herrlich sonnigem Wetter vorbei am Plattensee ist mir genau in Erinnerung geblieben. Die Abwehrstelle in Ungarn bereitete ein Netz von sogenannten R-Agenten[28] vor. Das waren Leute, die über Funk die Lage melden sollten, falls Ungarn von den Sowjets besetzt werden sollte, bis dahin sollten sie in Wartestellung sich ruhig verhalten. Ich sah mir eine Ausbildungsstelle und die Antennenanlage einer solchen Wartestellung nahe von Budapest an. Dann fuhr ich mit Hötzel in seinem Pkw durch die schöne Pusta und dann durch das romantisch zerklüftete Gebirge nach Belgrad. Hier wurden ganz ähnliche Aufgaben bearbeitet, es war aber sehr viel schwieriger als in Ungarn, zuverlässige Funkagenten zu finden. Hötzel kehrte nach Wien zurück und ich fuhr mit der Bahn weiter nach Sofia in einem bequemen altmodischen Schlafwagen noch aus der k.u.k.-Zeit. In Sofia holte mich Hauptmann d.R. Schmitz, Funkoffizier und von Zivilberuf Amtmann im Rheingau ab. Das war ein typischer Rheinländer und er galt als ideenreicher Abwehrmann. Der Chef der Abwehrstelle, Oberstleutnant Delius war ein Offizier aus dem Weltkrieg und Freund von Canaris. Nach Meinung von Oberst Hansen war er einer der besten Nachrichtenoffiziere und arbeitete erfolgreich. Er bot mir gleich alle Unterstützung an und empfahl mir, dem Vorschlag von Schmitz zu folgen und eine Einsatzfahrt nach Nordgriechenland zu begleiten. Das tat ich gerne. Nach Einweisung bei der Abwehrstelle und über den Funkeinsatz begann die für mich abenteuerliche Fahrt im Pkw durch das romantische Rhodopengebirge nach Kavalla in Nordgriechenland am Mittelmeer. Ich musste mir allerdings eine für diese Fahrt geeignete Kleidung besor-

28 R-Agenten (Residenten-Agenten) waren V-Leute mit dem Auftrag, nach der Besetzung des Einsatzgebietes durch Alliierte vor Ort zu verbleiben, um weiter Informationen zu gewinnen und weiterzuleiten. An der Ostfront gelang die Vorbereitung eines solchen R-Netzes angesichts des raschen Vormarsches der Roten Armee nur selten, siehe Pahl, Fremde Heere Ost, S. 145.

gen, da meine Kombination zu vornehm war. Von einem Wachtmeister meiner Größe bekam ich einen Anorak und Knickerbockerhosen geliehen. Die Straßen im Gebirge waren eng und sehr kurvenreich. Unterwegs zeigte mir Schmitz einige Antennen von eingesetzten R-Agenten.

Auf der ganzen Strecke durch die Rhodopen begegnete uns kein einziger Pkw, nur zwei oder drei uralte Lastwagen amerikanischer Herkunft. Wir trafen aber einige Male Männer zu Pferde oder mit einer Art Leiterwagen, manchmal auch rastend. Alles Gestalten wie aus Karl May, den ich als Junge verschlungen habe. Frauen sahen wir ganz selten in kleinen Dörfern. Einmal rasteten wir in einem erstaunlich sauberen kleinen Gasthof, wo wir eine sehr schmackhafte Bohnensuppe mit reichlich Hammelfleisch bekamen und hinterher einen kleinen, sehr guten und ganz schwarzen Café. Kawalla erreichten wir gegen Abend. Da Kawalla eine kleine Hafenstadt am Mittelmeer ist, bei untergehender Sonne ein unvergesslicher Anblick. Wir übernachteten etwas außerhalb der Stadt in einem sauberen Hotel und aßen herrlich frischen Fisch. Am nächsten Morgen begleiteten Schmitz und ich den Ausbilder des Agenten zu dessen Haus in der Nähe des Hafens in einem stark bevölkerten Viertel. Es wimmelte dort von Menschen, zum großen Teil offensichtlich Fremde. So fielen wir überhaupt nicht auf. Ich stellte fest, dass der Unteroffizier recht gut Griechisch sprach. Der künftige Agent wohnte im Hinterhof eines Mietshauses mit Geschäften zur Straße hin. Mein erster Eindruck war, dass man nicht beachtet wurde und ganz offensichtlich die Einheimischen sich für die vielen Fremden gar nicht interessierten. Die Antenne wurde am winzigen Balkon der Wohnung im obersten Stock des Hauses vom Ausbilder gemeinsam mit dem Agenten montiert. Sie unterschied sich nicht von den vielen ähnlichen Radioantennen anderer Häuser, obwohl sie für Senden und Empfang vorgesehen war. Zur Mittagszeit war alles erledigt. Wir gingen mit dem Agenten abseits der Wohnung in eine vollbesetzte Bar. Ich lud alle zu einem ortsüblichen Aperitif ein. Dann war unsere Aufgabe erledigt. Schmitz besprach noch einiges mit dem umsichtig und zuverlässig wirkenden Ausbilder. Damit war unsere Ausbildung beendet.

Auf einer anderen Route mit viel schlechteren Straßen aber reizvoller Landschaft nahe der türkischen Grenze kehrten wir mit einer Übernachtung unterwegs nach Sofia zurück. Hier erfuhr ich, dass Oesterle angerufen hatte. Rasehorn war versetzt und ich zum Nachfolger offiziell ernannt worden. Nun drängte es mich doch nach Belzig. Ich bekam für den nächsten Tag einen Schlafwagenplatz nach Wien. Eine Nacht blieb ich dort, konnte mit Oberstleutnant Hötzel meine Reise in Ruhe durchsprechen und kehrte mit dem Zug nach Belzig zurück. Die Eindrücke der Reise waren wieder informativ und rundeten die Erfahrungen der vorigen Reise ab. In Belzig wurde ich als neuer Chef empfangen. Dr. Oesterle meldete mir den angetretenen Stab und orientierte mich über alles während meiner Abwesenheit Vorgefallene. Rasehorn war irgendwohin an der Ostfront versetzt worden. Meine Kommandierung war in eine endgültige Versetzung umgewandelt worden, ich war Chef vom Amt Abwehr/Abt. Ii geworden. Am nächsten Tag meldete ich mich bei Oberst Hansen. Wir besprachen, dass ich die laufenden Arbeiten weiter Dr. Oesterle überlasse und mich selbstintensiv um die Umorganisation unseres Funkdienstes kümmere. Es musste ja eine neue Organisationsform gefunden werden. Mein bisher gewonnener Eindruck war, dass es ein Nachrichtenregiment mit mehreren Abteilungen werden würde. Um das vorhandene, inzwischen lange in diese von der Nachrichtentruppe auf vielen Gebieten stark abweichende Tätigkeit sehr gut eingearbeitete Personal aus allen drei Wehrmachtsteilen zu halten, würden viele Hindernisse ausgeräumt werden müssen. Truppenteile, die aus Personal von Heer, Luftwaffe und Marine innerhalb der Kompanien bestehen, gab es bis dahin nicht. Die Personalbearbeitung in den Wehrmachtsteilen wurde ganz unterschiedlich gehandhabt. Mir wurde klar, dass solche Schwierigkeiten überwunden werden müssen, dass es unsicher ist, ob ein Erfolg erzielt werden kann.

Abteilungschef Amt Ausland/Abwehr Ii, 1943 bis Mai 1944

***

Von September 1943 bis Mai 1944 veränderte sich die Lage infolge der sich verschlechternden Situation an allen Fronten auch für die Abwehr empfindlich. Die Unzufriedenheit mit der Arbeit der Abwehr wuchs seitens der Wehrmachtführung.[29] *Hierfür waren die Abwehr als nachrichtenbeschaffendes Instrument und insbesondere ihr Leiter in Person des Vizeadmirals Canaris nur bedingt verantwortlich. Informationen, z. B. über die alliierte Invasion in Sizilien und die innenpolitisch angespannte Lage in Italien hatten vorgelegen, waren allerdings im Zuge des Auswerteprozesses*[30] *bei den zuständigen Dienststellen der Wehrmacht ignoriert worden oder nicht bis zu Hitler vorgedrungen.*[31] *Die Abwehr und Canaris dienten als geeigneter Sündenbock. Dies gipfelte am 11. Februar 1944 in Canaris' Entlassung als Leiter des Geheimdienstes. Seine Amtsgeschäfte übernahm sein Stellvertreter Oberst d.G. Hansen. Canaris selbst verbrachte die kommenden Monate auf Burg Lauenstein im Hausarrest und wurde durch Hitler ab dem 1. Juli 1944 zum Chef*

---

29 Bartz, Die Tragödie, S. 190; Brammer, Spionageabwehr und »geheimer Meldedienst«, S. 43; Hughes-Wilson, On Intelligence, S. 348; Kahn, Hitler's Spies, S. 236; Schellenberg, Hitlers letzter Geheimdienstchef, S. 240 f.

30 Die Trennung zwischen informationsbeschaffenden und auswertenden Elementen hatte die Reichswehr bereits in den Zwanziger Jahren vollzogen. Die Abwehr war hierbei für die reine Informationsbeschaffung zuständig. Die jeweiligen Ic-Abteilungen der Wehrmacht ergänzten diese mit weiteren Aufklärungsergebnissen, wie z. B. Gefangenenbefragungen und Luft- oder Funkaufklärung, um daraus Erkenntnisse für die Lage zu generieren, siehe Beckh, Blitz & Anker, S. 320 ff.; Pahl, Fremde Heere Ost, S. 132; Staritz, Abwehrfunk – Funkabwehr, S. 11.

31 Bartz, Die Tragödie, S. 192; Buchheit, Der deutsche Geheimdienst, S. 429 ff., 439; Hughes-Wilson, On Intelligence, S. 342 f.; Leverkuehn, Der geheime Nachrichtendienst, S. 190 ff.

des OKW-Sonderstabs für Handelskrieg und wirtschaftliche Kampfmaßnahmen ernannt.[32]

Am Tag nach Canaris Entlassung erging am 12. Februar 1944 der Befehl Hitlers, einen zentralen deutschen Meldedienst unter der Leitung Heinrich Himmlers aufzustellen. Dadurch sollten Ressourcen und Fachkenntnisse gebündelt und effektiver eingesetzt werden, doch drohte die Abwehr als Teil der Wehrmacht nun in die SS überführt zu werden.[33] *Der Befehl enthielt jedoch den Hinweis, dass »soweit hierdurch der militärische Nachrichten- und Abwehrdienst berührt wird, (trifft) der Reichsführer SS und der Chef O.K.W. die notwendigen Maßnahmen in beiderseitigem Einvernehmen«.*[34] *Dies ließ den Angehörigen der Abwehr noch Spielraum bei der Umgestaltung des geheimen Funkmeldedienstes. Angesichts des Machthungers Himmlers war im Falle der Zusammenlegung mit einem erheblichen Verlust an Eigenständigkeit zu rechnen. Dies erklärt die verstärkten Anstrengungen, das Nachrichtenregiment 506 als Teil der Wehrmacht aufstellen zu lassen.*

Diese Planungen waren zunehmend konkret geworden. Die rund 2.600 Angehörigen des geheimen Funkmeldedienstes sollten in vier Abteilungen und zusätzlich vier selbstständigen Kompanien zusammengefasst werden.[35] *Das Personal stammte aus den Abwehrdienststellen in Stahnsdorf, Belzig und Wurzen sowie aus den festen Funkstellen Wiesbaden, Sigmaringen, Köln, Wien, Hamburg, Stettin und Salzburg.*[36] *Jede der im besetzten Europa dislozierten Funkkompanien verfügte über einen zugewiesenen geographischen Bereich, aus dem sie im Schichtdienst verschlüsselte Meldungen der Agenten empfangen sollte.*[37] *Zusätzlich stellte das Regiment den abwehrinternen Funkverkehr im Alltagsdienst sicher.*[38] *Bestand zu Beginn des Krieges noch Funkverkehr mit Agenten von Shanghai über Kabul bis nach Südamerika, hatte sich der internationale Funkverkehr 1943 im Zuge der Aushebung zahlreicher deutscher Agentengruppen vorrangig auf das neutrale oder besetzte europäische Ausland reduziert.*[39] *Der Bedarf führte zur verstärkten Rekrutierung von Amateurfunkern, die jedoch mitunter zu Leichtsinn neigten, sodass*

---

32 BArch 6/105, Personalnachweis Wilhelm Franz Canaris.

33 BArch, RH2/1537, Führerbefehl vom 12.2.1944 (Chef OKW. Nr. 1/44, g.Kdos./Chefs.); Pahl, Fremde Heere Ost, S. 140.

34 BArch, RH2/1537, Führerbefehl vom 12.2.1944 (Chef OKW. Nr. 1/44, g.Kdos./Chefs.).

35 BArch, RH 44/411, Bestandsmeldungen Erkennungsmarkenverzeichnisse des Nachrichten-Regiments 506; Grabau, Die geheimen Funkverbindungen, S. 52; CI Final Interrogation Report (CI-FIR) No. 100, Prisoner: O/Lt Oesterle, Alfons (14. Mai 1946, https://www.fold3.com/image/231924762). Bei Kriegsende wurden die Angehörigen des Regiments formal in das Nachrichtenregiment 601 als Dienststelle des OKH versetzt, damit diese nicht als Abwehrangehörige, sondern als reguläre Soldaten in Kriegsgefangenschaft gerieten, siehe Grabau, Die geheimen Funkverbindungen, S. 52.

36 BArch, RH 44/411, Bestandsmeldungen Erkennungsmarkenverzeichnisse des Nachrichten-Regiments 506.

37 Brammer, Spionageabwehr und »geheimer Meldedienst«, S. 19; Weiße, Geheime Nachrichtendienste, S. 401.

38 Grabau, Die geheimen Funkverbindungen, S. 54.

39 CI Final Interrogation Report (CI-FIR) No. 100, Prisoner: O/Lt Oesterle, Alfons (14. Mai 1946, https://www.fold3.com/image/231924762); Staritz, Abwehrfunk – Funkabwehr, S. 22; Weiße, Geheime Nachrichtendienste, S. 400 f.; Weisz, Die Nachrichtendienste, S. 231.

Nachrichten immer wieder mitgehört und entschlüsselt werden konnten.[40] *Zu diesem Personal kamen Ende 1944 auf Ebene der Heeresgruppen und Armeen die Funker der Frontaufklärungskommandos hinzu. Auftrag dieser jeweils rund acht Mann starken Kommandos war das Führen von V-Leuten, die Unterstützung bei der Befragung von Gefangenen sowie die Umsetzung von Maßnahmen zur Abwehr von Spionage und Sabotage im direkten Kampfgebiet.*[41] *Neben der drohenden Einverleibung durch die SS bestand der Hauptgrund für die Aufstellung des Nachrichtenregiments darin, effektivere administrative Strukturen zu schaffen, ohne den laufenden Betrieb stören zu müssen und das Personal truppendienstlich besser führen und fördern zu können.*[42]

Am Beispiel der Ostfront zeigt sich jedoch, dass die Effektivität des geheimen Funkmeldedienstes im Verlauf des Krieges ohne eigenes Verschulden zusehends an seine Grenzen stieß. Aufgrund der oftmals brutalen und erniedrigenden Behandlung der sowjetischen Kriegsgefangenen durch die Wehrmacht ließen sich nur wenige geeignete Kriegsgefangene oder Überläufer als V-Leute rekrutieren, die für die Aufklärung im Bereich von rund 300 Kilometern hinter der Front geeignet und zuverlässig waren.[43] *Selbst wenn dies gelang, erhielten sie nur in wenigen Fällen Agentenfunkgeräte zur direkten Übermittlung der Informationen, da die Ausbildung langwierig und kompliziert war und seitens der Abwehr der Verlust der hochwertigen Funkgeräte durch Enttarnung oder Überlaufen befürchtet wurde.*[44] *Die Übermittlung der Informationen erfolgte daher oft durch Funker der Frontaufklärungskommandos.*[45] *Die Kontaktaufnahme zwischen V-Mann und Funker direkt oder durch Frontläufer barg jedoch zusätzliche Risiken der Enttarnung und Verzögerungen bei zeitkritischen Informationen über Vorbereitungen und Aufmärsche der Roten Armee. Selbst wenn all diese Probleme überwunden waren, fanden auch ausgewertete und mit anderen Informationen korrelierende Nachrichten kaum Gehör bei Hitler, der insbesondere schlechte Neuigkeiten als »Defaitismus« abtat.*[46] *Angesichts dieser Umstände war auch die effektivste Funkmeldestruktur zwecklos.*

Poretschkin selbst ging seine Aufgabe mit Enthusiasmus an, wie seine Beurteilung durch Oberst Hansen zum 1. März 1944 zeigt. Hier heißt es: »Die sehr guten dienstlichen Leistungen basieren neben persönlichen Können auf einer großen Verantwortungsfreudigkeit, die besonders jetzt bei der Leitung einer großen Funkfachabteilung im »Amt Abwehr« hervorragende Ergebnisse zeitigt. Beliebter Vorgesetzter, guter Kamerad. Schnelle Auffassungsgabe, körperlich allen Anstrengungen gewachsen.«[47] *Die Aufstellung*

40 Müller, Wellenkrieg, S. 29; Staritz, Abwehrfunk – Funkabwehr, S. 26.

41 BArch, RW 49/615, Richtlinien zur Anpassung der F.A.III-Arbeit im Operationsgebiet Ost an die militärische Lage; Buchheit, Der deutsche Geheimdienst, S. 457.

42 Grabau, Die geheimen Funkverbindungen, S. 52.

43 Gerlach, Die Verantwortung, S. 41; Pahl, Fremde Heere Ost, S. 122, 134 ff.

44 Pahl, Fremde Heere Ost, S. 135, 145.

45 Ebd., S. 135.

46 Ebd., S. 166 f., 204.

47 BArch, PERS 1/29739, Beurteilungsnotizen vom März 1944.

des Nachrichtenregiments 506 erfolgte am 11. Juli 1944.[48] *Mit Blick hierauf heißt es in der Beurteilung weiter: »Als Kommandeur für ein im Amt Abwehr aufzustellendes Nachrichtenregiment geeignet. Gleichzeitig als verantwortlicher Leiter des für den geheimen Meldedienst besonders wichtigen und umfangreichen Funkmeldedienstes.«*[49] *Zusätzlich erhielt er am 20. April 1944 das Kriegsverdienstkreuz II. Klasse.*[50]

Poretschkins Schilderungen in dieser Zeit beziehen sich fast ausschließlich auf seine Rolle als Referatsleiter Ii in der Abwehr. Angesichts seiner Dienststellung wird er um die Lage des Deutschen Reiches gewusst haben. Canaris' Verbleib scheint keine große Rolle für ihn gespielt zu haben, da dieser mit keiner Silbe erwähnt wird. Unklar ist auch, ob die beiden sich jemals überhaupt getroffen haben, da Oberst Hansen von Beginn an der Ansprechpartner Poretschkins war.

***

Das besprochene Verfahren bewährte sich, Dr. Oesterle arbeitete selbstständig, aber loyal und besprach wichtige Entscheidungen vorher mit mir. Auch die Technik funktionierte sehr gut oder sogar noch besser, die Ingenieure genossen es, selbstständiger arbeiten zu können, übergingen mich aber nicht bei wichtigen Entscheidungen.

Bis Weihnachten 1943 hatte ich mir ein klares Bild der Lage verschafft. Es war klar, das vorhandene Personal war so zahlreich, dass es ein Regiment mit vier Abteilungen werden muss. Ich war mehrfach bei den wichtigsten Abwehrstellen in Hamburg, Stettin, Wiesbaden und Wien gewesen, um Einzelheiten zu klären und mit Abwehrstellenchefs und den Leitern Ii mich zu beraten. Dabei erwarteten die Chefs der Abwehrstellen fast alle eine Verbesserung durch die geplanten organisatorischen Änderungen und der erwarteten Entlastung, da sie meist von der Funktechnik ohnehin wenig verstanden. Bei ihren Ii-Bearbeitern, die ja alle im Alter meines Vaters waren, spürte ich aber doch eine gewisse Reserviertheit (dies drückt die Haltung wohlwollend aus). Die nächsten Wochen vergingen schnell. Ich war vollauf mit der endgültigen Bestandsaufnahme beschäftigt und Weihnachten glaubte ich, alles richtig erfasst zu haben. Nach den Feiertagen wollte ich zum Wehrmachtsführungsstab fahren und mich über die beste weitere Verfahrensweise beraten lassen. Der zuständige Leiter der Organisationsabteilung (OKW/WFüSt/Org) war mein alter Freund Oberst d.G. Jochen Meichßner, von dem ich ja schon erzählt habe. Zum Fest konnte ich eine große Anzahl meiner Mitarbeiter in Kurzurlaub nachhause schicken und nahm mir auch drei oder vier Tage frei und fuhr nach Prag. Hier stellte ich zu meiner

48 BArch, RH 44/411, Betr.: Erkennungsmarkenverzeichnisse vom 3.11.1944.

49 BArch, PERS 1/29739, Beurteilungsnotizen vom März 1944.

50 Ebd., Personalbogen Theodor Poretschkin. Angesichts der 1939 und 1940 verliehenen höherwertigen Eisernen Kreuze I. und II. Klasse dürfte die Verleihung des Kriegsverdienstkreuzes II. Klasse für Poretschkin nicht weiter von Bedeutung gewesen sein.

Freude fest, dass die Partei die Familie in Ruhe ließ. Peter durfte wieder im Park mit tschechischen Kindern spielen und Tschechisch sprechen.

Der Urlaub war rasend schnell vorbei. Den Jahreswechsel verbrachte ich in Belzig mit meinem Stab und der Funkstellenbesatzung im Barackenlager. Dabei geriet alles etwas außer Kontrolle. Hauptmann Nohse hatte Alkohol besorgt, der sehr reichlich getrunken wurde. Als das neue Jahr im Radio ausgerufen wurde, sprang der Spieß auf den Tisch und alle machten das mit und fingen an zu schunkeln. Das bekam nicht allen Tischen und einige gingen zu Bruch. Zum Glück hatten wir genügend Handwerker unter den Soldaten, die alles in wenigen Tagen fachmännisch tadellos reparierten. Das Material dazu bezahlten Oesterle (der sich unbedingt beteiligen wollte) und ich. Hauptmann Nohse kam mit einem ordentlichen Anpfiff für den zu viel beschafften Alkohol und zu starken Punsch davon.

Das neue Jahr brachte Anfang Januar der Abwehr eine sehr böse Überraschung. Es kam ein kurzer Führerbefehl, der, soweit ich mich erinnere, lautete: »Es ist ein einheitlicher deutscher geheimer Meldedienst zu schaffen. Ich beauftrage mit der Durchführung den Reichsführer SS Heinrich Himmler. Adolf Hitler.«[51] Das schlug wie eine Bombe ein. Zunächst war alles ratlos. Dann versuchte jeder auf seinem Gebiet, wie wir das Schlimmste verhindern könnten. Praktisch lähmte diese Situation jede Arbeit auf dem Aufgabengebiet des Amtes. Die Schwächen durch eine Vielzahl an selbstständigen Ämtern bei den Wehrmachtsteilen, Auswärtigem Amt sowie SS und Sicherheitsbehörden war bekannt. Alle bestanden auf ihrer Selbstständigkeit und viel Doppelarbeit, aber auch gegenseitige Behinderung war die Folge. Alle Vorhaben, dies zu ändern, waren jedoch erfolglos geblieben. Nun sah es so aus, dass Himmler sich alles unterstellen würde. Auch mein Freund Jochen Meichßner machte mich sofort darauf aufmerksam, dass Eile geboten war, um zu verhindern, dass das vorgesehene Nachrichtenregiment von der Waffen-SS geschluckt wird. Es musste daher der Aufstellungsbefehl noch vorher befohlen werden.

Jochen brachte mich mit seinem zuständigen Referenten, Oberstleutnant i.G. Schneider, zusammen. Dieser schlug dann vor, dass zur Beschleunigung des Verfahrens, ich wie vorgesehen den Vorschlag ausarbeite, aber nicht als Antrag vom Amt Abwehr an das OKW, sondern mit dem Briefkopf des OKW/WFüStab/Org und seinem Aktenzeichen schreiben lasse und ihn zur Vorlage bei General Jodl[52] persönlich vorbeibringe. Wir verfuhren so, notwendige Abänderungen sollten dann gemeinsam im Büro Schneider unterschriftsreif geändert werden. Das ging recht gut.

---

[51] Der Originalbefehl ist datiert auf den 12. Februar 1944, siehe BArch, RH2/1537, Führerbefehl vom 12.2.1944 (Chef OKW. Nr. 1/44, g.Kdos./Chefs.).

[52] Alfred Jodl (1890–1946) diente während des gesamten Krieges, zuletzt als Generaloberst als Chef des Wehrmachtsführungsstabes im OKW. In dieser Rolle war er federführend bei der Planung zahlreicher Operationen und Feldzüge. Am 7. Mai 1945 unterzeichnete er in Reims die bedingungslose Kapitulation der Wehrmacht gegenüber den Westalliierten. In den Nürnberger Prozessen angeklagt, wurde er 1946 als Kriegsverbrecher zum Tode verurteilt und hingerichtet.

Telefonisch oder auch persönlich wurden Unklarheiten beseitigt. Damit hofften wir, schnell genug zu sein, um Himmlers Leute zu unterlaufen. Zum Glück gelang dies. Es dauerte aber doch noch bis Ende März, ehe der Antrag auf Aufstellung eines Nachrichtenregiments für das Amt Abwehr durch Oberst Meichßner persönlich seinem Chef General Jodl zur Unterschrift vorgelegt werden konnte und unterschrieben wurde. Auch der Passus, der etwa lautete: »Die Angehörigen des Regiments gehören zur Feldwehrmacht bzw. deren Teilstreitkräfte Heer, Luftwaffe und Marine« wurde in den Aufstellungsbefehl übernommen. Er traf Anfang April beim Amt Abwehr ein und die Aufstellung des Nachrichtenregiments 506 begann. Oberst Hansen hatte trotz meiner mehrfachen Hinweise, dass ich es für unmöglich hielt, beim Personalamt des Heeres immer wieder beantragt, dass ich nach Aufstellung Regimentskommandeur werden sollte. Ich bekam dadurch erheblichen Ärger mit der Inspektion der Nachrichtentruppe. Der Chef des Stabes von General Fellgiebel, Oberst Hahn, rief mich wiederholt an und hielt mir vor, dass ich so ehrgeizig sei und versuchte, das Regiment als Major zu bekommen, obwohl ich wissen müsste, dass eine Menge uralte Oberstleutnante auf eine Oberstenstelle vergeblich warten würden. Auf meine Erklärungen hörte man auch hier nicht. Das Personalamt wies immer wieder darauf hin, ich sei noch lange nicht an der Reihe für eine Oberstenstelle.

Schließlich setzte Hansen es durch. Wie es geschafft wurde, ist mir heute noch ein Rätsel. Vielleicht kannte Hansen den General Fellgiebel so gut, dass er diesen einschalten konnte. Ich weiß, Fellgiebel mochte mich. Die Umorganisation des bisherigen Zustandes gestaltete sich recht schwierig, besonders weil aus allen drei Wehrmachtsteilen Personal ins Regiment überführt werden musste und es noch keinen Truppenteil mit einer solchen Zusammensetzung in der Wehrmacht gab. Ich hatte solche Schwierigkeiten nicht geahnt und wohl Schneider und seine Leute auch nicht. Nach verschiedenen Verhandlungen mit den Personalämtern, vor allem der Reichsmarine, kamen wir zu Lösungen und das Regiment stand Ende Mai. Allerdings dauerte es noch eine ganze Weile, bis alles funktionierte. Im Osten bei den Frontaufklärungsverbänden gab es Probleme, weil dort das Funkpersonal bisher auf Planstellen der Aufklärungsverbände geführt wurde, die auch jetzt noch weiter zum Heer und nicht zur Abwehr gehörten. Aber auch da fanden wir Lösungen. Ich führte nun das Regiment. Allerdings wurde ich aber zunächst offiziell nur »mit der Führung des Regiments beauftragt« und noch nicht zum Kommandeur ernannt. Praktisch war ich aber schon der Kommandeur mit allen Befugnissen. Sehr delikat wurde es, weil ich nun als Major Disziplinarvorgesetzter von zwei alten Oberstleutnanten wurde. Das war eine völlig unmögliche Situation und ich vertraute darauf, dass ich nicht in die Verlegenheit kommen würde, gegen einen dieser Herren disziplinare Maßnahmen treffen zu müssen. Zum Glück wurde es nicht nötig.

Ende Mai war ich bei Oberst Hansen zu einer Besprechung und fragte ihn, als wir danach allein waren, wie er die Lage an den Fronten beurteilte. Hansen erklärte mir auf der großen Karte an der Wand, wie er die Lage im Osten beurteilt und wo er die Invasion erwartet. Dann sagte er mir, dass er vor einer Woche Hitler persönlich auch die Lagebeurteilung vortragen musste. Er hätte dabei nahezu wörtlich dasselbe wie mir gesagt. Dann erschrak ich richtig, denn Oberst Hansen schrie plötzlich ganz aufgeregt und laut: »Darauf hat Hitler mich angeschrien: ich verbitte mir solchen defätistischen Unsinn! Wenn das deutsche Volk diesen Krieg nicht gewinnen will, dann kann es ruhig untergehen! Diesen Herrn Hansen möchte ich nicht noch einmal hier sehen. Sorgen Sie dafür, Keitel! Poretschkin, was heißt ›das deutsche Volk‹? Das sind unsere Frauen und Kinder! Wenn dieser Kerl wagt, so etwas zu sagen, dann muss er beseitigt werden!« Dann wurde Hansen ruhiger und sagte zu mir in einem besonders freundschaftlichen Ton: »Lieber Poretschkin, jetzt habe ich Sie zu einem Mitwisser gemacht und Sie dadurch belastet. Sie müssten mich jetzt sofort anzeigen, aber das werden Sie nicht tun und sich dadurch schuldig machen. Verzeihen Sie mir bitte.« Diese Worte habe ich nie vergessen. Ich musste gleich an Jochen Meichßner denken und an Hansens Worte, dass ein Tag kommt, an dem er sich auf uns unbedingt verlassen können muss.

Kurz nach der Invasion im Juni (an von Oberst Hansen vorausgesagter Stelle) wurden alle Angehörigen des Amtes Abwehr und der Abwehrstellen im Inland sowie die Kommandeure des Regiments Kurfürst[53] und des Nachrichtenregiments 506 nach Salzburg beordert,[54] Der Anlass für diese Veranstaltung war die von Hitler befohlene Neugliederung aller Geheimdienste. Diese sollte in Salzburg durch Himmler vollzogen werden. Der Abend begann mit einem feierlichen großen Abendessen, ich glaube im Mirabell-Saal. Wir saßen an runden Tischen, die Tischordnung war vom RSHA festgelegt worden. Ich saß als Vertreter der Abwehr zusammen mit dem ReiBüBi (Reichsbühnenbildner) Hanns Johst[55], dem berüchtigten und gefürchteten Chef des SD SS-Obergruppenführer Müller[56] und SS-Führern vom RSHA, Namen habe ich vergessen.

Trotz dieser Mischung entstand eine erstaunlich lockere Stimmung am Tisch. Müller fing an, politische Witze über die Partei zu erzählen. Nachdem er einige recht

---

[53] Das Regiment Kurfürst war 1943 aus Teilen der Division »Brandenburg« hervorgegangen und für die Aus- und Weiterbildung von Abwehrangehörigen für verdeckte Operationen, Informationsbeschaffung und Sabotage zuständig, siehe BArch, NS 19/50, Mitteilung des Chefs des Amtes VI im RSHA, SS-Brigadeführer Schellenberg, an Standartenführer Dr. Brandt über die Absicht, künftig auch SS-Führer zu den Lehrgängen für den geheimen Nachrichtendienst im Lehrregiment »Kurfürst« zu schicken (11. Januar 1945).

[54] Die Tagung im Schloss Mirabell fand entgegen der Erinnerung Poretschkins im Mai 1944 und somit vor der alliierten Invasion am 6. Juni 1944 statt.

[55] Hanns Johst (1890–1978) stieg während der Herrschaft der Nationalsozialisten zum hochrangigsten Kulturfunktionär auf und machte zusätzlich dank guter Beziehungen zu Heinrich Himmler Karriere in der SS. Nach Kriegsende konnte er künstlerisch allerdings nicht mehr Fuß fassen.

[56] Poretschkin irrt sich an dieser Stelle. Heinrich Müller (1900–1945) leitete seit 1939 nicht den SD, sondern die Geheime Staatspolizei (Gestapo) und war bis Kriegsende einer der innenpolitisch mächtigsten und gefürchtetsten Beamten im sogenannten Dritten Reich. Seit Mai 1945 gilt er als verschollen und wurde für tot erklärt, siehe Wildt, Generation des Unbedingten, S. 336.

lange Formulierungen vorgebracht hatte, sagte ich, die Berliner drücken das viel kürzer aus, sie sagen: »Kopf hoch, oder ab!« Es folgte brüllendes Gelächter. Als ich kurz darauf ins WC ging, kam auch Hanns Johst dazu. Er sagte mir: »Sie scheinen nicht zu wissen, dass der Müller ein fulminantes Gedächtnis hat. Er vergisst nichts und holt es raus, wenn er es braucht. Seien Sie vorsichtiger!« Ich fürchte, dass ich es nicht befolgt habe, aber es hat mir auch nicht geschadet. Das Essen war gut und reichlich und Wein und Cognac vorzüglich. Nach dem Essen hielt Keitel eine kurze Rede und übergab an Himmler das Amt Abwehr und die gesamte Abwehrorganisation. Himmler übergab das Amt Abwehr nun als neues Amt Mil (Militärisches Amt) an Reinhard Heydrich[57], SS-Obergruppenführer und Chef des RSHA. Danach hielt Himmler eine sehr lange Rede, in der er seine Auffassung über Aufgaben und Handhabung des Abwehrdienstes lang und breit darlegte. Ich habe das meiste davon vergessen. Was mir besonders in Erinnerung geblieben ist, war seine ernste Ermahnung, unsere alte Einstellung von kavaliersmäßigem Verhalten aufzugeben. Er rief uns zu, dass es für uns nunmehr keine Gegner sondern nur noch Feinde gibt, die man nicht bekämpft sondern tötet. Als Vorbild für alle empfahl er uns eindringlich Dschingis Khan. Mehr habe ich nicht von der Rede behalten und befolgt habe ich seine Vorstellungen auch nicht. Nach den Reden bat Oberst Hansen den Kommandeur vom Regiment Kurfürst und mich, ihn zu Keitel zu begleiten. Dort meldete er: »Oberst Hansen meldet sich mit dem Amt Abwehr I und II sowie unterstellten Offizieren, Unteroffizieren, Mannschaften und Zivilpersonal, insgesamt ca. 25.000 Mann aus dem Bereich der Wehrmacht ab«. Ich erinnere mich, dass Keitel nur sagte: »Ist das wirklich so viel?«

Reichssicherheitshauptamt, Abteilung Mil E und Nachrichtenregiment 506

***

Nach der Feierlichkeit Mitte Mai 1944 im Schloss Mirabell nahe Salzburg mit rund 700 hochrangigen Gästen aus RSHA und Abwehr erfolgte mit der Auflösung des Amtes Abwehr am 1. Juni 1944 die Umsetzung des Führerbefehls vom 12. Februar 1944.[58] Die militärische Lage sollte sich in den kommenden Wochen weiter verschlechtern. Die alliierte Landung in der Normandie erfolgte am 6. Juni 1944. Nach harten Kämpfen zogen sich die deutschen Truppen im besetzten Frankreich in den nächsten Monaten immer weiter zurück. Nicht weniger dramatisch war die Lage an der Ostfront. Nach der Zer-

57 Hier irrt Poretschkin sich in seiner Erinnerung. Reinhard Heydrich war bereits 1942 an den Folgen eines Attentats verstorben. Sein offizieller Nachfolger als Chef des Reichssicherheitshauptamtes wurde am 30. Januar 1943 der österreichische SS-Obergruppenführer Ernst Kaltenbrunner (1903–1946).

58 BArch, RH 2/1537, Zentrale Organisationsfragen (23. Mai 1944); Kahn, Hitler's Spies, S. 269.

schlagung der Heeresgruppe Mitte im Sommer 1944 rückte die Rote Armee immer weiter nach Westen vor und überquerte bald die Demarkationslinie von 1939.[59] *Zunehmend wurden deutsche Städte durch alliierte Bombenangriffe in Schutt und Asche gelegt, woran auch verzweifelte Gegenmaßnahmen, wie der Beschuss englischer Städte mit den sogenannten Vergeltungswaffen, nichts änderte.*

Mit der Unterstellung der Abwehr war der Machtbereich Himmlers als Reichsführer SS durch die Eingliederung von weiterem nachrichtendienstlichem Know-how scheinbar vergrößert worden.[60] *Das RSHA war am 27. September 1939 durch die Zusammenlegung von SD und Sicherheitspolizei*[61] *unter der Leitung Reinhard Heydrichs gegründet worden.*[62] *Von den verschiedenen Dienststellen in Berlin gingen die systematische Verfolgung und Ermordung der europäischen Juden, die Durchführung der Aktionen der Einsatzgruppen in den besetzten Gebieten wie auch die Verfolgung echter oder vermeintlicher Gegner des Regimes auf dem Territorium des Deutschen Reiches aus.*[63] *Nach Heydrichs Tod nahm zunächst Heinrich Himmler kommissarisch das Amt wahr, bevor Ernst Kaltenbrunner*[64] *am 30. Januar 1943 offiziell die Leitung übernahm. Das Amt VI, das ab 1942 von Walter Schellenberg geleitet wurde, stellte den Auslandsnachrichtendienst der NSDAP dar.*[65]

Die Umstrukturierungen zu einem zentralen geheimen Meldedienst waren in einer Vereinbarung zwischen RSHA und OKW am 14. Mai 1944 weitgehend beschlossen.[66] *Unter III. war sichergestellt, dass Soldaten der Wehrmacht weiterhin Wehrmachtsangehörige bleiben.*[67] *Die Angehörigen der bisherigen Abteilungen I und II der Abwehr waren nun als »Militärisches Amt« unter Führung des Oberst d.G. Hansen Teil des Reichssicherheitshauptamtes.*[68] *Eine Verschmelzung mit dem Amt VI (Auslandsnachrichtendienst) des RSHA sollte planmäßig vorbereitet werden.*[69] *Die Integration von Teilen der Abwehr ins RSHA und die damit verbundene Umstrukturierung wie auch der Personalaustausch*

59 Hartmann, Unternehmen Barbarossa, S. 101.

60 Browder, Schellenberg, S. 425; Wildt, Generation des Unbedingten, S. 703.

61 Diese umfasste damals den Bereich der Geheimen Staatspolizei (Gestapo) sowie die Kriminalpolizei, siehe Wildt, Generation des Unbedingten, S. 750.

62 Bartz, Die Tragödie, S. 78 f.; Gerwath, Reinhard Heydrich. Reichssicherheitshauptamt, S. 68; Kahn, Hitler's Spies, S. 60; Sydnor, Heydrich, S. 212.

63 Gerwath, Reinhard Heydrich. Reichssicherheitshauptamt, S. 68 f.; Gerwath, Reinhard Heydrich, S. 192, 201 ff.; Tuchel, Heinrich Himmler, S. 244 ff.; Sydnor, Heydrich, S. 213 ff.; Weiße, Geheime Nachrichtendienste, S. 82; Wildt, Generation des Unbedingten, S. 335 ff., 480 ff.

64 Der in Österreich geborene Ernst Kaltenbrunner studierte zunächst Jura und war als Anwalt tätig, bevor er 1930 der NSDAP beitrat. Nach dem Anschluss Österreichs war er u. a. Polizeipräsident von Wien, bevor er das Reichssicherheitshauptamt übernahm. Nach dem Krieg wurde er in den Nürnberger Prozessen angeklagt, verurteilt und hingerichtet.

65 Wildt, Generation des Unbedingten, S. 391 ff.

66 BArch, RH 2/1537, Abgrenzung der Arbeitsgebiete (14. Mai 1944).

67 Ebd., Abgrenzung der Arbeitsgebiete, III. Allgemeine Angelegenheiten A. Personal (14. Mai 1944).

68 Ebd., Zentrale Organisationsfragen (23. Mai 1944).

69 Ebd., Zentrale Organisationsfragen (23. Mai 1944).

sorgten zunächst kaum für eine Verbesserung der Arbeitsfähigkeit.[70] *Die Machtkämpfe und die gegenseitige Lähmung von RSHA und Wehrmacht bestanden bis Kriegsende.*[71] *Aus heutiger Sicht fast ironisch erscheint daher ein Appell Kaltenbrunners an die Angehörigen der früheren Abwehr vom 15. Juni 1944: »Ich erwarte von allen Mitarbeitern, dass sie auch künftig mit der immer bewährten Einsatz- und Arbeitsfreudigkeit alle im Zuge der Umgliederung anfallenden Arbeiten auf der Grundlage verständnisvoller, kameradschaftlicher Zusammenarbeit mit selbstloser Energie fortführen. Sachliche Belange dürfen keineswegs an Prestigefragen scheitern.«*[72]

Die Realität gestaltete sich allerdings anders. Das Referat Ii hieß nun Abteilung E im Militärischen Amt innerhalb des Amtes VI des RSHA und führte nach wie vor das Nachrichtenregiment 506.[73] *Auch blieben die Funk- und Agentennetze der früheren Abwehr und des SD bis zum Kriegsende getrennt.*[74] *Teilweise ließen, wie im Falle Bönings und Poretschkins, die neuen SS-Vorgesetzten die militärischen Fachleute der Abwehr in Ruhe. SS-Obersturmbannführer Wilhelm Böning gestand seine Unwissenheit im geheimen Funkmeldedienst ein und ließ Poretschkin freie Hand. In der Regel erfolgte jedoch eine Einmischung in laufende Prozesse und sogar Operationen. Dies führte insbesondere im Bereich der V-Mann-Führung dazu, dass viele auf persönliche Kontakte beruhende Informationsquellen verloren gingen. Zusammen mit der rasant schlechter werdenden Kriegslage hatte dies immer weniger lagerelevante Erkenntnisse des Reichssicherheitshauptamtes zur Folge.*[75]

Trotz der sich verschlechternden Lage diente Poretschkin weiter als Offizier. Er bewegte sich dabei in extrem gegengesetzten Kreisen. Zum einen gehörte er in gewisser Weise durch seine Zugehörigkeit zum Reichssicherheitshauptamt zu Himmlers Terrorapparat. Zum anderen pflegte er, z. B. durch den Kontakt mit Oberst d.G. Hansen, Umgang mit Angehörigen des späteren militärischen Widerstands. Über dieses Spannungsfeld erfährt der Leser leider keine persönlichen Eindrücke. Auch dies spricht für die Einstellung Poretschkins als politisch neutraler Angehöriger der Offizierskorps der Reichswehr. Der Ernst der militärischen Lage dürfte ihm hinreichend bekannt gewesen sein. So meldete er am 22. Juni 1944 den Abschluss der Vorbereitungen für R-Netze in Frankreich, Belgien und den Niederlanden, sodass er mit einem Rückzug deutscher Truppen aus diesen besetzten Gebieten rechnete.[76]

---

70 Buchheit, Der deutsche Geheimdienst, S. 467; Pahl, Fremde Heere Ost, S. 131.

71 Prahl, Fremde Heere Ost, S. 144; Schmidt, Canaris, S. 29.

72 BArch, RH 2/1537, Betr.: Umorganisation des geheimen Meldedienstes, hier: Militärisches Amt (Mil. Amt) (15. Mai 1944).

73 Ebd., Gliederung des Militärischen Amtes des Reichssicherheitshauptamtes (15. Juni 1944).

74 CI Final Interrogation Report (CI-FIR) No. 100, Prisoner: O/Lt Oesterle, Alfons (14. Mai 1946, https://www.fold3.com/image/231924762).

75 Reile, Der deutsche Geheimdienst, S. 330; Schmidt, Canaris, S. 123.

76 BArch, RH 2/1537, Betr.: R-Netz/Westraum (22. Juni 1944).

***

Bei der Rückkehr lag der Befehl für die Unterstellung unter das RSHA vor. Die Einzelheiten waren nicht gerade erfreulich. Praktisch wurde das Amt Mil dem Amt VI unterstellt. Oberst Hansen blieb zwar Amtschef, aber der Chef des Amtes VI, SS-Brigadeführer Schellenberg[77], fing an mitzureden. Abwehr Ii hieß nun Mil E. Alle Abteilungsleiter bekamen einen SS-Mann vor die Nase gesetzt und waren nur noch Stellvertretende Abteilungseiter. Mein Abteilungsleiter wurde ein SS-Obersturmbannführer Böhnisch oder Böning, merkwürdigerweise erinnere ich mich nicht an den Namen. Von Zivilberuf war er Postbeamter. Er trug jetzt aber Uniform. Er besuchte mich und erzählte, er habe im Briefpostdienst gedient und verstünde nichts von Technik. Ich sollte alles machen wie bisher. Wenn nach den Verwaltungsvorschriften seine Unterschrift erforderlich sei, sollte ich zu ihm kommen und es ihm zur Unterschrift vorlegen. Diese ehrliche Aussage beeindruckte mich positiv und wir kamen auch persönlich ganz gut miteinander aus. Ich hatte etwas das Gefühl, dass er sich in der SS-Uniform nicht recht wohl fühlte. Vorher hatte er im RSHA auch nichts mit Verbindungen zu tun gehabt. Mir war es recht, dass mein neuer Chef sich für meine Arbeit nicht viel interessierte. Dafür merkte ich aber gleich, dass Schellenberg eine große Schwäche für mein Arbeitsgebiet hatte. Er meldete sich zu einem Besuch bei mir in Stahnsdorf an. Ich musste ihn eingehend informieren und er wollte unbedingt die Funkstelle Belzig sehen und auch die Gerätefertigung interessierte ihn, da das Amt VI nur bescheidene technische Einrichtungen besaß. Wir fuhren also nach Belzig. Mir war dieses Interesse etwas unheimlich. Schellenberg redete mich immer mit »Kamerad Poretschkin« an, eine mir bisher nicht bekannte Anrede, die bei der SS aber üblich war, wie ich feststellte.

Die Fertigung der Funkgeräte wurde im Zuge der weiteren Aufstellung des Rgt. mit der technischen Kompanie nach Nischwitz bei Leipzig verlegt, wo die Bedingungen viel besser, auch im Hinblick auf Luftangriffe, waren. Kurze Zeit darauf kam vom RSHA der Befehl, dass die Kompanie und Aufgaben, die mit der Entwicklung und Fertigung unserer Agentenfunkgeräte zusammenhingen, dem Abteilungsleiter Mil E unmittelbar unterstellt werden. Zunächst legte dieser keinen Wert auf die Durchführung dieses Befehls, aber dann wurde der Druck seiner SS-Vorgesetzten größer und der Befehl wurde durchgesetzt. Das hatte in erster Linie zur Folge, dass die hohen Geräteforderungen meiner Kollegen des Amtes VI sofort kritiklos erfüllt wurden. Ich merkte fast täglich, was für ein Glücksfall es war, dass Jochen Meichßner zur Eile gemahnt hatte und dadurch erreichen konnte, dass das Regiment nicht

[77] Der studierte Jurist und SS-Brigadeführer Walter Schellenberg (1910–1952) trat 1933 in NSDAP und SS ein und machte schnell Karriere. Im Reichssicherheitshauptamt leitete er die Abteilung VI und nahm gegen Kriegsende in Himmlers Namen erfolglos Friedensverhandlungen mit den Alliierten auf. Nach dem Krieg konnte er lange Haftstrafen durch die Herausgabe von Informationen an die Westalliierten nahezu vermeiden und starb 1952 in Turin an Krebs.

von der Waffen-SS geschluckt wurde. Ich konnte immer wieder darauf pochen, dass wir zur Feldwehrmacht gehörten. So konnte das RSHA keinen Einfluss auf die Personalbesetzung im Regiment nehmen. Ich merkte aber immer mehr, dass der Einfluss seitens der SS, vor allem bei allen anderen Abteilungen unseres Amtes, größer wurde. Oberst Hansen verlor sichtbar immer mehr an Selbstständigkeit und dies wirkte sich auch negativ auf unsere Arbeit aus.

Die Invasion in Frankreich war weiterhin erfolgreich für die Alliierten verlaufen. Die Dienststellen der SS und des SD wurden aus Paris evakuiert und das Personal im Inland eingesetzt. So bekam auch das Amt Mil Personal. Mein Stab erhielt zwei Schreibkräfte von der SD-Dienststelle Paris. Das waren junge Damen aus Frankfurt/Main, die dorthin dienstverpflichtet waren, nicht der Partei angehörten und aus gut bürgerlichen und wohlhabenden Familien stammten. Sie waren froh, nicht wieder beim SD eingesetzt zu sein und fügten sich sehr gut in meinen kleinen Stab ein und blieben bis Kriegsende bei uns. Als Leiterin der Verwaltung bekam ich eine unangenehme »Nazisse« zugewiesen, die ich aber bald wieder zum SD abschieben konnte.

Der 20. Juli 1944

***

In den letzten Wochen vor dem Attentat auf Hitler am 20. Juli 1944 hatte sich die militärische Lage an allen Fronten weiter massiv verschlechtert. Gleichzeitig war Claus Schenk Graf von Stauffenberg zum 1. Juli 1944 zum Oberst i.G. und Chef des Stabes des Ersatzheeres ernannt worden, was sein Beisein bei den Lagebesprechungen Hitlers ermöglichte.[78] *Dies bot eine günstige Gelegenheit für das geplante Attentat des überwiegend militärischen Widerstands auf Hitler. Diese Attentatspläne wurden in monatelanger Vorbereitung mit einer Abänderung der Befehle für das Unternehmen »Walküre« kombiniert, die einen Plan für den Fall innerer Unruhen im Deutschen Reich darstellten.*[79] *Attentat und Umsturzversuch scheiterten bekanntlich wegen einer Verkettung verschiedener Gründe und führten zu einer brutalen Verfolgungswelle in der Wehrmacht.*[80]

Die Andeutungen Hansens im Mai 1944 zur Beseitigung Hitlers konnte Poretschkin erst im Nachhinein einordnen. Er war zwar, wie andere Wehrmachtsoffiziere auch, darüber informiert, dass ein Attentat beabsichtigt war, kannte aber weder nähere Details noch verriet er die Absichten seiner Kameraden. Welchen Inhalt der Botengang zu Stauffenberg tatsächlich hatte, lässt sich nicht mehr rekonstruieren. Poretschkin selbst be-

78 Hoffmann, Die deutsche Heeresführung, S. 137, 140.

79 Hoffmann, Warum misslang das Attentat vom 20. Juli 1944?, S. 441 f.; Hoffmann, Die deutsche Heeresführung, S. 134 f.

80 Hamerow, Die Attentäter, S. 379 f.; Hoffmann, Die deutsche Heeresführung, S. 147.

schreibt, dass bereits während der militärischen Krise in der Sowjetunion Ende 1941 Zweifel und Kritik am Regime immer lauter wurden, tat jedoch gemäß seiner Erziehung und Ausbildung weiter seine Pflicht als Offizier. Dies verdeutlicht ein Zitat aus dem Herbst 1944: »Arbeitslos waren wir nicht, wir versuchten, das Beste zu machen und wurstelten uns uneffektiv und führungslos durch.«

Angesichts seiner Dienststellung und der persönlichen wie dienstlichen Verbindungen zu einigen Angehörigen des militärischen Widerstands geriet er in die Ermittlungen nach dem gescheiterten Attentat. Er wurde von Walter Huppenkothen, einem Angehörigen der Sonderkommission zum 20. Juli, befragt.[81] *Dass das nationalsozialistische Regime bereits früher mitunter Menschen einfach »verschwinden« ließ, wusste Poretschkin. Als Angehöriger des Reichssicherheitshauptamtes dürfte er sich auch darüber im Klaren gewesen sein, was die Planer des erfolglosen Umsturzes erwartete. Seine Anspannung vor dem beklemmenden Gespräch mit Huppenkothen dürfte daher erheblich gewesen sein. Durch seine Position als Fernmeldeexperte innerhalb der Abwehr und Organisator des geheimen Funkmeldedienstes ist es aber wahrscheinlich, dass der einflussreiche Schellenberg ihn protegierte. Dieser konnte angesichts seiner Machtambitionen auf einen solchen Fachmann nur schwerlich verzichten und widmete den funktechnischen Entwicklungen des Jahres 1944 sogar ein Kapitel in seinen Memoiren.*[82] *Bei der Verhaftung von Hansen und Canaris hatte Schellenberg hingegen tatkräftig mitgewirkt und von der Ausschaltung dieser Konkurrenten und Schlüsselpersonen der früheren Abwehr profitiert.*[83] *Poretschkin stellte als Major jedoch keine Gefahr für ihn dar, sondern war für den Amtschef vielmehr eine nützliche Figur.*

Über die Folgen für seine verhafteten Kameraden geht Poretschkin nicht weiter ein. Möglicherweise saßen Trauer und Verbitterung über das grausame Schicksal seiner Vorgesetzten und Kameraden auch nach über sechzig Jahren sehr tief. Hansen, Meichßner und zahlreiche weitere Beteiligte wurden nach Schauprozessen vor dem sogenannten Volksgerichtshof hingerichtet oder zu Haftstrafen verurteilt. Hierunter war auch sein Fürsprecher, der General der Nachrichtentruppe Erich Fellgiebel, der während des Umsturzes die Nachrichtenverbindungen kontrollieren sollte.[84] *Poretschkin und andere berichteten, dass er sich im Kreise seiner Kameraden im Kasino öfters sehr ablehnend und kritisch über Hitler äußerte.*[85] *Größter Profiteur des gescheiterten Attentats war Heinrich Himmler, der nach dem 20. Juli 1944 auf dem Höhepunkt seiner Macht war. Angesichts*

81 Hoffmann, Die deutsche Heeresführung, S. 147; Wildt, Generation des Unbedingten, S. 707 ff.

82 Schellenberg, Hitlers letzter Geheimdienstchef, S. 346 ff.

83 Browder, Schellenberg, S. 425 f.; Schellenberg, Hitlers letzter Geheimdienstchef, S. 342 ff.; Wildt, Generation des Unbedingten, S. 707.

84 Hoffmann, Warum misslang das Attentat vom 20. Juli 1944?, S. 444; Wildhagen, Erich Fellgiebel, S. 200; Ders., Rolle General Fellgiebels, S. 287, 301.

85 Hassel, Kaltenbrunner, S. 263; Wildhagen, Erich Fellgiebel, S. 205 f.

seiner beschränkten militärischen Fähigkeiten und der Lage des Krieges änderte dies jedoch nichts am Untergang des nationalsozialistischen Regimes.[86]

***

Mein technischer Beamter hatte in einem Materialdepot einen Fernsprechapparat zum Einbau ins Kfz besorgt und meine Leute hatten es in meinen Pkw eingebaut. Ich war von dieser Neuerung sehr angetan und bat, noch einen Apparat für den Amtschef zu beschaffen. Dies gelang und ich zeigte ihn Hansen und bot an, ihn bei uns einzubauen. Hansen war begeistert. Als ich zurückfuhr, bat Hansen mich, auf dem Rückweg über Berlin zu fahren und bei seinem Freund Stauffenberg[87] eine Akte abzugeben. Es sei das Protokoll über das Gerichtsverfahren gegen einen General, der in Stalingrad in Gefangenschaft geraten und deswegen zum Tode in Abwesenheit von einem Kriegsgericht verurteilt wurde. Ich fuhr natürlich zu Stauffenberg, den ich bisher persönlich nicht kannte. Von dessen Persönlichkeit war ich sehr beeindruckt, weil dieser in Afrika zusammengeschossene Mann so freundlich und herzlich sich bei mir für diesen kleinen Gefallen bedankte. Ich erzählte nach Rückkehr beim gemeinsamen Mittagessen von der zufälligen Begegnung mit dem Oberst Stauffenberg und dem großen Eindruck, den er als Mensch auf mich machte. Wenige Tage danach kam Hansen zu mir nach Stahnsdorf zum Einbauen. Er erzählte mir, er sei auf dem Weg nachhause zur Taufe seines Nachkömmlings. Der Tag darauf war der 20. Juli. Am frühen Nachmittag kam der Obergefreite von der Fernsprechvermittlung aus Berlin zurück und fragte mich, ob ich wüsste, warum in der Nähe des Potsdamer Platzes so viele bewaffnete Soldaten des Wachbataillons wären. Ich wusste es natürlich nicht. Dann riefen mich zwei Jahrgangskameraden, die in Berlin Dienst taten, an und fragten dasselbe, als Abwehrmann müsste ich doch Bescheid wissen. Ich rief darauf im Vorzimmer von Oberst Hansen an. Es meldete sich gleich sein Chef des Stabes Oberstleutnant i.G. Engelhorn.[88] Auf meine Frage antwortete er nur schroff »Poretschkin, fragen Sie doch nicht, Sie gefährden alles!« und legte auf.

Ich konnte mir natürlich kein Bild daraus machen. Erst am Abend, als die Nachrichten kamen und plötzlich Hitler zum Deutschen Volk sprach, wurde es mir klar. Hitler sprach sehr erregt von »verbrecherischen Elementen«, die versucht hätten, ihn

86 Hagen, Die geheime Front, S. 97f.; Tuchel, Heinrich Himmler, S. 249.

87 Claus Schenk Graf von Stauffenberg (1907–1944) trat 1926 in die Reichswehr ein und durchlief ab 1936 die Ausbildung zum Generalstabsoffizier. Nachdem er im April 1943 in Nordafrika schwer verwundet worden war, wurde er Chef des Stabs des Ersatzheeres und näherte sich hier dem militärischen Widerstand an. Er war die Hauptfigur des Attentats auf Hitler vom 20. Juli 1944 und legte die Bombe und koordinierte die folgenden Maßnahmen von Berlin aus. Unmittelbar nach Scheitern des Umsturzversuches wurde er im Innenhof des Reichswehrministeriums erschossen.

88 Oberstleutnant Karl Heinz Engelhorn (1905–1944) wurde durch Oberst d.G. Hansen in die Attentatspläne gegen Hitler eingeweiht. Nach dem gescheiterten Umsturzversuch wurde er im Oktober 1944 zum Tode verurteilt und hingerichtet.

zu ermorden und nannte den Namen Stauffenberg und anderer, die schon hingerichtet seien. Ich versuchte Jochen Meichßner (er schlief im Zimmer neben dem Büro) zu erreichen. Es meldete sich aber nur der Offizier vom Dienst und sagte, der Oberst sei auf Dienstreise. In der Nacht schlief ich kaum. Ich musste immer wieder an Meichßner und Oberst Hansen denken und was sie bei den diversen Gesprächen gemeint haben könnten. Am nächsten Morgen erfuhr ich auf Anfrage, dass Oberst Hansen auf dem Weg von zuhause in Sangerhausen sei. Das beruhigte mich. Ich bat das Vorzimmer, mich anzurufen, wenn er zurück ist. Das geschah am nächsten Morgen. Hansen gab mir einen Termin am nächsten Dienstag, früher ging es nicht. Wegen Jochen Meichßner machte ich mir Sorgen, da mehrfach gesagt wurde, der Betreffende sei »auf Dienstreise«, wenn er verhaftet worden war. Ich war froh, als Jochen anrief und mich bat, möglichst gleich zu kommen. In Potsdam-Eiche gingen wir gleich aus seinem Büro ins Schlafzimmer und Jochen sagte, ich sollte mit den Füßen scharren. Es könnten »Wanzen« eingebaut sein. Dann sagte er, dass er tatsächlich auf Dienstreise war. Dann erzählte er, dass als er noch Verbindungsoffizier im Führerhauptquartier war, sein alter Freund Stauffenberg ihn bei einem sehr sorgenvollen Gespräch über Hitler gefragt hätte, ob er bereit sei, ein Attentat auf Hitler auszuführen, da er bei den Lagebesprechungen teilnehmen würde. Er hätte Stauffenbergs Ansicht geteilt, aber als Sohn eines Pfarrers wäre er so erzogen worden, dass für ihn das bewusste Töten eines Menschen eine so große Sünde sei, dass er sich das nicht zutrauen würde und befürchte, daneben zu schießen und mehr Schaden als Nutzen anzurichten.

Jochen fügte hinzu, er hätte mir das schon früher erzählen wollen und mich fragen, wie ich zu seinem Entschluss stehen würde, aber damals wären die Ordonanzen im Kasino immer dazwischen gekommen und er hätte sich dann entschlossen, mich nicht damit zu belasten. Ich erinnerte mich auch an diese Situation vor längerer Zeit. Ich versprach Jochen, darüber mit niemand zu reden. Zum Schluss fragte mich Jochen noch, ob mein technischer Beamter immer noch so gute Beziehungen zum Kfz-Park hätte. Er hätte so gerne einen bestimmten Typ von Pkw, da seiner ausgefallen sei. Ich versprach, ihm bald Nachricht zu geben. Dann brachte mich Jochen auf den Gang bis zur Mitteltreppe und wir verabschiedeten uns. In Stahnsdorf übermittelte ich dem Inspektor Jochens Bitte. Kurz danach erhielt ich von diesem die Auskunft, der Typ wäre da, müsste aber möglichst bald abgeholt werden, da sehr begehrt. Ich rief Jochen an. Es meldete sich die Sekretärin. Sie fing an zu weinen, als ich meinen Namen sagte. Dann nahm ihr jemand den Handapparat weg und es meldete sich Oberstleutnant Schneider.[89] Er bat mich mit stockender Stimme zu kommen. Es sei etwas Schreckliches passiert, am Telefon könnte er es mir aber nicht sagen. Ich setzte mich gleich in den Pkw und fuhr hin. Dort erfuhr ich, dass als ich die Mitteltreppe runterging, auf der Seitentreppe Gestapobeamte heraufkamen, Jochen noch auf dem

89 Egidius Schneider (1893–1958) diente seit 1940 im Stab der Abwehr. Auch er wurde nach dem 20. Juli 1944 angeklagt, entging jedoch wegen des Kriegsendes einem Urteil.

Gang trafen, ihn festnahmen und mit Handschellen abführten. Ich sei der Letzte, der ihm noch die Hand gegeben hätte. Die Sekretärin und er wären von der Gestapo zum Schweigen verpflichtet worden. Wie gelähmt fuhr ich zu meinem Stab zurück. Meinem Inspektor sagte ich, der Oberst ließe sehr danken. Am Dienstag fuhr ich gleich nach dem Essen zu Hansen. Gleich bei der Begrüßung klingelte das Telefon. Ich hörte Oberst Hansen nur sagen: »Wenn es so eilig ist, komme ich gleich.« Dann sagte Hansen, dass er dringend zu Schellenberg muss und wir gingen raus zu den Pkw. Hansen stieg mit Engelhorn in den Pkw, dessen Motor aber nicht ansprang. Als der Fahrer den Wagen nicht fahrbereit bekam, schlug ich vor, meinen Pkw zu nehmen. Als Hansen umsteigen wollte, sprang der Motor an. Im Abfahren bedankte sich Hansen noch sehr herzlich. Bei der Ankunft im Amt VI wurden Hansen und Engelhorn verhaftet und ins Gefängnis Tegel transportiert. Wieder war ich der Letzte, der auch Oberst Hansen zum Abschied die Hand geben durfte.

Nun änderte sich im Amt Mil alles ganz grundlegend. Schellenberg wurde sofort nach Hansens Verhaftung auch offiziell zum Amtschef Mil ernannt, blieb aber auch weiterhin gleichzeitig Amtschef RSHA/VI. Nun waren wir vollständig von der SS beherrscht. Das Nachrichtenregiment 506 blieb aber weiterhin Bestandteil vom Feldheer, dadurch auch ich selbst weiter Soldat des Heeres mit einer gewissen Selbstständigkeit. Kurz danach fand ein offizielles Abendessen mit Herrenabend aus Anlass der Übernahme statt. Mit Begrüßungs-Toasts und Alkohol wurde nicht gespart. Nach dem Essen hatte ich mit Schellenberg als meinem Amtschef, der gegenüber meinem Regiment jetzt die Disziplinarbefugnisse eines Divisionskommandeurs besaß, etwas zu besprechen. Wir gingen dazu auf den Gang. Der Standartenführer Sandberger[90], jetzt eine Art Chef des Stabes bei Schellenberg, stellte sich zu uns und nun beging ich einen Fehler. Verärgert über diese Einmischung in unser dienstliches Gespräch sagte ich zu Sandberger: »Wenn ein Regimentskommandeur mit seinem Divisionskommandeur etwas Dienstliches zu besprechen hat, haben Sie als Oberst verkleideter militärischer Gefreiter nichts zu suchen. Verschwinden Sie!« Sandberger war als enger Berater vom Amtschef gewöhnt, stets hofiert zu werden und hat mir es nie vergessen. Ich sollte dies noch oft spüren. Aber er verschwand tatsächlich und Schellenberg reagierte überhaupt nicht. In den folgenden Tagen hörte ich, dass die leitenden Herren nacheinander vom SD vernommen wurden.

Oberstleutnant Kuebart[91] verschwand nach einer Vernehmung. An seine Stelle kam ein Oberst i.G. Buntrock.[92] Es hieß, Kuebart wäre verhaftet worden, was sich

---

[90] Nach seinem Einsatz als Kommandeur einer Einsatzgruppe im Baltikum wurde der SS-Standartenführer Martin Sandberger (1911–2010) 1941 ins Reichssicherheitshauptamt versetzt. Ein Todesurteil der Alliierten gegen ihn von 1948 wurde in lebenslange Haft umgewandelt, aus der er 1958 entlassen wurde.

[91] Wilhelm Kuebart (1913–1993) gehörte zum Kreis der Attentäter aus der Abwehr. Er wurde nach dem misslungenen Umsturz zwar verhaftet und vor dem Volksgerichtshof angeklagt, kam jedoch mit einer Gefängnisstrafe davon und überlebte den Krieg.

[92] Oberst Georg Buntrock (1905–1979) wurde zum 1. Dezember 1944 ins Reichssicherheitshauptamt ver-

später auch als zutreffend erwies. Ich wartete täglich auf eine solche Vorladung, konnte aber nicht wagen, mit jemand darüber zu sprechen. Es war ziemlich nervenaufreibend. Dann rief mich der berüchtigte und gefürchtete Vernehmer, Obersturmbannführer Huppenkothen[93] vom SD-Hauptamt an. Er sagte, dass Schellenberg ihm geraten hätte, zu mir nach Stahnsdorf zu fahren, da ich wegen meiner Doppelfunktion sehr beschäftigt sei. Wir verabredeten einen Termin für den nächsten Tag bei mir. Die ganze Nacht überlegte ich, wie ich mich veralten sollte und formulierte schon Antworten, die unverfänglich waren. Schließlich schlief ich doch ein, ohne zu einem Ergebnis gekommen zu sein. Ich entschloss mich, es darauf ankommen zu lassen und nicht im Voraus, ohne die Fragen zu kennen, Antworten zu formulieren. Das erwies sich als der bessere Weg. Huppenkothen kam pünktlich allein. Wir tranken in meinem Büro in der Sofaecke einen guten Kaffee. An die einzelnen Fragen kann ich mich nicht so erinnern, dass ich sie zitieren könnte. Es gelang mir aber wohl doch, den Eindruck zu erwecken, vom Attentat vorher nichts gewusst zu haben. Als er mich auf Jochen Meichßner ansprach, konnte ich wahrheitsgemäß sagen, dass wir seit 1935 Duzfreunde seien, ich sein Trauzeuge gewesen und hätte ihn öfter als alten, älteren Freund besucht, als er in meiner Nähe seinen Dienstsitz hatte. Jedenfalls blieb ich ungeschoren. Wieweit dies auf Schellenbergs Einfluss beruht, kann ich nicht beurteilen, möglich ist es aber. Ich erinnere aber genau, dass sein widerlicher persönlicher Referent mir mal sagte: »Wissen Sie eigentlich, wie viel Sie dem Chef zu verdanken haben?« Ich bin dann zu der Ansicht gekommen, dass Schellenbergs Einstellung zu mir auf dem großen Interesse für mein Arbeitsgebiet beruhte.

Die Kontrolle über das Amt Mil durch die SD-Abteilungsleiter wurde immer stärker. Im Lager Zossen (»Zeppelin«) war das Amt untergebracht, solange das OKH es nicht benötigte. Zossen ist ein südlicher Vorort von Berlin. Die Standartenführer Steimle[94], Paeffgen[95] u. a. hatten jetzt als Abteilungsleiter auch ein ständiges Büro mit eigener Sekretärin dort. Ich hatte Glück und behielt mein dortiges Arbeitszimmer allein, mein Abteilungsleiter hielt sich weiterhin fern. Die gesamte Arbeit unseres Amtes war

---

setzt. Durch das Ausnutzen interner Konflikte war es ihm möglich, die Selbstständigkeit der Wehrmachtsanteile aufrecht zu erhalten.

93 Walter Huppenkothen (1907–1978) war zu Beginn des Krieges an diversen Mordaktionen in besetzten Gebieten beteiligt und wurde 1941 ins Reichssicherheitshauptamt versetzt. Nach dem Attentat vom 20. Juli war er Teil einer Sonderkommission zur Aufklärung des Umsturzversuches. Kurz vor Kriegsende war er für die Misshandlungen und Ermordungen u. a. von Wilhelm Canaris und Dietrich Bonhoeffer (1906–1945) verantwortlich. Erst in den 1950er-Jahren musste er sich für seine Taten vor Gericht verantworten, wurde jedoch 1959 nach drei Jahren Haft begnadigt.

94 Eugen Steimle (1909–1987) trat schon 1932 in die NSDAP sowie SS ein und führte zu Beginn des Krieges gegen die Sowjetunion mehrere Einsatzgruppen, bevor er bis 1945 im Reichssicherheitshauptamt eingesetzt wurde. Ein Todesurteil der Alliierten von 1948 gegen ihn wurde in lebenslange Haft umgewandelt, aus der er 1954 entlassen wurde. Im Anschluss war er als Lehrer tätig.

95 Theodor Paeffgen (1910–1969) arbeitete für SD und Gestapo, bevor er 1942 ins Reichssicherheitshauptamt versetzt wurde. Von 1945 bis 1948 war er in alliierter Internierungshaft und starb während eines Strafverfahrens wegen Mord gegen ihn 1969.

aber wie gelähmt. Das wurde noch stärker, als die Fronten im Osten ebenso wie im Westen immer näher an die Reichsgrenzen rückten und bald diese überschritten. Eine effektive »Abwehrarbeit« war schon kaum zu spüren. Die Lage an allen Fronten veränderte sich so schnell und unvorhersehbar, dass jegliche Vorausmaßnahmen nicht mehr getroffen werden konnten. Es konnte zwangsweise nur noch unmittelbar vor Ort entschieden werden.

Auch die Führung des Regiments wurde von Tag zu Tag schwieriger und schließlich kaum noch möglich, sodass die bei der Aufstellung beabsichtigten Besserungen nicht erreicht wurden. Einziger Vorteil war, dass die truppendienstliche Betreuung des Personals aus Luftwaffe und Marine jetzt leichter wurde, weil die bei den Verhandlungen vor der Aufstellung entstandenen persönlichen Kontakte zwischen den Verantwortlichen sich positiv auswirkten. Spätestens ab Anfang 1945 bestand praktisch keine Möglichkeit, weder von Regimentsstab noch von den Abteilungen, funktaktisch auf den Einsatz einzuwirken. Die Abwehrstellen verlegten immer öfter ihren Standort wegen der näher kommenden Front, zum Teil sogar fluchtartig und unvorbereitet. Sie mussten dann den Funkeinsatz zwangsweise selbst regeln. Das war für mich natürlich enttäuschend. Als der Entschluss für die Aufstellung geboren wurde, war eine solche katastrophale und rasche Entwicklung noch nicht vorauszusehen und wurde daher nicht erkannt. Die Führung in der Wehrmacht ließ sich so einengen, dass bewährte Grundsätze des Generalstabsdienstes nicht befolgt wurden. »Führerbefehle« wurden widerstandslos befolgt, auch wenn sie diesen Grundsätzen widersprachen. Arbeitslos waren wir nicht, wir versuchten das Beste zu machen und wurstelten uns uneffektiv und führungslos durch.

Was das Nachrichtenregiment 506 anbetraf, kam ich zu dem enttäuschenden Schluss, dass der ganze Aufwand und meine Arbeit mit der Umorganisation des Funkdienstes sowie der Aufstellung des Regimentes bei nüchterner Betrachtung eigentlich sinnlos war und praktisch keine Besserung gebracht hat. Die Entwicklung der Gesamtlage war zwar der Grund dafür und nicht Fehler, die ich zu verantworten hatte. Das änderte aber nichts daran, dass die Enttäuschung bei mir doch groß war.

Anfang 1945 bis Kriegsende

***

Zu Beginn des Jahres 1945 wurde der Zusammenbruch des nationalsozialistischen Regimes immer absehbarer. Die Lage an allen Fronten war angesichts der bloßen materiellen wie personellen Überlegenheit der Alliierten und zahlreicher Versorgungsprobleme bei der Wehrmacht aussichtslos. Im Westen war mit der Ardennenoffensive die letzte Offensive der Wehrmacht gescheitert und die Ostfront rückte bedrohlich nahe an die Oder heran.[96] *Doch selbst zu diesem Zeitpunkt bestanden noch zahlreiche Meinungsverschiedenheiten und Unklarheiten über Kompetenzen, sodass sowohl Wehrmacht als auch das Reichssicherheitshauptamt bald vollkommen den Überblick über die verfügbaren Truppen wie auch über etwaige im Rücken des Gegners geplante Maßnahmen verloren.*[97] *Seit Herbst 1944 hatte das Nachrichtenregiment 506 auf Befehl Himmlers mit der Ausbildung sogenannter »Werwölfe« begonnen. Diese erhielten mehrere Lehrgänge unter Führung des SS-Obersturmbannführers Otto Skorzeny*[98] *und sollten hinter der Front einen Partisanenkrieg gegen die Alliierten führen. Poretschkin und Böning hatten sich über diesen Auftrag mehrfach bei Schellenberg beschwert. Angesichts der Lage waren diese Ausbildungen jedoch wirkungslos.*[99] *Darüber hinaus begannen erste Akteure, Planungen für die Zeit nach Hitler umzusetzen und verhandelten mit den Alliierten bzw. internationalen Einrichtungen wie dem Roten Kreuz, setzten sich ab oder sammelten wie Generalmajor Reinhard Gehlen Dokumente als Faustpfand für die Nachkriegszeit.*[100] *Interessanterweise gingen die Bemühungen für einen Sonderfrieden mit den Westalliierten in den letzten Kriegstagen von zuvor glühenden Anhängern und Profiteuren des Nationalsozialismus wie Himmler, Göring oder Schellenberg aus.*[101]

Poretschkin begegnete nach eigener Erinnerung Anfang 1945 zum ersten Mal KZ-Insassen und war erschrocken über deren Zustand. Informationen über die Behandlung der Häftlinge und auch über die Verfolgung der europäischen Juden in diesen Lagern dürften ihm an der Front oder im Reichssicherheitshauptamt zumindest gerüchteweise zu Ohren gekommen sein, auch wenn ihm das wahre Ausmaß unbekannt blieb.[102] *Die Drangsalierungen und Maßnahmen gegen die Juden im Deutschen Reich hatte er bereits in den Dreißiger Jahren mitbekommen. Doch auch bei den Schilderungen seiner Eindrücke von 1945 tritt das Selbstbild eines militärischen Fachmanns zu Tage, der sich wie andere seiner Generation und Werdeganges auch ausschließlich als unpolitischer Soldat sah. In Beurteilungen der Jahre 1943 und 1944 findet sich in Abwandlungen der Passus: »Guter Nationalsozialist, der sein Gedankengut auf die Truppe übertrug.«*[103] *Dass sich hinter*

---

96 Hartmann, Unternehmen Barbarossa, S. 104 f.; Overy, Russlands Krieg, S. 393; Wildt, Generation des Unbedingten, S. 725 f.

97 Pahl, Fremde Heere Ost, S. 155.

98 Otto Skorzeny (1908–1975) trat 1940 in die SS ein und diente ab 1942 im Reichssicherheitshauptamt. Dort erlangte er vor allem durch die Befreiung Mussolinis aus italienischer Haft am 12. September 1943 Bekanntheit, auch wenn die SS an Planung und Durchführung kaum Anteil hatte. 1949 floh er aus Deutschland und starb 1975 in Madrid.

99 Dorries, Hitler's Last Chief of Foreign Intelligence, S. 292 f.

100 Gehlen, Der Dienst, S. 127; Pahl, Fremde Heere Ost, S. 317; Weiße, Geheime Nachrichtendienste, S. 114; Wildt, Generation des Unbedingten, S. 721 ff.

101 Schellenberg, Hitlers letzter Geheimdienstchef, S. 276 ff.; Tuchel, Heinrich Himmler, S. 251 f.

102 Hartmann, Wie verbrecherisch war die Wehrmacht?, S. 70, 78; Neitzel, Abgehört, S. 56 ff.

103 BArch, PERS 1/29739, Beurteilungsnotizen vom 5.3.1943; Beurteilungsnotizen vom 14. Mai 1943, Beurteilung zum 1. März 1944.

dieser Formulierung mehr als eine Floskel verbirgt, mit der seine Vorgesetzten Poretschkin einen weiteren Aufstieg ermöglichen wollten, ist unwahrscheinlich. Dies wird daran deutlich, dass sie u. a. mit Oberst d.G. Hansen ein überzeugter Gegner Hitlers wenige Monate vor dem 20. Juli 1944 verwendete. Der Angehörige des Widerstandes in Berlin Wilhelm Hartke (1879–1966) bezeugte in einem Schreiben vom 21. September 1946 Poretschkins ablehnende Haltung zum Nationalsozialismus: »Sie waren der Vorgesetzte meines ältesten Sohnes, der bei Ihnen Adjutant in einer Fronttruppe war. Um mir einen Gruß von ihm zu überbringen, haben Sie mich einmal im Jahre 1943 in Berlin besucht und wir haben miteinander eine mehrstündige Unterhaltung unter 4 Augen gehabt. Dabei habe ich festgestellt, daß Sie ein Gegner des Nazismus waren und ganz klar die verhängnisvolle Entwicklung durchschauten, die Deutschland damals nahm.«[104] *Bis zur Kapitulation und darüber hinaus sah sich Poretschkin nichtsdestotrotz als Offizier und tat das, was er gemäß seiner Erziehung und Sozialisation selbst Jahrzehnte später noch für seine Pflicht hielt. Bezeichnend ist, dass der Tod Hitlers am 30. April 1945 in Berlin in den Memoiren vollkommen unerwähnt bleibt.*

Der Stab und die verfügbaren Teile des Nachrichtenregimentes 506 wichen unter Führung Poretschkins im Frühjahr 1945 über Thüringen und Franken nach Süddeutschland aus, anstatt sich den Alliierten zu ergeben. Ob dies in der Absicht erfolgte, von dort aus weiter zu operieren oder um in westalliierte anstelle der gefürchteten sowjetischen Kriegsgefangenschaft zu geraten, bleibt im Unklaren. Schließlich mussten Angehörige der Abwehr bzw. des Reichssicherheitshauptamtes im Falle einer Gefangennahme durch die Rote Armee mit Verschleppung und Befragungen rechnen. Über den Erfolg seines Wirkens bei der Abwehr machte Poretschkin sich hingegen keine Illusionen mehr. Dass seine Maßnahmen allerdings nicht vollkommen unbeachtet blieben, zeigt die Zusammenfassung der Funkabwehr analog zum geheimen Funkmeldedienst im Überwachungsregiment OKW im Herbst 1944.[105]

***

Weihnachten 1944 stand vor der Tür. Die alte Friedensreichsgrenze war schon überschritten und die Ostfront rückte immer weiter nach Westen vor. Ich konnte nur ganz kurz gerade die Feiertage zuhause verbringen, indem ich die Rückfahrt von Wien unterbrach. Dann war ich in Stahnsdorf und Sylvester im Lager »Rosenkranz« mit den »Afrikanern« von Leutnant Wimmer-Lamquet.[106] Im Januar bestand Schel-

[104] Schreiben Wilhelm Hartke an Theodor Poretschkin vom 21. September 1946.

[105] HW 34-2 R.S.S. (I) Note The Funkabwehr (ohne Datum, www.cdvandt.org/HW-34-2-RSS-Funkabwehr-Final-report-V3.pdf, zuletzt aufgerufen am 20.06.2019), S. 11; Staritz, Abwehrfunk – Funkabwehr, S. 80 ff.

[106] Der spätere SS-Standartenführer Franz Wimmer-Lamquet (1919–2010) diente in SS und Abwehr vorrangig im arabischen und nordafrikanischen Raum. 1945 verhafteten ihn Angehörige des NKWD. Erst 1955 kehrte er schwer gezeichnet aus dieser Haft zurück und war anschließend weiter im nachrichtendienstlichen Bereich tätig.

lenberg strikt darauf, dass der Forschungsrat unter Professor Esau[107] in Wannsee tagen sollte. Er fuhr tatsächlich wie angekündigt selbst nach Dänemark und besorgte dort die versprochene Verpflegung. Meine Techniker nahmen mit mir teil. Diese Tagung litt allerdings sehr unter heftigen Luftangriffen am Tag durch Amerikaner und am späten Abend durch die Briten. Das Resultat war etwas dürftig, aber es konnte Zweck und Ziel des Forschungsauftrages klar formuliert werden. Dies war nicht einfach, da diesen Wissenschaftlern unser Arbeitsgebiet völlig fremd war, sie hatten nur sehr vage und teilweise phantastische Vorstellungen von der Agententätigkeit. Ihre Vorstellungen davon beruhten auf Spionageromanen und entsprechenden Filmen. Wir gingen auseinander mit dem Vorsatz, nach einigen Wochen auf inzwischen erarbeitetem Material weiterarbeiten zu können. Daraus wurde aber durch die Entwicklung der Lage nichts mehr und ich hörte nie mehr von diesen hochqualifizierten Wissenschaftlern und Technikern. Wieder ein Fehlschlag. Das Lager Zossen wurde für das Oberkommando gebraucht und das Amt Mil musste es räumen und in ein provisorisch errichtetes Barackenlager mit Luftschutzeinrichtungen südöstlich Berlin umziehen. Dort sah ich beim Bau des Lagers zum ersten Mal KZ-Insassen, die es bauten. Sie trugen blau-weiß gestreifte Anzüge, waren erstaunlich gut genährt, aber wirkten verschüchtert. Ganz offensichtlich waren es alles Facharbeiter. Ich bot einem von ihnen eine Zigarette an, die er aber erschrocken ablehnte und sagte: »Herr Major, das dürfen Sie doch nicht tun«. Ich gab sie ihm doch und bemerkte seine große Freude als ich hinzufügte, dass ich mir das doch von niemand verbieten lassen würde. Ich gab ihm mit meinem Feuerzeug Feuer und er rauchte mit sichtbarem Vergnügen, aber die dabei gezeigte Ängstlichkeit erschütterte mich doch sehr. Der Mann tat mir leid, dass er offenbar wegen seiner politischen Einstellung seiner Freiheit beraubt war. Auf den Gedanken, dass KZ-Häftlinge um ihr Leben bangen mussten und es sogar Vernichtungslager im Generalgouvernement Polen gab, kam ich damals gar nicht. Gerüchte, dass im KZ Hunger herrschte, hielt ich für übertrieben und von der feindlichen Propaganda stammend. Erst nach Kriegsende erfuhr ich die Wahrheit und zweifelte zunächst an dem Gesagten, da ich sie für stark beeinflusst von der gegnerischen Propaganda hielt. Überzeugt von der Richtigkeit wurde ich allerdings 1946/47, als ich selbst bei den Amerikanern im früheren KZ Dachau einsaß. Sogar im Hauptquartier des OKH im Stabe des Generals Fellgiebel hatte ich davon nichts gehört und General Fellgiebel scheute sich nicht, vor fremden Besuchern im Offizierskasino beim Essen laut scharfe Kritik an Hitler und seinen Vertrauten zu äußern. Unsere häufigen Hinweise, vorsichtiger mit seiner Kritik am »Führer« vor Fremden zu sein, nutzten da nichts. Er ließe sich »nicht den Mund verbieten«, sagte er nur.

[107] Professor Abraham Esau (1884–1955) studierte Physik und geriet als Angehöriger eine Funkabteilung in Togo 1914 in Kriegsgefangenschaft. Nach der Rückkehr ins Deutsche Reich 1919 widmete er sich u. a. der Hochfrequenzforschung wurde Professor für Militärtechnik an der TH Berlin. Nach seiner Internierung war er ab 1949 als Professor in Aachen und Mühlheim a. d. Ruhr tätig.

Mein Chef Schellenberg war damals kaum noch zu erreichen, auch nicht in seiner Eigenschaft als mein Disziplinarvorgesetzter. Er übte ja als Chef des Amtes Mil mir gegenüber in meiner Eigenschaft als Regimentskommandeur die Funktion eines Divisionskommandeurs aus und ich brauchte oft in truppendienstlichen Angelegenheiten (z. B. Beförderungen von Unteroffizieren u. ä.) seine Unterschrift. In laufenden Angelegenheiten wurde Schellenberg bei Abwesenheit durch seinen dienstältesten Referenten, Standartenführer Sandberger vertreten. In meinem Fall ging das aber nicht, erstens war er nie Soldat trotz seines dem Oberst entsprechenden Dienstgrades und dann machte sich nachteilig bemerkbar, dass ich mir als Regimentskommandeur jede Einmischung von ihm energisch verbeten hatte. Dieses hat unser Verhältnis nachhaltig gestört. Ich hatte im neuen Hauptquartier ein Arbeitszimmer beim Amt Mil., war aber mit meinem ganzen Stab in die Nebenstelle des Amtes mit Funkstelle in Stahnsdorf umgezogen. Bei den Luftangriffen auf Berlin blieb es in Stahnsdorf aber verhältnismäßig ruhig und wir hatten sogar einen Luftschutzkeller. Schellenberg war häufig auf Dienstreise in Schweden. Wie ich später erfuhr, pflegte er von dort aus den Kontakt über seine persönlichen Agenten mit den Alliierten. Er sah die Lage als aussichtslos an und wollte auf eigene Faust die Voraussetzungen für einen Sonderfrieden vorbereiten.

Dieses war aber streng geheim und ich erfuhr darüber erst nach 1945. Im Februar/März 1945 schlug ich Schellenberg vor, eine Ausweichstelle mit Funk für das Amt und meinen Stab im Raum Thüringen vorzubereiten. Amt VI und Mil planten eine Ausweichstelle in der Nähe des OKW, das nach Verlegung aus Ostpreußen sich bei Flensburg etabliert hatte. Das RSHA hatte ein Ausweichquartier in der sogenannten »Festung Alpen«, wohin auch das Amt VI/Mil mit Teilen von Berlin umziehen sollte. Im März verlegte ich mit einem Teil meines Stabes Funkstellen zunächst nach Eisenberg in Thüringen und von dort auf die Burg Lauenstein, wo das Amt Abwehr schon Anfang 1944 ein Ausweichquartier vorbereitet hatte. Lauenstein liegt nahe der Autobahn Berlin–Nürnberg, etwa an der Grenze zwischen Thüringen und Bayern. Canaris war dort 1944 »untergetaucht«.

Vor Verlassen von Stahnsdorf veranlasste ich, dass die restlichen russischen hilfswilligen Techniker, von denen schon die meisten in Nischwitz bei Leipzig in der Fertigungsstelle für Agentenfunkgeräte bei der Technischen Kompanie[108] eingesetzt waren, nach Nischwitz verlegt wurden. Vorsorglich hatten wir bereits von der dafür zuständigen Stelle des Amtes Ausweispapiere besorgt, die besagten, dass sie als Kriegsgefangene aus einem Lager entlassen würden und in denen nichts von Abwehr erwähnt wurde. Der Dienststellenleiter in Nischwitz war angewiesen, alle Russen mit diesen Papieren auszustatten und freizulassen, wenn es die Lage erfordert. Sie könnten dann unbelastet nachhause zurückkehren.

[108] Hierbei handelte es sich um die 10. Kompanie des Nachrichtenregiments 506. Diese war eigenständig, d. h. keiner Abteilung zugeordnet und verfügte über eine Vielzahl dienstverpflichteter Fachleute für die Fertigung von Agentenfunkgeräten, siehe Grabau, Die geheimen Funkverbindungen, S. 52.

In der Nähe der Burg fanden wir rasch geeignete Plätze für Funkstellen. Kurz darauf kam der Teil des Amtes unter Führung von Oberstleutnant i.G. Ohletz[109], der nach Süden ausweichen sollte. Ohletz berichtete, dass der andere Teil des Amtes nach Flensburg verlegt werde. Ich befahl daher meinem Oberleutnant Dr. Oesterle, einen Verbindungsstab mit Funk unter Führung des Wachtmeisters (OA) Dr. Dr. Joerg nach Flensburg abzustellen und selbst mit dem Rest unseres Stabes und Funkstaffel nach Lauenstein zu kommen. Ein kleines Restkommando blieb in Stahnsdorf und wurde dem Standortältesten von Stahnsdorf unterstellt. Bald nach Eintreffen von Oesterle setzten wir uns nach Süden in Marsch. Es war völlig unmöglich, von irgendwelchen Dienststellen verlässliche Auskunft über die Feindlage zu erhalten. Es blieb nichts anderes übrig, als über das noch funktionierende öffentliche Fernsprechnetz durch Anrufe bei Bürgermeistern oder anderen Dienststellen festzustellen, wo die vom Westen einrückenden Amerikaner sich befanden und dann den Marschweg festzulegen. So marschierten wir nach Süden bis zum Chiemsee. Ich wollte mit dem Teil des OKH im Raum Reichenhall Verbindung aufnehmen und dann den Ausweichplatz festlegen. Am Chiemsee bei Obing ließ ich unseren Stab unterziehen und schickte Dr. Oesterle mit Funk- und Schlüsselunterlagen zu der Abwehrstelle, die sich aus Polen nach Westen zurückzog und sich zwischen Mährisch Ostrau und Prag befand. Ich bat Dr. Oesterle bei Durchfahrt durch Prag, mit meiner Familie Verbindung aufzunehmen und auf dem Rückweg sie möglichst nach Obing mitzunehmen. Ich selbst versuchte, Verbindung mit dem OKH Süd aufzunehmen und auch den Hochgebirgs-Truppenübungsplatz in der Gegend westlich Innsbruck zu erkunden, da von dort aus gute Verbindungsmöglichkeiten zu unseren noch in Spanien und Portugal befindlichen Funkstellen bestanden. Ich wollte unbedingt diese nicht sich allein überlassen und ihnen möglichst noch Anweisungen zukommen lassen.

Bei Ankunft auf dem Hochgebirgsübungsplatz fand ich dort am späten Abend eine Ansammlung von SS-Leuten des RSHA hoher und höchster Dienstgrade vor. Alle standen stark unter Alkoholeinfluss und waren teilweise völlig betrunken. Beim Abendessen wurde ich als einziger Offizier mit Fragen überhäuft, wie ich die Lage beurteilte und welchen Rat ich ihnen geben könnte, was sie tun sollten und wohin sie noch ausweichen könnten, wenn die »Amis« kommen sollten. Ich beschloss sofort, morgens frühzeitig diesen Ort zu verlassen und befahl meinen Männern, bei Hellwerden abmarschbereit zu sein, damit wir, ohne Aufsehen zu erregen, abfahren können. Das klappte auch und wir rückten ab, als die SS-Leute noch fest schliefen. Auf dem Weg nach Reichenhall traf ich bei der Durchfahrt durch Reit im Winkel unerwartet auf der Dorfstraße General Gehlen.[110] Dieser war Chef der Abteilung »Fremde

[109] Werner Ohletz (1910–?) kam nach mehreren administrativen Verwendungen in der Luftwaffe im Februar 1944 zur Abwehr. Nach dem 20. Juli wurde auch er kurzzeitig verhaftet, aber mangels Beweisen freigesprochen und überlebte den Krieg.

[110] Generalmajor Reinhard Gehlen (1902–1979) diente zu Beginn des Krieges in verschiedenen administra-

Heere Ost« im Oberkommando des Heeres, bis er nach seinem Lagevortrag bei der Lagebesprechung vor Hitler in Ungnade fiel und von diesem wegen »defaitistischer« Lagebeurteilung plötzlich fristlos entlassen wurde. Es war eine überraschende Begegnung und wir freuten uns beide über dieses unverhoffte Wiedersehen. Bei meinem kurzen Dienst im Stabe von General Fellgiebel hatten wir uns kennengelernt. Gehlen riet mir, mit seinem derzeitigen Nachfolger Oberst i.G. Wessel[111] beim OKH Süd in Reichenhall Verbindung aufzunehmen und seinen Rat einzuholen. Er würde mir bestimmt helfen. Kurz darauf war ich bei Wessel und dieser riet mir, mich bei Oberst i.G. Leo Hepp[112] in Zell am See zu melden. Hepp war dort Nachrichtenführer im Stab OKH Süd. Ich fuhr zu Hepp. Dort wurde mir gesagt, dass der Abschluss der Kapitulationsverhandlungen mit den Amerikanern bevorsteht. Wir verabredeten, dass ich mich Hepp unterstellen sollte und meine Männer auf die dort eingesetzten Teile der Führungsnachrichtenabteilung aufgeteilt werden. Dort könnten sie zu ihrem Schutz Soldbücher erhalten, aus denen die Zugehörigkeit zur Abwehr nicht ersichtlich ist. Die Abwehrfunkverbindungen könnten dabei aufrecht erhalten bleiben. Ich selbst sollte dem Stab des Kommandeurs der Führungsnachrichtentruppen zugeteilt werden.

Schleunigst fuhr ich zum Chiemsee zu meinen Leuten zurück. Oesterle war gerade zurückgekommen, allerdings ohne Gerti und Peter. Gerti hatte sich geweigert, da sie überzeugt war, dass sie so viel tschechische Freunde hatte und ihr beim Verbleib nichts passieren würde. Oesterle meldete mir, dass er Gerti die Anschrift einer mütterlichen Freundin von ihm, Madame Emmy Reymond, die in der Schweiz verheiratet war und mit ihrem Mann in Lausanne lebte, gegeben hatte. Falls die Verbindung nach Deutschland abreißen sollte, bestünde so die Möglichkeit, über die neutrale Schweiz eine Nachricht zu übermitteln. Dieses sollte sich später sehr bewähren. Wir marschierten nun nach Zell am See. Alles verlief planmäßig. Auch meine Funkverbindung mit Agentengeräten nach Flensburg funktionierte einwandfrei.

Tags darauf kapitulierte die Regierung und die Funkverbindung des Heeres nach Flensburg riss ab. Aber meine Verbindung blieb erhalten. Ich bot sie Oberst Hepp an. OKH Süd fragte auf ihr in Flensburg bei Generaloberst Jeschonnek[113] an, wie man

---

tiven Verwendungen, bis er 1942 die Abteilung »Fremde Heere Ost« übernahm, die für die Auswertung aller verfügbaren Informationen an der Ostfront für die Erstellung lagerelevanter Erkenntnisse verantwortlich war. Nach dem Krieg baute er in Kooperation mit den Westalliierten mit der »Organisation Gehlen« eine Vorläuferorganisation des BND auf, dessen erster Präsident er wurde.

111 Gerhard Wessel (1913–2002) wurde im März 1945 Nachfolger Reinhard Gehlens als Leiter der Abteilung »Fremde Heere Ost«. Nachdem er in der Bundeswehr zum Generalmajor aufgestiegen war, wurde er 1968 Gehlens Nachfolger als Präsident des BND.

112 Leo Hepp (1907–1987) trat 1925 in die Reichswehr ein und wurde Nachrichtenoffizier. Er diente seit 1944 im Stab des Heeresnachrichtenwesens im OKW. Nach Kriegsende diente er in der Organisation Gehlen, beim BND sowie in der Bundeswehr, aus der er 1967 als Generalleutnant ausschied.

113 Generaloberst Hans Jeschonnek (1899–1943) hatte bereits 1943 Selbstmord begangen. Wen Poretschkin an dieser Stelle genau meint, bleibt unklar.

sich hier verhalten sollte. Darauf kam auf dem gleichen Wege die Antwort, die mir unauslöschlich in Erinnerung geblieben ist. Sie lautete: »Sie haben nicht begriffen, dass wir nur noch dazu bestimmt sind, ein Ei zu legen, um sodann als Suppenhuhn verspeist zu werden. Machen Sie, was Sie wollen, Jeschonnek.« Den Originalfunkspruch hatte ich aufgehoben, er wurde mir leider beim Filzen durch amerikanische Soldaten abgenommen.

Die Aufteilung der Funker auf die Führungsnachrichtenabteilungen verlief planmäßig. Einige Soldaten meines Stabes stammten aus Tirol. Ich entließ sie nachhause, soweit sie es wollten. Dann kamen die amerikanischen Truppen und auch wir kapitulierten und der Krieg war plötzlich beendet. Kurz darauf befahlen die Amerikaner die Verlegung der reichsdeutschen Truppen nach Bayern. Sie hatten vorher angeordnet, dass die truppendienstliche Unterstellung bei den deutschen Truppenteilen bestehen bleibt und die deutschen Vorgesetzten für Disziplin und Ordnung zuständig bleiben. Dazu behielten die Offiziere ihre Dienstgradabzeichen. Eine sehr vernünftige Lösung, die sich bewährte. Ende Mai oder Anfang Juli verlegten wir im Landmarsch mit unseren Kfz aus den Alpen nach Obing am Chiemsee. Hier begann die Entlassung der Soldaten. Plötzlich wurde die Entlassung aller Angehörigen der Führungsnachrichtentruppe abgebrochen. Es kam ein Befehl des Oberkommandos der US-Streitkräfte Europa Mitte, dass die Soldaten dieser Einheiten unter dem Befehl ihrer deutschen Vorgesetzten zur Instandsetzung der bei Kriegsende zerstörten Fernsprechleitungen der Eisenbahn eingesetzt und hierzu in die Gegend am Main zwischen Frankfurt und Nürnberg verlegt werden sollten. Es eilte sehr, damit die aus der Tschechei ausgewiesenen Deutschen rasch mit der Bahn nach dem Westen abgeschoben werden konnten. Unter den betroffenen Soldaten brach eine Panik aus, alle wollten nachhause zu ihren Familien. Ich hatte ja meine Familie noch in Prag und hoffte, auf diese Weise evtl. eine Möglichkeit zu bekommen, sie rauszuholen. Ich meldete mich freiwillig und ermöglichte damit sogar einem Stabsoffizier dieser Truppe, entlassen zu werden.

Meinen Fahrer und fürsorglichen Betreuer Iwan entließ ich offiziell aus einem Gefangenenlager. Den von ihm mit großem Geschick auf Holzgas umgestellten Chevrolet überließ ich ihm, da ein anderer Fahrer ihn gar nicht fahren konnte. Meine Männer hatten bei einem örtlichen Kfz-Händler eine Quittung über den Kauf des Pkw als Schrottwagen durch Iwan besorgt. Der Abschied fiel uns beiden schwer. Ob er es geschafft hat, in seine Heimat zu gelangen, habe ich nie erfahren können.

So wurde ich also Bataillonskommandeur eines solchen ad hoc aufgestellten Verbandes und wir marschierten mit diesem zusammengewürfelten Haufen nach Ochsenfurt am Main. Es war ein abenteuerlicher Marsch, da viele Fahrzeuge marode beschlagnahmte Lkw waren. In Ochsenfurt angekommen, stellte sich heraus, dass der Befehl für unseren Einsatz bei der dortigen 99. Infanteriedivision noch nicht eingetroffen war, da sie zu einer anderen US-Armee gehörte. Dieses Vorhaben war dort unbekannt. Die Division bestand zu neunzig Prozent aus jüdischen Emigranten[114]. Wir wurden bei unserer Meldung für verrückt erklärt, weil wir mit unseren Dienstgradabzeichen, Offiziere sogar mit Handwaffen anrückten und behaupteten, uns wäre zugesagt worden, dass wir bei diesem Einsatz Unterkunft und Verpflegung wie die US-Soldaten erhalten würden und dazu entsprechende Besoldung auch. Wir mussten Dienstgradabzeichen entfernen, bekamen die Handwaffen abgenommen und kamen in ein umzäuntes und bewachtes Barackenlager. Nach einigen Tagen wurde mit der Entlassung begonnen. Wir lagen direkt am Mainufer am Rande des Ortes. Freundliche junge Mädchen kamen an den Zaun und boten uns an, Gepäckstücke anzunehmen und für uns aufzubewahren, da bei der Entlassung sehr streng »gefilzt« würde. Wir machten gern davon Gebrauch. Ich kam dann etwa Mitte Juli dran, da ich als Stabsoffizier den Soldaten bei der Entlassung den Vortritt geben musste, wie es die Tradition des Offizierskorps als selbstverständlich erforderte. Vor der Entlassung wurde jeder vernommen. Ein Vernehmer war besonders bekannt und gefürchtet. Es war ein jüdischer Staatsanwalt aus Würzburg, der in den Dreißiger Jahren nach den USA emigriert war und Amerikaner geworden war. Er diente beim Secret Service als Dolmetscher und war im Lager als Vernehmer eingesetzt. Zu ihm kamen alle, die offensichtlich besonders verdächtig waren. Deren Umlaufzettel war mit einem Kreuz deutlich gekennzeichnet. Zu meinem großen Erstaunen hatte mein Zettel keine solche Kennzeichnung. Dieser Herr war im ganzen Lager berüchtigt und gefürchtet, da er verständlicherweise sehr streng war. Es war kurz vor der Mittagspause. Ich wartete auf meine Vernehmung, als die Tür dieses Vernehmers aufging und er rief »der nächste mit Kreuz hereinkommen, schnell«. Es war niemand mit einem Kreuz mehr da. Darauf rief er: »dann der nächste ohne Kreuz«. Die noch Wartenden sahen zu mir hin, weil sie wussten, wer ich war. Mir blieb nun nichts anderes übrig, als nun hereinzugehen. Meine Hoffnung auf Entlassung schwand. Der Vernehmer versteifte sich darauf, dass ich Generalstabsoffizier sei und glaubte mir nicht, als ich es wahrheitsgemäß verneinte. Er fragte dann, warum ich nach Frankfurt am Main entlassen werden wollte. Ich sagte, dass ich mich im Lager mit einem Rechtsanwalt Dr. Klinkert angefreundet hatte, der mit der Tochter eines Gärtners dort verlobt sei. Klinkert hätte mir empfohlen, dorthin zu gehen, da ich zunächst bei diesem Gärtner unterkommen könnte und, da ich einen Führerschein hätte, bestimmt dort gebraucht würde, um morgens Gemüse auf den Markt zu fahren. Darauf rief der Vernehmer: »Das höre ich gern. Als Kommandeur haben Sie den ganzen Krieg schmarotzt und es immer besser gehabt als ihre Leute. Wenn ich mir vorstelle, dass Sie jetzt morgens bei Hellwerden aufstehen und auf den Markt fahren müssen, ist das so schön, dass ich Sie doch entlassen sollte. Er fragte mich, ob ich mein Soldbuch hätte. In diesem Augenblick heulte die Mittagssirene und ein Sergeant kam herein, um den Papierkorb zu leeren. Ich hatte mein

114 Für diese Aussage finden sich in den Quellen keine Belege. Möglicherweise entstand dieser Eindruck bei Poretschkin, da Befrager der US Army oftmals jüdische Emigranten waren oder diese Legende benutzten.

Soldbuch aus der Brusttasche genommen und der Vernehmer sagte: »Wenn Sie mir Ihr Soldbuch ohne Zögern gleich geben wollen, steht sowieso nichts Interessantes drin. Werfen Sie es gleich in den Papierkorb.« Ich tat es mit großer Erleichterung, da im Soldbuch ja eingetragen war, dass ich bei Canaris im Amt Abwehr gedient hatte. Ich konnte noch sehen, wie der Sergeant den Papierkorb auf dem Hof in ein Feuer warf und es lichterloh brannte. Der Vernehmer unterschrieb mir den Entlassungsschein und schickte mich raus, weil der Lkw nach Frankfurt vor seinem Fenster abmarschbereit wartete. Als ich den Lkw gerade bestiegen hatte, ertönte aus dem Lagerlautsprecher: »Achtung! Alle Angehörigen der Nachrichtentruppe dürfen nicht entlassen werden. Neuer Befehl eingetroffen.«

Fahrer und Sergeant fingen an zu fluchen und der Sergeant befahl: »Abfahren!« Am Nachmittag waren wir in Frankfurt. Ich war nicht mehr Soldat und als »freier« Mensch bei Tante Lina Cornill-Dechent in der Niedenau 58 angekommen. Tante Lina und ihr Bruder Onkel Friedel Dechent waren zwar völlig überrascht, mich plötzlich zu sehen, hießen mich aber herzlich willkommen und hatten sogar ein ganz kleines Zimmerchen frei, wo ich unterkam.

Um die Zuzugsgenehmigung zu erhalten, musste ich mich bei der Stadtverwaltung zuerst beim Arbeitsamt melden, wo ich als »ungelernter Jugendlicher« eingestuft wurde. Beim Warten hatte ich gehört, dass der frühere Bearbeiter als Parteimitglied abgelöst und durch einen unsympathischen jungen Mann abgelöst worden sei. Dieser junge Mann erlaubte sich die Bemerkung: »Sie waren also Berufssoldat und Major. Es muss doch ein trauriges Gefühl sein, sich sagen zu müssen: ich habe noch nie etwas gelernt und geleistet.« Mir platzte der Kragen und ich verbat dies mir sehr unwirsch, musste aber diese unschöne Begrüßung doch schlucken.

Ich konnte Tante Lina bei manchem helfen. Vor allem besorgte ich als erstes Holz für den kleinen Herd in der Küche. Der elektrische Herd war nur für kurze Zeit am Tag benutzbar, Strom wurde nur beschränkt geliefert. Das Holz holte ich in der Nachbarschaft aus den Trümmern ausgebombter Häuser. Tante Lina war dafür rührend dankbar, da ihr Bruder ja nervenkrank war und meistens auch am Tag im Bett lag und ihr keinerlei Hilfe, sondern vielmehr eine Last war. Wir verstanden uns gut und ich nahm die Einladung von Tante Lina, bei ihnen zu bleiben, gerne an. Ich hatte in den letzten Monaten des Krieges nichts ausgeben können und hatte den ganzen Wehrsold gespart. Vor Auflösung des Regimentsstabes hatte Zahlmeister Schubert, im Zivilberuf Verwaltungsdirektor eines großen Krankenhauses, die »Kriegskasse« sehr überlegt und gerecht auf alle Mitglieder des Stabes aufgeteilt. Sonst hätten die Amerikaner ihm ja alles abgenommen. Zum Glück hatte ich das Geld gut versteckt, dass es beim Filzen nicht gefunden wurde. So hatte ich beinahe 5.000 Mark und konnte Tante Lina helfen.

Die kommenden Wochen benutzte ich zunächst für die Verbindungsaufnahme mit Kameraden und versuchte, mir ein Bild der für mich völlig neuen Situation zu machen. Dann trampte ich auf Kohlenzügen nach Nürnberg und per Anhalt Richtung tschechische Grenze und wollte nach Prag. Das erwies sich als völlig unmöglich. Ich musste diese Versuche enttäuscht aufgeben.

Neuanfang nach Kriegsende 1945 und Verhaftung

***

Nach Kriegsende und der Entlassung aus der kurzen Kriegsgefangenschaft stand Poretschkin beruflich wie privat vor einer absoluten Ungewissheit. Das sogenannte Dritte Reich war Geschichte und zahlreiche führende Akteure waren untergetaucht oder hatten sich durch Selbstmord ihrer Verantwortung entzogen.

Poretschkin war am 13. Juli 1945 aus US-amerikanischem Kriegsgefangenlager bei Ochsenfurt entlassen worden.[115] *Dass er sich seiner Freiheit nur wenige Monate erfreuen konnte, ahnte er im Sommer 1945 noch nicht. Ohne zivil verwertbare Ausbildung musste er sich beruflich neu orientieren und die Situation von Ehefrau und Sohn im von der Roten Armee besetzten Prag war ungewiss. Doch Poretschkin nahm diese Herausforderungen in Angriff, bis er wegen seiner Tätigkeit bei der Abwehr am 23. November 1945 wieder verhaftet wurde und die nächsten sechs Monate im Gefängnis in Höchst verbringen musste.*[116] *Inzwischen hatten die Alliierten durch Befragungen Schellenbergs und Skorzenys mehr über seine Rolle in der Abwehr und im Reichssicherheitshauptamt erfahren. Insbesondere Skorzeny belastete Poretschkin, indem er am 23. Mai 1945 aussagte, dass dieser für die Funkkommunikation mit den »Werwölfen« und anderem verdeckt agierenden Personal in den von den Westalliierten besetzten Gebieten verantwortlich sei.*[117] *Dokumente über den genauen Anlass der Verhaftung Poretschkins liegen nicht mehr vor, doch dürfte vor allem Skorzenys Aussage mit dazu beigetragen haben, den früheren Kommandeur des Nachrichtenregiments 506 wieder festzusetzen. Im Herbst 1945 war zudem seitens der Alliierten noch nicht vollends absehbar, ob die »Werwölfe« nicht noch aktiv werden würden. Von Höchst aus wurde er durch das US-amerikanische Counter Intelligence Corps (CIC) in die Internierungslager Oberursel, Darmstadt und Dachau verlegt, bevor er am 18. März 1947 entlassen und im Rahmen der Entnazifizierung als »nicht betroffen« eingestuft wurde.*[118]

---

[115] BArch, PERS 1/29739, Lebenslauf (19. März 1952); Personalbogen.

[116] Ebd.

[117] KV 2/94 – KV 2/99 Dr. Walter Schellenberg Survey Part II, Organisation of Amt. VI and Mil. Amt (http://www.cdvandt.org/KV-2-94-KV-2-99-Schellenberg-part-II-V9.pdf); Interrogation Report, Subj.: Skorzeny, Otto, SS Obersturmbannfuehrer, Chief of Amt VI/S (23. Mai 1945, https://www.fold3.com/image/232064640, zuletzt aufgerufen am 17.06.2019); Revision Notes on the German Intelligence Services, (ohne Datum, https://archive.org/details/SkorzenyOtto, zuletzt aufgerufen am 20.06.2019), S. 5.

[118] BArch, PERS 1/29739, Lebenslauf (19. März 1952); Personalbogen.

In Oberursel wurde Poretschkin mehrfach durch Angehörige des CIC befragt. Hierbei gab er auch Informationen über das Nachrichtenregiment 506 preis.[119] *Dass ihm mitgeteilt wurde, seine Kameraden hätten bereits alles Wissenswerte ausgesagt, dürfte eine List der Befrager gewesen sein, um Poretschkin die Sinnlosigkeit eines Schweigens vor Augen zu führen. Auch die vorangegangene Zeit ohne Befragungen dürfte den Zweck gehabt haben, den Kommandeur des wichtigsten Bestandteils des geheimen Funkmeldedienstes der Abwehr aussagebereiter zu machen. Ironischerweise begannen Angehörige der »Organisation Gehlen«*[120] *schon seit April 1946, nicht weit vom Vernehmungslager entfernt in Oberursel, mit dem Aufbau eines neuen geheimen Funkmeldedienstes.*[121]

Während dieser ungewissen Zeit ereilte ihn ein Brief aus Prag, in dem seine Ehefrau um Einwilligung in die Scheidung bat. Ohne weitere Informationen beantragte er die Scheidung, die in der Zwischenzeit aber auch ohne sein Zutun bereits erfolgt war. Dass zusätzlich zur Inhaftierung noch seine erste Ehe zerbrach, dürfte eine erhebliche Belastung für Poretschkin bedeutet haben. Er konnte in dieser Situation auch die Veränderung seines Vaters verstehen, der nach der Oktoberrevolution in Russland ebenfalls mehrfach inhaftiert worden war. Trotz allem fasste Poretschkin nach seiner Entlassung wieder Fuß in der Gesellschaft.

***

Ich hatte meinen Beruf verloren und entschloss mich, das Schreinerhandwerk zu erlernen. Tante Lina hatte als Bildhauerin guten Kontakt zu Handwerkern und empfahl mir einen Schreinermeister. Als ich ihm meinen Wunsch vortrug, bekam ich zur Antwort, dass er sich über dieses Anliegen sehr freute und einem Major sein Handwerk gerne beibringen würde. Bei den Bombenangriffen wäre aber seine Werkstatt und das Werkzeug so zerstört worden, dass er mir nur Pfusch beibringe und deshalb meinen Wunsch nicht erfüllen könnte. So wurde nichts daraus. Als ich am 21. November über die Bockenheimer Landstraße in der Nähe der Niedenau ging, traf ich unverhofft die Frau von Onkel Wilhelm Zimmermann, die eine Wohnung in Frankfurt hatte. Sie erzählte mir, dass sie hergekommen war, weil die Zentralheizung kaputt sei. Sie hätte gerade ein Bulleröfchen organisiert, brauchte aber nun Holz. Ich bot ihr an, Holz zu besorgen und ihr es heute noch zu bringen. Die Wohnung lag ganz nahe der Niedenau. Am Nachmittag holte ich aus den Trümmern in der Niedenau genügend Holz und brachte es mit Tante Linas Handwägelchen zu Frau Zim-

119 Grabau, Die geheimen Funkverbindungen, S. 53 f.

120 Der frühere Generalmajor Reinhard Gehlen, mit dem Poretschkin persönlich bekannt war, hatte bereits kurz nach Kriegsende mit westalliierter Unterstützung damit begonnen, eine neue geheimdienstliche Struktur aufzubauen. Aufklärungsziele waren die Rote Armee bzw. die Sowjetunion, die Gehlen mit Hilfe zahlreicher früherer Quellen auskundschaftete. Aus der Organisation Gehlen ging am 1. April 1956 der Bundesnachrichtendienst hervor.

121 Gehlen, Der Dienst, S. 154; Müller, Wellenkrieg, S. 28 f.

mermann. Wir machten ein schönes Feuer. Zum Dank lud mich Frau Zimmermann zu einer Tasse Nescafé ein, den sie von einem Freund von Onkel Wilhelm aus New York, der bei einer US-Behörde in Frankfurt tätig war, geschenkt bekommen hatte. Als wir diesen gerade genüsslich tranken, klingelte es an der Tür. Ein Herr fragte nach mir und als ich zur Tür kam, stellte er sich als Polizist vor und erzählte, dass er bei Tante Lina nach mir gefragt hätte und auf ihre Frage, ob er ein Kriegskamerad von mir sei, dies bejaht hätte. Dafür müsste er sich entschuldigen. Er müsste mich aber im Auftrage der Amerikaner verhaften und mitnehmen. Ich sagte ihm darauf, dass ich mir aber vorher in der Niedenau noch Sachen holen müsste. Er ging darauf sofort ein, da er sich dann gleich bei Tante Lina entschuldigen könnte. Von der Niedenau wurde ich zuerst ins Polizeipräsidium gebracht und von dort am frühen Abend ins Gefängnis nach Höchst eingeliefert. Das war ein Frauengefängnis gewesen und von den Amerikanern nun für aus politischen Gründen Verhaftete benutzt. Mir wurde unter Entschuldigungen versichert, dass leider keine andere Unterkunftsmöglichkeit bestünde und ich für eine Nacht hier untergebracht werden müsste. Am Morgen wurde ich vernommen und dann entlassen. Es sei eine reine Formsache, der Vernehmer sei leider aufgehalten worden. Der diensthabende Wärter brachte mich in eine Zelle zu einem Häftling und sagte diesem: »Iwan, hier hast Du Deinen erwünschten Zellengenossen«. Als wir allein waren, erzählte mir Iwan, dass er jahrelang im KZ in Buchenwald und Dachau gewesen ist. Er sei kein Krimineller. Er hätte zwar mehrere Menschen umgebracht, sie waren aber alle Nazis und er Kommunist. Deshalb sei er ein politisch Verfolgter gewesen und von den Amis nach Frankfurt gebracht worden. Er wäre beim Transport geflohen, erwischt und hier wieder inhaftiert worden. Er würde aber bald entlassen werden. Meine Vernehmung erfolgte aber am nächsten Morgen nicht und Iwan wurde auch nicht so bald entlassen. Lange später erfuhr ich, dass die Vernehmer über das Wochenende ins Recreation Center Reichenhall gefahren waren und es dort so schön fanden, dass sie erst nach einigen Tagen zurückkamen. Um Ärger wegen der nicht erfolgten Vernehmung zu vermeiden, ließen sie mich so lange im Gefängnis unvernommen sitzen, bis sie nach den USA zurückversetzt wurden. Dieses klingt unglaubwürdig. Es erzählte mir Monate später der Vernehmer in Oberursel im Taunus.

Iwan und ich blieben einige Wochen Zellengenossen. Er war sehr kameradschaftlich und gab mir immer die Hälfte ab, wenn er beim täglichen Spaziergang Tabak oder ähnliches »organisiert« hatte, was mir selbst nie gelang. Iwan wurde später verlegt, aber wir trafen uns doch wieder. Ich hatte Glück, mir wurde angeboten, in der Küche zu helfen. Die Köchin war eine mütterliche ältere Frau, die bis Kriegsende als Gefangene im Frauengefängnis einsaß, weil sie wegen Schwarzhandel verurteilt wurde. Bei einem Bombenangriff auf Köln wurde ihre Wohnung getroffen und ihre Familie getötet. Ihr Mann war kurz vorher gefallen. Sie bat daher, im Gefängnis bleiben zu dürfen und bekam den Posten und durfte weiter in ihrer Zelle wohnen bleiben. Sie war eine ganz prächtige alte Frau und ich hatte es sehr gut. Ich half beim

Kochen, Essenausteilen und holte mit ihr zusammen für alle Insassen mit einem Handwagen Brot aus einer Großbäckerei in Höchst. Dort bekam ich immer noch ganz warmes Brot geschenkt. Im Gefängnis konnte ich mich sogar frei bewegen und hatte absolute Narrenfreiheit. Ich lernte auch eine Menge interessanter Leute kennen, die als Mitglied der NSDAP verhaftet wurden und vor dem Transport in ein Lager einige Tage bei uns einsaßen.

Zwischen Weihnachten und Neujahr bat ich den Wärter Schönberner, Tante Lina aufzusuchen, Grüße auszurichten und nach etwaiger Post für mich zu fragen. Nach dem Schichtwechsel am Abend schlief ich schon und schreckte hoch, als dieser in die Zelle kam, mir einen Brief und Papier und Bleistift in die Hand drückte mit den Worten: »Sie müssen sich scheiden lassen!« Über Zimmermanns und Erich List in Leipzig hatte Gerti erfahren, dass ich bei Tante Lina war. Sie ahnte aber nicht, dass ich wieder verhaftet war. Sie teilte mir mit, dass die Tschechen sie wegen meiner Tätigkeit bei der Abwehr verhaften wollten. Ihr Anwalt riet ihr, sich von mir scheiden zu lassen, um die Verhaftung zu vermeiden. Wenn ich ihr schriftlich mitteile, dass ich eine andere Frau heiraten wolle und um die Scheidung bitte, würde die Ehe sofort ohne Komplikation geschieden. Sie hatte dem Brief ein vom Anwalt vorbereitetes Schreiben beigefügt, das ich nur noch unterschreiben und ihr zurückschicken sollte. Schönberner wollte den Brief Tante Lina bringen und diese ihn über Leipzig weiterleiten. Unter einer Art Gefängnispsychose hatte ich Bedenken, den vorbereiteten Brief zu unterschreiben, weil daraus unter Umständen in Prag Schwierigkeiten entstehen könnten, falls Schönberner den Amerikanern den Brief gezeigt hat. So schrieb ich mit eigenen Worten an Gerti und bat um die Scheidung, ohne auf Gertis Brief Bezug zu nehmen. Sie bekam den Brief so spät, dass inzwischen die Scheidung schon erfolgt war. Dies hatte später zur Folge, dass Gerti annahm, dass mein Brief echt war und ich die Scheidung von mir aus haben wollte. Das erfuhr ich aber alles erst über ein Jahr später.

Der Gefängnisdirektor war ein widerlicher Kerl. Ich musste ihm vormittags immer Kaffee bringen. Wenn er Besuch hatte, bestellte er mich aus der Küche ins Büro und sagte zu mir ostentativ, um vor dem Gast anzugeben: »Herr Major, zwei Tassen Kaffee, aber schnell!« Wenn etwas Kaffee auf die Untertasse kam, monierte er dies und verlangte neuen Kaffee mit sauberen Untertassen. Ich revanchierte mich, indem ich die Tasse voll goss, unterwegs einen großen Schluck in den Mund nahm und vor dem Zimmer in die Tasse des Herrn Direktors spuckte. Etwas albern, aber das tat mir damals gut. Trotzdem genoss ich die Vorteile meiner Stellung.

Mehrfach verlangte ich eine Vernehmung, stets ohne Erfolg. Wochen vergingen und es fing an, lästig zu werden. Eines Tages wurde ich zum Direktor gerufen und mir mitgeteilt, dass ich sofort nach Oberursel verlegt werde. Nach herzlichem Abschied von meiner Köchin packte ich meine Sachen zusammen und wurde in einem Pkw unter Bewachung nach Oberursel gebracht und hier in einer Holzbaracke in einer Einzelzelle eingeschlossen. Es vergingen Tage und von Vernehmung wieder keine Spur und Beschwerden ohne Erfolg.

Draußen wurde es recht warm. Die Fenster waren mit weißer Farbe angestrichen und man konnte nur durch eine kleine Scheibe oben, die wohl kaputt gewesen und aus Versehen nicht angestrichen wurde, heraus sehen, wenn man dazu auf die Heizung stieg. Die Posten machten sich den Spaß, die elektrische Heizung einzuschalten und es wurde noch heißer, da man nicht abschalten konnte. Schließich wurde ich doch zum Vernehmer geholt. Er sprach fließend Deutsch und erzählte mir, dass er ein aus Frankfurt emigrierter Jude sei. Er entschuldigte sich, wegen Abwesenheit konnte er mich nicht vorher vernehmen. Dabei hatte ich ihn jeden Tag auf dem Lagerhof gesehen. Er fragte, wo ich mich so lange verstecken konnte und lachte, als ich ihm sagte, dass ich seit Monaten verhaftet war. Er sagte, nun sei eine Vernehmung uninteressant, da sie inzwischen aus Dutzenden von Vernehmungen alles erfahren haben. Ich sollte mich fertig machen, um nach Darmstadt ins Entlassungslager zu fahren. Das geschah. In Darmstadt traf ich im Lager Oesterle, der dort einsaß, weil er als Student im NS-Studentenbund war. Er brachte mich in seinem Zelt gut unter. Ich wurde aber nicht entlassen und blieb bis zum Herbst in Darmstadt. Hier lernte ich einen Juristen Dr. Rolf Müller vom I.G. Farben-Konzern kennen und wir freundeten uns an. Er saß dort, weil er auf der Universität Freiburg ebenfalls im Studentenbund war. Dann wurde ich ohne jede Angabe des Grundes nach Dachau ins Kriegsverbrecherlager gebracht und blieb dort wieder ohne jede Vernehmung bis März 1947. Beschwerden waren erfolglos. Es war ein Hungerlager. Ich wog nur noch 105 Pfund, als ich entlassen wurde. Es war eine sehr schlechte Zeit. Die Masse bestand aus Leuten, die KZ-Bewacher waren oder hohe Dienstgrade der SS und Sicherheitspolizei. Hier erfuhr ich vieles, von dem ich bis dahin nichts wusste oder auch nur ahnte. Ich lernte aber auch einige sehr interessante Menschen kennen und freundete mich mit einigen an. So mit Prof. Dr. med. von Hasselbach[122], einem Chirurgen aus München, der beratender Chirurg beim OKH war und dadurch als Nachfolger von Prof. Brandt[123] Arzt von Hitler wurde und diesen nach dem Attentat vom 20. Juli 1944 chirurgisch versorgte. Er saß im Kriegsverbrecherlager als »Leibarzt des Führers«. Wir lernten uns im Unterernährten-Cage kennen. Die herzliche Freundschaft hielt bis zu seinem Tode. Hasselbach hatte sein Haus in einem Vorort von München. Seine Haushilfe kannte den Amerikaner, der die Poststelle in unserem Lager leitete und Hasselbachs und einige Male auch meine Post schmuggelte.

122 Dr. Hanskarl von Hasselbach (1903–1981) wurde 1936 nach Tätigkeiten als Mediziner in Bochum und Berlin einer der stellvertretenden Begleitärzte Hitlers. Nach der Entlassung Brandts als Begleitarzt wurde auch Hasselbach von seiner Tätigkeit entbunden und war anschließend in verschiedenen Feldlazaretten eingesetzt. Nach dem Krieg praktizierte er weiter als Chirurg.

123 Dr. Karl Brandt (1904–1948) trat nach Medizinstudium und Promotion 1932 in die NSDAP sowie später in SA und SS ein und war ab 1934 Hitlers Begleitarzt. Ab 1942 war er für die Tötung zahlreicher Patienten in Heil- und Pflegeanstalten sowie für Menschenversuche verantwortlich. 1944 fiel er bei Hitler in Ungnade und wurde entlassen. 1947 wurde er nach einem Todesurteil gegen ihn im Nürnberger Ärzteprozess hingerichtet.

Eines Tages zeichnete ich ein paar Karikaturen zu unserem Tagesablauf. Hasselbach sah sie und sagte, dass er ganz gut Verse zu solchen Zeichnungen machen könnte. So beschlossen wir, gemeinsam etwas Lustiges über unseren Aufenthalt im Cage zu fabrizieren. Wir hatten einen Heidenspaß zusammen und fertigten einen »Dachauer Bilderbogen«. Papier, Bleistift und sogar Buntstifte klaute ich im Büro der Lagerverwaltung, als ich wieder mal einen vergeblichen Versuch, meine Vernehmung zu bewirken, unternahm. Ich sah dort dieses Ding liegen und steckte etwas davon unter meine Jacke, als der Amerikaner in den Nebenraum ging; über diesen Diebstahl hatte ich keinerlei schlechtes Gewissen. Später gelang es mir, noch auf ähnliche Weise Kohlepapier zu »besorgen«. Wir fertigten zwei Exemplare, die der nette Amerikaner von der Post zu Hasselbachs schmuggelte, wo ich nach meiner Entlassung mein Exemplar abholte.

In dem Teil des Lagers, in dem wir Unterernährten saßen, waren vor uns gefangene deutsche Generalstabsoffiziere untergebracht. Deren Namenszettel an den Türen waren sehr liederlich entfernt worden. Auf einen solchen Zettel entzifferte ich den Namen von Jochen Voelkel, mit dem ich 1933 in Potsdam ausgebildet worden war. Ich wusste, dass für diese vorherigen Insassen noch Post kam und bat den netten Postmann, mir Absenderanschrift von eventuell ankommender Post an Voelkel zu geben. Er tat dies auch. Ich hoffte, auf diese Weise nach meiner Entlassung mit Jochen Verbindung zu bekommen. Es erwies sich später, dass dieses für mein Leben eine entscheidende Bedeutung haben sollte.

Mitte März 1947 wurde ich plötzlich unverhofft ohne Vernehmung oder Erklärung entlassen und kehrte zu Tante Lina zurück, die mich wieder herzlich aufnahm. Mit Hilfe des Gefängnispfarrers aus Höchst fand ich bald einen »Job« bei einer Frankfurter Großdruckerei und verdiente als Anfänger sogar etwas. Aus Prag bekam ich wieder über Frankfurt die Nachricht, dass Peter inzwischen bei Madame Reymond in Lausanne war. Gerti hatte in Prag bei einem Schweizer Ingenieur eine gute Anstellung. Sie empfahl mir, nach Südamerika auszuwandern. Dort würden Offiziere gebraucht. Sie wäre in Prag gut aufgehoben. Wenn ich in meinem alten Beruf Fuß gefasst hätte, könnten wir wieder zusammenkommen. Mit solchen Vorstellungen hatte ich nicht gerechnet und war darüber erschrocken und enttäuscht.

Im Juni kam eines Tages zu Tante Lina eine junge Frau. Es war Jutta von Osterroth, eine Nichte von Arwi Osterroth, einem Jahrgangskameraden von mir, der bei seinem Vetter Dr. Arthur von Osterroth in Oberwesel am Rhein gelandet war, da er nach Breslau nicht entlassen werden konnte. Arwi schrieb mir, dass er von Jochen Voelkel einen Brief mit meiner Frankfurter Adresse bekommen hätte. Jochen war noch in einem Gefangenenlager, er hätte von einer Bekannten, deren Adresse ich in Dachau erfahren hätte, meine Anschrift erhalten. Arwi sollte mit mir Verbindung aufnehmen. Er selbst könnte mir wegen der Postbeschränkung leider nicht schreiben. Arwi schrieb, dass bei ihnen auf dem Hof seines Vetters die Kirschenernte bevorstünde und auch viele Arbeiten im Weinberg. Er fragte an, ob ich nicht für einige

Zeit zur Hilfe kommen könnte. So entstand die Verbindung zu Oberwesel, die für mein Leben entscheidend werden sollte. Später lernte ich auf Gut Schönberg Ulla kennen. Ich fuhr also nach Oberwesel, wo ich herzlich aufgenommen wurde. Ich half bei der Kirschenernte und der Verwalter, Herr Lambrich, bat mich auch bei anderen Arbeiten zu helfen, wenn ich in Frankfurt abkömmlich sei. Bei der Druckerei bekam ich dazu Urlaub und war bis zum Herbst meist in Oberwesel.

Im Herbst tauchte plötzlich Rolf Müller auf, der endlich auch in Darmstadt entlassen worden war. Er war in Nürnberg beim Prozess gegen die Direktoren des I.G. Farben-Konzerns beim Internationalen Gerichtshof als Verteidiger tätig. Sie suchten einen Mitarbeiter, der ihnen half, da sie unter sehr schlechten Bedingungen arbeiten mussten und Rolf bat mich, nach Nürnberg zu kommen. Sie brauchten dazu keinen Juristen, sondern jemand mit gesundem Menschenverstand. Ich kündigte in Frankfurt und ging nach Nürnberg, wo ich viel besser bezahlt wurde und die Arbeit sehr interessant war.

Anfang 1948 war die ursprünglich vom tschechischen Anwalt nur zur Tarnung und zum Schutz vor Verhaftung durch tschechische Behörden vorgeschlagene Scheidung nun endgültig geworden. Meine erste Ehe hatte sich als völlig gescheitert erwiesen. Bis dahin hatte ich immer beachtet, dass ich verheiratet war. Bei den damaligen strengen Regeln war mir dieses nicht leicht gefallen. Kurz nach der Währungsreform im Juni 1948 endete der Prozess und vom I.G.-Farben Konzern bekam ich eine sehr großzügige Abfindung als Anerkennung für geleistete Arbeit. Ich ging nach Frankfurt und dann nach Oberwesel, wohin Ulla aus Heidelberg zurückgekehrt war. Den Sommer über arbeitete ich wieder auf dem Hof als Knecht und bekam den damals üblichen Lohn von fünfunddreißig Mark bei freier Station (Verpflegung und Schlafstelle). Ulla und ich lernten uns näher kennen und beschlossen zu heiraten. Am 10. Oktober 1948 heirateten wir.

Hier beende ich zunächst meine Erinnerungen.

***

Theodor Poretschkin lebte gemeinsam mit seiner zweiten Ehefrau seit 1948 in Wesel am Rhein und war dort im landwirtschaftlichen Betrieb seines Schwiegervaters tätig. Auch seine Mutter lebte bis zu ihrem Tod 1968 auf dem dortigen Anwesen. Nebenbei hatte er 1951 begonnen, für die Deutsch-Europäische Verlagsgesellschaft in Ulm zu arbeiten, doch schien er sich nach wie vor für ein Leben als Soldat begeistern zu können.

Am 19. März 1952 schickte der Major a.D. daher ein Schreiben mit folgendem Inhalt an die Dienststelle Blank im Bundeskanzleramt: »Ich bin bereit, falls ich für bestimmte Aufgaben gebraucht werde, mich im Rahmen eines deutschen Kontingentes der Europa-Armee zur Verfügung zu stellen.«[1] Bereits wenige Wochen später trat Poretschkin am 27. April 1952 seinen Dienst als Gutachter und Referent an und war u. a. in Paris tätig.[2] Nach der Gründung der Bundeswehr gehörte er zu den ersten Eignungsübenden und wurde unter Beförderung zum Oberstleutnant am 1. November 1955 Referatsleiter für Personal der Fernmeldetruppe[3] im Bundesministerium der Verteidigung.[4] Bereits wenige Monate später erfolgte die Übernahme als Berufssoldat. In den kommenden Jahren durchlief Poretschkin zahlreiche Verwendungen innerhalb der Fernmeldetruppe der Bundeswehr und gestaltete diese auf Grundlage seiner großen Praxiserfahrungen in den Anfangsjahren der Bundeswehr maßgeblich mit. Die Beförderung zum Brigadegeneral und Kommandeur der Führungsfernmeldebrigade 700 in Meckenheim am 7. Februar 1966 stellte den Höhepunkt seiner Karriere dar.[5] Auf Fotos aus der damaligen Zeit ist sogar zu erkennen, dass er seine Schirmmütze immer noch schräg trug, wie er es schon in den Dreißiger Jahren getan hatte. Seine Vorgesetzten schätzten ihn dienstlich wie menschlich sehr, wie zahlreiche Beurteilungen es belegen. Neben seinen Fachkenntnissen als Fernmeldeexperte werden immer wieder sein Talent zur Führung und Erziehung von Menschen wie auch sein feinsinniger Humor angeführt.[6]. Sinngemäß heißt es wiederholt: »Verkörpert im besten Sinne die »gute, alte Schule«. Absolut gerade und anständiger Cha-

1 BArch, PERS 1/29739, Schreiben an Dienststelle Blank (19. März 1952).

2 Ebd., Personalbogen Theodor Poretschkin.

3 Die frühere Nachrichtentruppe war im Zuge der Aufstellung der Bundeswehr in Fernmeldetruppe umbenannt worden.

4 BArch, PERS 1/53815, Stammakte Theodor Poretschkin.

5 Ebd.

6 BArch, PERS 1/29739, Beurteilung zum 15.1.1956; Beurteilung zum 5.4.1957; Beurteilung zum 1. Mai 1960; Beurteilung zum 1.April 1968.

rakter.«[7] *Im Zuge einer Verjüngung der Generalität der Bundeswehr versetzte der damalige Bundesminister der Verteidigung Helmut Schmidt*[8] *Poretschkin zum 1. April 1970 in den einstweiligen Ruhestand, was diesem allerdings bereits lange vor Schmidts Dienstantritt in einem Personalgespräch vom 13. August 1968 signalisiert worden war.*[9] *Auch im Ruhestand blieb die Verbindung zur Bundeswehr und zur Fernmeldetruppe im Besonderen bestehen. Poretschkin verfolgte die außen- und verteidigungspolitischen Entwicklungen bis zu seinem Lebensende.*

Sein eigenes Leben spiegelte deutlich die Wendungen des 20. Jahrhunderts in Europa wieder. Im Russland Zar Nikolaus II. geboren, erlebte er die Wirren der Oktoberrevolution und wanderte als Kind mit Mutter und Schwester ins Deutsche Reich aus. Nach dem Abitur wurde er Offizier in der Reichswehr und schwor seinen Eid auf die Weimarer Verfassung. Er erlebte die beispiellose Aufrüstung der Wehrmacht, die plötzlich vorhandenen Karrierechancen für Offiziere und die ihm zunächst friedlich scheinenden Absichten Hitlers, die aber 1939 im Zweiten Weltkrieg mündeten. Poretschkin diente in verschiedenen Verwendungen als Offizier an der Front und in der Abwehr, wurde mehrfach dekoriert und tat immer das, was er gemäß seiner Erziehung und Sozialisation in einem scheinbar unpolitischen Offizierskorps für seine Pflicht tat. Dass seine Fähigkeiten und Eigenschaften von einem verbrecherischen Regime missbraucht wurden, dürfte er geahnt haben. Ob ihm das volle Ausmaß dieser Verbrechen bekannt war, bleibt unklar. Auch in der Bundesrepublik blieb er dem Militär treu und brachte es dank Expertise und Talent in der Menschenführung bis zum Brigadegeneral.

Am 1. April 2006, auf den Tag genau 73 Jahre nach seinem Dienstantritt als Funker und Offizieranwärter bei der Preußischen Nachrichtenabteilung 3 in Potsdam, starb der Brigadegeneral a. D. Theodor Poretschkin im Alter von 92 Jahren in Bonn.

***

Bei der Niederschrift habe ich mich bemüht, nur wirklich Erlebtes aufzuschreiben und nichts aus heutiger Sicht zu verändern. Deshalb habe ich alles weggelassen, wenn ich mir nicht mehr ganz sicher war. Vorher war mir nicht klar gewesen, wie schwierig dies sein wird. Ich hoffe, dass es mir gelungen ist.

Besonders freuen würde mich, wenn die Generation meiner Enkel, die ihr Leben noch vor sich hat, den Schluss ziehen würde, dass bei dem enormen und schnellen Fortschritt durch Wissenschaft und Technologie man zwar alte Ansichten berichtigen oder ganz weglassen sollte, aber nicht den Fehler machen darf, durch viele Gene-

---

7 Ebd., Beurteilung zum 15.1.1956.

8 Wie Poretschkin diente auch Helmut Schmidt als Offizier (1918–2015) in der Wehrmacht und absolvierte später einige Wehrübungen als Reserveoffizier in der Bundeswehr. Von 1969 bis 1972 war der Sozialdemokrat Bundesminister der Verteidigung und von 1974 bis 1982 Bundeskanzler.

9 BArch, PERS 1/29739, Aktenvermerk vom 13.08.1968; Einschreiben vom 27.10.1969.

rationen bewährte Grundsätze abzulehnen. Dazu gehören z. B. Verantwortungsbewusstsein und Rücksichtnahme auf Mitbürger.

Dankbar bin ich für die Ermunterung, nicht aufzugeben. Vor allem Ulla und meinem Enkel Martin, aber auch Ullas Freundinnen Dr. Sophie Gräfin zu Dohna-Schlobitten und Dr. Erika Huber. Sie haben mir darüber hinaus durch Korrekturlesen und Berichtigung von Tippfehlern sehr geholfen. Mir war nicht klar, wie leicht offensichtliche Fehler im selbstgeschriebenen Text übersehen werden.

Bonn–Bad Godesberg, 6. Mai 2003.
Theo Poretschkin

Quellen- und Literaturverzeichnis

Quellen

Bundesarchiv Berlin-Lichterfelde:

BArch R3001/187246, Schreiben Elisabeth Poretschkin vom 03. Mai 1942, Betr.: Rechtsgültigkeit meiner durch ein russisches Volksgericht ausgesprochenen Scheidung.

Bundesarchiv Freiburg:

BArch, N 591/52, Oberst Praun: »Panzernachrichtenabteilungen« (F-Flagge, 1941 Nr. 3).

BArch, PERS 1/29739, Stammakte Theodor Poretschkin.

BArch, PERS 1/53815, Stammakte Theodor Poretschkin.

BArch, PE RH 44/411, Bestandsmeldungen Erkennungsmarkenverzeichnisse des Nachrichten-Regiments 506.

BArch, RH 2/1537, Organisation und Gliederung des deutschen militärischen Abwehrdienstes.

BArch, RH 27-10/1, Bd. 1, Befehl für den Abmarsch der 10. Panzer-Division an die Standorte.

BArch, RH 27-10/4, Bd. 1: Befehle, Meldungen, Erfahrungen, Gerichtsurteile, Ausbildung.

BArch, RH 27-10/109, Bericht über den Einsatz der 10. Pz.Div. im Ostfeldzug.

BArch, RS 6/105, Personalakte Canaris.

BArch, RW 49/615, Abwehrstelle im Wehrkreis XVII.- Lagebericht Nr. 14.

Internetquellen:

CI Final Interrogation Report (CI-FIR) No. 100, Prisoner: O/Lt Oesterle, Alfons (14. Mai 1946, https://www.fold3.com/image/231924762, zuletzt aufgerufen am 16.06.2019).

HW 34-2 R.S.S. (I) Note The Funkabwehr (ohne Datum, www.cdvandt.org/HW-34-2-RSS-Funkabwehr-Final-report-V3.pdf, zuletzt aufgerufen am 20.06.2019).

KV 2/94 – KV 2/99 Dr. Walter Schellenberg Survey Part II (http://www.cdvandt.org/KV-2-94-KV-2-99-Schellenberg-part-II-V9.pdf, zuletzt aufgerufen am 16.06.2019).

Interrogation Report, Subj.: Skorzeny, Otto, SS Obersturmbannfuehrer, Chief of Amt VI/S (23. Mai 1945, https://www.fold3.com/image/232064640, zuletzt aufgerufen am 17.06.2019).

Personal View of Ii Matters, Prisoner: Obst/Lt Rauh, Johann Gottlieb (23. Okober 1945, https://www.fold3.com/image/231928452, zuletzt aufgerufen am 16.06.2019).

Revision Notes on the German Intelligence Services, (ohne Datum, https://archive.org/details/SkorzenyOtto, zuletzt aufgerufen am 20.06.2019).

Eigentum Theodor Poretschkin:

Schreiben von Wilhelm Hartke an Theodor Poretschkin vom 21. September 1946.

Literatur

ALTRICHTER, Helmut: Rußland 1917. Ein Land auf der Suche nach sich selbst, Paderborn u. a. 1997.

BALCK, Hermann: Ordnung im Chaos, Osnabrück [2]1981.

BARTZ, Karl: Die Tragödie der deutschen Abwehr, Salzburg 1955.

DE BEAULIEU, Walter Chales: Der Vorstoß der Panzergruppe 4 auf Leningrad bis 1941. Mit 19 Anlagen und 10 Karten, Neckargemünd u. a. 1961.

BECKH, Joachim: Blitz & Anker. Informationstechnik – Geschichte & Hintergründe, Norderstedt 2005.

BROWDER, George C.: Walter Schellenberg. Eine Geheimdienst-Phantasie, in: Smelser, Roland; Syring, Enrico (Hg.): Die SS. Elite unterm Totenkopf. 30 Lebensläufe, Paderborn u. a. 2000, S. 418–430.

BRAMMER, Uwe: Spionageabwehr und »Geheimer Meldedienst«. Die Abwehrstelle im Wehrkreis X Hamburg 1935–1945, Freiburg 1989.

BUCHHEIT, Gert: Der deutsche Geheimdienst. Spionageabwehr im Dritten Reich, Beltheim-Schnellbach 2010.

BUSSMANN, Walter: Kursk – Orel – Dnejpr, in: Vierteljahrshefte für Zeitgeschichte, Heft 4, 1993, S. 503–518.

DORRIES, Reinhard R.: Hitler's Last Chief of Foreign Intelligence. Allied Interrogations of Walter Schellenberg, London u. a. 2003.

FELDMEYER, Karl; Meyer, Georg: Johann Adolf Graf von Kielmannsegg 1906–2006. Deutscher Patriot, Europäer, Atlantiker, Hamburg u. a. 2007.

FIGES, Orlando: Hundert Jahre Revolution. Russland und das 20. Jahrhundert, München 2017.

FRIESER, Karl-Heinz: Blitzkrieg-Legende. Der Westfeldzug 1940, München [4]2012.

FRITZ, Friedrich: Der deutsche Einmarsch in Österreich 1938, Wien 1968.

GANZ, Albert Harding: Ghost Division. The 11th »Gespenster« Panzer Division and the German Armored Force in World War II, Mechanicsburg 2016.

GEHLEN, Reinhard: Der Dienst. Erinnerungen 1942–1971, Mainz u. a. 1971.

GERLACH, Christian: Die Verantwortung der der Wehrmachtführung. Vergleichende Betrachtungen am Beispiel der sowjetischen Kriegsgefangenen, in: Hartmann, Christian; Hürter, Johannes; Jureit, Ulrike (Hg.): Verbrechen der Wehrmacht. Bilanz einer Debatte, München [2]2014, S. 21–28.

GERWATH, Robert: Reinhard Heydrich. Biographie, München 2011.

Ders.: Reinhard Heydrich. Reichssicherheitshauptamt. Der Vollstrecker des nationalsozialistischen Terrors, in: Jasch, Hans-Christian; Kreutzmüller, Christoph (Hg.): Die Teilnehmer. Die Männer der Wannsee-Konferenz, Berlin 2017, S. 63–77.

GRABAU, Rudolf: Die geheimen Funkverbindungen des Oberkommandos der Wehrmacht während des Zweiten Weltkriegs, in: Die F-Flagge, Heft 1, 2007, S. 48–54.

HAGEN, W.: Die geheime Front. Organisation, Personen und Aktionen des deutschen Geheimdienstes, Linz u. a. 1950.

HAMEROW, Theodore S.: »Die Attentäter.« Der 20. Juli – Von der Kollaboration zum Widerstand. München 2004.

HARTMANN, Christian: Unternehmen Barbarossa. Der deutsche Krieg im Osten 1941–1945, München 2011.

Ders.: Wie verbrecherisch war die Wehrmacht? Zur Beteiligung von Wehrmachtsangehörigen an Kriegs- und NS-Verbrechen, in: Hartmann, Christian; Hürter, Johannes; Jureit, Ulrike (Hg.): Verbrechen der Wehrmacht. Bilanz einer Debatte, München [2]2014, S. 69–79.

HASSEL, Kurt: Kaltenbrunner. »Falsch und richtig?«, in: Wildhagen, Karl Heinz (Hg.): Erich Fellgiebel. Meister operativer Nachrichtenverbindungen. Ein Beitrag zur Geschichte der Nachrichtentruppe, Emden 1970, S. 259–266.

HOFFMANN, Peter: Warum misslang das Attentat vom 20. Juli 1944?, in: Vierteljahrshefte für Zeitschichte, Heft 2, 1984, S. 441–462.

HOFFMANN, Hans-Albert: Die deutsche Heeresführung im Zweiten Weltkrieg. Fakten und Momente aus dem Hauptquartier des Oberkommandos des Heeres, Friedland 2011.

HÖHNE, Heinz: Canaris. Patriot im Zwielicht, Bindlach 1993.

HUGHES-WILSON, John: On Intelligence, London 2016.

JENTZ, Thomas L.: Die deutsche Panzertruppe. Entstehung und Einsätze, Gliederungen, Organisation, Taktik, Gefechtsberichte, Verbandsstärken, Statistiken 1933–1942, Band 1, Wölfersheim-Berstadt 1998.

KAHN, David: Hitler's Spies. German Military Intelligence in World War II, o. O. 1978.

KAMPE, Hans-Georg: Die Heeres-Nachrichtentruppe der Wehrmacht 1935–1945, Berlin 1994.

KRÄMER, Andreas: Hitlers Kriegskurs, Appeasement und die »Maikrise« 1938. Entscheidungsstunde im Vorfeld von »Münchener Abkommen« und Zweitem Weltkrieg, Berlin u. a. 2014.

LEVERKUEHN, Paul: Der geheime Nachrichtendienst der Wehrmacht im Kriege, Frankfurt am Main u. a. 1964.

MÜLLER, Armin: Wellenkrieg. Agentenfunk und Funkaufklärung des Bundesnachrichtendienstes 1945–1968, Berlin 2017.

NEITZEL, Sönke: Abgehört. Deutsche Generäle in britischer Kriegsgefangenschaft 1942–1945, Bonn [6]2012.

Ders.: Soldaten. Protokolle vom Kämpfen, Töten und Sterben, Frankfurt a. M. [3]2017.

NIEHAUS, Werner: Die Nachrichtentruppe 1914 bis heute. Entstehung und Einsatz, Stuttgart 1980.

OVERY, Richard: Russlands Krieg 1941–1945, Hamburg [2]2012.

PAHL, Magnus: Fremde Heere Ost. Hitlers militärische Feindaufklärung, Berlin 2013.

PASCHKE, Elisabeth: Meine Erinnerungen aus den Jahren 1917–1922, Berlin 1926.

PIEKALKIEWICZ, Janusz: Polenfeldzug. Hitler und Stalin zerschlagen die Polnische Republik, Bergisch Gladbach 1997.

PRAUN, Albert: Erich Fellgiebel. Der Meister operativer Nachrichtenverbindungen, in: Wildhagen, Karl Heinz (Hg.): Erich Fellgiebel. Meister operativer Nachrichtenverbindungen. Ein Beitrag zur Geschichte der Nachrichtentruppe, Emden 1970, S. 18–36.

REILE, Oscar: Der deutsche Geheimdienst im Zweiten Weltkrieg. Westfront, Augsburg u. a. 1990.

Richardt, Dirk: Auswahl und Ausbildung junger Offiziere 1930–1945. Zur sozialen Genese des deutschen Offizierkorps (Dissertation), Marburg 2002.

Rohrkamp, René: »Weltanschaulich gefestigte Kämpfer«. Die Soldaten der Waffen-SS 1933–1945. Organisation, Personal, Sozialstrukturen, Paderborn u. a. 2010.

Rothe, Walter: Flieger in drei Erdteilen. Erlebnisse und Abenteuer, Minden o. J.

Schellenberg, Walter: Hitlers letzter Geheimdienstchef. Erinnerungen, Beltheim-Schnellbach [2]2015.

Schick, Albert: Combat History of the 10. Panzer-Division 1939–1943, Winnipeg 2013.

Schmidt, Jürgen W. (Hg.): Canaris, die Abwehr und das 3. Reich. Aufzeichnungen eines Geheimdienst-Obersts, Berlin 2017.

Schrodek, Gustav W.: Die 11. Panzer-Division. »Gespenster-Division«, 1940–1945, Eggolsheim 2004.

Selle, Herbert: Zwischen Steppe und Strom. Erlebnisse aus der Schlacht am Tschir, Dezember 1942, in: ASMZ : Sicherheit Schweiz: Allgemeine schweizerische Militärzeitschrift, Heft 9, 1949, S. 666–674.

Staritz, Johannes: Abwehrfunk – Funkabwehr. Technik und Verfahren der Spionagefunkdienste (unveröffentlichtes Manuskript), o. O. 1985.

Weber, Claudia: Krieg der Täter. Die Massenerschießungen von Katyn, Hamburg 2015.

Weisz, Franz: Die Nachrichtendienste von Gestapo, SD und Wehrmacht, in: Schafranek, Franz (Hg.): Krieg im Äther : Widerstand und Spionage im Zweiten Weltkrieg, Wien 2004, S. 215–236.

Weisse, Günther K.: Geheime Nachrichtendienste und Funkaufklärung im Zweiten Weltkrieg. Deutsche und alliierte Agentenfunkdienste in Europa 1939–1945, Graz 2009.

Westemeier, Jens: Himmlers Krieger. Joachim Peiper und die Waffen-SS in Krieg und Nachkriegszeit, Paderborn 2014.

Wildhagen, Karl Heinz: Erich Fellgiebel. Charakterbild und Leistung, in: Wildhagen, Karl Heinz (Hg.): Erich Fellgiebel. Meister operativer Nachrichtenverbindungen. Ein Beitrag zur Geschichte der Nachrichtentruppe, Emden 1970, S. 174–212.

Ders.: Rolle General Fellgiebels im militärischen Widerstand, in: Wildhagen, Karl Heinz (Hg.): Erich Fellgiebel. Meister operativer Nachrichtenverbindungen. Ein Beitrag zur Geschichte der Nachrichtentruppe, Emden 1970, S. 272–322.

Wildt, Michael: Generation des Unbedingten. Das Führungskorps des Reichssicherheitshauptamtes, Hamburg [3]2015.

Wilhelm, Hans-Heinrich: Rassenpolitik und Kriegführung. Sicherheitspolizei und Wehrmacht in Polen und der Sowjetunion, Passau 1991.

Abkürzungsverzeichnis

a.D.	außer Dienst
bayer.	Bayerisch
BDM	Bund Deutscher Mädel
BND	Bundesnachrichtendienst
B-Stelle	Beobachtungsstelle
CIC	Counter Intelligence Corps
DKW	Dampf-Kraft-Wagen
Do	Dornier
DPB	Deutscher Pfadfinderbund
d.R.	der Reserve
d.G.	des Generalstabsdienstes
EK	Eisernes Kreuz
HJ	Hitlerjugend
HNW	Heeresnachrichtenwesen
Ia	Erster Generalstabsoffizier
Ib	Zweiter Generalstabsoffizier
i.G.	im Generalstab
KPD	Kommunistische Partei Deutschlands
k.u.k.	kaiserlich und königlich
MG	Maschinengewehr
Mob.	Mobilmachung
mot.	motorisiert
NCV	Norddeutscher Cementverband
NKWD	Narodnyj kommissariat wnutrennich del (Volkskommissariat für innere Angelegenheiten, UdSSR)
NSDAP	Nationalsozialistische deutsche Arbeiterpartei
OA	Offizieranwärter
OB	Oberbefehlshaber
OKH	Oberkommando des Heeres
OKW	Oberkommando der Wehrmacht
Org	Organisation oder organistorisch
OT	Organisation Todt
P.D./PzDiv	Panzerdivision
preuß.	preußisch
R-Agenten	Residenten-Agenten
RSHA	Reichssicherheitshauptamt

SA	Sturmabteilung
SD	Sicherheitsdienst
SHAPE	Supreme Headquarters Allied Powers Europe
SS	Schutzstaffel
sächs.	sächsisch
Uffz	Unteroffizier
u.k.	unabkömmlich
UKW	Ultrakurzwelle
UvD	Unteroffizier vom Dienst
V-Leute	Vertrauensleute
WFüSt	Wehrmachtsführungsstab
z.S.	zur See

Personenregister

Ortsregister